JN002238

「強化学習」
を学びたい人が
最初に読む本

伊藤 真
Ito Makoto

日経BP

まえがき

コンピュータのプログラムが人間の囲碁のチャンピオンに勝ったという衝撃的な出来事が2016年にありました。当時、囲碁でコンピュータが人間を超えるには、あと10年はかかると言われていたので、このニュースには世界中の人々が驚きました。このときのプログラムは「強化学習」を応用したものでした。

強化学習とは、簡単に言えば、「先生」なしで自らの試行錯誤によって学習するAIです。「先生」が教えてくれる正解を学習するわけではないので、囲碁のプログラムのように人の発想を超えた答えを導き出すこともできるのです。

「強化」という言葉は、もともと動物心理学（行動主義心理学）で昔から使われている言葉であり、私たち人間や動物の学習の一形態を指します。強化学習は、このような人間や動物の学習方式から着想を得て考案されたものであり、強化学習のアルゴリズムは脳の仕組みとの関連も多いという面白みもあります。

強化学習は、他の機械学習と同様に、近年のディープラーニング技術の発達の恩恵を受けてどんどん進化しています。社会への応用も、これから増えていくことでしょう。強化学習を勉強したいという方も多く出てくると思います。

しかし、強化学習の勉強は、多くの書籍や教材が出ている「教師あり学習」等に比べて、まだまだハードルが高いと思われます。強化学習の専門の書籍はありますが、理解するためにはレベルの高い数学の知識や高度なプログラムの知識が必要になります。また、高スペックなコンピュータの環境がないとサンプルプログラムが動かせない場合もあります。

そこで、できるだけ多くの方に強化学習の魅力を知ってもらえるように、前提知識がほとんどない状態からでも、強化学習の理論と実装をきちんと理解できる入門書を書こうと思い立ち、本書を執筆するに至りました。

本書の対象読者

本書は主に、次のような読者を対象としています。

- 高校3年生までの数学の勉強経験を持つ方（本書で扱う数学は、主に、四則演算、文字式、確率、グラフ等。微分積分などは不要）
- 少しでもプログラムの経験がある方（Pythonは初めてという方を想定）

本書の特徴

本書で学べる内容は以下の通りです。また、本書にはサンプルプログラムが付属しています。

［本書で学べること］

- 強化学習の基本のアルゴリズムからニューラルネットワークを使った応用まで
- 教師あり学習の理論と実装、ニューラルネットワークとディープラーニングの基本
- Python の環境構築とプログラミング：変数からクラスまでの基礎、主要ライブラリ（NumPy、Matplotlib、OpenCV、TensorFlow）の一部の使い方
- Jupyter Notebook や Visual Studio Code などを使った開発・実行方法

［サンプルプログラムの特徴］

- 普通の PC で動かせる（GPU などが装備された高級な PC を使う必要はなし）
- 強化学習のライブラリは使用していない（ブラックボックス化を避けるため。また、ライブラリを使うとタスクの改良がしにくい等の困難があるため）
- ゲームのように自分で問題を試すこともでき、体感による理解ができる
- 結果をグラフで表示するだけでなく、強化学習が獲得した動作を実際に見て確認できる
- コードの詳細や改良方法の説明がある

本書の構成

本書は、全 8 章と巻末の 2 つの講座で構成されています。

概観の章

1 章　AI や機械学習全体を概説し、強化学習の位置づけを明確にします。

準備の章

2 章　Python を動かすための PC の環境構築をします。

教師あり学習の章

3章　教師あり学習の理論と実装を説明します。強化学習で応用することが目的です。

強化学習の章

4章　強化学習が解く問題を説明します。重要なポイントです。

5章　強化学習の問題を解く基本のアルゴリズム「Q学習」を説明します。

6章　ニューラルネットワークを応用したQ学習を説明します。

7章　6章のQ学習をさらにブラッシュアップする方法を述べます。

8章　最後に、プログラムの改良と工夫の方法を紹介します。

巻末：Pythonが初めての方向けの講座

講座A　プログラミング用のエディター「Visual Studio Code」のインストールと設定の方法、そして基本的な使い方を説明します。

講座B　Pythonを初めて学ぶという方でも、本書のプログラムの主要な部分がきちんと理解できるように、Pythonの基本を1から解説します。

強化学習の魅力を、少しでも多くの人に伝えることができると幸いです。

2021年11月　伊藤　真

本書のサンプルプログラムについて

サンプルプログラムのダウンロード

本書で使用するサンプルプログラム（ソースコード）は、サポートサイトからダウンロードできます。下記のサイトURLにアクセスし、本書のサポートページにてファイルをダウンロードしてください。また、訂正・補足情報もサポートページにてお知らせします。

サポートサイト（日経ソフトウエア別冊の専用サイト）
https://nkbp.jp/nsoft_books

サンプルプログラムのテスト環境

本書のサンプルプログラムは以下の環境で問題なく動作することを確認しています。

[PCのスペック]
- テストPC1
  CPU：Intel(R) Core(TM) i7-6600U、2.6GHz
  RAM：16GB
- テストPC2
  CPU：Intel(R) Core m5-6Y54、1.1GHz
  RAM：8GB

[OS]
Windows 10 Home 64ビット版

[ソフトウエア]
Miniconda：Miniconda3 Windows 64-bit、Python 3.9 バージョン、4.10.3
（インストーラー：Miniconda3-py39_4.10.3-Windows-x86_64.exe）

Visual Studio Code：64ビット版 Windows 10用
（インストーラー：VSCodeUserSetup-x64-1.58.2.exe）

[Python の実行環境（仮想環境）]
Python：3.6.13
NumPy：1.16.1
TensorFlow：1.12.0
OpenCV：4.5.1.48
Jupyter Notebook：1.0.0
Matplotlib：3.3.4

注意
※本書に記載の内容は、2021年8月時点のものです。ソフトウエアのバージョンアップなどにより、想定した動作をしない可能性があります。また、すべてのパソコンでの動作を保証するものではありません。
※また、いかなる場合であっても、著者および日経BPのいずれも、本書の内容とプログラムに起因する損害に関して、一切の責任を負いません。ご了承ください。

CONTENTS

1章

強化学習の位置づけ

1章 強化学習の位置づけ

1.1 この本の概要

「強化学習」と言えば、囲碁で最強と言われていたイ・セドル氏にコンピュータアルゴリズムが勝利するという2016年の衝撃的な出来事が思い出されます。ここで「アルゴリズム」とは、「問題を解かせるための手順」のことで、たいていの場合、コンピュータに解かせることを前提としたものになっています。このとき使われたアルゴリズムは、「AlphaGo」と呼ばれる強化学習を応用したものでした。

強化学習がいったいどんなものなのかは本書でじっくり説明しますが、簡単に言えば、良い結果が得られる出力（ゲームの一手や操作）を試行錯誤で見つけるアルゴリズムです。

図1-1を見てください。これは、壁とクリスタルが配置されたマップ上でロボットにあるタスク（作業）をさせる例です。このタスクの目的は、ロボットがクリスタルまで進むことです。通常ではロボットの使用者はその動作手順を細かくプログラムに記述することが必要ですが、強化学習を使うと、ロボットの使用者は目的の指定だけをすればよくなります（目的の指定とは、あとで説明する「報酬」の指定に対応します）。これは、動作手順を作るよりもずっと簡単です。

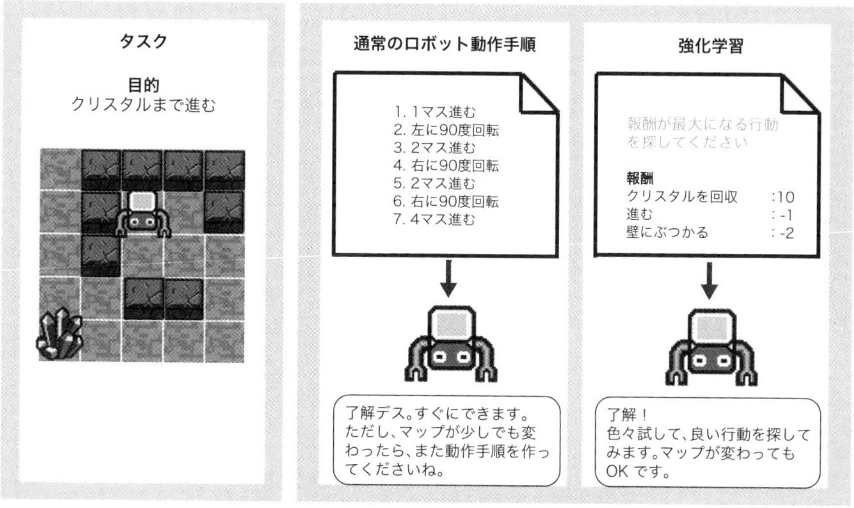

図 1-1　通常のロボット動作手順と強化学習

そして、この方式は作業指示が楽になるだけでなく、壁とクリスタルの配置やマップの形状が変わっても作業指示に影響がないという素晴らしいメリットもあります。ただし、強化学習にも難しい問題があり、どんな問題でも解けるわけではありません。

本書の目的は、まず、強化学習とは何か、強化学習で何ができるのかを読者の方にしっかり理解してもらうことです。そして、自分自身で強化学習の問題を設定し、それを強化学習で解くプログラムを作れるようになってもらうことです。

さて、近年の AI ブームでは、「AI」という言葉をはじめとし、「機械学習」や「教師あり学習」など様々な言葉や概念が飛び交っています。「強化学習」という言葉もその中の一つであり、それらの関係性が少しややこしいのではないかと思います。

そこで、この 1 章では、AI や機械学習と言われている理論や技術の概要を紹介し、その中で、強化学習はどういう位置づけにあるのかをはっきりさせます。そのあとの 2 章からの内容は以下の通りです。

まず、2 章では、Python でプログラムを作るために必要なソフトのインストールと設定を説明します。

3章以降がこの本の内容のメインとなります。3章は、教師あり学習の解説です。特に、強化学習に応用するニューラルネットワークに重点をおいて説明します。4章では、強化学習の問題設定について解説します。5章では、強化学習の最も基本的なアルゴリズムであるQ学習を説明します。6章では、ニューラルネットワークをQ学習に応用したモデルを説明します。7章では、過去の経験を利用するQ学習について解説します。8章では、改良の方法や強化学習の拡張の方向性について紹介します。

また巻末には、Pythonが初めてという方、または、あまり慣れていないという方のために講座A、Bを用意しました。2章のあとに読んでいただくと、3章以降のプログラムを理解する上で助けになるかと思います。講座Aは、プログラムエディタ「Visual Studio Code」のインストール方法と使い方の解説です。講座Bでは、本書のプログラムを理解するために必要なPythonの基本を説明します。

1.2 AI

AIとは〜、と始めたいところですが、まず、本書で何度も出てくることになる、**アルゴリズム**という言葉から説明させてください。「アルゴリズム」とは「問題を解かせるための手順」のことです。たいていの場合、コンピュータに解かせることを前提としています。

世の中の様々な問題に対して、それらを解くための様々なアルゴリズムが提案されています。例えば、たくさんの数値データを小さい順に並べる**ソートアルゴリズム**などがあります。本書のテーマである強化学習もアルゴリズムの一つです。

では、**AI**についてです。今はまさにAIブームの真っただ中で、テレビでも新聞でもネットでも、様々なところでAIという言葉が飛び交っています。しかし、改めてAIとは何かと聞かれたとき、なんと答えたらよいでしょうか。何か賢いアルゴリズムのことなのだろうけど、具体的に何を指しているのかよく分からないという方も多いのではないかと思います。

AIとはArtificial Intelligenceの略で、日本語での**人工知能**と同じ意味です。

AI とは「コンピュータを使って人間の知能の働きを人工的に実現したもの」で、かなり幅広い範囲のものが AI と呼ばれています。具体的に何を AI と呼ぶかに正解はなく、その範囲は時代とともに変わっています。特に最近の AI ブームによって、今まで AI とは呼ばれていなかったものも AI と呼ばれるようになってきたと思います。図 1-2 に AI の分類をまとめました。

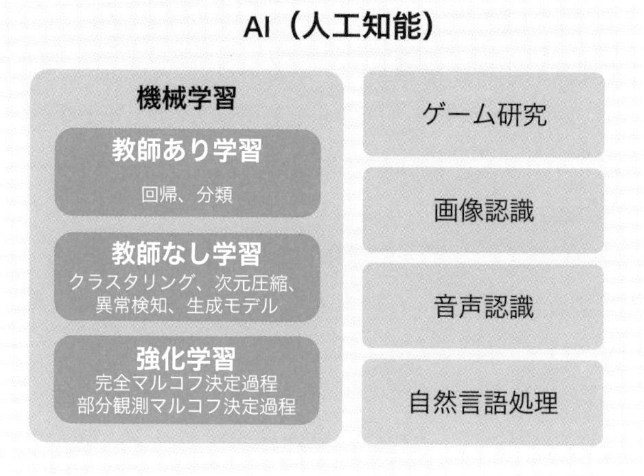

図 1-2　AI の分類

20 年くらい前になりますと、筆者が AI と聞いたときに真っ先にイメージしたのは**ゲーム研究**でした。ゲーム研究とは、面白いテレビゲームを作る研究ではなく、チェスや将棋、囲碁などをプレイする強いアルゴリズムの開発の研究です。

近年では、人間の音声をコンピュータに認識させる**音声認識**、人間の言葉（文章など）をコンピュータに認識させる**自然言語処理**、画像や動画から文字や顔など特定の物体を認識させる**画像認識**などの分野・技術も AI として重要な位置づけにあります。

そして、今や AI の代表的な分野となっているのが、**機械学習**です。機械学習も様々なものを含みますが、全体的に「たくさんのデータを使って便利なことをする」という特徴があります（例外もありますが）。1.3 節から掘り下げて説明しますが、機械学習は、**教師あり学習**、**教師なし学習**、**強化学習**の 3 つに分類されています。そして、図 1-2 に示したように、これらの中でもさらに小分類があります。これらの小分類についても本書に関係する部分はその都度説明していきます。

1.3 教師あり学習

それでは、機械学習の一つ「教師あり学習」の概要の説明に入りますが、本題に入る前に１点、明確にしておきたいことがあります。それは、「教師あり学習」、「教師なし学習」、「強化学習」という言葉は、「アルゴリズム」を意味する場合と、そのアルゴリズムが解く「問題」を意味する場合があるということです。文脈から区別が分かりにくい場合は、前者を「強化学習アルゴリズム」、後者を「強化学習の問題」などと明記するようにします。

では、「教師あり学習」について説明していきます。そもそも「教師あり」の意味とは何でしょうか？　それも踏まえて説明していきたいと思います。まず「教師あり学習」の目的は何かというと、ずばり「予測」です。

予測をする場合、売り上げ個数や明日の気温などの「数値」を予測する場合と、写真に写っている対象物が、犬なのか猫なのか、それとも豚なのかと「数値ではない」ものを予測する場合があります。後者の「数値ではない」犬や猫や豚のことを**クラス**または**カテゴリー**と呼びます。

数値ではないといっても数式で扱ったりプログラムを組んだりする場合には、犬＝クラス０、ネコ＝クラス１、豚＝クラス２のように数字に置き換えますが、ここに「順番の概念はない」という点がクラスのポイントです。猫が１だからといって、犬（クラス０）と豚（クラス２）の中間の存在ではないということです。「教師あり学習」では、数値を予測する問題を**回帰**、クラスを予測する問題を**分類**、と呼びます。

では、本書のメインでは回帰を扱うので回帰の例を説明しましょう。例えば、回帰で使われている方法で、気温からその日のアイスの売り上げ個数を予測するアルゴリズムを作ることができます。このような予測をするアルゴリズムを**予測モデル**と言います。「予測モデル」と言うと何やらかっこいい特別な感じがしますが、その実体は単なる関数です。予測モデルでは、何らかの数値（この例では気温）を関数に入力し、その出力を予測値（この例ではアイスの売り上げ個数）として解釈します。

予測モデルを作るためには、まず、**データ**を準備します（図 1-3）。教師あり学習のデータは、入力値（気温）とそれに対する出力の目標値（アイスの売り上げ個数）のセット（**入力データ、目標データ**）から成ります。目標データは、モデルに「この入力値に対してはこのように出力してください」と教えるためのデータになりますので、**教師データ**とも言います。また、目標は英語でターゲットと言うため、**ターゲットデータ**と呼ぶこともあります。

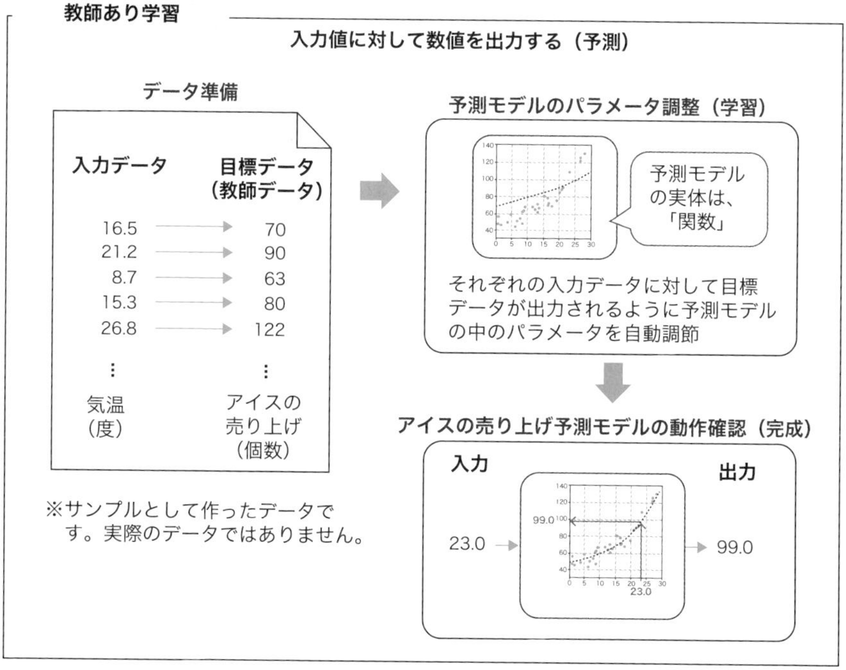

図 1-3　教師あり学習の例

予測モデルは、このデータを使って、各入力に対して正しい出力が出せるように予測モデル内の**パラメータ**を自動調節します。この自動調節を**学習**と呼びます。「パラメータ」は 3 章で詳しく説明しますので、ここでは予測モデルの出力を変えることができる「調節つまみ」のようなものとしてとらえてもらえれば結構です。

いったんパラメータの調節が終われば、学習に使ったデータにない入力（気温）

に対しても、それらしい予測（アイスの売り上げ個数）を出力できることを確認し、予測モデルは完成です。

以上のように、教師あり学習の手続きでは「教師データ」を使います。それが「教師あり」学習と呼ぶ理由です。

1.4 教師なし学習

「教師なし学習」とは、その名のとおり教師データを使わないアルゴリズムです。教師データを使わないので、使うデータは入力データのみとなります。入力データのみから、何らかの役に立つ情報を抜き出すことが教師なし学習です。

教師データを使わないでいったい何ができるのだろう？と疑問に思われるかもしれませんが、教師なし学習でも様々なアルゴリズムが提案されており、**クラスタリング**、**次元圧縮**、**異常検知**、**生成モデル**などのジャンルに分類されています。

それぞれを一言で説明すると、「クラスタリング」はデータから似たもの同士のグループを見つける手法、「次元圧縮」はなるべく情報を落とさずに高次元のデータを低次元のデータに変換する手法、「異常検知」は他の大多数のデータとは異なるデータを検出する手法、「生成モデル」は入力情報に似た新しいデータ（画像など）を生成する手法です。

ここでは、教師なし学習でも特にメジャーな「クラスタリング」についてもう少し説明したいと思います。例えば、コンビニエンスストアでの顧客データについて考えます。顧客一人一人に対して、滞在時間と消費金額のデータがあったとしましょう（図 1-4 左）。

横軸を滞在時間（秒）、縦軸を消費金額（円）としてこのデータをプロットすると図 1-4 右のようになります。このデータの分布を見ると、分布に 2 つのまとまりがあることが分かります。この分布のまとまりを**クラスター**と呼びます。このクラスターを検出するのが、クラスタリングのアルゴリズムになります。

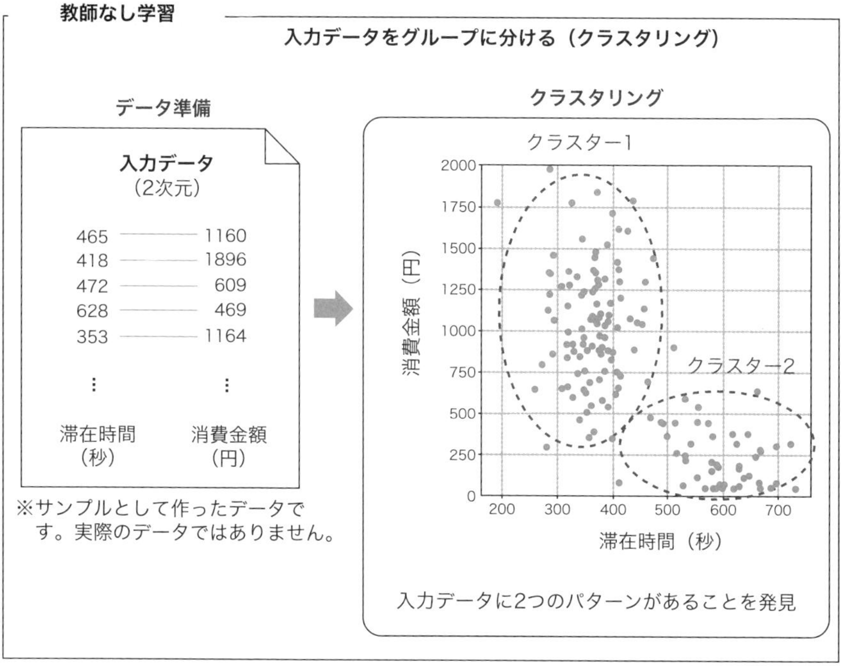

図1-4　教師なし学習　クラスタリング

例のようにデータ項目が２つしかない単純な場合（ここでは滞在時間と消費金額）であれば、クラスターはデータの分布を目で見て大体分かりますが、クラスタリングのアルゴリズムはデータ項目が３つ以上の可視化が難しい場合でも適用することができるので便利です。

クラスターが見つかった場合、それらのクラスターが何を意味するのかは人間が解釈する必要があります。例えば、滞在時間が短くて消費金額が大きいグループと滞在時間が長くて消費金額が少ないグループがあったら、前者は夕ご飯を買うサラリーマンで後者は駄菓子をじっくり品定めする小学生なのかもしれません。このようなことが分かると、販売戦略の考案に役立ちますね。

1.5 強化学習

では、本書のメインである「強化学習」の概要です。数式やプログラムを使った説明は４章からしっかりやりますので、ここではその背景や概要を説明します。

初めに強調しておきたいのは、「強化学習」の問題設定は「教師あり・なし学習」の問題設定と比べてかなり異なるということです。「強化学習」は今や、機械学習の三羽烏の一羽として「教師あり学習」や「教師なし学習」と同列に分類されるようになりました。しかし、もともとは機械学習と言えば「教師あり・なし学習」のことのみを指し、強化学習は別の学問として存在していました。今でも、機械学習というタイトルが付いた書籍は主に教師あり・なし学習を扱い、強化学習のタイトルが付いた書籍のみが強化学習を扱う傾向にあります。

最近、強化学習が機械学習の一つと言われるようになったのは、ニューラルネットワーク（次節で説明します）などの教師あり学習のテクニックが強化学習でも普通に使われるようになったからなのかもしれません。本書では、教師あり学習と強化学習をまず別々に説明し、そのあとで、教師あり学習を強化学習に応用する方法を解説していきます。

さて、強化学習は「教師あり・なし学習」とはだいぶ違うと言いました。その理由は、「教師あり・なし学習」が「データを使って役に立つことをする」という考えに基づいているのに対し、「強化学習」は「動物（人も含みます）の学習行動を人工的に作る」という考えに基づいているからです（と筆者は思っています）。

動物は環境と相互作用しながら餌をうまく集める方法を学習します。この動物の学習を理解するためには、私の研究者時代に行っていた動物実験が良い例ですので、ここで紹介したいと思います（図 1-5）。

図 1-5　ラットの学習実験

私が脳の研究として使っていた動物は、ラットという大きめのネズミ（体長は尾を含めずに 15 〜 20cm くらい）でした[1]。ラットの行動実験には 40×40cm くらいの特注の箱を使っていました。これを実験箱と呼んでいたのですが、実験箱の 1 つの面（図 1-5 の左）には鼻がちょうど入るくらいの小穴が設けてあり、鼻を入れるとセンサーがそれを感知するようになっていました。その反対側の壁には餌皿があり、小穴のセンサーが何かを感知すると、餌皿に小さな丸い餌が自動的に転がり出るようにプログラムされていました。

さて、この実験箱にラットを入れると、ラットはどのような行動を見せると思いますか？　ラットは、初めのうちは床や壁の隅のにおいなどをひっきりなしに嗅ぎまわります。そのうちに小穴にも鼻を入れます。その結果、センサーが鼻を検知して反対側の餌皿に餌が出るのです。

しかし、たいていの場合は、ラットは餌が出たことにすぐには気づきません。しばらく箱の中を嗅ぎまわっているうちに偶然餌皿の餌を見つけて食べるのです。このような様子を見守りながら観察をしばらく続けると、この偶然が 2 回、3 回と起こります。そして、だんだんと餌が出る間隔が短くなっていくのです。この変化は、もはや偶然ではなく、ラットが「穴に鼻を入れて餌を食べる」と

[1] 沖縄科学技術大学院大学の銅谷賢治教授の研究室（神経計算ユニット）でラットの行動を強化学習で説明する研究をしました。

いう行動を少しずつ学習していることを意味しています。

この実験箱の実験を1日に30分行い、毎日繰り返すと、3日から4日もあればラットはこの行動をほぼ完全に学習します。「鼻を穴に入れてすぐに振り向き餌皿の餌を食べる」という行動を繰り返し続けるようになるのです[2]。

この実験で使われた「鼻を穴に入れると反対側の皿に餌が現れる」という現象は、ラットからするとかなり不思議なものでしょう。このラットにとってもその先祖のラットにとっても、これまでには直面したことのない現象のはずです。ですので、ここで学習された行動はもともとラットの脳に仕込まれていた行動ではなく、このラットがこの実験箱の環境で自ら学習した行動だと言うことができます。そして、もともと仕込まれていたのは行動そのものではなく、「餌を得るための行動を学習する能力」と言えるでしょう。

さて、話を強化学習に戻します。このような動物の素晴らしい学習能力を数学的・工学的に実現するにはどうしたらよいでしょうか。そのためにはまず、この現象をアルゴリズムが解くための問題として数学的に定義することが重要です。しかし、このような現象を数学の問題に落とし込むのはそれほど簡単なことではないと思います。強化学習は、まさに、このような現象に対して一つの問題設定を提案してくれているのです。

それでは強化学習の問題設定を紹介します。アルゴリズムで模倣したい機能はラットの脳です。脳は逐次、**行動**を決めています。無意識的にか意識的にか分かりませんが、とにかく、「前に進む」や「右を向く」、「左を向く」、「下がる」、「休む」、「においをかぐ」、「餌を食べる」などの行動を、一刻一刻、決め続けていると言えます。強化学習では、このように行動を決め続ける役割の部分を、**エージェント**（**agent**）と呼びます。図1-6に、ロボットラットにラットと同じ行動を学習させようとしている図を示しました。本書で紹介する**強化学習アルゴリズム**は、このエージェントを具体的にしたものの一つです。また、本書では、強化学習の代わりとしてあなたが行動を選ぶ体験もしますが、この場合は「あなた」がエージェントをしていることになります。

---

[2] ここでは基本的な手順のみを説明しました。実際には、始める前にラットを実験者に慣れさせたり、餌に慣れさせたりするなどのノウハウが必要になってきます。

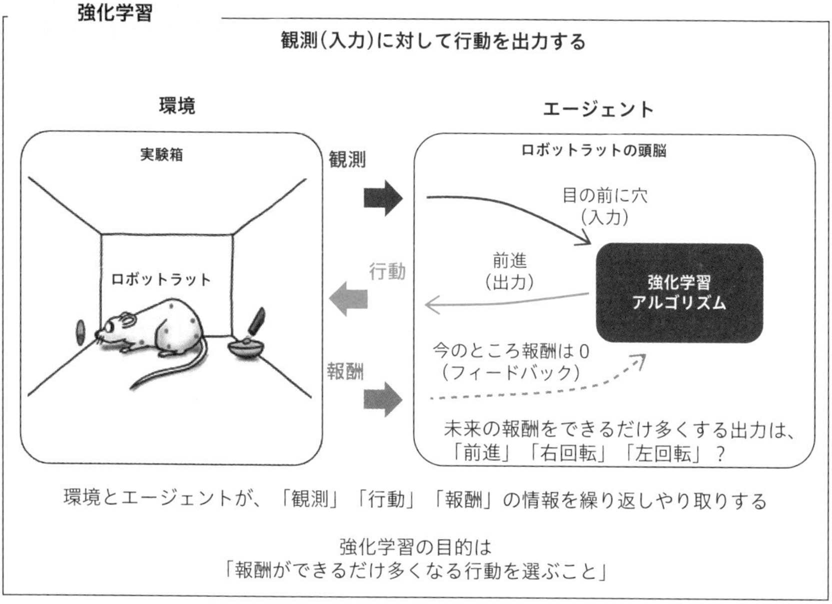

図 1-6　強化学習

エージェント以外にも問題を数値化するために重要な部分があります。それは実験箱です。実験箱は、センサーの状態を常にモニターし、センサーが感知したら餌を出すという仕事があります。それ以外にも重要な部分として、ロボットラットの体も忘れてはいけません。ロボットラットの位置や方向、姿勢もラットの頭脳が選んだ行動によって逐次変化していきます。つまるところ、ラットの行動を再現するには、ラットの頭脳をシミュレートするだけでなく、それ以外の外界や体の部分も全てシミュレートする必要があるのです。強化学習ではこの頭脳以外の役割を、**環境（environment）**と呼びます。

強化学習では、エージェントと環境は「情報」のやり取りを繰り返し続けていると考えます。まずエージェントは環境を通して**観測**を受け取り、**行動**を環境に出力します。「観測」は、ロボットラットの目に取り付けられたカメラやひげセンサーから得られる外界の情報だけでなく、体の各関節の角度などの自分自身の情報も含みます。エージェントはそれらの情報を統合し、「前進」か「右回転」か「左回転」かの「行動」を決定して環境に出力します。

環境は受け取った「行動」をもとに内部状態（ロボットラットの関節角度や位置等）を変化させて次の観測をエージェントに渡します。エージェントはこの観測を受け取り、次の行動を出力します。このような「観測」と「行動」のやり取りを、環境とエージェントはずっと繰り返していきます。この繰り返しの処理の中で、ロボットラットの行動実験が再現できるのです。

この「観測」と「行動」以外に、もう一つ重要な情報があります。それは、学習の方向性を決めている「餌」に関係した情報です。強化学習ではこの情報を**報酬（reward）**と呼びます。ラットは報酬ができるだけ多く得られるような行動を学習していると考えることができます。そして強化学習のアルゴリズムの目的も、このラットの例と同じく「報酬ができるだけ多くなる行動を選ぶこと」です。強化学習では**負の報酬**も使います。例えば、壁に激突するようなことはラットにとって痛みを感じます。このような痛みを負の報酬として解釈し、報酬を多くするためには避けるべき状況とするのです。

しかし、「報酬ができるだけ多くなる行動を選ぶこと」という目的を達成することは単純なことではありません。なぜなら、エージェントは行動を一刻一刻選び続けており、その一連の行動の結果として報酬が得られるからです。つまり、報酬を得たときにその原因となったのは過去のどの行動だったのかは自明ではないのです。この問題を解くアルゴリズムが、この本の5章以降で説明するQ学習やその発展形のアルゴリズムになります。

さて、本章での強化学習の概要はここでとどめますが、以上のようなアイデアが強化学習の問題設定になります。「強化学習」が「教師あり学習」や「教師なし学習」とだいぶ異なるということをご理解いただけたと思います。また、本章を通して、AI、機械学習に対する強化学習の位置づけを理解していただければ幸いです。

現在のAIは、汎用性という面においてまだまだ動物や人間に及ばないのですが、将来のAIは、この強化学習の枠組みに沿った形で発展していくのではないかと筆者は期待しています。

1.6 ニューラルネットワーク・ディープラーニング

この章の最後になりますが、**ニューラルネットワーク**と**ディープラーニング**について述べたいと思います。ディープラーニングも、近年AIと並んでよく耳にする言葉です。ディープラーニングはニューラルネットワークの一種であり、ニューラルネットワークは、脳の仕組みからヒントを得て作られた、機械学習の中の一つの技術です。主に教師あり学習を解くアルゴリズムとして使われてきました。

ニューラルネットワークを具体的に説明するためには、まず、その構成要素である**ニューロンモデル**を説明する必要があります。これは3章で詳しく説明しますので、ここでは数式を使わない概念のみの紹介とします。

ニューロンモデルとは、脳の**神経細胞（ニューロン）**の働きを単純化して数式で表したものです（図1-7）。神経細胞は、別の神経細胞から電気的なパルス信号（一時的な電位の上昇）の入力を受けます。そして自分もパルスを出力して他の神経細胞に送ります。これをモデル化したニューロンモデルは、複数の数値を入力として受け取り、1つの数値を出力する数学的な関数となっています。

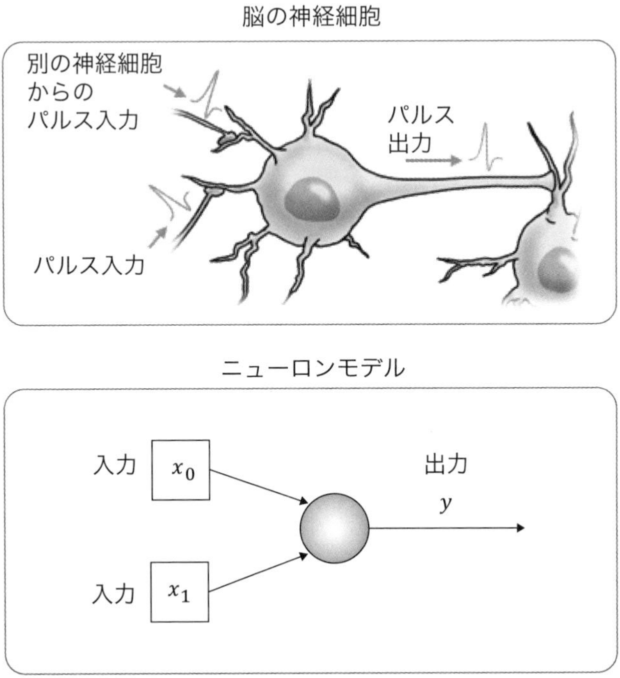

図 1-7　脳の神経細胞とニューロンモデル

ここで**モデル**という言葉が出てきましたが、アルゴリズムの一種をモデルと言う場合があります。例えば、1.3 節ですでに説明した「予測モデル」や、3 章で出てくる「線形回帰モデル」などです。アルゴリズムは、先に述べたように「問題を解かせるための手順」ですが、その中でも「数式としてシンプルに表現できる」ものにモデルという名前が付けられている傾向があります。

また、何か「手本」となる物体や現象があって、それを単純化したものにも「モデル」という言葉を使います。ニューロンモデルは神経細胞（英語でニューロン）を「手本」として単純化したものなので、「ニューロンモデル」と言います。

さて、ニューロンモデルの話に戻りますが、ニューロンモデルはとてもシンプルな数式で表されているので、単純な入出力関係しか表すことができません。しかし、ニューロンモデルをたくさんつなげて層構造を作り、その層を何層にもすることで、複雑な入出力関係を表すことができるようになります（図 1-8）。これを**ニューラルネットワーク**と言います。最後にモデルを付けて、**ニューラ**

ルネットワークモデルと言ったり、簡単に**ニューラルネット**と言ったりすることもありますが、これらに意味の違いはありません。

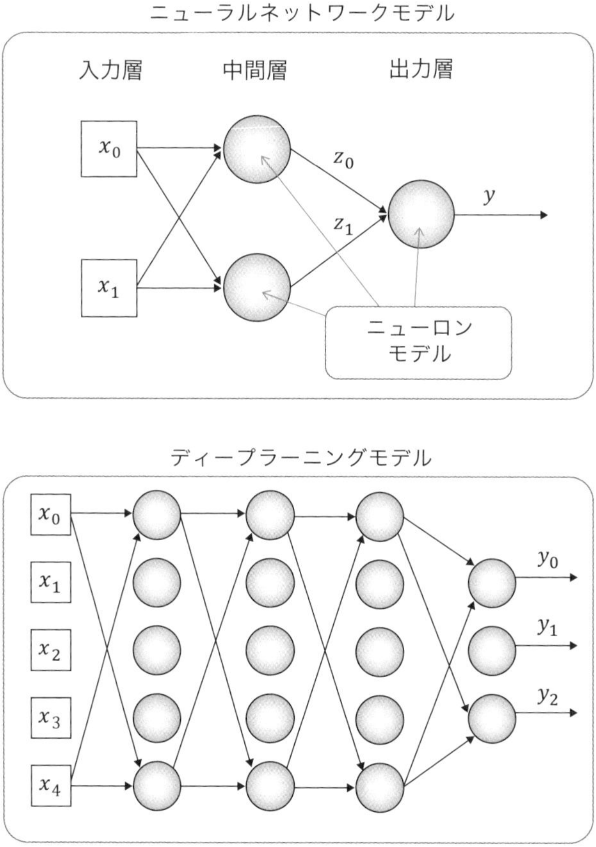

図 1-8　ニューラルネットワークとディープラーニング

そして、ニューラルネットワークの中でも、層の数を多くしてさらに複雑な入出力関係を表せるようにしたモデルを**ディープラーニング**もしくは**ディープラーニングモデル**や**深層学習**と呼びます。これらは全て同じ意味です。これが、世の中を盛り上げているディープラーニングの正体です。ただし、何層からディープラーニングと呼ぶという決まりは特にありません。

ニューラルネットワークやその学習方法は 1960 年代にすでに発明されてお

り、多くの研究者の期待を集めてきました。しかし、なかなか思うようなパフォーマンスが出ず、社会への実装に進むこともほとんどありませんでした。そして、研究者の関心もしだいに薄れていきました。

しかし、2012年の画像認識コンテスト（ImageNet Large Scale Visual Recognition Challenge、ILSVRC）で、ヒントン教授が率いるチームがディープラーニングを応用したシステムで2位に圧倒的な差をつけて優勝した出来事を皮切りに、ニューラルネットワーク（ディープラーニング）は再び脚光を浴びるようになりました。その後、画像認識はもちろんのこと音声認識や自然言語処理、そしてゲーム研究にもどんどん応用され、これら全ての分野において素晴らしい実績を上げてきました。

ディープラーニングの貢献によって、今ではスマホやスマートスピーカーに音声で指示すれば検索や目覚ましのセットが簡単にできます。Webサービスによる英語と日本語の翻訳の精度は格段に上がり、英語が苦手でも英文を読んだり書いたりすることがとても楽になりました。このように、ディープラーニングが今日のAIブームの原動力となっていることから、AIという言葉がディープラーニングそのものを意味している場合もあります。

ディープラーニングの強化学習への応用も例外ではなく、その応用によって大きなブレークスルーがありました。本章の冒頭で述べた囲碁アルゴリズムのAlphaGoは、ディープラーニングの強化学習への応用として、代表的な成功事例です。本書では、3章の教師あり学習でニューラルネットワークを、4、5章で基本の強化学習を説明したあと、6章でニューラルネットワークを強化学習に応用したアルゴリズムについて解説します。

2章

Pythonの環境構築

2章 Pythonの環境構築

本章では、本書のサンプルコードや強化学習のプログラムのセット「iRL」を動かすためのPythonの環境を構築します。「iRL」のネーミングは、強化学習(Reinforcement Learning)の頭文字と、筆者の名前itoの頭文字から決めました。環境構築の流れは以下の通りです。

(1) Pythonのインストール
(2) 仮想環境の構築とライブラリのインストール
(3) プログラムのセットiRLのダウンロードと展開

iRLを動かすPythonの環境は一般的なものですので、Windows、macOS、Ubuntuで構築が可能です。ここでは、64bit版Windows 10のPCに導入する場合を想定して説明しますが、他のOSの方でも共通する部分が多いと思いますので参考にしてください。

2.1 Pythonのインストール

まず、Pythonのプログラム環境を作るために、「Miniconda」をインストールします。Minicondaは、Python本体と、必要最低限のライブラリ、そしてバージョン管理システムの「Conda」が入っているPythonディストリビューションです。ブラウザから、以下のURLでMinicondaのインストーラーのダウンロードページにアクセスしてください（図2-1)。

> Minicondaの最新バージョンの ダウンロードページのURL
> https://docs.conda.io/en/latest/miniconda.html

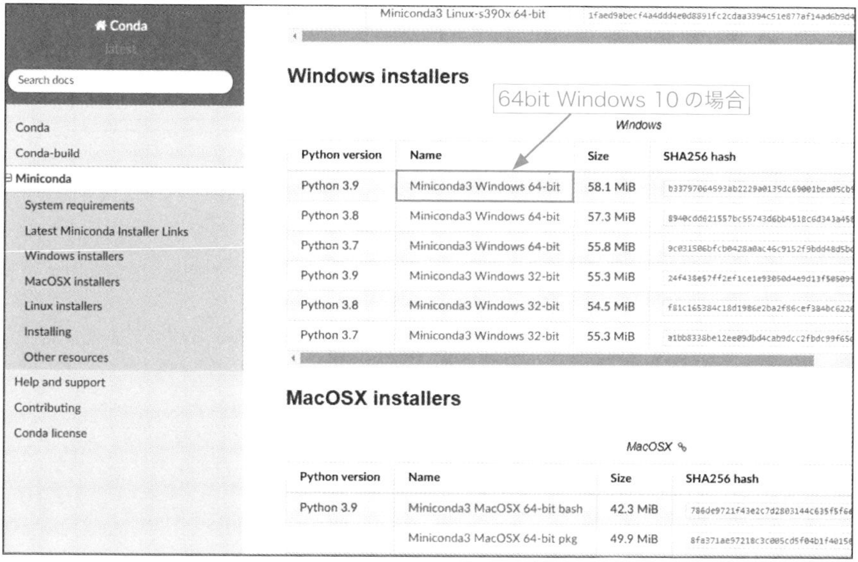

図 2-1　Miniconda のダウンロードページ

ここから、自分の PC の OS に合った最新のバージョンのインストーラーをダウンロードします。各 OS における最新バージョンをまとめた「Latest Miniconda Installer Links」の欄からもダウンロードできますが、その下の OS ごとに分けた欄からダウンロードした方が、バージョン番号が明記されたファイルをダウンロードできるのでよいでしょう（執筆時 2021 年 8 月の仕様の場合）。

64bit PC 用の Windows 10 の場合は、図 2-1 の「Windows installers」の欄から、一番上の「Miniconda3 Windows 64-bit」を選んで、インストーラーファイルをダウンロードします。執筆時（2021 年 8 月）では、Python 3.9 version が最新で、そのリンクからダウンロードされたファイルの名称は、「Miniconda3-py39_4.10.3-Windows-x86_64.exe」でした。万が一、ダウンロードがうまくいかない場合や、このバージョンとは異なる最新バージョンをインストールして不具合があった場合には、過去のバージョンがストックしてある次の URL から「Miniconda3-py39_4.10.3-Windows-x86_64.exe」を試してください（64bit Windows 10 の場合）。

Miniconda の過去バージョンの ダウンロードページの URL
https://repo.anaconda.com/miniconda/

ダウンロードが済んだら、そのファイルをダブルクリックしてインストーラーを起動してください。以降は、Miniconda3-py39_4.10.3-Windows-x86_64.exe を起動した場合の説明です。図 2-2（1）がインストール開始時の画面です。

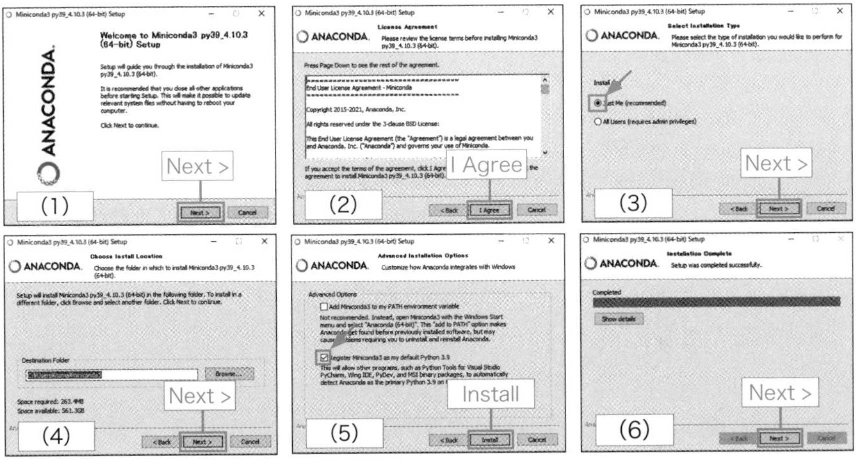

図 2-2　Miniconda のインストール画面

インストーラーの途中の質問は全てデフォルトのままで OK です。(2) で agreement の内容を確認し、「I Agree」を押します。

(3) では、インストールタイプを選びます。ここでは、個人ユーザーのみにインストールする場合を想定します。デフォルトの「Just Me」が選択された状態で「Next」を押します。

(4) はインストールディレクトリの指定です。デフォルトの「C:¥Users¥[ユーザー名]¥miniconda3」にインストールします。

(5) はデフォルトのまま「Register Miniconda3 as my default Python 3.9」を選択して「Install」を押します。

(6) でインストールが終了したら、「Next」を押します。

図 2-3 がインストール終了の画面です。ここでは 2 つのチェックを外し、

「Finish」を押してインストールを完了させましょう。

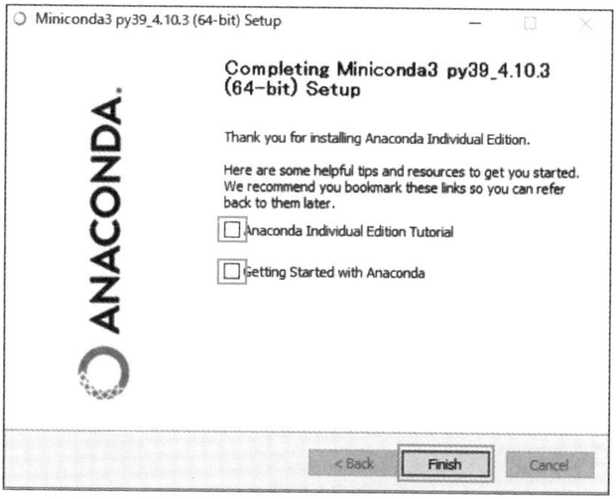

図 2-3　Miniconda インストール終了の画面

Miniconda をインストールすると Windows のスタートメニューに、Anaconda3のディレクトリができ、その中に「Anaconda Prompt」と「Anaconda Powershell Prompt」が登録されます。本書では、後者の Anaconda Powershell Prompt を使います。

では、Anaconda Powershell Prompt を選んで起動してください。すると、図 2-4 のように黒いウインドウが表示されます。以降、この画面を**コンソール**と呼ぶものとします。

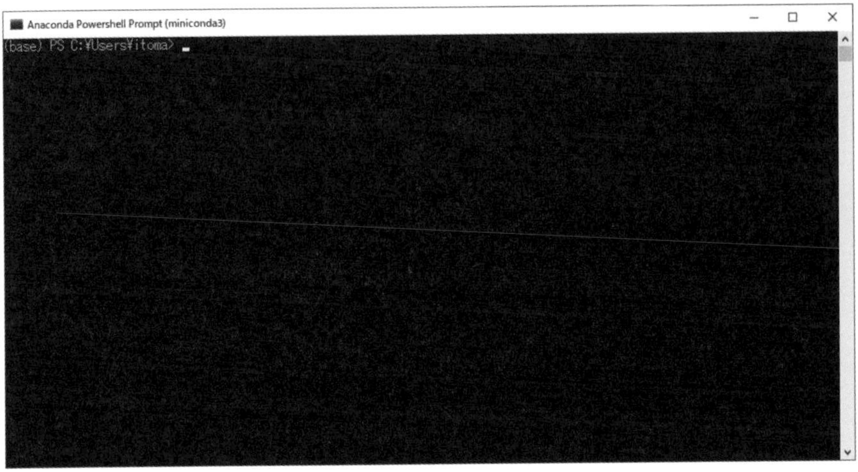

図 2-4　Anaconda Powershell Prompt の起動

コンソールの左上には「(base) PS C:¥Users¥[ユーザー名]>」のように表示されています。(base) の意味は 2.2 節の最後で説明します。PS は Powershell を表しています。文字をタイプしてコンピュータを操作する方式にはいくつか種類がありますが、Powershell もそのうちの一つです。「C:¥Users¥[ユーザー名]」の部分は、今いるディレクトリ（**カレントディレクトリ**）を表しています。最後の「>」は、コマンドの入力待ちの状態を示す**プロンプト**と呼ばれる記号です。

この画面でコマンドをタイプすることで、ディレクトリの中にあるファイルを確認したり、Python の環境構築の作業を行ったり、プログラムを起動したりと様々なことができます。例えば、「ls」（初めの文字は L の小文字です）とタイプして［Enter］キーを押すと、そのディレクトリのファイルとディレクトリのリストが表示されます。

本書で使用するコマンドはその都度説明していきますが、これから説明していく主なコマンドを表 2-1 にまとめました。

コマンド	機能
ls	カレントディレクトリに含まれるファイルとディレクトリのリストを表示
cd［ディレクトリ］	［ディレクトリ］に移動
cd ..	上の階層のディレクトリに移動
mkdir［ディレクトリ］	［ディレクトリ］を作成
［↑］キー	前に実行したコマンドを表示
［↓］キー	［↑］キーで表示したコマンド表示を戻す
［Tab］キー	ファイル名など途中まで入力して［Tab］キーを押すと補完する（タブ補完）
［Ctrl］キー＋［c］キー	実行中の処理の強制終了
exit	コンソールを終了する
conda create -n［仮想環境］python=x.x	Python x.x の［仮想環境］を作成
conda remove -n［仮想環境］--all	［仮想環境］を削除
conda info -e	仮想環境のリストを表示
conda activate［仮想環境名］	［仮想環境］に入る
conda deactivate	今の仮想環境から抜ける
pip install［ライブラリ］==x.x.x	バージョン x.x.x の［ライブラリ］をインストール
pip list	インストールした全ライブラリを表示
pip show［ライブラリ］	インストールした［ライブラリ］の情報表示
explorer .（macOS の場合は「open .」）	カレントディレクトリをエクスプローラーで開く
python	Python の対話モードを起動。quit() で終了
python［ファイル名］.py	［ファイル名］.py を Python で起動
code［ディレクトリ］	［ディレクトリ］を Visual Studio Code で開く
code［ファイル名］.py	［ファイル名］.py を新規ファイルとして作成、既存のファイルがある場合には、そのファイルを開く

表 2-1　コンソール（Powershell）で使用する主なコマンド

では、早速 Python を起動してみましょう。以下のように「python」とタイプし［Enter］キーを押します。

```
(base) PS C:¥Users¥[ ユーザー名 ] > python
```

すると、インストール時の Python のバージョン（ここでは、3.9.5）と起動メッセージが表示され、Python が**対話モード**で起動します。

```
(env_iRL) PS C:¥Users¥[ユーザー名] > python
Python 3.9.5 (default, May 18 2021, 14:42:02) [MSC v.1916 64 bit (AMD64)] :: Anaconda, Inc. on win32
Type "help", "copyright", "credits" or "license" for more information.
>>>
```

最後に表示された 3 つの不等号「>>>」は、Python の対話モードのプロンプトです。対話モードでは、プログラムのファイルを作らなくても、プロンプトにコードを入力することで、そのコードをすぐに実行することができます。

例えば、以下のように計算式「15*823」と入れて［Enter］キーを押せば答えが表示されます。「*」は掛け算を意味します。

```
>>> 15*823
12345
```

当然ですが、計算だけでなく Python のプログラムを実行することができます。例えば、以下のように、一行ごとにタイプして［Enter］キーを押すことで、プログラムをつなげていくことができます。以下は、(1) 変数 x に 15 を入れる。(2) 変数 y に 823 を入れる。(3) x と y の掛け算の結果を表示する、というプログラムです。

```
>>> x=15
>>> y=823
>>> print(x*y)
12345
```

対話モードを終了するには、「quit()」とタイプして［Enter］キーを押します。すると、プロンプトが元の表示「>」となり、対話モードが終了したことが分かります。

```
>>> quit()
(base) PS C:¥Users¥[ユーザー名] >
```

2.2 仮想環境の構築とライブラリのインストール

インストールしたPythonのバージョンは3.9、またはそれ以上になりますが、本書のプログラムはPython 3.6の環境で以下のバージョンのライブラリをインストールして動かします。

- TensorFlow 1.12.0（ニューラルネットワークやディープラーニングモデル構築用）
- h5py 2.10.0（ニューラルネットワークモデルのパラメータ保存用）
- NumPy 1.16.1（ベクトルや行列の演算用）
- OpenCV 4.5.1.48（画像処理、画像表示、キー入力処理用）
- Matplotlib 3.3.4（グラフ表示用）
- Jupyter Notebook 1.0.0（Pythonの開発環境の一つ）

このように、Pythonでは動かすプログラムによって使用するライブラリのバージョンを指定されたものにそろえる必要があります。しかし、動かすプログラムが変わるたびに、Pythonやライブラリをインストールしなおすことは大変手間になります。

この問題を解決するために**condaコマンド**があります。condaコマンドを使うと、複数のライブラリをインストールした環境を**仮想環境**としてまとめることができます。別の仮想環境を作成し、そこにバージョンの違うライブラリをインストールすることで、仮想環境を切り替えて使い分けることもできます。

ここでは、iRL用の仮想環境を「env_iRL」の名前で作り、そこに必要なライブラリをバージョン指定でインストールしていきます。

今、コンソールを立ち上げていない方は、スタートメニューからAnaconda Powershell Promptを立ち上げてください。コンソールには、以下のように表示されていることを想定します（以降、PS C:¥Users¥[ユーザー名]の表示は重要でない場合には省略します）。

```
(base) PS C:¥Users¥[ユーザー名] >
```

それではまず、「conda create」コマンドで、「env_iRL」という名前の仮想環境をPython 3.6のバージョンで作成しましょう。仮想環境名は「env_iRL」でなくても問題ありませんが、「env_iRL」で作成することを前提に説明していきます。以下のようにタイプして実行します。

```
(base) > conda create -n env_iRL python=3.6
```

途中、以下のように継続の確認が出ますので、[y]を押して[Enter]キーを押します。これで仮想環境「env_iRL」ができあがります。

```
Proceed ([y]/n)?
```

ここでは実行しませんが、作成した仮想環境を削除するには、conda removeを使って、以下のようにします。

```
(base) > conda remove -n [仮想環境] --all
```

次に、作った仮想環境env_iRLに「conda activate env_iRL」のコマンドで入ります（これを、env_iRLをアクティブにすると言います）。

```
(base)> conda activate env_iRL
```

プロンプトの左側の部分が（base）から（env_iRL）に変わったことを確認してください。ここで「python」コマンドをタイプしてPythonの対話モードを起動し、Pythonのバージョンが3.6となっていることを確認してみましょう。

```
(env_iRL) > python
Python 3.6.13 |Anaconda, Inc.| (default, Mar 16 2021, 11:37:27) [MSC v.1916 64 bit (AMD64)] on win32
Type "help", "copyright", "credits" or "license" for more information.
>>>
```

上記のようにPython 3.6.xx（xxの部分は指定していないので任意、上の表記では13）と表示されていれば、想定通りPython 3.6の仮想環境が作れたことになります。確認ができたら「quit()」とタイプして、対話モードを終了しましょう。

```
>>> quit()
(env_iRL) >
```

次に、ニューラルネットワークやディープラーニングを扱うライブラリ「TensorFlow」、ベクトルや行列演算を扱うライブラリ「NumPy」、データ保存用に使うライブラリ「h5py」をバージョン指定でまとめてインストールします。「pip」というコマンドを使います。

```
(env_iRL)> pip install tensorflow==1.12.0 numpy==1.16.1 h5py==2.10.0
```

執筆時（2021 年 8 月）において TensorFlow はバージョン 2 以上がすでにリリースされていますが、本プログラムは、Python 3.6 の環境で TensorFlow 1.12.0 を使用することが、最も速く動く条件であることを確認しています。NumPy と h5py のバージョンは TensorFlow 1.12.0 に合わせて指定しています。

画像処理やキーボードの入力を扱う OpenCV（opencv-python）、そしてグラフ描画を扱う Matplotlib も以下のバージョン指定でインストールします。

```
(env_iRL)> pip install opencv-python==4.5.1.48 matplotlib==3.3.4
```

最後に、Python のコードの作成や実行をノート形式で行うことができる Jupyter Notebook を以下のバージョン指定でインストールします。

```
(env_iRL)> pip install jupyter==1.0.0
```

これで本書のプログラムを動かす環境は完成です。インストールされた全てのライブラリとそのバージョンをリスト表示するには、以下のコマンドを使います。

```
(env_iRL)> pip list
```

ライブラリをインストールすると、それに必要なライブラリも自動でインストールされるので、思ったよりも多くのライブラリがリストアップされるでしょう。

仮想環境 env_iRL から抜けるには、以下のコマンドを実行します。

```
(env_iRL)> conda deactivate
```

するとプロンプトの左側の表示が、以下のように（base）に戻り、env_iRL から抜けたことが確認できます。

```
(base)>
```

以上のような手続きで、好きな仮想環境をいくつも作ることができます。作った仮想環境のリストは、「conda info -e」というコマンドで以下のように表示させることができます。

```
(base)> conda info -e
# conda environments:
#
base                  * C:¥Users¥[ユーザー名]¥miniconda3
env_iRL                 C:¥Users¥[ユーザー名]¥miniconda3¥envs¥env_iRL
```

今アクティブになっている環境が「*」でマークされます。「base」は初めから存在する特別な仮想環境です。Anaconda Powershell Prompt を立ち上げたときに最初に表示される（base）の説明を保留にしていましたが、この（base）は、「base という仮想環境にいる」、という意味になります。

今後は、Windows のスタートメニューから Anaconda Powershell Prompt を立ち上げて、以下のコマンドで仮想環境「env_iRL」に入れば、Python 3.6 のもとで今インストールしたライブラリが使用できる環境となります。

```
(base) > conda activate env_iRL
```

コンソールを終了するためには、通常のソフトと同様にウインドウ右上の「×」をクリックすればよいのですが、「exit」というコマンドでも終了することができます。このコマンドをタイプして、いったん終了しましょう。

```
(base) > exit
```

コンソールのウインドウが消えれば OK です。

2.3 iRL のダウンロードと展開

ここからは、iRL のダウンロードと展開の方法を説明します。iRL は基本的にどのディレクトリに展開しても正常に動きますので、自分で展開して Python を始められる方は独自に進められて結構です。

ここでは、メインのハードディスクドライブ（Windows 10の場合は、Cドライブ）の直下に「myprojects」という作業用のディレクトリを作り、そこに、本書のプログラムのセット「iRL」フォルダを配置する方法を説明します。以降、本書ではこのディレクトリ構造を想定して解説を進めていきます。

コンソールのコマンド操作に慣れていない方は、基本の操作を覚えるために、この作業をコンソールで途中まで行ってみましょう。スタートメニューからAnaconda Powershell Promptを立ち上げます。コンソールには、以下のように表示されていることを確認してください。

```
(base) PS C:¥Users¥[ユーザー名]>
```

「cd ..」で、カレントディレクトリの1つ上の階層に移動することができます。まず1回実行します。

```
(base) PS C:¥Users¥[ユーザー名]> cd ..
(base) PS C:¥Users>
```

ディレクトリの表示から[ユーザー名]がなくなり、上の階層に移動できたことが分かります。ここで、キーボードのカーソルキーの[↑]を押してみましょう。先ほど実行したコマンド「cd ..」が出てきたと思います。さらに押すとその前に実行したコマンドが表示されます。[↓]キーを押せば戻ります。この[↑][↓]で過去のコマンドを表示する操作はとても便利ですので覚えてしまいましょう。では、この操作で「cd ..」をもう一度表示し、[Enter]キーを押してさらにもう1つ上の階層に移動しましょう。

```
(base) PS C:¥Users> cd ..
(base) PS C:¥>
```

これで、Cドライブ直下がカレントディレクトリとなりました。ここで、ディレクトリを作るコマンド「mkdir」を使って、「myprojects」というディレクトリを作ります。「mkdir myprojects」とタイプして[Enter]キーで実行しましょう。次のように表示されれば成功です。

```
(base) PS C:¥> mkdir myprojects


    ディレクトリ: C:¥


Mode                 LastWriteTime         Length Name
----                 -------------         ------ ----
d-----        2021/07/20     22:38                myprojects
```

次に、「cd myprojects」で、作成した「myprojects」ディレクトリに入ります。ここで、「cd myp」までタイプしたら［Tab］キーを押してみてください。「cd .¥myprojects¥」と自動的に補完されたと思います。前後に「.¥」と「¥」が追加されましたが、「¥」はディレクトリの区切りを表し、「.」はカレントディレクトリを表します。つまり、補完された「.¥myprojects¥」は、「カレントディレクトリの下のmyprojectsディレクトリ」という意味になります。「cd .¥myprojects¥」でも、「cd myprojects」でも動作は同じです。

［Tab］を押しても、条件に当てはまる別のファイル（やディレクトリ）があると、別のファイル名が表示されてしまう場合もあります。その場合には、［Tab］キーをもう一度押すことで候補が切り替わります。この［Tab］キーによる補完（**タブ補完**）は、便利ですのでぜひ活用してください。

```
(base) PS C:¥> cd .¥myprojects¥
(base) PS C:¥myprojects>
```

次に、コンソールからカレントディレクトリをエクスプローラーで表示しましょう。コマンドは「explorer .」です（macOSの場合は、「open .」です）。最後の「.」は、カレントディレクトリを意味しますので忘れないようにしてください。

```
(base) PS C:¥myprojects> explorer .
```

エクスプローラーが、空の「myprojects」を開いて起動します（図2-5）。

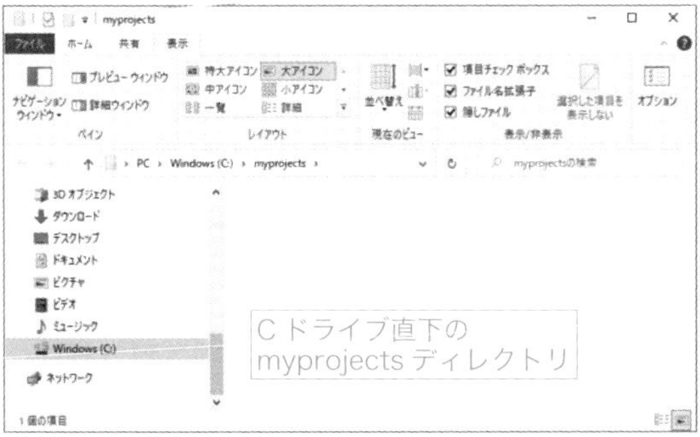

図 2-5　エクスプローラーの起動

次にブラウザを起動し、以下のサポートサイトを開いてください。

日経ソフトウエア別冊のサポートサイトの URL https://nkbp.jp/nsoft_books

サポートサイトを開いたら、本書のページを探してクリックし、そのページからプログラムをダウンロードしてください。「iRL.zip」というプログラムのセットをダウンロードしたら、先ほどエクスプローラーで開いた C:¥myprojects の中に保存します。

「iRL.zip」は圧縮された zip 形式なので、展開(解凍)する必要があります。ファイルを右クリックしてメニューを表示し、「すべて展開」を選びます (図 2-6(1))。

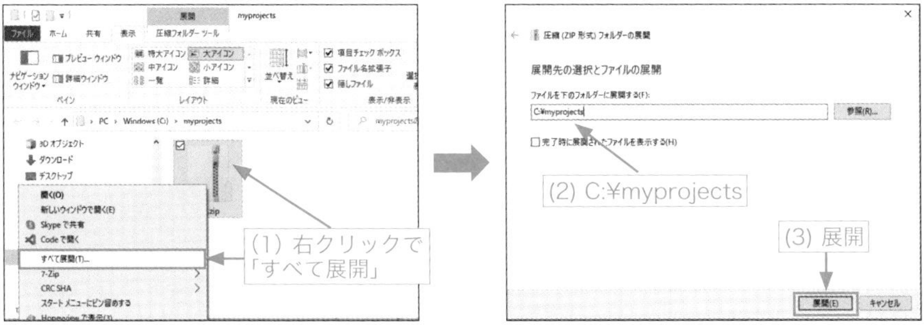

図 2-6　iRL.zip の展開

すると、図 2-6 右の画面が表示されますので、「ファイルを下のフォルダーに展開する」は (2)「C:¥myprojects」とし、(3)「展開」を押します。

図 2-7(1) のように、「myprojects」ディレクトリの下に「iRL」のディレクトリができたことを確認してください。

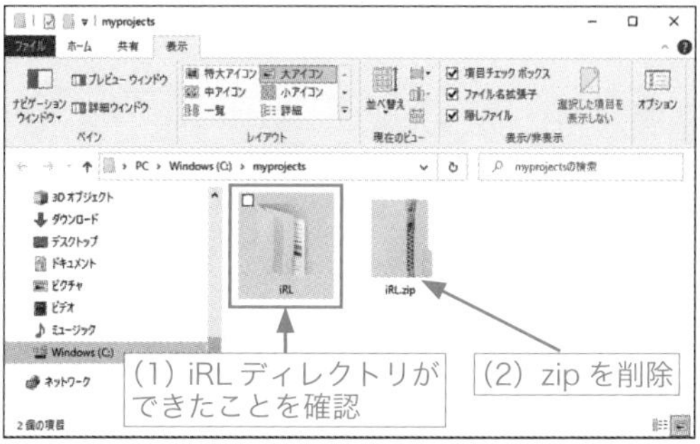

図 2-7　myprojects の下の iRL ディレクトリ

iRL 以下のディレクトリ構造は以下のようになっていることを確認します。

```
C:¥myprojects/iRL/
  ├ c03_samples/       --- 3 章のサンプルプログラムのディレクトリ
  ├ c05_samples/       --- 5 章のサンプルプログラムのディレクトリ
  ├ c08_samples/       --- 8 章のサンプルプログラムのディレクトリ
  ├ kouzaB_samples/    --- 講座 B のサンプルプログラムのディレクトリ
  ├ main/              --- 強化学習のメインのプログラムのディレクトリ
  └ myspace/           --- 練習用ディレクトリ
```

確認ができたら、図 2-7（2）の iRL.zip は不要なので削除しても構いません。これで、iRL を使う準備は整いました。

3章

教師あり学習

3章 教師あり学習

1 章の復習になりますが、「教師あり学習」の問題には「回帰」と「分類」があり、「回帰」は数値を予測する問題で、「分類」はクラスを予測する問題でした。

本書の 6 章では、ニューラルネットワークを回帰の目的で使用し、強化学習に応用することで、強化学習のパワーアップを図ります。そこでの利用を主眼に入れて、本章では回帰の説明をしていきます。

回帰の問題を解く方法には、ニューラルネットワーク以外にも、仕組みが簡単な「線形回帰モデル」があります。まずこの線形回帰モデルを使って予測モデルの作り方をじっくり解説し、そのあとでニューラルネットワークの説明に移ります。

3.1 1 次元入力の線形回帰モデル

本節では、1 章の「教師あり学習」の説明で話題にしたアイスクリームの売り上げ予測の例を使って、線形回帰モデルでの予測モデルを具体的に作っていきます。1 章で説明した手順に従って、データの準備、予測モデルのパラメータ調整、予測モデルの動作確認の順に解説を進めていきます。

3.1.1 データの準備

アイスクリームの売り上げ個数は、気温（1 日の平均気温）が高くなると多くなります。まず、実際のデータに似せた疑似データを作るところから始めます。2 章で準備した iRL ディレクトリの iRL/c03_samples/c03_1_regression_1d.ipynb を Jupyter Notebook で開いて、list 3-1-(1) を実行しましょう。Jupyter Notebook の使い方は、巻末の講座 B-2 を参照してください。

list 3-1-(1)

```
# list 3-1-(1) データを作成する

%matplotlib inline
import numpy as np
import matplotlib.pyplot as plt

# 小数点以下の表示桁数を 3 桁にする (A)
np.set_printoptions(precision=3, suppress=True)
plt.rcParams['font.size'] = 14                    # フォントサイズを設定 (B)
plt.rcParams['figure.figsize'] = (7, 4)           # 図のサイズ指定 (C)

n = 30                                  # データ数
noise = 5                               # ノイズの大きさ
np.random.seed(3)                       # 乱数の seed を指定
xs = np.random.rand(n) * 30             # xs (気温) を一様乱数で決める
ts = (0.1 * xs) ** 4 + 1 * xs + 50 ¥
    + np.random.randn(n) * noise        # ts (売り上げ) を決める (D)
x_range = (0, 30)                       # 表示用の x の範囲
t_range = (30, 140)                     # 表示用の t の範囲

print('xs', xs)
print('')
print('ts', ts)
```

list 3-1-(1) の説明です。(A) は NumPy の変数の小数点以下の表示桁数を 3 にするコードで、(B) (C) は Matplotlib で表示するグラフのデフォルトパラメータの変更です。(A) (B) (C) は、以降の表示全てに反映されます。(D) がデータを作成している部分ですが、ここでは内容はあまり気にしなくてもよいでしょう。簡単にだけ説明しますと、係数を適当に定めた xs (気温) の 4 次関数にノイズ (乱数) を加えて ts (売り上げ) を作っています。他のコードについては、コード中のコメントを参考にしてください。実行結果は次の通りです。

list 3-1-(1) の実行結果

```
xs [16.524 21.244 8.727 15.325 26.788 26.889 3.768 6.217 1.544
13.224 0.896 13.705 19.474 8.355 20.288 17.726 0.719 16.766
7.778 12.453 8.506 20.794 13.214 4.706 16.339 23.409 9.191 6.659
11.639 28.092]
```

```
ts [ 70.135 90.464 63.033 80.721 122.065 126.031 49.769 44.271
46.926 61.163 56.516 66.573 75.741 62.075 85.447 68.883 47.736
71.724 53.774 65.007 47.788 88.152 71.328 59.019 79.008 109.037
67.342 51.264 67.704 131.06 ]
```

list 3-1-(1) の実行で、30 個の xs（気温）と ts（売り上げ）が作成されました。xs は、**入力変数**または**入力データ**と呼びます。ts は**目標データ**と呼びます。目標データは、**教師データ**または**ターゲットデータ**と呼ぶ場合もあります。ts は売り上げ個数なので本来ならば整数ですが、実数値の方がプロットの点が重ならずに見やすくなります。ですから、ここでは同じ地域の複数店舗の平均値だという言い訳を受け入れてもらって、実数であることを承知してください。

プログラム中の変数の命名法ですが、xs の s は複数形の s を意味しており、xs は x が複数集まっているという意味です。ts についても同様で、t が複数集まっているという意味です。

xs、ts を数式で表すときには、以下のように縦ベクトルで表します。

$$\mathbf{x} = \begin{bmatrix} x_0 \\ x_1 \\ \vdots \\ x_n \\ \vdots \\ x_{N-1} \end{bmatrix} = \begin{bmatrix} 16.524 \\ 21.244 \\ \vdots \\ 8.727 \\ \vdots \\ 28.092 \end{bmatrix}, \quad \mathbf{t} = \begin{bmatrix} t_0 \\ t_1 \\ \vdots \\ t_n \\ \vdots \\ t_{N-1} \end{bmatrix} = \begin{bmatrix} 70.135 \\ 90.464 \\ \vdots \\ 63.033 \\ \vdots \\ 131.06 \end{bmatrix} \qquad \text{式 (3-1)}$$

本書では、数式でベクトルの変数を表す場合は「$\mathbf{x}$」のように斜体ではない小文字の太文字で表し、スカラー（数値）の変数は「x」のように小文字の細字の斜体で表すものとします。プログラムの変数は「x」で表します。

式（3-1）の x_0, $x_1, \cdots$ や t_0, $t_1 \cdots$ は、ベクトルの要素を表します。これらは 1 つの数値を表すので、小文字の斜体となっています。

x_n、t_n の右下の数値 n は、**要素番号**または**インデックス**と言い、ベクトルの何番目の要素を表しているかを意味します。通常の数学の解説書では、N 個の要素のベクトルのインデックスは 1 から始まり N で終わりますが、本書では、

0から始まり $N-1$ で終わるようにします。Pythonのプログラムの配列変数のインデックスは0から始まるので（C、C++、C#、Java、JavaScriptなども0からです）、それと一致させるためです。

インデックスについてこまごまと説明しましたが、要点をまとめますと、数式でのベクトル $\mathbf{x}$ をプログラムの変数 xs で表すとき、$\mathbf{x}$ の2番目の要素 x_1 は、プログラムの変数の xs[1] に対応するということになります。

もう一点、本書におけるJupyter Notebook（巻末の講座B-2参照）を想定したプログラムのリスト番号のルールについても説明しておきます。リスト番号は、3-1-(1) のように、3つの数字で表します。これは、[章番号]-[プロジェクト番号]-(通し番号) を意味します。同じ [章番号]-[プロジェクト番号] のリストは (通し番号) の順番で実行していくことが前提です。新規に（Jupyter Notebookを立ち上げた直後に）開始する場合は、その [章番号]-[プロジェクト番号] の (1) から実行してください。

では、作成したデータをグラフで表示して分布を確認しましょう。list 3-1-(2) が分布を描くコードです。先ほど述べたリスト番号のルールに基づいて、このプログラムは先に list 3-1-(1) を実行していることが前提です。

list 3-1-(2)

```
# list 3-1-(2) データをプロット表示する

plt.scatter(xs, ts, label='data')               # 分布の表示（A）

def plt_setting():                               # グラフの調整の関数定義（B）
    plt.legend()
    plt.xlim(x_range)
    plt.ylim(t_range)
    plt.xlabel('x (temperature)')
    plt.ylabel('t (sales)')
    plt.grid(axis='both')

plt_setting()                                    # グラフの調整実行（C）
plt.show()
```

list 3-1-(2) の説明です。(A) で分布を表示しています。(B) では、グラフの表示に関する設定（凡例表示やラベル表示等）を plt_setting() という関数でまとめています。これは、以降のリストでも使えるようにするためです。(C) で plt_setting() を実行してグラフの表示を整えています。

では、実行結果でデータを見てみましょう（図 3-1)。プロットで、気温が上がるほど売り上げが伸びていく様子が再現できています。また、ノイズがあるので、例えば気温 $x = 15$ 度周辺では、売り上げ t は 60 から 80 くらいの範囲でばらついていることが分かります。

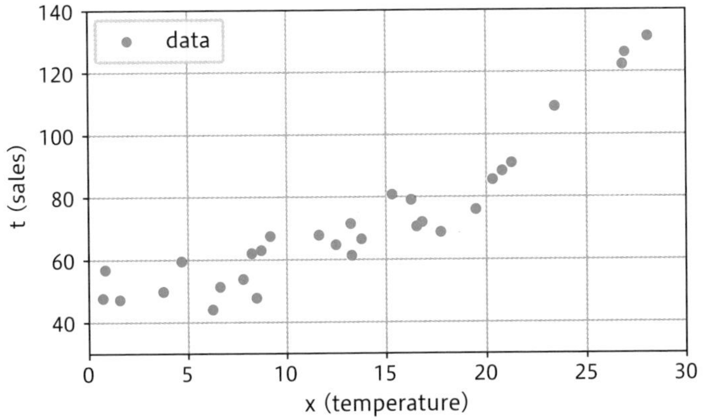

図 3-1　アイスの売り上げデータ：list 3-1-(2) の実行結果

3.1.2 予測をすることは線を引くこと

ここから「予測モデルのパラメータ調整」に入ります。教師あり学習の目的は、未知の入力データ x に対する目標データ t を y で「予測」することです。「予測」というと難しいように思えるかもしれませんが、いたって簡単なことで、予測は、

「データに沿って線を引く」こと

で、できてしまいます。極端な話、手で線を引いても予測はできます。例えば、図 3-2 では描画ソフトを使って、手作業でデータに沿う線を描きました。

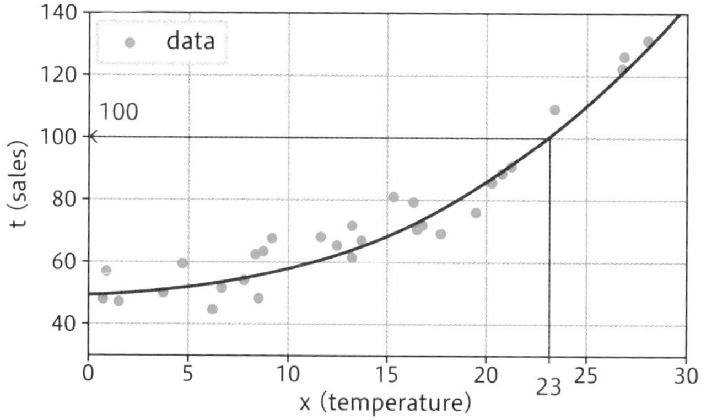

図 3-2　手で描いた線で売り上げを予測する

かなり良い線が描けたと思います。この線があれば、例えば、気温 23 度（$x = 23$）のときのアイスの売り上げは約 100 個（$y = 100$）だと予測できます。実際には気温 23 度に対するデータはないのですが、線を描いたおかげで予測ができたというところがポイントです。

3.1.3　線形回帰モデル（直線モデル）

しかし、実際に手作業で線を描くのは面倒です。また、人によって描き方が変わってしまうようでは困ります。そもそも今は 1 次元の入力で考えていますが（スカラー、つまり 1 つの数値の x に対して予測をしている）、入力の次元が 2 次元以上になると手で線を引くことはまず不可能でしょう[1]。このような問題に対して自動で線を引くことを考えるのが「教師あり学習」なのです。

最も単純な方法は、直線の式を使うことです。直線の式は以下のような式で表されます。

$$y = w_0 x + w_1 \qquad \text{式 (3-2)}$$

[1] 正確には、入力が2次元になると面を配置することになりますが、それも含めて、「データに沿って線を引く」というイメージで統一します。

ここで w_0 は直線の傾き、w_1 は直線の切片に対応します。筆者が中学生のときには $y = ax + b$ の式で、傾きは a、切片は b で表すのが通例でしたが、機械学習では w を使います。この w は weight（重み）が由来となっています。

この直線の式は**予測モデル**としても解釈することができます。「x を入力するとそれに対する予測値 y を出力するモデル（アルゴリズム）」として考えるのです。w_0 と w_1 は、予測モデルの**パラメータ**と呼び、この値を変えると予測の値も変わります。予測が最も良くなるように w_0 と w_1 を合わせ込むことが、これ以降の目的になります。

この直線の予測モデルはとてもシンプルですが、**線形回帰モデル（linear regression model）**という立派な名前があります。式（3-2）は入力 x が「1 次元の場合」の線形回帰モデルに対応します。

入力が 2 次元 $\mathbf{x} = (x_0,\ x_1)$ だったら、線形回帰モデルは、以下のようになります。

$$y = w_0x_0 + w_1x_1 + w_2 \qquad \text{式（3-3）}$$

n 次元の入力の一般的な場合の線形回帰モデルは、以下のようになります。

$$y = w_0x_0 + w_1x_1 + \cdots + w_{n-1}x_{n-1} + w_n \qquad \text{式（3-4）}$$

では、1 次元の話に戻って、線形回帰モデルを表すプログラムの関数を作りましょう。それが、list 3-1-(3) です。関数名は linear_reg() としました。x と w_0 と w_1 を引数にして、対応する出力 y を返します。

list 3-1-(3)

```
# list 3-1-(3) 線形回帰モデルを定義する

def linear_reg(x, w0, w1):
    y = w0 * x + w1
    return y

print(linear_reg(10, 1, 40))                        # (A)
print(linear_reg(np.array([10, 20, 30]), 1, 40))    # (B)
```

linear_reg() の入力の x は、(A) のように単独の数値 10 でも、(B) のようにベクトル np.array([10, 20, 30]) でも成り立ちます。(B) の場合は出力がベクトルになります。Python は便利ですね。

list 3-1-(3) の実行結果

```
50
[50 60 70]
```

ここで、線形回帰モデルの式 (3-2) の w_0 と w_1 に具体的な値を入れると直線の傾きと切片が定まります。例えば $w_0 = 1$、$w_1 = 38$ と決めて、この場合の直線をデータの上に重ねて描いてみましょう。そのコードが list 3-1-(4) になります。

list 3-1-(4)

```
# list 3-1-(4) 線形回帰モデルをグラフ表示する

xs_pred = np.linspace(x_range[0], x_range[1], 50)    # (A)
ys_pred = linear_reg(xs_pred, w0=1, w1=38)            # (B)

plt.scatter(xs, ts, label='data')
plt.plot(xs_pred, ys_pred, 'g', label='linear regression')
plt_setting()
plt.show()
```

(A) では、線を描く x の範囲を 50 等分してベクトル (ndarray 型) を作成し xs_pred としました。この 50 という数値は線を描く範囲の細かさ、つまり解像度に対応します。ここでは描く線が直線なので解像度は 2 でも問題なく描けますが、どんな線が現れるか分からないという前提で 50 としました。

(B) では、xs_pred に対する線形回帰モデルの出力を ys_pred に取得しています。

list 3-1-(4) を実行すると図 3-3 のグラフが描けました。しかし、適当に $w_0 = 1$、$w_1 = 38$ と決めたので、直線はデータからずれています。

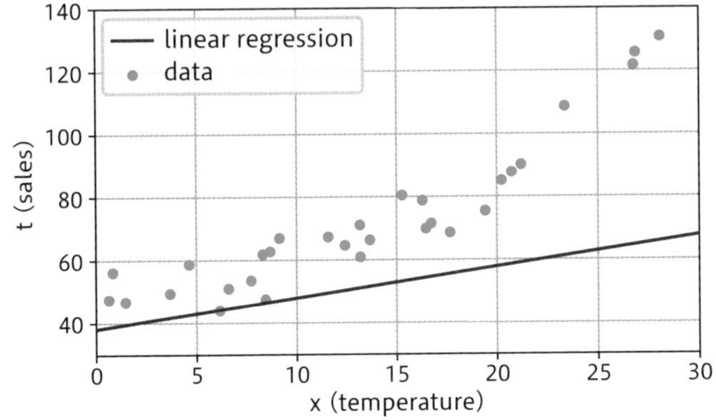

図 3-3　線形回帰モデル（$w_0 = 1$、$w_1 = 38$ のとき）：list 3-1-(4) の実行結果

3.1.4 平均二乗誤差 (MSE)

図 3-3 で描いた直線がデータからずれてしまったのは、パラメータ w_0、w_1 が適切でなかったからです。この「ずれ」を修正するために「ずれ」の度合いを数値化するところから始めます。

まず、インデックスが 0 の初めのデータに着目します。list 3-1-(1) の実行結果で確認した通り、インデックスが 0 のデータは、$x_0 = 16.524$, $t_0 = 70.135$ の点です（図 3-4）。

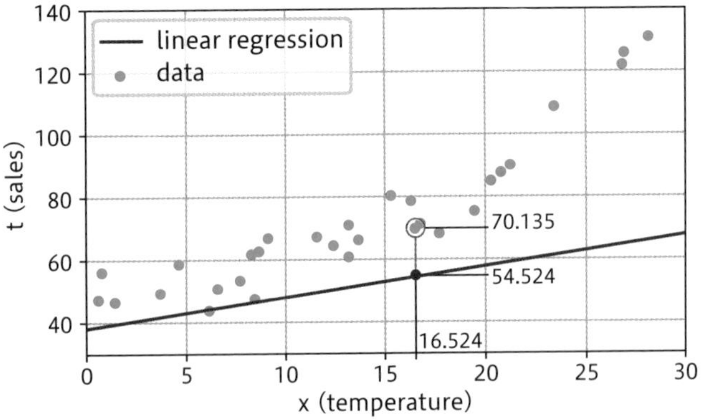

図 3-4　データとモデルの予測のずれ

$w_0 = 1$ と $w_1 = 38$ のとき、$x_0 = 16.524$ に対するモデルの予測は、

$$
\begin{aligned}
y_0 &= w_0 x_0 + w_1 \\
&= 1 \times 16.524 + 38 \\
&= 54.524
\end{aligned}
$$

です。よって、目標の $t_0 = 70.135$ との差は、

$$t_0 - y_0 = 70.135 - 54.524 = 15.611$$

となります。このように「$t - y$」の値は「ずれの度合い」として使えそうですが、実はよくありません。なぜなら、この例ではたまたま y が t よりも下側にずれていたから、$t - y$ の値が正の値となりましたが、y が t よりも上側にずれる場合には、$t - y$ が負の値になってしまうからです。

「ずれの度合い」を正しく数値化するには、上側にずれても下側にずれても、ずれが大きくなるに従って大きな値をとるようなものでなくてはなりません。

そこで、$t - y$ を2乗した「$(t - y)^2$」を「ずれの度合い」として考えます。この2乗した値なら、y が t の上側にずれても下側にずれても、ずれが大きくなればなるほど大きな値を持ち、いかなる場合でも負の値になることはありません。今の y_0 と t_0 に対してこの2乗の値を計算してみると以下のようになります。

$$(t_0 - y_0)^2 = (70.135 - 54.524)^2 = 15.611^2 = 243.703$$

さて、この値を全てのデータ点で計算し、それらを平均すれば、全データからのずれを数値として表せます。これを、**平均二乗誤差（mean squared error、MSE）**と呼び、J で表すことにします。数式で書くと下のようになります。

$$J = \frac{1}{N}\{(t_0 - y_0)^2 + (t_1 - y_1)^2 + \cdots\} = \frac{1}{N}\sum_{n=0}^{N-1}(t_n - y_n)^2 \qquad \text{式 (3-5)}$$

では、この平均二乗誤差を計算する関数 mse_linear_reg() を作りましょう。プログラムは list 3-1-(5) です。引数でデータ `xs` と `ts` を渡して `w0` と `w1` を指定すると平均二乗誤差を出力する関数です。

list 3-1-(5)

```
# list 3-1-(5) 線形回帰モデルの MSE を計算する

def mse_linear_reg(xs, ts, w0, w1):
    ys = linear_reg(xs, w0, w1)                # モデルの予測 (A)
    mse = np.mean((ts - ys) ** 2)              # MSE の計算 (B)
    return mse

mse = mse_linear_reg(xs, ts, w0=1, w1=38)
print(f'MSE = {mse:.3f}')
```

(A) で xs に対するモデルの予測 ys を計算します。ys は ndarray 型のベクトルです。(B) で MSE を計算します。式 (3-5) は和をとってから N で割るという意味になりますが、この計算は平均を求める np.mean() で簡単に済ませることができます。

list 3-1-(5) の実行結果

```
MSE = 718.228
```

$w_0 = 1$、$w_1 = 38$ のときの MSE は、718.228 という結果になりました。

さあ、MSE を定義したことで、目的を達成する見通しはだいぶ明るくなりました。あとは、この MSE を最小にする、つまり、直線とデータの「ずれの度合い」を最小にする w_0 と w_1 のペアを見つけ出せばよいということになります。

そこで、MSE と w_0、w_1 の関係を知るために、w_0 と w_1 をある範囲の中でグリッド状に変えながら MSE を計算し、図 3-5 の表を作りました。

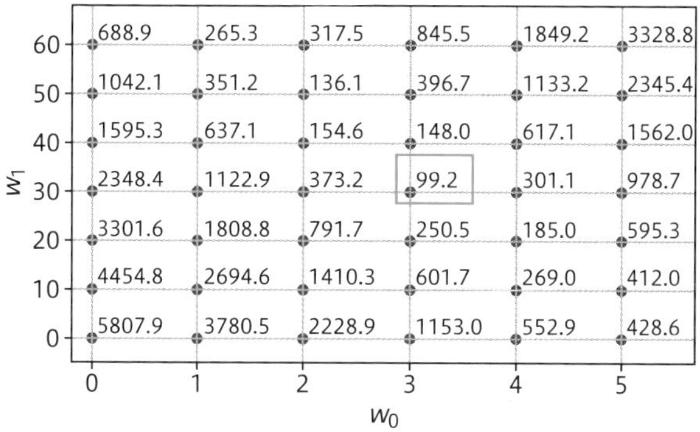

図 3-5　MSE の表による探索

この表の中では、MSE の最小値は $w_0 = 3$、$w_1 = 30$ のときの 99.2 であることが分かります。そして、その点から離れていくほど MSE は急激に大きくなっていることも分かります。

この変化をもっと細かい解像度で見るために、調べるグリッドの間隔を小さくし、MSE の値を表に書き込む代わりに等高線で表したものが図 3-6 になります。等高線表示では、同じ等高線上の w_0 と w_1 が同じ MSE の値を持っているという意味になります。

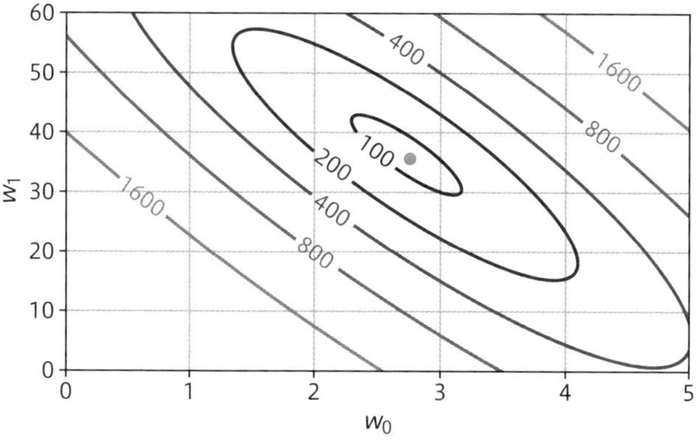

図 3-6　w_0 と w_1 に対する平均二乗誤差（MSE）

この図 3-6 を見ると、青点で示した $w_0 = 2.7$、$w_1 = 35$ 付近で MSE が最小となっていることが分かります。そして、その最小点から離れるに従って、急激に MSE が大きくなっています。この等高線から立体の地形をイメージしてみてください。表現が適切ではないかもしれませんが、「斜めにつぶれたお椀の底」のような立体地形が想像できたと思います。

図3-6では、縦軸は0から60まで、横軸は0から5までの範囲を表しているので、縦軸の方が横軸よりもずっと長い範囲でパラメータを表していることになります。そのせいで図3-6で表した地形は、かなり横に引き延ばされていると言えます。そこでこの歪みをなくすために、縦と横の表示範囲をどちらも"5"にしてMSEの地形をlist 3-1-(6) で描きましょう。

list 3-1-(6)

```
# list 3-1-(6) MSEの等高線表示

def show_mse():
    w0_reso = 100
    w1_reso = 100
    w0s = np.linspace(0, 5, w0_reso)            # w0の範囲 (A)
    w1s = np.linspace(34, 39, w1_reso)          # w1の範囲 (B)
    mses = np.zeros((w1_reso, w0_reso))         # MSEを格納する2次元配列(C)

    for i0 in range(w0_reso):
        for i1 in range(w1_reso):
            # MSEの計算 (D)
            mse = mse_linear_reg(xs, ts, w0s[i0], w1s[i1])
            mses[i1, i0] = mse

    plt.figure(figsize=(5, 5))
    cont = plt.contour(                         # 等高線プロット (E)
        w0s, w1s, mses, cmap='pink',
        levels=[90, 100, 200, 400, 800, 1600],
        )
    cont.clabel(fmt='%.0f', fontsize=12)
    plt.ylabel('$w_1$')
    plt.xlabel('$w_0$')
    plt.grid(axis='both')

show_mse()
plt.show()
```

list 3-1-(6) の (A) と (B) で、計算する w_0 と w_1 の点を作成しています。(C) では計算するMSEを格納する配列変数を mses として作っています。MSEの計算は（D）で行っています。各 w_0 と w_1 の値に対して 1 点ずつ計算し、mses に入れています。（E）で計算した mses を等高線プロットしています。

図 3-7 の左図がここで作成した等高線プロットになります。その右側に、同じデータを 3D 表示にしたものを描きました（プログラムは掲載していません）。

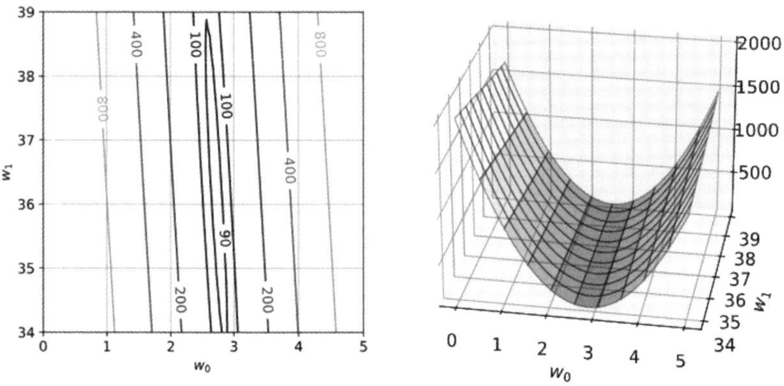

図 3-7　w_0 と w_1 に対する MSE（縦横で表示範囲をそろえた場合）

縦と横の範囲をそろえると、今度は「斜めにつぶれたお椀の底」というよりも「谷」のような地形になりました。これが歪みのない正しいイメージです。谷底に降りてしまうと w_1 軸に沿った方向では一見高低差はないようにも見えますが、等高線表示をよく見ると、わずかながらのへこみがあって（お椀の底を引き伸ばした名残です）、$w_1 = 36$ 付近が一番低くなっていることが分かります。

さて、ここまでだいぶ細かく w_0 と w_1 をグリッド状に区切って MSE を計算したので、それらを調べれば、MSE を最小とする w_0 と w_1 を良い精度で知ることができます。このように網羅的な方法で最小値や最大値を探す方法を、**グリッドサーチ**と呼びます。

しかし、この方法は非常に多くの w_0 と w_1 の組み合わせに対して MSE を計算するので、計算量がとても多くなります。そして、パラメータの数が増えると計算量が莫大に（指数関数的に）増えてしまいます。

そのような理由から、実際に MSE を最小にするパラメータを求めるには、**解**

析的手法や**勾配法**という、グリッドサーチとは別の方法が使われます。

「解析的手法」は、方程式を解くことで1回の計算で厳密な w_0、w_1 を求めてしまう方法です。このようにして求めた解を**解析解**と呼びます。扱うモデルの種類によって、解析的手法が使えるかどうかが決まっています。線形回帰モデルでは解析的手法が使えますが、次節で説明するニューラルネットワークモデルでは解析的手法は使えないので、このあとで述べる「勾配法」を使うことになります。

勾配法は、まず適当にパラメータを設定し、そのパラメータを少しずつ変えながら誤差を小さくしていく繰り返しの手法です。得られるものは近似的な解となるので、解析解に対して**近似解**と呼びます。

それでは、線形回帰モデルを使って、上記の2つの方法を試してみましょう。解析的手法が使える線形回帰モデルで勾配法を使うことは実用上ではありませんが、同じモデルで2つの方法を比較することで、理解が深まります。初めに勾配法を説明し、次に解析的手法を説明します。

3.1.5 勾配法

まず、近似的手法の勾配法から考えていきます。勾配法のイメージは「転がる鉄球」です。図3-6からイメージできるMSEの地形の、ある一点に鉄球を置くとします。そして、その鉄球がMSEの傾きに沿ってゆっくり転がっていき、お椀の底のような箇所まで進んで止まるという動きを想像します（図3-8)。

図3-8　勾配法のイメージ

鉄球の動きは十分にゆっくりで、「地形の傾き方向」にしか進まないと考えます。よって、いったんお椀の底まで転がり進んだ鉄球が、勢いあまってお椀の坂を登ることはありません。鉄球が止まった地点が、その近傍でMSEが最小となっている地点として考えます。

鉄球が止まった地点とは別の離れた箇所に、もっと地形の低い（MSEの小さい）箇所がある可能性もあります。しかし、鉄球が行きつく場所は最初のスタート地点で決まってしまうので、常にMSEが最小の場所に行けるという保証はありません。このように勾配法は、スタート地点の近傍でMSEが極小（お椀の底）となっている箇所を探すアルゴリズムです。この点については、3.2節のニューラルネットワークの箇所で、もう一度触れたいと思います。

では勾配法を数学的に考えていきます。「地形の傾き方向」とは、地形の一点に立ってその足元の周囲360度を調べたとき、地面が最も低く傾いている方向です。これが「鉄球が進む方向」になります。

ここで「鉄球が進む方向」として、w_0軸方向とw_1軸方向に分解したdw_0、dw_1を考えます（図3-9）。このdw_0、dw_1を求めることができれば、今いる地点からw_0方向にdw_0、w_1方向にdw_1進めることで、地形が最も低く傾いている方向に鉄球が進むということになります。

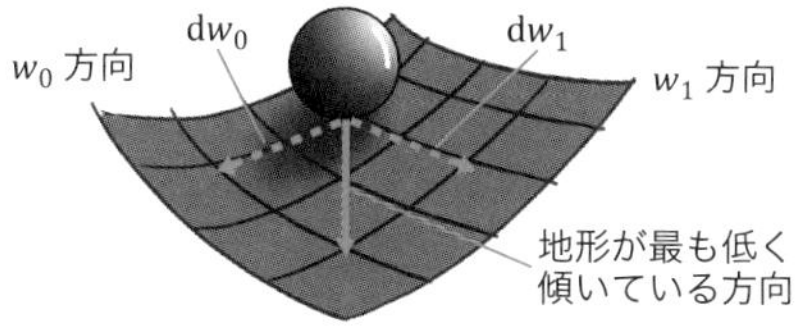

図3-9　MSEの地形の傾き

ここで、このdw_0、dw_1を定数倍（c倍）したcdw_0、cdw_1分で鉄球を進めても、進む方向は変わらないということを心に留めておいてください。この場合、cが変わると進む距離が変わります。cが小さいと進む距離は小さく、cが大きいと進む距離は大きくなります。

このdw_0とdw_1の値は、式（3-5）を「偏微分」することで得られます。高校では「微分」を学びますが、それは関数の傾きを求める計算でした。「偏微分」

は「微分」と似た概念で、w_0 方向や w_1 方向を区別して傾きを求める方法です。

計算の過程はここでは省略しますが[2]、dw_0 は、偏微分の計算を使って以下の式（3-6）で求まります。

$$dw_0 = -\frac{\partial J}{\partial w_0} = -\frac{2}{N}\sum_{n=0}^{N-1}(y_n - t_n)x_n \qquad \text{式（3-6）}$$

ここで $\frac{\partial J}{\partial w_0}$ は、式（3-5）の J を w_0 で偏微分するという意味です。これにマイナスを付けたものが dw_0 となります。この $\frac{\partial J}{\partial w_0}$ の計算をすると式（3-6）の右辺が導出されるということです。右辺の x_n と t_n は、入力データと目標データです。y_n は予測モデルの式に入力データ x_n を入力して得られる結果です。よって、右辺はプログラムで簡単に計算できそうですね。

同様に、dw_1 は以下の式（3-7）で求まります。式（3-6）と似ていますが、最後に x_n がない点で異なります。

$$dw_1 = -\frac{\partial J}{\partial w_1} = -\frac{2}{N}\sum_{n=0}^{N-1}(y_n - t_n) \qquad \text{式（3-7）}$$

では実際に、この dw_0 と dw_1 をプログラムで求めてみましょう。list 3-1-(7) が、その計算をする関数 dw_linear_reg() です。

[2] 計算過程の詳細は、伊藤真「Pythonで動かして学ぶ！あたらしい機械学習の教科書 第2版」（翔泳社）が参考になります。

list 3-1-(7)

```
# list 3-1-(7) dw0, dw1 を求める関数

def dw_linear_reg(xs, ts, w0, w1):
    ys = w0 * xs + w1
    dw0 = -2 * np.mean((ys - ts) * xs)  # 式 (3-6) (A)
    dw1 = -2 * np.mean(ys - ts)         # 式 (3-7) (B)
    return dw0, dw1

dw0, dw1 = dw_linear_reg(xs, ts, 1, 38) # (C)
print(f'dw0={dw0:.1f}, dw1={dw1:.1f}')
```


(A) と (B) がそれぞれ式 (3-6) と式 (3-7) の計算に対応します。関数を定義したあとに、(C) で $w_0=1$、$w_1=38$ のときの dw_0、dw_1 を計算し、結果を表示します。

list 3-1-(7) の実行結果

```
dw0=773.8, dw1=42.6
```

この関数で計算した dw_0、dw_1 の方向に w_0、w_1 を少しずつ更新していく手法が、「勾配法」になります。更新の式は、以下のようになります。

$$w_0 \leftarrow w_0 + \alpha dw_0 \qquad \text{式 (3-8)}$$

$$w_1 \leftarrow w_1 + \alpha dw_1 \qquad \text{式 (3-9)}$$

ここで、"←"は「右の値を左に入れる」を意味します。プログラムでの"="と同じです。

式 (3-8) と式 (3-9) で使われている α は、w_0 と w_1 の更新ステップの大きさを調節するパラメータで、**学習率**と言います。図 3-9 で説明した定数 c と同じ役割で、α の大きさが変わっても更新の方向は変わりませんが、大きい値にセットすると更新の幅が大きくなり、小さい値にセットすると更新の幅が小さくなります。

これで勾配法を行う式が出そろいました。これらの式を使って勾配法の手順をまとめると次のようになります。

(1) w_0、w_1 の初期値を決めます。
(鉄球の初めの位置を決めることに対応します)

(2) 式 (3-6) と式 (3-7) を使って、今の w_0、w_1 に対する dw_0、dw_1 を求めます。
(鉄球の地点の傾き方向を調べることに対応します)

(3) 式 (3-8) と式 (3-9) で w_0、w_1 を更新します。
(鉄球が斜面に沿って少し進むことに対応します)

(4) (2) に戻って繰り返します。この繰り返しを十分な回数行うか、dw_0、dw_1 の大きさが十分に小さくなったら終了します。

この手順に従って w_0、w_1 を更新し、予測の誤差を小さくしていくことを教師あり学習では**学習する**と言います。

ここで、学習率 α についてもう少し説明します。学習率 α は、自動で調節される w_0 と w_1 とは異なり、設計者が自ら値を設定しなくてはならないパラメータです。そのようなパラメータを**ハイパーパラメータ**と呼び、強化学習でもいくつか出てきます。

学習率 α は正の実数値を設定しますが、小さすぎると学習が遅くなり、大きすぎると w_0 と w_1 の値が収束せず学習が不安定になりますので、実際には、w_0、w_1 の更新の様子を見ながら適切な値に設定します。実装では 0.0001 ～ 0.1 あたりの値にセットすることが多いです。

ハイパーパラメータをどう設定するかについては 8.2 節でも述べますが、TensorFlow を使ってモデルを実装する場合には、学習率を自動調節してくれる Adam (Kingma & Ba, 2014) という勾配法の発展形を使うことができます。Adam は 3.2 節のニューラルネットワークの実装で使います。

以上の勾配法をプログラムにしたものが list 3-1-(8) になりますので見ていきましょう。

list 3-1-(8)

```
# list 3-1-(8) 勾配法

alpha = 0.001     # 学習率 (A)
init_w0 = 1.0     # w0 の初期値 (B)
init_w1 = 38.0    # w1 の初期値 (C)
w0s = [init_w0] # w0 をリスト w0s で保存していく準備、初めの値をセット
w1s = [init_w1] # w1 をリスト w1s で保存していく準備
first_mse = mse_linear_reg(xs, ts, w0=init_w0, w1=init_w1)
mses = [first_mse] # mse をリスト mses で保存していく準備
# 勾配法のループ (D)
for i in range(10000):
    dw0, dw1 = dw_linear_reg(xs, ts, w0s[-1], w1s[-1]) # (E)
    new_w0 = w0s[-1] + alpha * dw0 # w0 の更新 (F)
    new_w1 = w1s[-1] + alpha * dw1 # w1 の更新 (G)
    w0s.append(new_w0)  # (H)
    w1s.append(new_w1)  # (I)
    new_mse = mse_linear_reg(
        xs, ts, w0=w0s[-1], w1=w1s[-1]) # MSE の計算 (J)
    mses.append(new_mse) # (K)

# 結果の表示 (L)
print(f'勾配法: w0={w0s[-1]:.3f}, w1={w1s[-1]:.3f}' ¥
      + f' のとき最小 MSE {mses[-1]:.3f}')
show_mse()
plt.scatter(w0s, w1s, c='r', s=10)
plt.show()
```

まず、(A) で学習率を 0.001 と設定しています。(B) (C) で、w_0、w_1 の初期値をそれぞれ 1.0、38.0 と設定しています。(D) がメインとなる勾配法のループです。ここでは単純に 10000 回繰り返しています。

(E) で、dw_linear_reg() を使って更新方向 dw_0、dw_1 を得ます。w0s[-1] のようにリストのインデックスを「− 1」にすると、リストの最後の要素が参照されます。(F) (G) で w_0 と w_1 を更新し、新しい new_w0 と new_w1 を得ます。これらの値は、(H) (I) で w0s、w1s というリスト変数に追加していきます。同様に、(J) で平均二乗誤差 MSE も計算し、(K) でリスト変数 mses に追加していきます。次のループでは w0s と w1s に追加した new_w0 と new_w1 の値を使って次の dw_0、dw_1 を計算します。ループが終わったら (L) で結果を表示

します（図 3-10）。

list 3-1-(8) の実行結果

```
勾配法： w0=2.726, w1=36.234 のとき最小MSE 88.236
```

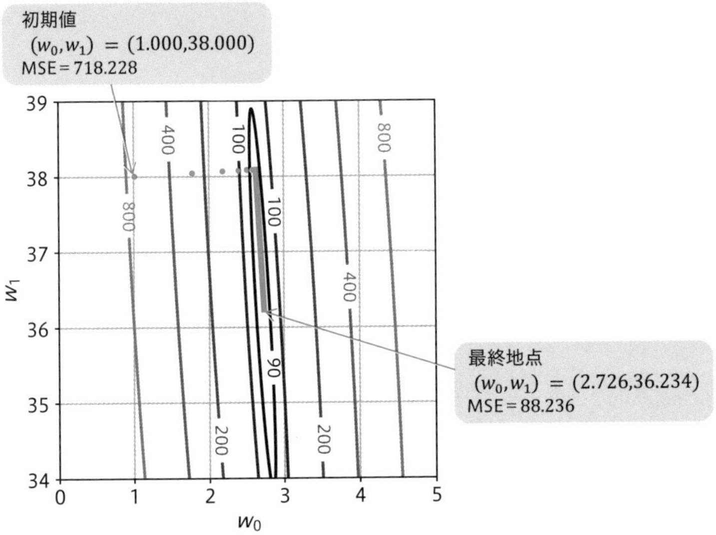

図 3-10　list 3-1-(8) の実行結果

実行結果の図 3-10 を見ると、初期値 $(w_0,\ w_1)=(1.000,\ 38.000)$ から出発した点は、傾きの急な方向（w_0 軸の正の方向）に向かって進み、谷底に到達すると、ゆっくりとした傾きに従って w_1 軸の負の方向へ進み、$w_1=36.2$ 付近で落ち着いたことが分かります。

プログラムの実行によって得られた（w_0, w_1）の最終的な値は（2.726, 36.234）で、そのときの MSE は 88.236 となりました。図 3-5 の表でざっくりと計算したときには、（w_0, w_1）の値が（3, 30）のときに最小 MSE が 99.2 だったので、それと比べると MSE がさらに改善していることが分かります。

では、list 3-1-(8) で mses に記録した更新ごとの MSE も表示して、その変化を見てみましょう。プログラムは list 3-1-(9) になります。

list 3-1-(9)

```
# list 3-1-(9) 学習曲線

print(f'最小 MSE = {mses[-1]:.2f}')
plt.plot(mses)
plt.ylim(88, 90)
plt.xlim(-100, 10000)
plt.xlabel('steps')
plt.ylabel('MSE')
plt.grid(axis='both')
plt.show()
```

実行結果の図 3-11 を見ると、初めの数回で急激に（ほとんど真下に見えます）MSE は下がっています。これは、学習開始時に w_0 の方向に沿って谷を下ったときに対応します（図 3-10）。そこからは MSE が徐々に減少し、最終的に、list 3-1-(9) の実行で表示された 88.24 という値に収束したことが分かります。

list 3-1-(9) の実行結果

```
最小 MSE = 88.24
```

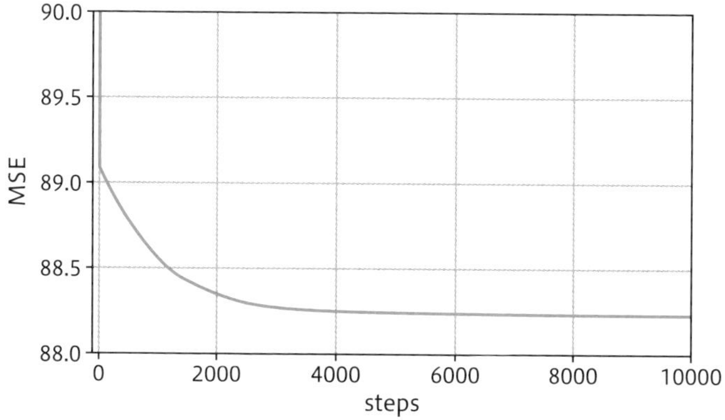

図 3-11　線形回帰モデルの学習曲線：list 3-1-(9) の実行結果

勾配法の手順の説明でも述べましたが、このように勾配法を使って徐々に誤差を減らしていく過程を「学習」と呼びます。そして、図 3-11 のように学習が進んでいく様子を示したグラフを**学習曲線**と呼びます。これは、「誤差のグラフ」でのみ学習曲線と呼ぶのではありません。学習の進行の目安となるものの時間発展であれば「学習曲線」と呼びます。

では最後に「予測モデルの動作確認」として、list 3-1-(10) で、求めた w_0、w_1 を使って、線形回帰モデルの入力に対する出力のグラフを描いてみましょう(図 3-12)。

list 3-1-(10)

```
# list 3-1-(10) 勾配法による線形回帰モデルのフィッティング

print(f'勾配法： w0={w0s[-1]:.3f}, w1={w1s[-1]:.3f}' ¥
      + f' のとき最小 MSE {mses[-1]:.3f}')
xs_pred = np.linspace(x_range[0], x_range[1], 50)
ys_pred = linear_reg(xs_pred, w0=w0s[-1], w1=w1s[-1])
plt.scatter(xs, ts, label='data')
plt.plot(xs_pred, ys_pred, 'green', label='gradient descent')
plt_setting()
plt.show()
```

list 3-1-(10) の実行結果

```
勾配法： w0=2.726, w1=36.234 のとき最小 MSE 88.236
```

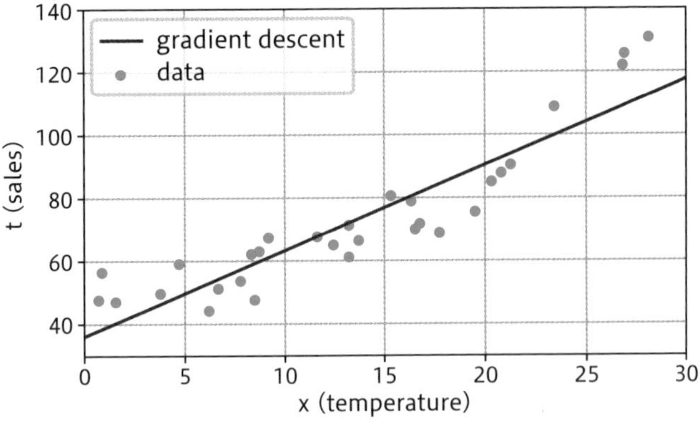

図 3-12　勾配法による線形回帰モデルのフィッティング：list 3-1-(10) の実行結果

図 3-12 のグラフを見ると、データの分布に対してちょうどよい位置と傾きで、直線が描けていることが分かります。少し長い道のりでしたが、うまく自動で w_0 と w_1 を決めることができました。目標達成です。このように、モデルのパラメータを調節して、データに合わせることを、**フィッティング**とも言います。

以上で勾配法の説明は終わりです。少し長くなってしまいましたが、この勾配法の概念はニューラルネットワークを取り扱うときに重要になってきますので、しっかり覚えておいてください。

3.1.6 解析解

次は、解析解の説明です。ここは、線形回帰モデルに限ったことになるので、強化学習の実践で使うニューラルネットワークについて早く知りたいという方はこの 3.1.6 項は読み飛ばしても構いません。

ここでは線形回帰モデルの解析解を求める公式を紹介します。公式は**行列**という変数で記述されているので少し抵抗感があるかもしれませんが、プログラムで言うところの単なる 2 次元配列ですので、公式とプログラムの対応関係を確認するというところまでを目標に頑張りましょう。

では、公式を使うための準備です。まず、データを次のような行列で表します。左側の縦の列に入力データを入れ、右側の列には全て 1 を入れています。

$$\mathbf{X} = \begin{bmatrix} x_0 & 1 \\ x_1 & 1 \\ \vdots & \vdots \\ x_{N-1} & 1 \end{bmatrix} \qquad \text{式 (3-10)}$$

ベクトルは、小文字の太字で表していましたが、行列はこのように大文字の太字で表します。ベクトル同様、斜体にはしません。

目標データ $\mathbf{t}$ は、すでに述べたように、次のような縦ベクトルで表すことができます。

$$\mathbf{t} = \begin{bmatrix} t_0 \\ t_1 \\ \vdots \\ t_{N-1} \end{bmatrix} \qquad \text{式 (3-11)}$$

この2つ、$\mathbf{X}$ と $\mathbf{t}$ を使って、予測モデルのパラメータ $\mathbf{w}$ は以下の公式で求まります[3]。

$$\mathbf{w} = (\mathbf{X}^{\mathrm{T}}\mathbf{X})^{-1}\mathbf{X}^{\mathrm{T}}\mathbf{t} \qquad \text{式 (3-12)}$$

この公式の右辺の $(X^{T}X)^{-1}X^{T}$ には、**ムーア・ペンローズの疑似逆行列**という名前が付いています。$\mathbf{X}$ の右肩にTや−1などの行列専用の演算記号があって行列に慣れていない人には抵抗感があると思いますが、簡単に説明します。

$\mathbf{A}^{\mathrm{T}}$ は、$\mathbf{A}$ の**転置**と呼びます。転置は行列の行と列を交換する演算で、プログラムコードではAを2次元のndarrayとしたとき、A.Tで計算できます。

$\mathbf{A}^{-1}$ は $\mathbf{A}$ の**逆行列**と呼びます。実数で言うところの「逆数」の行列バージョンです。プログラムコードでは、Aを2次元のndarrayとしたとき、np.linalg.inv(A) で計算できます。

$\mathbf{AB}$ は**行列の積**を表すということも重要です。これは実数で言うところの「掛け算」の行列バージョンで、結果も行列になります。プログラムコードでは、A @ B で計算できます。

式 (3-12) をプログラムで計算したものが、list 3-1-(11) になります。

list 3-1-(11)

```
# list 3-1-(11) ムーア・ペンローズの疑似逆行列

X = np.c_[xs, np.ones(len(xs))]                          # X を作成 (A)
w = np.linalg.inv(X.T @ X) @ X.T @ ts.reshape(-1, 1)  # 公式でwを求める (B)
w = w.reshape(-1)                                        # 1次元に戻す (C)
```

[3] 公式の導出は、伊藤真「Pythonで動かして学ぶ！あたらしい機械学習の教科書 第2版」（翔泳社）が参考になります。

(A) で式 (3-10) に示した行列 $\mathbf{X}$ を作ります。(B) が式 (3-12) で示した公式に対応します。勾配法で苦労して求めた w_0、w_1 が、この 1 行で求まってしまいます。w は縦ベクトルとして求まりますが、w の内容を参照しやすいように (C) で通常の 1 次元ベクトルに戻しています。これで、w_0 が w[0]、w_1 が w[1] に対応することになります。

list 3-1-(12) で、この w で MSE も求めて結果を表示しましょう。

list 3-1-(12)

```
# list 3-1-(12) MSE の計算

mse = mse_linear_reg(xs, ts, w0=w[0], w1=w[1])
print(f'解析解: w0={w[0]:.3f}, w1={w[1]:.3f}' +
      f' のとき最小MSE {mse:.3f}')
```

list 3-1-(12) の実行結果

```
解析解: w0=2.726, w1=36.221 のとき最小MSE 88.236
```

解析解の MSE は 88.236 となりました。計算時間は一瞬です。勾配法のときの MSE の結果と並べてみましょう。

list 3-1-(8) の実行結果 (再掲)

```
勾配法: w0=2.726, w1=36.234 のとき最小MSE 88.236
```

ほとんど勾配法と同じ結果が得られていることが分かります。勾配法は for 文で 10000 回も計算を回して答えを得たのに対し、解析解は 1 回の式の計算で正確な解が求まったということに着目してください。筆者の PC で計算時間を測定したところ、勾配法が 714ms の時間がかかったのに対して解析解は 996 μs とほぼ一瞬でした (Jupyter Notebook のマジックコマンドで測定。セルの 1 行目に %%time を入れると、そのセルの計算時間が表示されます)。

さらに、解析的手法は学習率のようなハイパーパラメータを決める必要もないのでいいこと尽くめです。今回は、説明のために勾配法も使いましたが、このように解析解が存在する線形回帰モデルなどでは勾配法を使う必要はなく、解析解を使うのが普通です。

3.2 1次元入力のニューラルネットワークモデル

次はニューラルネットワークの説明です。線形回帰モデルは直線しか表せませんでしたが、ニューラルネットワークを使うと曲線を表すことができます。

1.6節で説明したように、ニューラルネットワークは脳の**神経細胞（ニューロン）**を模倣したニューロンモデルから構成されます。本節では、初めにニューロンモデルを解説し、そのあとでニューラルネットワークモデルの説明に進みます。

3.2.1 神経細胞（ニューロン）

1.6節でも少し触れましたが、神経細胞は「軸索」と呼ばれるケーブルを持っており、このケーブルで電気的なパルス信号（一時的な電位の上昇）を別の神経細胞に送ります。このケーブルから次の神経細胞へは、**シナプス**と呼ばれる構造で結合しています（図3-13)。

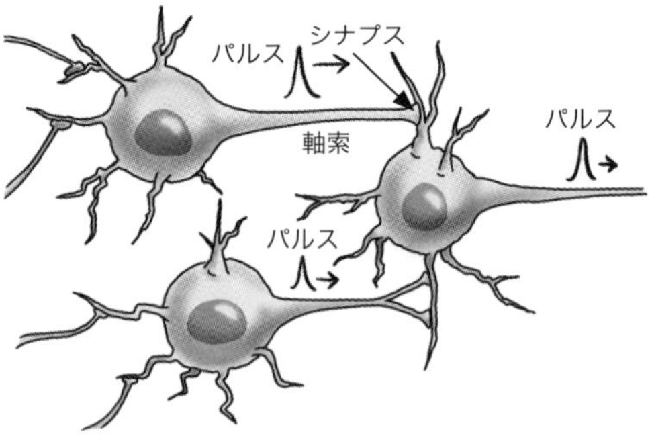

図3-13　神経細胞

神経細胞が別の神経細胞からシナプスを介してパルスを受け取ると、その神経細胞内部の電位（**膜電位**）が上がったり下がったりします。上がるか下がるかはシナプスの種類（興奮性シナプスか抑制性シナプス）で決まり、1回のパルスで膜電位がどの程度変化するかは、シナプスの状態（**シナプス伝達強度**）によって決まります。

シナプスの伝達強度が大きいと、1つのパルスでも膜電位が大きく変化します。逆に、伝達強度が小さいと1つのパルスが来ても膜電位はほとんど変わりません。膜電位がいったん上がっても、時間がたつと元の膜電位に戻ります。

1つの神経細胞は、別の神経細胞から常にパルスを受け取っており、膜電位は常に上がったり下がったりを繰り返しています。このとき、膜電位がある一定の値（**閾値**）を超えると、その神経細胞はパルスを発信します。そのパルスは軸索を伝わり、次の神経細胞に伝達し、その神経細胞の膜電位を変化させます。

私たちは、新しく読んだ本の内容を覚えたり、自転車に乗ることを覚えたり、言語を習得したりと、様々なタイプの学習が可能です。これらの全ての学習は、脳内のどこかのシナプス伝達強度が変化することによって蓄えられていると考えられています。

3.2.2 ニューロンモデル

それでは、ニューロンモデルの説明に入ります。ここからのプログラムのファイルは、iRL/c03_samples/c03_2_neural_net_1d.ipynb になります。リストのプロジェクト番号を2として list 3-2-(1) と改め、初めにライブラリのインポートと表示設定、データ作成を行います。これは list 3-1-(1) の内容と同じです。

list 3-2-(1)

```
# list 3-2-(1) データを作成する

%matplotlib inline
import numpy as np
import matplotlib.pyplot as plt

# 小数点以下の表示桁数を 3 桁にする (A)
np.set_printoptions(precision=3, suppress=True)
plt.rcParams['font.size'] = 14                  # フォントサイズを設定 (B)
plt.rcParams['figure.figsize'] = (7, 4)         # 図のサイズ指定 (C)

n = 30                                  # データ数
noise = 5                               # ノイズの大きさ
```

```
np.random.seed(3)                             # 乱数の seed を指定
xs = np.random.rand(n) * 30                   # xs（気温）を一様乱数で決める
ts = (0.1 * xs) ** 4 + 1 * xs + 50 ¥
    + np.random.randn(n) * noise              # ts（売り上げ）を決める（D）
x_range = (0, 30)                             # 表示用の x の範囲
t_range = (30, 140)                           # 表示用の t の範囲
```

図 3-14 に、$D+1$ 個の入力 $\mathbf{x}=[x_0,\ x_1,\ \cdots,\ x_{D-1},\ x_D]^{\mathrm{T}}$ の場合のニューロンモデルの模式図を描きました[4]。ここで最後の入力 x_D は常に 1 をとる**ダミー入力**と言われるものです。事実上、自由に決められる入力は D 個になります。

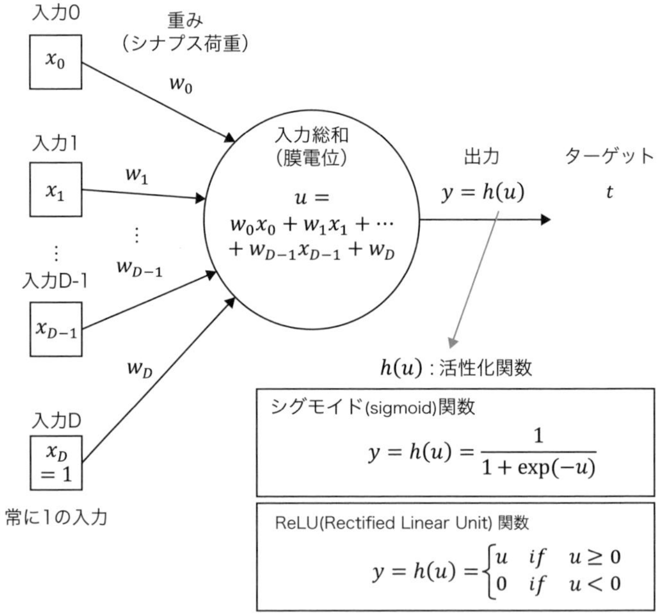

図 3-14　ニューロンモデル

入力 $\mathbf{x}=[x_0,\ x_1,\ \cdots,\ x_D]^{\mathrm{T}}$ から出力 y が決まるまでの計算式を説明します。まず、神経細胞の膜電位に対応する**入力総和** u を次の式で計算します。

[4] 縦ベクトルを文章中で表すとき、行に余計な空白を作らないために、このように横ベクトルとして表すことがあります。そして、「これは縦ベクトルですよ」という意味でT（転置；行と列を入れ替える操作）を付けます。

$$u = w_0x_0 + w_1x_1 + \cdots + w_dx_d + \cdots + w_{D-1}x_{D-1} + w_Dx_D \quad \text{式 (3-13)}$$

w_d は**重み**または**シナプス荷重**と呼ぶパラメータで、正も負もとり得る実数値となります。これが実際の神経細胞のシナプス伝達強度に対応しています。w_d が正の値をとるときには興奮性シナプス、負の値をとるときには抑制性シナプスと解釈することができます。しかし、実装上では、重みは勾配法によって自動的に正にも負にも決まるので、興奮性か抑制性かを意識することはないでしょう。

この入力総和 u は、**活性化関数** $h(u)$ というもので変換され、出力値 y が決まります。活性化関数にはいくつか種類があり、入力総和 u を 0 から 1 の間に変換する**シグモイド関数**、入力総和を 0 以上の実数に変換する **ReLU**（Rectified Linear Unit）**関数**などがあります。

なぜ入力総和をそのまま出力値とせず、活性化関数の変換を入れるのか、疑問に思われるかもしれません。数学的な証明はここではしませんが、入力総和そのものを出力としたニューロンモデルでは、それを複数つなげてニューラルネットワークにしても、線形回帰モデルと同じまっすぐな関数（入力が 1 次元の場合は直線、2 次元の場合は平面）しか表すことができないのです。活性化関数は、ニューラルネットワークが複雑な関数を表すために不可欠なのです。

以下、活性化関数 $h(u)$ にシグモイド関数を使う場合で考えていきます。シグモイド関数は $\sigma(u)$ で表します。

$$y = h(u) = \sigma(u) \quad \text{式 (3-14)}$$

シグモイド関数 $\sigma(u)$ は、以下の式で定義される関数です。

$$\sigma(x) = \frac{1}{1 + \exp(-x)} \quad \text{式 (3-15)}$$

ここで、$\exp(-x)$ という書き方にあまりなじみがない方もいるかもしれません。$\exp(-x)$ は、指数関数 e^{-x} と同じ意味です。e は $e = 2.718\cdots$ と続く「ネイピア数」という定数で、円周率の兄弟のようなものです。指数関数やらネイピア数やらと複雑な感じがしますが、ここでは、実数を 0 から 1 の間に変換する式（3-15）を作るための道具として単に$\exp(-x)$が使われているという理解で問題ありません。まず、式（3-15）のシグモイド関数の形を見てみましょう。

list 3-2-(2) で、sigmoid() という関数を作り、$x = -8$ から 8 の範囲のグラフを描きます。

list 3-2-(2)

```
# list 3-2-(2) シグモイド関数

def sigmoid(x):
    y = 1 / (1 + np.exp(-x))  # 式 (3-15) (A)
    return y

xx = np.linspace(-8, 8, 100)
yy = sigmoid(xx)
plt.plot(xx, yy)
plt.yticks(ticks=[0, 0.25, 0.5, 0.75, 1.0])
plt.xlabel('x')
plt.ylabel('$¥sigma(x)$')
plt.grid(axis='both')
plt.show()
```

（A）が式（3-15）の実装部分になります。実行結果を図 3-15 に示します。

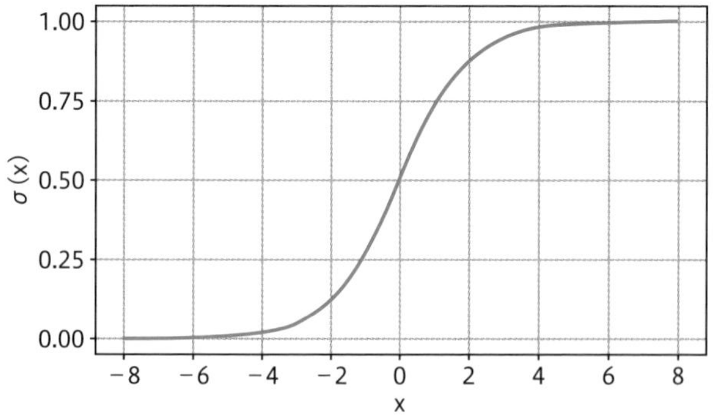

図 3-15　シグモイド関数：list 3-2-(2) の実行結果

図 3-15 のグラフを見れば分かる通り、シグモイド関数 $\sigma(x)$ の出力は 0 から 1 までの間にしかないので、入力 x にどんな値を入れても出力は必ず 0 から 1

の間の実数となります。xが大きい負の数（絶対値が大きい負の数）のときには、出力は0に近い値になります。そこからxを増加させ0に近づけていくと出力も徐々に増加し、xが0になったとき出力は0.5となります。さらにxを0から増加させると、出力は1に近づいていきます。

$D=1$のとき、つまり入力が$x=[x_0, x_1]^{\mathrm{T}}$のとき（$x_1$は常に1なので実質的な入力は$x_0$のみ）ニューロンモデルを具体的に考えてみましょう。入力総和は以下のようになります。x_1は常に1なので省略し、x_0は単にxとすると、1次元入力の線形回帰モデルと同じ形になります。

$$u = w_0 x + w_1 \qquad \text{式 (3-16)}$$

ニューロンモデルはこの入力総和をシグモイド関数に入れて以下のようにしたものになります。

$$y = \sigma(u) = \sigma(w_0 x + w_1) \qquad \text{式 (3-17)}$$

では、list 3-2-(3) で、入力xに対する入力総和uとニューロンの出力yのグラフを描いてみましょう。重みパラメータは、$w_0=2$、$w_1=-4$とします。

list 3-2-(3)

```
# list 3-2-(3) ニューロンモデル

w0 = 2
w1 = -4

x = np.linspace(-8, 8, 100)
u = w0 * x + w1
y = sigmoid(u)

# 入力総和の表示
plt.figure(figsize=(7, 7))
plt.subplots_adjust(hspace=0.3)
plt.subplot(211)
plt.plot(x, u, label='u')
plt.yticks(ticks=[-20, -10, 0, 10, 20])
plt.legend(loc='upper left')
plt.ylabel('u')
plt.grid(axis='both')
```

```
# 出力の表示
plt.subplot(212)
plt.plot(x, y, label='neuron')
plt.yticks(ticks=[0, 0.25, 0.5, 0.75, 1.0])
plt.legend(loc='upper left')
plt.xlabel('x')
plt.ylabel('y')
plt.grid(axis='both')
plt.show()
```

実行結果を図 3-16 に示します。

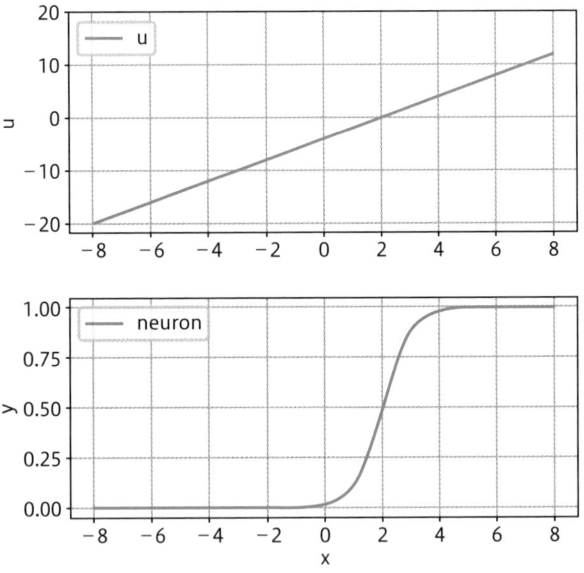

図 3-16　ニューロンモデルの入力総和 u（上）と出力 y（下）：list 3-2-(3) の実行結果

まず、図 3-16 の（上）の入力総和 u のグラフを見てみましょう。x が－ 8 から 8 までの範囲では、入力総和 u は、－ 20 から 12 まで直線的に増加します。u が 0 となるのは、$x = 2$ のときです。この直線は、シグモイド関数の変換を受けると（下）、出力の範囲が 0 から 1 までの変化に抑え込まれます。（上）のグラフの $x = 2$ のときの $u = 0$ は、（下）のグラフの $x = 2$ のときの出力 $y = 0.5$ となります。これは、出力範囲 0 と 1 のちょうど中間の値です。

それでは、このモデルでアイスクリームの売り上げデータにフィッティングすることはできるでしょうか。いいえ、できませんね。w_0 と w_1 をどのように変えても、出力 y の範囲は 0 から 1 の間にしか動けません。しかし、このニューロンモデルを複数組み合わせることで、出力 y の範囲が自由になり、様々なデータにフィッティングすることができるようになるのです。

3.2.3 ニューラルネットワークモデル

ニューラルネットワークモデルは、ニューロンモデルを複数組み合わせて、関数の表現力を上げたモデルです。簡単にニューラルネットワーク、ニューラルネットなどと呼ぶ場合もあります。

例えば、図 3-17 に示したように、3 つのニューロンモデルから構成されるシンプルなニューラルネットワークを考えましょう。ニューラルネットワークで使われるニューロンモデルは、本書で使うニューラルネットワークのライブラリ tensorflow.keras での命名法に従って、このあとは**ユニット**と呼ぶことにします。

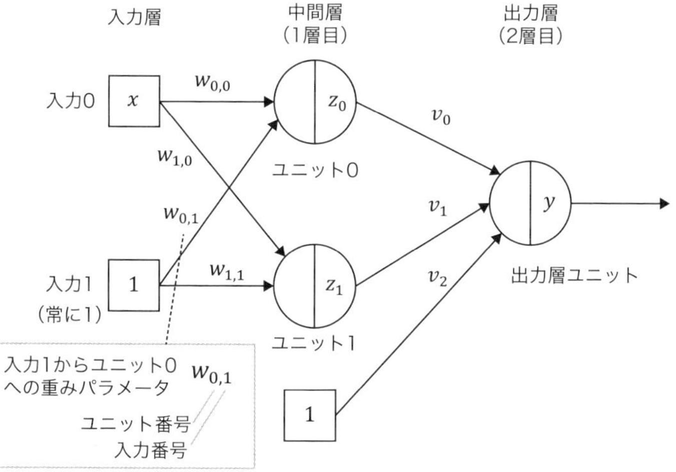

図 3-17　2 層ニューラルネットワークモデル

このニューラルネットワークは、**入力層**に加えて**中間層**、**出力層**といった層から構成されています。また、中間層と出力層はそれぞれ複数のユニットで構成されています。このようなニューラルネットワークを「2層のニューラルネットワーク」と言います。入力層も含めて3層と呼ぶ場合もありますが、本書では、2層と呼ぶことにします。

さて、入力 x を受ける2つの中間層ユニット0とユニット1の出力を、それぞれ z_0、z_1 とし、以下の式で表します。

$$z_0 = \sigma(w_{0,0}x + w_{0,1}) \quad \text{式 (3-18)}$$

$$z_1 = \sigma(w_{1,0}x + w_{1,1}) \quad \text{式 (3-19)}$$

ここで、重みパラメータ w のインデックスは、$w_{\text{ユニット番号}, \text{入力番号}}$ となっています。出力層のユニットは、この中間層のユニットの出力を入力として受け取り、以下の式で出力が決まります。

$$y = v_0 z_0 + v_1 z_1 + v_2 \quad \text{式 (3-20)}$$

v_0、v_1、v_2 は出力層ユニットの重みパラメータです。回帰の問題に対するニューラルネットワークモデルの出力層ユニットは、出力の範囲を制限しないように、通常、活性化関数の変換を使わず、そのままの入力総和の値を出力値とします。このような場合、活性化関数に**線形 (linear) 関数**を使う、と言います。例えば、活性化関数としてシグモイド関数の変換を入れてしまうと、その出力が0から1に制限されるので、自由な関数の表現ができなくなってしまいます。

それでは、この2層のニューラルネットワークの入出力の関係をグラフに描いてみましょう。list 3-2-(4) になります。

list 3-2-(4)

```
# list 3-2-(4) 2層ニューラルネットワーク

w00 = 1
w01 = 3
w10 = 0.5
w11 = -1
v0 = 2
v1 = -1
v2 = 1
```

```
x = np.linspace(-8, 8, 100)  # 入力
z0 = sigmoid(w00 * x + w01)  # ユニット0
z1 = sigmoid(w10 * x + w11)  # ユニット1
y = v0 * z0 + v1 * z1 + v2   # 出力

plt.plot(x, z0, label='z0')
plt.plot(x, z1, label='z1')
plt.plot(x, y, label='y')
plt.legend()
plt.xlabel('x')
plt.grid(axis='both')
plt.show()
```


パラメータはだいぶ増えました。パラメータは、まず中間層の2つのユニットの重みパラメータ $w_{0,0}$、$w_{0,1}$、$w_{1,0}$、$w_{1,1}$ そして、出力層のユニットの重みパラメータ v_0、v_1、v_2 の合計7個です。これらに適当な値を与えて、x を -8 から8の範囲でニューラルネットワークに入力し、中間層のニューロンの出力 z_0、z_1 を得ます。さらに z_0、z_1 を使って、ネットワークの出力 y を計算します。最後に x に対する z_0、z_1 と y のグラフを描きます（図3-18）。

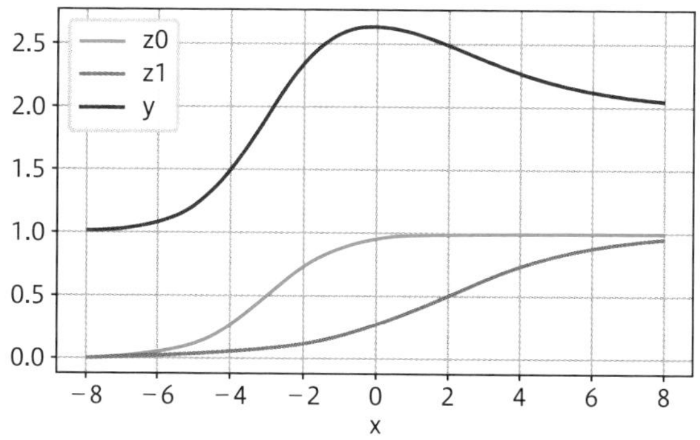

図3-18　ニューラルネットワークの出力：list 3-2-(4) の実行結果

中間層ユニットの出力 z_0、z_1 の形は、シグモイド関数の中心をずらしたり横に伸ばしたりする変換でしかありません。しかし、y は、z_0、z_1 に重みを付けて足し合わせて作られるので、とりうる範囲に縛られず、割と自由な表現が可能になります。ここでは $v_0=2$、$v_1=-1$、$v_2=1$ と出力層の重みパラメータを設定したので、出力は $y=2z_0-z_1+1$ となり、図3-18で示したような y の

形が作られているのです。

それでは、ニューラルネットワークモデルを作成し、アイスクリーム売り上げのデータにフィッティングしてみましょう。ここで構築するニューラルネットワークの中間層のユニット数は、例で説明した2個だと少なすぎてうまくいかないので32個としました[5]。ニューラルネットワークには解析解がないので、Adamという3.1.5項でも紹介した勾配法の発展形を使います。Adamは学習率を自動設定してくれるとても使いやすいアルゴリズムです。ニューラルネットワークの構築にはライブラリ tensorflow.keras を使います[6]。プログラムはlist 3-2-(5) です。いったん図3-19で出力のグラフを見てから、内容を詳しく解説します。

list 3-2-(5)

```
# list 3-2-(5) ニューラルネットワーク

from tensorflow.keras.models import Sequential     # (A)
from tensorflow.keras.layers import Dense          # (B)

# モデル生成 (C)
model = Sequential([
    Dense(32, activation='sigmoid', input_dim=1), # 中間層の定義 (D)
    Dense(1, activation='linear'),                # 出力層の定義 (E)
])
model.compile(optimizer='adam', loss='mse')       # Adam の設定 (F)
# 学習 (G)
history = model.fit(
    xs.reshape(-1, 1), ts.reshape(-1, 1),
    batch_size=len(xs), epochs=10000, verbose=0,
    )
```

[5] ユニット数などを調節するとき、2, 4, 8, 16, 32, … などと2のn乗で表される数値で試すのが一般的です。これはコンピュータ科学での慣習的なもので、特に深い意味はありません。しかし、2進数というコンピュータにとって切りのいい数値にしたほうが、内部での計算が効率的になるかなという淡い期待もあります。

[6] ライブラリとは、様々な機能を持ったプログラムをまとめ、利用しやすくしたものです。ライブラリをimport文で読み込むことで、すでに作られた関数やクラスを利用することができ、プログラムの開発が早く楽になります。少しややこしいのですが、tensorflow.kerasは、TensorFlowライブラリの一部として組み込まれたKerasというライブラリです。

```
# 予測 (H)
xs_pred = np.linspace(x_range[0], x_range[1], 100)
ys_pred = model.predict(xs_pred.reshape(-1, 1))
# 結果表示 (I)
plt.scatter(xs, ts, label='data')
plt.plot(xs_pred, ys_pred, 'green', label='Neural Network')

def plt_setting():                          # グラフの調整の関数定義 (J)
    plt.legend()
    plt.xlim(x_range)
    plt.ylim(t_range)
    plt.xlabel('x (temperature)')
    plt.ylabel('t (sales)')
    plt.grid(axis='both')

plt_setting()
plt.show()
```


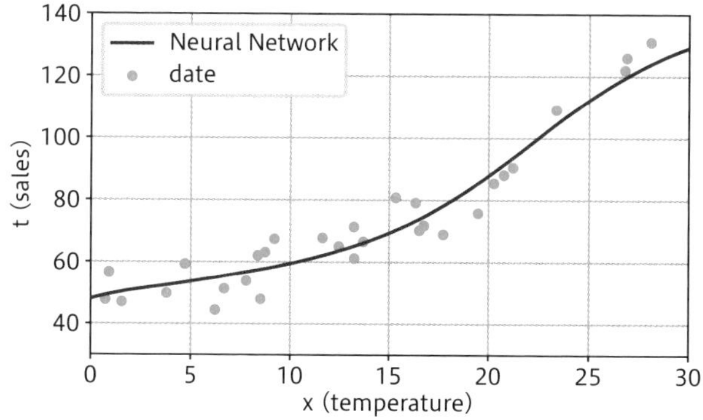

図 3-19　ニューラルネットワークによるフィッティング：list 3-2-(5) の実行結果

2層のニューラルネットワークで、データに沿った滑らかな線を引くことができたことが確かめられました。ここで初めて、ニューラルネットワークのライブラリ TensorFlow を使ったので、list 3-2-(5) のプログラムのコードを一つ一つ確認しながらその使い方を説明します。

```
from tensorflow.keras.models import Sequential  # (A)
from tensorflow.keras.layers import Dense       # (B)
```

まず (A) (B) で tensorflow.keras のライブラリから、Sequential というニューラルネットワークモデルのクラスと、Dense というレイヤークラス（層のクラス）を import 文で読み込み、プログラムで利用できるようにします。

```
# モデル生成 (C)
model = Sequential([
    Dense(32, activation='sigmoid', input_dim=1), # 中間層の定義(D)
    Dense(1, activation='linear'),                # 出力層の定義(E)
])
```

次に、Sequential クラスに、ニューラルネットワークの構造をリストで定義します（C)。リストの初めの要素（D）は、中間層を Dense クラスとして定義したものです。Dense クラスは**全結合層**という、全ての入力が全てのユニットに入力する構造を持つ層を表し、図 3-17 で示した中間層に対応します。Dense クラスの第一引数の 32 は、全結合層を構成するユニット数です。2 番目の引数の activation='sigmoid' は、活性化関数にシグモイド関数を指定するという意味です。input_dim=1 は、入力の次元数の指定です。

リストの 2 番目の要素（E）は、出力層の定義です。第一引数の 1 は、ユニット数が 1 であることを指定しています。activation='linear' で、活性化関数に線形関数を指定しています。

これで、2 層のニューラルネットワークが `model` として定義されました。このように、Sequential クラスは層のクラスをリストにして定義します。リストに層のクラスを追加すれば、簡単に層を増やすこともできます。

```
model.compile(optimizer='adam', loss='mse')        # Adam の設定 (F)
```

次に、model.compile() メソッドを使って、勾配法の設定をします（F)。optimizer='adam' で、勾配法のアルゴリズムには Adam を設定し、loss='mse' で、減少させる対象は平均二乗誤差 MSE であることを指定します。

```
# 学習 (G)
history = model.fit(
    xs.reshape(-1, 1), ts.reshape(-1, 1),
    batch_size=len(xs), epochs=10000, verbose=0,
    )
```

ここからが学習です。学習には model.fit() メソッドを使います（G）。まず、第一引数に入力データ xs、第二引数に目標データ ts を入れます。このとき、xs と ts の形を、xs.reshape(-1, 1) のように成形する必要があります。

これについてもう少し説明します。今、xs は要素が 30 個の 1 次元配列です。ts も同様です。例えば、Jupyter Notebook のどこかに新しいセルを作って xs と入力して実行すると、以下のように表示されるはずです。

入力

```
xs
```

実行結果

```
array([16.524, 21.244,  8.727, 15.325, 26.788, 26.889,  3.768,  6.217,
        1.544, 13.224,  0.896, 13.705, 19.474,  8.355, 20.288, 17.726,
        0.719, 16.766,  7.778, 12.453,  8.506, 20.794, 13.214,  4.706,
       16.339, 23.409,  9.191,  6.659, 11.639, 28.092])
```

そのサイズは、

入力

```
xs.shape
```

実行結果

```
(30,)
```

となり、要素が 30 個の 1 次元配列ということが分かります。これを、model.fit() に渡すときには、xs.reshape(-1, 1) として以下のような縦の配列にします。

入力

```
xs.reshape(-1, 1)
```

実行結果

```
array([[16.524],
       [21.244],
       [ 8.727],
（省略）
       [11.639],
       [28.092]])
```

この形のサイズは、

入力

```
xs.reshape(-1, 1).shape
```

実行結果

```
(30, 1)
```

となり、30×1 の 2 次元配列であることが分かります。このように、model.fit() に渡すデータは xs[0, 0] = x_0、xs[1, 0]= x_1、x[2, 0]= x_2 … のように初めのインデックスがデータの番号を表す 2 次元（もしくはそれ以上の次元）の配列である必要があるのです。

model.fit() の引数 batch_size を説明するために、勾配法についてもう少し説明をします。3.1.5 項で説明した勾配法は、全データを使ってパラメータを更新しましたが、データ数が多いときには、全データの一部をランダムな順番で選んでパラメータを更新する**ミニバッチ勾配降下法（ミニバッチ SGD：** Stochastic Gradient Descent）という方法がよく使われます。model.fit() ではこのミニバッチ SGD を使うことが想定されており、batch_size でこの 1 回の学習ステップに使用するデータの数を指定します。

ミニバッチ SGD は学習の計算が速く、真の勾配方向から少しノイズを加えたような方向に進むため、あとで述べる「局所最適解」から抜け出せる可能性も持ちます。しかしここでは、batch_size=len(xs) として全データ数を設定し、通常の勾配法と同じにします。

model.fit() の引数 epochs は、学習をどれくらい長く行うかを決めるパラメータです。全データを全て使った学習ステップを1 epoch(エポック)と数えます。もし、全データが100個でbatch_sizeを20に設定した場合、5回の学習ステップで全てのデータを使うことになりますので、5ステップが1エポックになります。ここでは、10000エポックを指定しています。

最後のverboseは、学習途中の情報表示をどれだけ詳しくするかの設定で、0、1、2のどれかを指定します。ここでは0と指定し、情報を出さない設定にしています。

model.fit()の返り値historyには、学習過程のデータが入ります。

```
# 予測 (H)
xs_pred = np.linspace(x_range[0], x_range[1], 100)
ys_pred = model.predict(xs_pred.reshape(-1, 1))
```

学習が済んだら、そのモデルを使って予測をします(H)。まず、予測用の入力データxs_predを作ります。そして、それをmodel.predict()に渡し、予測の出力ys_predを得ます。xs_predもmodel.fit()にxsを渡したときと同様に、初めのインデックスをデータの番号にするためにxs_pred.reshape(-1, 1)としています。

ここまでが、tensorflow.kerasの使い方です。あとは(I)で結果を表示するだけです。

```
# 結果表示 (I)
plt.scatter(xs, ts, label='data')
plt.plot(xs_pred, ys_pred, 'green', label='Neural Network')

def plt_setting():                          # グラフの調整の関数定義 (J)
    plt.legend()
    plt.xlim(x_range)
    plt.ylim(t_range)
    plt.xlabel('x (temperature)')
    plt.ylabel('t (sales)')
    plt.grid(axis='both')

plt_setting()
```

では、list 3-2-(6) で、学習曲線をグラフに描いてみましょう(図3-20)。history.history['loss']に、エポックごとのMSEが記録されています。

list 3-2-(6)

```
# list 3-2-(6) ニューラルネットの学習曲線

print(f"MSE = {history.history['loss'][-1]:.1f}")
plt.plot(history.history['loss'])
plt.title('MSE')
plt.xlabel('epochs')
plt.grid(axis='both')
plt.show()
```

list 3-2-(6) の実行結果

```
mse = 35.3
```

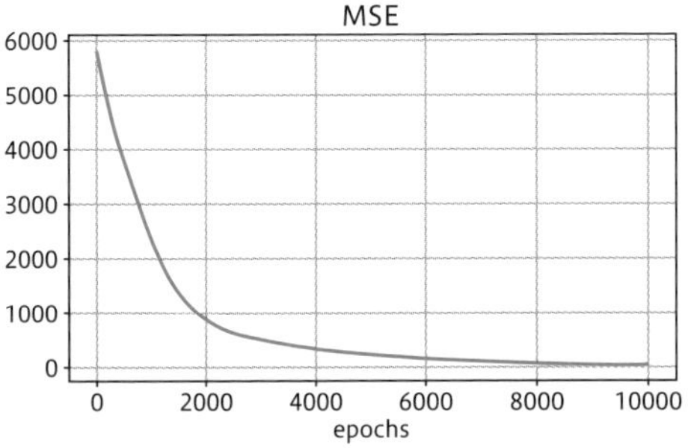

図 3-20　ニューラルネットワークの学習曲線：list 3-2-(6) の実行結果

図 3-20 で、10000 エポックまで順調に MSE が下がっていることが確認されました。ただし、この学習には、Dense クラスで全結合層を作るときの重みパラメータの初期値などに乱数の要素が入っており、実行するたびに最終的な MSE の値に若干の違いが出ます。

ここで、ニューラルネットワークで勾配法を使う際の注意事項について述べます。線形回帰モデルの MSE の地形はお椀の底のような形をしていましたが、この地形はモデルによって異なります。パラメータの数が多くなると地形を直接可視化することはできませんが、ニューラルネットワークなどのモデルの MSE の地形は、局所的なへこみが複数存在します。かなり適当なのですが、雰囲気をつかむために図 3-21 に想像図を描きました。

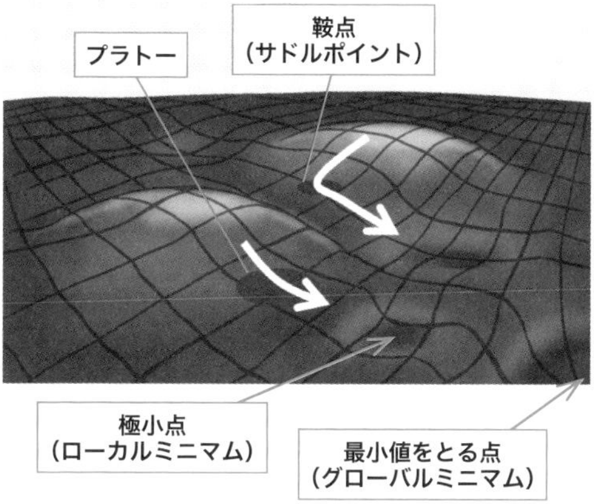

図 3-21　ニューラルネットの MSE の地形の想像図

3.1.5 項で鉄球の例えで勾配法を説明しましたが、勾配法によるパラメータの更新は、傾きがなくなるへこんだ地形の箇所で止まります。それが、局所的なへこみだったとしても、そこから抜け出すことはできません。この地点を、**極小点**と呼び、このような状態で導かれた解を**局所最適解（ローカルミニマム）**または簡単に**局所解**と言います。それに対して、地形全体で最も MSE が小さくなる地点での解を**大域的最適解（グローバルミニマム）**または簡単に**最適解**と言います。勾配法は、最適解ではなく局所解を探すアルゴリズムです。

この項で述べたミニバッチ SGD は、浅い局所解に対しては有効だと考えられています。学習データの一部をランダムに選ぶことで、パラメータを更新する方向に、ノイズが入ったような「ぶれ」が生じます。このぶれによって局所解から抜け出せる場合があるのです。

局所解に捕まるか、最適解まで進めるかは、初期値に依存します。初期値を変えながら何度か勾配法を試し、最も良い解を採用するという方法も有効です。

もう一つ、ニューラルネットワークに勾配法を使う上で注意する点があります。MSE の地形には、極小点でなくても傾きが 0 に近くなる地点、**プラトー**や**鞍点**と呼ばれる箇所があります(図 3-21)。このような地点に入ると、学習ステップを増やしても、MSE がなかなか減少しなくなります。しかし、極小点ではないので頑張って学習を続けていれば、また MSE の減少が進みだします。問題は、MSE が減少しなくなったときに、その原因が極小点に捕まって収束したからなのか、それともプラトーや鞍点にいるだけなのかの判別が難しいというところにあります。前者の場合はもう学習はやめるべきですが、後者の場合だともう少し学習を続けてみると一気に学習が進む場合があります。

3.2.4 ReLU 活性化関数

ディープラーニングが今のように人気になる前までは、シグモイド関数がメジャーな活性化関数として使われていました。しかし、プラトーのような学習が進みにくい地形ができてしまう理由の一つに、シグモイド関数の使用が指摘されていました。また、層の多いニューラルネットワークで、入力層に近い層ほどパラメータの更新が進まなくなるという**勾配消失問題**という現象があり、この原因もシグモイド関数に起因していることが分かってきました。

それらの対策として、ReLU（Rectified Linear Unit）関数がシグモイド関数の代わりとして提案され、今ではかなりのモデルがReLU関数を採用しています。昔から考えられてきたニューラルネットワークが近年になってその性能を開花させたのは、このReLU関数の発明によるところが大きいと言えるでしょう。

ReLU関数は非常に単純で、x が正の数であればそのまま出力し、負の数であれば0を出力するというものです。式で表すと以下のようになります。

$$y=\begin{cases} x & \text{if} \quad x>0 \\ 0 & \text{if} \quad x\leq 0 \end{cases}$$

式（3-21）

list 3-2-(7) で、relu() としてReLU関数を定義し、グラフを描いてみましょう（図3-22）。

list 3-2-(7)

```
# list 3-2-(7) ReLU 関数

def relu(x):
    return np.maximum(0, x) # 式 (3-21) (A)

x = np.linspace(-8, 8, 100)
```

```
y = relu(x)
plt.plot(x, y)
plt.xlabel('x')
plt.ylabel('ReLU(x)')
plt.grid(axis='both')
plt.show()
```

list 3-2-(7) の (A) は、式 (3-21) を Python のコードで表したものですが、np.maximum(0, x) と、とてもシンプルです。

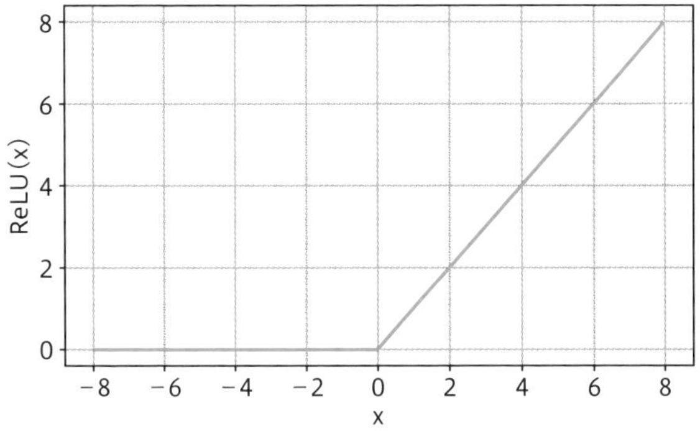

図 3-22　ReLU 関数：list 3-2-(7) の実行結果

それでは、list 3-2-(5) で試したニューラルネットワークの活性化関数をこの ReLU 関数に変更してフィッティングを試してみましょう。list 3-2-(8) は、list 3-2-(5) のプログラムから (A) の activation='sigmoid' を 'relu' に変更し、(B) に MSE の表示を加えただけです。グラフの出力結果は図 3-23 に示します。

list 3-2-(8)

```
# list 3-2-(8) ReLU 関数を使ったニューラルネットワーク

from tensorflow.keras.models import Sequential
from tensorflow.keras.layers import Dense

# モデル生成
model = Sequential([
    Dense(32, activation='relu', input_dim=1),      # <-- ReLU (A)
    Dense(1, activation='linear'),                   # 出力層の定義
```

```
])
model.compile(optimizer='adam', loss='mse')             # Adam の設定
# 学習
history = model.fit(
    xs.reshape(-1, 1), ts.reshape(-1, 1),
    batch_size=len(xs), epochs=10000, verbose=0,
    )
# 予測
xs_pred = np.linspace(x_range[0], x_range[1], 100)
ys_pred = model.predict(xs_pred.reshape(-1, 1))
# 結果表示
print(f"MSE = {history.history['loss'][-1]:.1f}") # MSE 表示 (B)
plt.scatter(xs, ts, label='data')
plt.plot(xs_pred, ys_pred, 'green', label='Neural Network')
plt_setting()
plt.show()
```

list 3-2-(8) の実行結果

```
MSE = 46.8
```

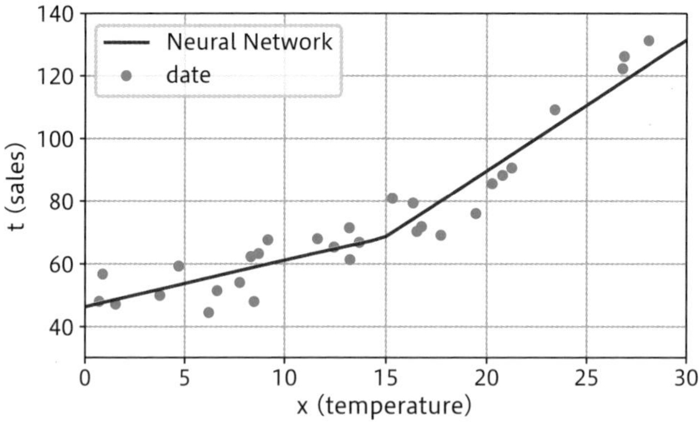

図 3-23　ReLU 関数を使ったニューラルネットワークによるフィッティング：list 3-2-(8)の実行結果

図 3-23 に示したように、グラフの形状は直線をつなぎ合わせて作られた関数となります。その理由は、中間層の ReLU 関数の出力を線形和で足し合わせたものが出力になるからです。これはこれでデータにうまくフィッティングしていると言えるでしょう。この計算も乱数を含んでいるため、実行するたびに結果に若干の違いが生じます。場合によっては完全な直線でフィッティングされ

ることもあります。

3.2.5 オーバーフィッティング

ニューラルネットワークを正しく使うためには、**オーバーフィッティング**という問題とその対処法を知っておくことが大切です。本書のニューラルネットワークの強化学習への応用では、オーバーフィッティングの現象の解説はありませんので、強化学習を早めに学習したい場合はここはひとまず読み飛ばしても問題ありませんが、ニューラルネットワークを扱う上ではきちんと理解しておくことをお勧めします。

list 3-2-(5) の model.fit() メソッドの epochs=10000 を epochs=40000 にして実行してみましょう。改良は簡単なのでコードは省略しますが、中間層にReLU 関数を使った list 3-2-(8) ではなく、シグモイド関数を使った list 3-2-(5) を対象としていることに注意してください。ReLU 関数でもオーバーフィッティングは起きますが、ここではオーバーフィッティングの現象がより分かりやすいシグモイド関数を使ったニューラルネットワークで実験します。

結果はなんと、図 3-24 のようにぐにゃぐにゃしたグラフになってしまいます(この計算にも乱数が使用されているために、実行のたびに結果が若干変わります)。

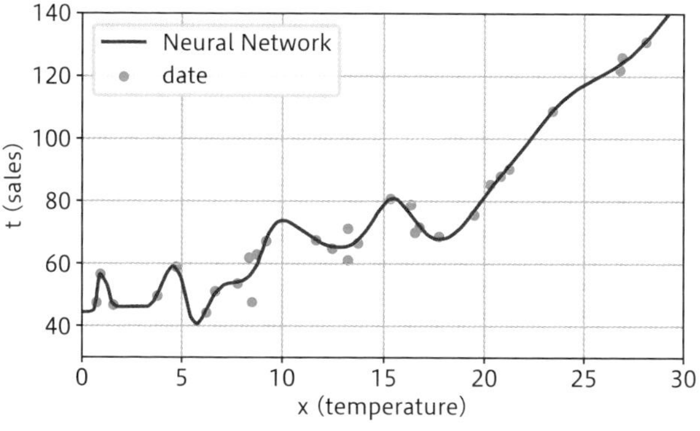

図 3-24　オーバーフィッティング

しかし、よく見ると関数の曲線が一つ一つのデータに近づいた結果として、ぐにゃぐにゃになってしまっていることが分かります。実際にMSEは下がっています。このグラフ上にある一つ一つのデータにはフィットしているのですが、グラフ上にないデータ（未知の入力）に対する予測精度が悪くなってしまうでしょう。このような現象を、**オーバーフィッティング（過学習）**と呼びます。

オーバーフィッティングは、ニューラルネットワークなどのパラメータの多いモデルを使ったときに起きやすくなります。これを回避する方法としては、

(1) データ数を増やす
(2) パラメータの少ないモデルを使う
(3) 学習を途中で切り上げる

が考えられます。ここで (1) と (2) の方法については明確だと思いますが、(3) の方法には疑問が残ります。学習を途中で切り上げるタイミングは、どのようにして知ればよいのでしょうか。以降、この3.2.5項では (3) について考えていきます。

学習をさせながら図3-24のような図を決まったエポック数ごとに描き、グラフがぐにゃぐにゃになり始めたらストップするという方法が考えられますが、これは入力が1次元や2次元という特別にシンプルでグラフの図示が可能な場合にしかできない方法です。

そこで、ここは基本的な考え方、つまり「未知のデータに対する予測精度が悪くなったらオーバーフィッティングとする」という考えに立ち戻ります。

まずデータを、**訓練データ（トレーニングデータ）**と**テストデータ**の2つに分けます。次に、訓練データのみを使ってモデルの学習を開始します。そして、少し学習を進めるたびに（例えば1 epochごと）、テストデータに対するMSEを算出します。オーバーフィッティングが起きていなければ、テストデータに対するMSEは学習が進むにつれて減少していきます。しかし、オーバーフィッティングが起きれば、MSEが逆に増加していきます。この増加が起きる前（もしくは増加した直後）に学習を切り上げることで、オーバーフィッティングを回避することができます。

実際のプログラムでこの方法を試してみましょう。本章の例では、データ

は30個ですので、list 3-2-(9) で初めの20個を訓練データ（xs_train, ts_train）とし、残りの10個をテストデータ(xs_test, ts_test)とします。

list 3-2-(9)

```
# list 3-2-(9) 訓練データとテストデータ

n_train = 20
xs_train = xs[:n_train].reshape(-1, 1)
ts_train = ts[:n_train].reshape(-1, 1)
xs_test = xs[n_train:].reshape(-1, 1)
ts_test = ts[n_train:].reshape(-1, 1)
```

ここでは、model.fit() の入力データとしてすぐに使えるように、reshape(-1, 1)で縦ベクトルに直す処理も行っています。

続いて、list 3-2-(10) で学習をします。

list 3-2-(10)

```
# list 3-2-(10) テストデータを使った学習

n_batch = len(xs)
# モデル生成
model = Sequential([
    Dense(32, activation='sigmoid', input_dim=1),
    Dense(1, activation='linear'),
])
model.compile(optimizer='adam', loss='mse')
# 学習
history = model.fit(
    xs_train, ts_train,                        # 訓練データ (A)
    validation_data=(xs_test, ts_test),        # テストデータ(B)
    batch_size=n_batch,
    epochs=40000,
    verbose=0)
# 予測
xs_pred = np.linspace(x_range[0], x_range[1], 100)
ys_pred = model.predict(xs_pred.reshape(-1, 1))
# 結果表示
print(f"train MSE = {history.history['loss'][-1]:.1f}")
print(f"test MSE = {history.history['val_loss'][-1]:.1f}")
plt.scatter(xs_train, ts_train, label='train')
```

```
plt.scatter(xs_test, ts_test, label='test')
plt.plot(xs_pred, ys_pred, 'green', label='Neural Network')
plt_setting()
plt.show()
```

(A) で model.fit() メソッドに訓練データ xs_train、ts_train を渡し、テストデータは、(B) で validation_data=(xs_test, ts_test) のように渡します。validation とは日本語で「評価」という意味です。このようにすることで、model.fit() は、エポックごとに訓練データとテストデータの両方の MSE を計算し、history に記録してくれます。グラフの出力結果を図 3-25 に示します。

list 3-2-(10) の実行結果

```
train MSE = 2.2
test MSE = 91.3
```

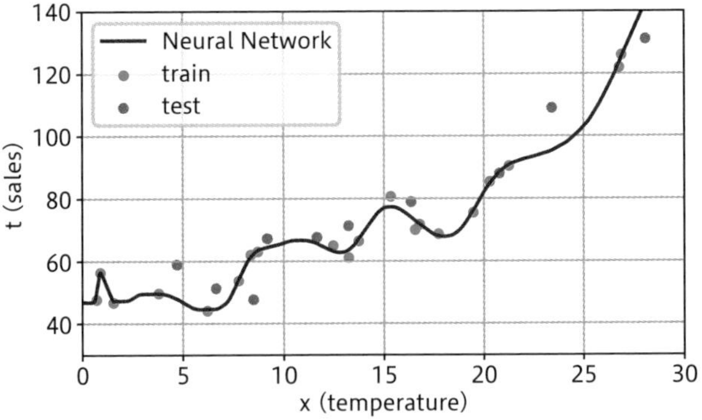

図 3-25 訓練データとテストデータ：list 3-2-(10) の実行結果

この場合でも、オーバーフィッティングが再現できました。訓練データの MSE は 2.2 であるのに対して、テストデータの MSE は 91.3 と大きくなっていることからもオーバーフィッティングが示唆されています。訓練データとテストデータの MSE の時間変化を、次の list 3-2-(11) で見てみましょう（図 3-26）。

list 3-2-(11)

```
# list 3-2-(11) 訓練データとテストデータの MSE

print(f"train MSE = {history.history['loss'][-1]:.1f}")
print(f"test MSE = {history.history['val_loss'][-1]:.1f}")
print(f"test MSE が最小となるのは " +
      f"{np.argmin(history.history['val_loss']):d}")
plt.plot(history.history['loss'], label='train')
plt.plot(history.history['val_loss'], label='test')
plt.title('MSE')
plt.legend()
plt.grid(axis='both')
plt.ylim(0, 100)
plt.show()
```

list 3-2-(11) の実行結果

```
train MSE = 2.2
test MSE = 91.3
test MSE が最小となるのは 12719
```

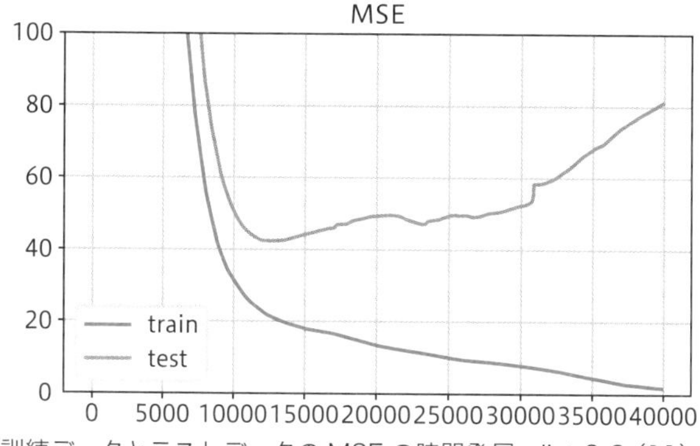

図 3-26　訓練データとテストデータの MSE の時間発展：list 3-2-(11) の実行結果

図 3-26 を見ると、訓練データの MSE はずっと減少していきますが、テストデータの MSE は 12500 エポック付近まで減少し、そこから増加に転じています（計算に乱数が使用されているので、実行のたびに結果は若干変わります）。よって、ここからオーバーフィッティングが起きていると分かります。つまり、

12500エポック付近まで学習させたときの重みパラメータを使えば、予測精度が最も良いモデルとなるでしょう。

便利なことに、tensorflow.kerasのモデルには、MSEが一定エポックの間、下がらなくなったら自動的に学習を止めるearly stoppingという機能が付いています。list 3-2-(12) でこれを使ってみましょう。

list 3-2-(12)

```
# list 3-2-(12) early stopping を使った学習

from tensorflow.keras.callbacks import EarlyStopping          # (A)

early_stopping = EarlyStopping(          # early stopping を定義 (B)
    monitor='val_loss',   # 監視する値 (C)
    patience=10,          # 改善しなくなってから止めるまでのエポック数 (D)
)

n_batch = len(xs)
# モデル生成
model = Sequential([
    Dense(32, activation='sigmoid', input_dim=1),
    Dense(1, activation='linear'),
])
model.compile(optimizer='adam', loss='mse')
# 学習
history = model.fit(
    xs_train, ts_train,
    validation_data=(xs_test, ts_test),
    batch_size=n_batch,
    epochs=40000,
    callbacks=[early_stopping],          # early stopping をセット (E)
    verbose=0)
# 予測
xs_pred = np.linspace(x_range[0], x_range[1], 100)
ys_pred = model.predict(xs_pred.reshape(-1, 1))
# 結果表示
print(f"train MSE = {history.history['loss'][-1]:.1f}")
print(f"test MSE = {history.history['val_loss'][-1]:.1f}")
plt.scatter(xs_train, ts_train, label='train')
plt.scatter(xs_test, ts_test, label='test')
plt.plot(xs_pred, ys_pred, 'green', label='Neural Network')
```

```
plt_setting()
plt.show()
```

まず、(A) で EarlyStopping クラスをインポートします。(B) は、early stopping の設定です。(C) で monitor='val_loss' とし、監視する数値をテストデータの MSE と設定します。(D) の patience=10 は、監視している値が改善しなくなったら何エポックで止めるかの指定です。"val_loss" は、微小ながら増減を繰り返すので、ここでは多めの 10 と設定しました。

最後に、(E) で作成した early_stopping を model.fit() にセットし、学習を開始します。グラフの出力結果は図 3-27 に示します。

list 3-2-(12) の実行結果

```
train MSE = 29.2
test MSE = 48.3
```

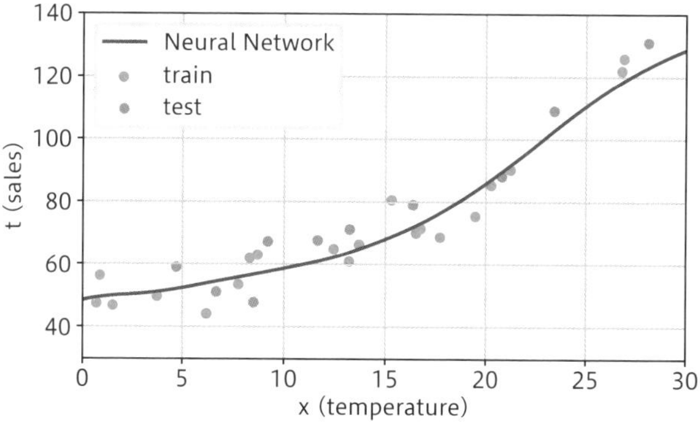

図 3-27　early stopping によるフィッティング：list 3-2-(12) の実行結果

図 3-27 を見ますと、オーバーフィッティングすることなく、ちょうどよい曲線でフィッティングできていることが分かります。early stopping の機能、とても便利ですね。

3.3 一般的なニューラルネットワークモデル

ここまでは、1 次元の入力の回帰を考えてきました。1 次元の入力の問題は、入出力関係をグラフにしやすいので、回帰モデルを理解するには適していました。

しかし、実際に回帰を行う場合では2次元以上の入力を扱うことも普通です。本書の強化学習への応用でも多次元入力になります。また、前節のニューラルネットワークは中間層が1層のみでしたが、入力と出力の対応関係が複雑な場合には、層を増やすことでその複雑さに対応させることができます。そこでここでは、一般的な場合でのニューラルネットワークを説明します。

ニューラルネットワークの一般的な形を図3-28に示しました。入力は左から入り、中間層を伝わり、出力層で出力信号が出力されます。このように情報が一方向に流れるモデルを、**フィードフォワード型ニューラルネットワーク**と呼びます。これに対して、入力が前の層や同じ層に戻る**リカレント型ニューラルネットワーク**というものもあります。フィードフォワード型は、入力に対して出力を一対一に結び付ける働きがありますが、リカレント型は、過去の入力に依存したメモリーを蓄えることができ、自然言語処理などの時系列処理の問題で活躍しています。本書の8.3節でも強化学習への応用のヒントとして簡単に述べます。

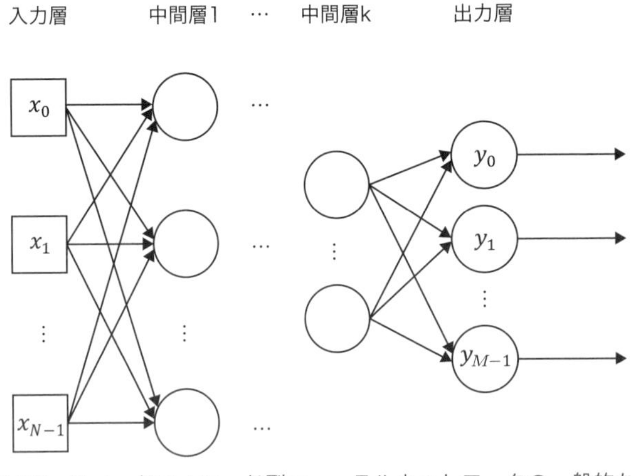

図3-28　フィードフォワード型ニューラルネットワークの一般的な形

フィードフォワード型ニューラルネットワークモデルは（リカレント型でも同様ですが）、入力の数、中間層の数、各層のユニットの数を自由に変えることができます。特に、中間層の数を多くしたものを「ディープラーニング」と呼ぶことも1.6節で説明しました。

また、出力層を構成するユニットの数も自由に変えることができます。通常の回帰で使う場合には、出力はスカラーの実数値ですので、ユニットは1つです。しかし、回帰の発展形として、出力値をベクトルにすることも可能です。このような場合には出力層のユニット数を増やします。本書の後半の強化学習への応用では、このようなベクトル出力の回帰を考えます。

本書では詳しく解説しませんが、分類の問題を解く場合には、取り扱うカテゴリー数と同じ数の出力ユニットを使います。そして、各ユニットの出力が、各カテゴリーの予測確率を表すように学習させます。

それでは、一般的なニューラルネットワークの例として、2次元入力1次元出力の3層フィードフォワード型ニューラルネットワークモデルを作成し、データへのフィッティングを試してみましょう。ここからのプログラムのファイルは、iRL/c03_samples/c03_3_neural_net_2d.ipynbになります。リスト番号は、プロジェクト番号を3にして、list 3-3-(1) から開始します。

list 3-3-(1)

```
# list 3-3-(1) 2次元データの作成

%matplotlib inline
import numpy as np
import matplotlib.pyplot as plt

np.set_printoptions(precision=3, suppress=True)  # 表示を3桁に
plt.rcParams['font.size'] = 14                   # フォントサイズを設定
plt.rcParams['figure.figsize'] = (7, 4)          # 図のサイズ指定

n = 100
n_train = 80
noise = 0.2
np.random.seed(1)

# データを作成 (A)
xs = np.random.rand(n, 2) @  np.array([[10, 0], [0, 6]])
ts = np.sin(xs[:, 0]) + np.cos(xs[:, 1]) ¥
    + noise * np.random.randn(n) + 2
```

```
# データを訓練データとテストデータに分ける (B)
xs_train = xs[:n_train, :]
ts_train = ts[:n_train].reshape(-1, 1)
xs_test = xs[n_train:, :]
ts_test = ts[n_train:].reshape(-1, 1)
x_range = ((0, 10), (0, 6))

# データの一部を表示 (C)
print('xs_train=¥n', xs_train[:5, :])
print('')
print('ts_train=¥n', ts_train[:5, :])
```

list 3-3-(1) の (A) で、100 個の 2 次元入力データ xs（100×2 の ndarray 配列）とそれに対する目標データ ts（長さ 100 の ndarray 配列）を作ります。

そして、(B) で最初の 80 個を訓練データ xs_train、ts_train とし、残りの 20 個をテストデータ xs_test、ts_test とします。最後に確認のため、(C) で、xs_train と ts_train の初めの 5 個のデータを表示します。実行結果を以下に示します。

list 3-3-(1) の実行結果

```
xs_train=
[[4.17 4.322]
[0.001 1.814]
[1.468 0.554]
[1.863 2.073]
[3.968 3.233]]

ts_train=
[[0.778]
[1.884]
[3.892]
[2.613]
[0.207]]
```

このデータを list 3-3-(2) で、3D プロットで表示しましょう。あとでモデルの予測と併せて表示もしたいので、ここでは、show_data2d() という関数として作っておきます。出力結果は図 3-29 に示します。

list 3-3-(2)

```
# list 3-3-(2) 2次元データの表示

def show_data2d():
    fig = plt.figure(figsize=(10, 6))
    # 3D プロット用のグラフを作成
    ax = fig.add_subplot(111, projection='3d')
    # データ点の描画
    ax.scatter(xs_train[:, 0], xs_train[:, 1], ts_train[:, 0],
        s=50, label='train')
    ax.scatter(xs_test[:, 0], xs_test[:, 1], ts_test[:, 0],
        s=50, label='test')
    # 点の下の線を描画
    for i in range(len(ts)):
        plt.plot(
            [xs[i, 0], xs[i, 0]],
            [xs[i, 1], xs[i, 1]],
            [0, ts[i]], 'gray', alpha=0.2)
    ax.set_xlabel('$x_0$')
    ax.set_ylabel('$x_1$')
    ax.legend()
    # グラフを見る角度の設定
    ax.view_init(elev=60, azim=-30)
    return ax

show_data2d()
plt.show()
```

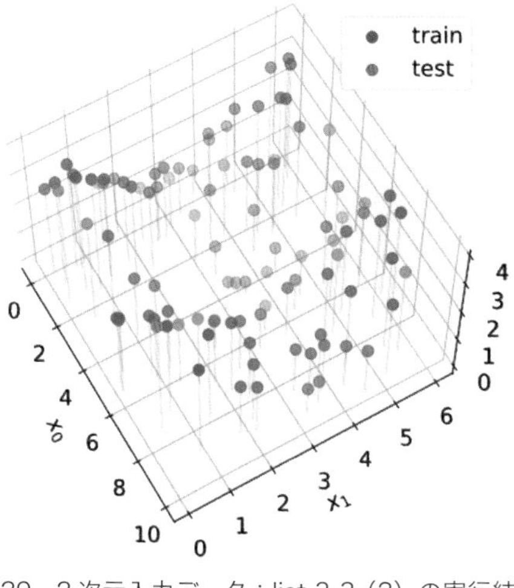

図3-29　2次元入力データ：list 3-3-(2)の実行結果

作成したグラフ図 3-29 は、各入力データ x_0 と x_1 に対して目標データ t を高さでプロットしたものです。波のような地形にノイズを加えて作成しています。青い点が訓練データ、オレンジの点がテストデータを表しています。

モデルの目的はこれまでと同様に「予測」です。モデルをデータにフィッティングすれば予測はできます。1 次元入力データの場合のフィッティングは、「データに沿って線を引くこと」でしたが、今回の 2 次元入力データの場合のフィッティングは、「データに沿って面を沿わせること」になります。面を沿わせることができれば、様々な x_0 と x_1 の入力に対して、それらしい出力を出すことができます。

ちなみに、3 次元入力データの場合はどうでしょうか。1 次元データでは「線」、2 次元データでは「面」だったことを考えると、3 次元データでは「空間」をデータに「沿わせる」ことになるのでしょう（図示は不可能です）。

では、list 3-3-(3) で、3 層のニューラルネットワークモデルを作って、2 次元入力データのフィッティングを行ってみましょう。

list 3-3-(3)

```
# list 3-3-(3) 2 次元入力のニューラルネットワークモデル

from tensorflow.keras.models import Sequential
from tensorflow.keras.layers import Dense
from tensorflow.keras.callbacks import EarlyStopping

early_stopping = EarlyStopping(          # early stopping を定義 (A)
    monitor='val_loss',
    patience=1000,
)

n_batch = len(xs)
# モデル生成 (B)
model = Sequential([
    Dense(32, activation='sigmoid', input_dim=2),
    Dense(32, activation='sigmoid'),
    Dense(1, activation='linear'),
])
model.compile(optimizer='adam', loss='mse')
```

```
# 学習（C）
history = model.fit(
    xs_train, ts_train,
    validation_data=(xs_test, ts_test),
    batch_size=n_batch,
    epochs=40000,
    callbacks=[early_stopping],
    verbose=0)

# 学習曲線表示（D）
print(f"train MSE = {history.history['loss'][-1]:.3f}")
print(f"test MSE = {history.history['val_loss'][-1]:.3f}")
plt.plot(history.history['loss'], label='train')
plt.plot(history.history['val_loss'], label='test')
plt.title('MSE')
plt.legend()
plt.grid(axis='both')
plt.plot()
plt.show()
```

（A）で、今回も early stopping をセットして、テストデータの誤差が減少しなくなったら自動的に学習を止めるようにしておきます。今回は val_loss のノイズ的な変動がかなり大きいので、patience は 1000 と大きめにセットしています。

（B）でモデルを定義しますが、今回は、32 個のユニットの中間層（Dense）を 2 つ入れます。

（C）で model.fit() に、訓練データとテストデータ、early stopping を設定し学習を行います。（D）で学習曲線を表示します（図 3-30）。

list 3-3-(3) の実行結果

```
train MSE = 0.023
test MSE = 0.072
```

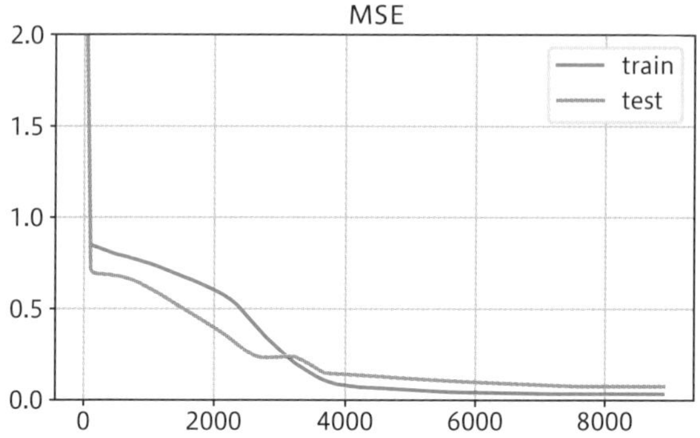

図 3-30　2 次元入力 3 層ニューラルネットワークの学習曲線：list 3-3-(3) の実行結果

図 3-30 を見ると、テストデータの MSE が順調に減少しているので、オーバーフィッティングは起きていないことが分かります（この計算にも乱数が使用されているために、実行のたびに結果が若干変わります）。

では、list 3-3-(4) を実行して、学習させたモデルのフィッティング面を表示してみましょう。

list 3-3-(4)

```
# list 3-3-(4) 2 次元入力ニューラルネットワークのフィッティングの表示

# 予測用の格子点の計算 (A)
reso = 50
x0s = np.linspace(x_range[0][0], x_range[0][1], reso)
x1s = np.linspace(x_range[1][0], x_range[1][1], reso)
xx0s, xx1s = np.meshgrid(x0s, x1s)
xxs_pred = np.c_[xx0s.reshape(-1), xx1s.reshape(-1)]

# 予測 (B)
ys_pred = model.predict(xxs_pred)
yys_pred = ys_pred.reshape(xx0s.shape)

# 結果表示 (C)
ax = show_data2d()
ax.plot_surface(xx0s, xx1s, yys_pred,
                cmap='Greens',
                alpha=0.2,
                rstride=5,
                cstride=5,
```

```
                    edgecolor='k',
                    )
ax.view_init(elev=60, azim=-30)
plt.show()
```

まず、(A) で予測用に格子点を作成し、(B) でそれに対するモデルの予測を出力します。(C) で結果のグラフを表示します（図 3-31）。

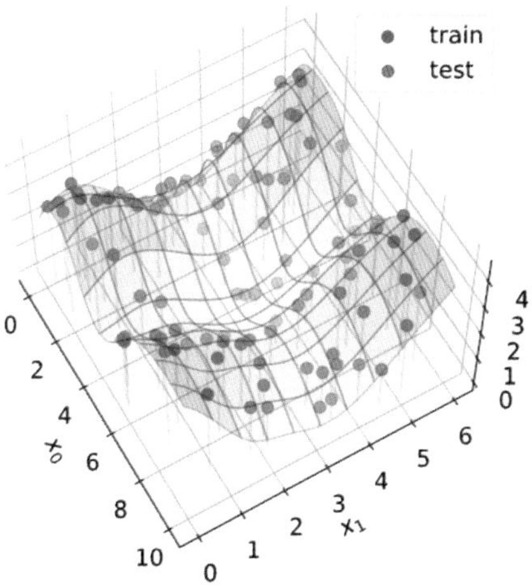

図 3-31　ニューラルネットワークによるフィッティング：list 3-3-(4) の実行結果

図 3-31 の緑の曲面が、ニューラルネットワークのフィッティングの結果、つまり、予測です。オーバーフィッティングすることなく、滑らかにデータに沿った面になっていることが確認できました。

以上で、教師あり学習の回帰の理論的背景と実装についての説明は終わりです。ここでは､線形回帰モデルとニューラルネットワークモデルを説明しました。ニューラルネットワークの実装では、tensorflow.keras のライブラリを使いました。

ところで、教師あり学習の問題を解く際には、scikit-learn というライブラリも有名です[7]。機械学習の問題を解くモデルがたくさん紹介されていますので、

[7] https://scikit-learn.org

興味のある方は参考にしてください。ニューラルネットワークモデルも scikit-learn で使えますが、ここでは強化学習で使うことを見据えて、自由度の高い tensorflow.keras での使用を紹介しました。

4章と5章で強化学習の基本的な説明をしたあと、6章で、ここで説明したニューラルネットワークの回帰を強化学習に応用していきます。

4章

強化学習の問題設定

4章 強化学習の問題設定

ここからが強化学習の本格的な内容となります。本章では、まずは2.3節で準備したiRLのプログラムを実行し、強化学習がどういうものなのかを体験するところから始めます。そのあとで、強化学習ではどんな問題を扱うのかを詳しく説明していきます。強化学習の問題を解くアルゴリズムは5章から解説しますが、ここで問題設定をしっかり理解しておくことが重要です。

4.1 強化学習を体験

では、強化学習の体験に進みましょう。体験の内容は2つあります。1つ目は、「あなた」がタスクをプレイするという体験で、2つ目は、強化学習アルゴリズムがタスクをプレイするのを観察するという体験です。ここで言う「タスク」とは、iRLのプログラムを実行して動くゲームのことを指しています。

4.1.1 タスクをあなたがプレイ

1.5節の強化学習の説明で、「エージェント」と「環境」について述べました。ロボットラットの頭脳が「エージェント」に対応し、それ以外のセンサーやロボットラットの体が「環境」に対応すると説明したことを思い出してください。

ここではその環境の代わりに、強化学習アルゴリズムを解説するために作ったiRLのプログラムに含まれる「コリドータスク」を使います。コリドータスクは、一本道の廊下のようなマップ上で行う簡単なタスク（ゲーム）です。エージェントがやるべきことを理解するために、まず「あなた」がエージェントとなってコリドータスクをプレイしてみましょう。

では、Windowsのスタートメニューから Anaconda Powershell Prompt を立ち上げて、2章で作成した仮想環境env_iRLに入りましょう。

```
(base) PS C:¥Users¥[ユーザー名] > conda activate env_iRL
```

プロンプトの左側の (base) が (env_iRL) に変わったことを確認してください。

```
(env_iRL) PS C:¥Users¥[ ユーザー名 ] >
```

cd コマンドで iRL の下の main ディレクトリに入ります。C:¥myprojects の下に iRL ディレクトリを作っていれば、コマンドは以下のようになります（ディレクトリ名は、途中まで入力して［Tab］キーを押すと補完されます）。

```
(env_iRL) PS C:¥Users¥[ ユーザー名 ] > cd C:¥myprojects¥iRL¥main¥
```


ディレクトリパスが、以下のように指定したパスになったことを確認してください。以降、ディレクトリパスの表示は省略します。

```
(env_iRL) C:¥myprojects¥iRL¥main >
```

本章で実行するファイルは以下の 2 つになります。

iRL/main/

├ env_corridor.py

　コリドータスクのプログラム。実行すると、「あなた」がコリドータスクをプレイするモードで立ち上がる。

└ agt_tableQ.py

　強化学習アルゴリズム（Q 学習）のプログラム。実行すると、Q 学習がコリドータスクをプレイするモードで立ち上がる。内部で env_corridor.py をインポートしている。

では、コリドータスクをプレイしてみましょう。本章以降は、Python のプログラムファイルである **py ファイル**（拡張子が「.py」）をコンソールで実行します。コマンドは、**python ファイル名 .py** です。ここでは、コンソールで「python env_corridor.py」というコマンドを入力し、env_corridor.py を実行します。

```
(env_iRL)> python env_corridor.py
```

すると、コンソールに「操作方法」と「あなたのプレイ開始」の内容が表示され、PC の画面には、ロボットとクリスタルを表示した小さなウインドウが現れます。クリスタルの位置は 2 通りあり、ランダムに決まります（図 4-1）。

```
(env_iRL)> python env_corridor.py

---- 操作方法 -------------------------------------
[f] 右に進む
[d] 拾う
[q] 終了
クリスタルを拾うと成功
---------------------------------------------------

あなたのプレイ開始

x(0)=[1 0 0 2]
```

図 4-1　コリドータスクの画面

詳しい説明を図 4-2 に載せました。「操作方法」と「表示ウインドウ」の説明を見ながら操作してみてください。「コンソールに表示される内容」はあとから見ていきましょう。まず［f］キーを押すとロボットが右に進むことを確認してください。進まないときは「表示ウインドウ」がアクティブになっていないので、表示ウインドウをクリックしてからもう一度［f］キーを押してみましょう。ロボットをクリスタルまで進めて、ロボットがクリスタルと重なったときに［d］キーを押すとクリスタルを拾ったことになります。すると、頭が緑色になって 1 回のタスクが終わります。これが「成功」としての終わり方です。

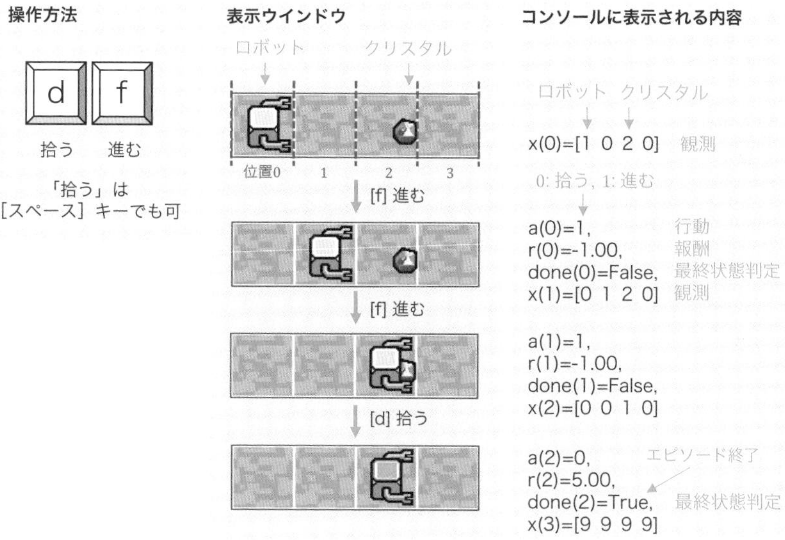

図 4-2　コリドータスク　成功としての終わり方

1 回のキー押しによる変化を**ステップ**と呼び、終了までの 1 回分のタスクを**エピソード**と呼びます。1 回目のエピソードが終わったあとに［d］か［f］、または［スペース］キーを押すと、ロボットがスタート位置に戻ります。そして新しいクリスタルの位置がランダムに決まり（右端、または右端から 2 番目の位置のどちらか）、次のエピソードが開始されます。［q］を押すと終了します。

クリスタルがないところで［d］を押してしまったり、ロボットが右端に来ているのにさらに進もうとしたりすると、頭が赤色になってエピソードが終わります。これは「失敗」としての終わり方です（図 4-3）。

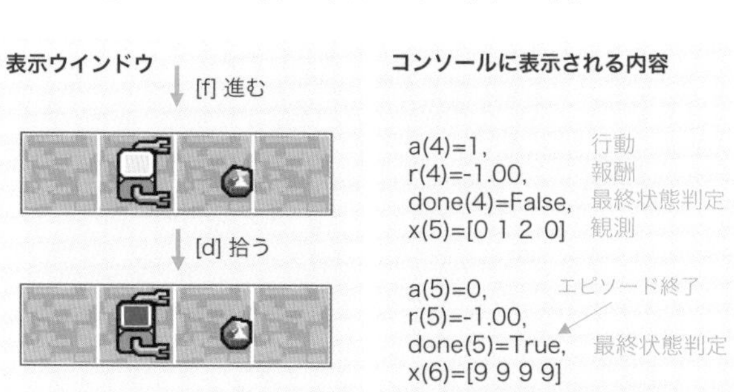

図 4-3　コリドータスク　失敗としての終わり方

それでは、コンソールに表示される内容について説明します。図 4-2 と図 4-3 の右側の「コンソールに表示される内容」に具体的な例を表示しています。コンソールには、キーを押すたびに a(t)、r(t)、done(t)、x(t+1) の内容の数値が表示されます。t はステップのカウントを表します。これらは強化学習アルゴリズムが使用する情報になります。本書ではこの 4 つを**強化学習情報**と呼ぶことにします。

```
あなたのプレイ開始

x(0)=[1 0 2 0]
a(0)=1, r(0)=-1.00, done(0)=False, x(1)=[0 1 2 0]
a(1)=1, r(1)=-1.00, done(1)=False, x(2)=[0 0 1 0]
a(2)=0, r(2)= 5.00, done(2)=True, x(3)=[9 9 9 9]

x(4)=[1 0 2 0]
a(4)=1, r(4)=-1.00, done(4)=False, x(5)=[0 1 2 0]
a(5)=0, r(5)=-1.00, done(5)=True, x(6)=[9 9 9 9]

x(7)=[1 0 0 2]
```

コリドータスクにおける強化学習情報を簡単に説明していきます。x(t) は**観測**（observation）を意味し、[1　0　0　2] などと 4 つの数値で構成されます。この 4 つの数値は、その時点で観測されたロボットとクリスタルの位置を表しています。図 4-4 に例を示しました。

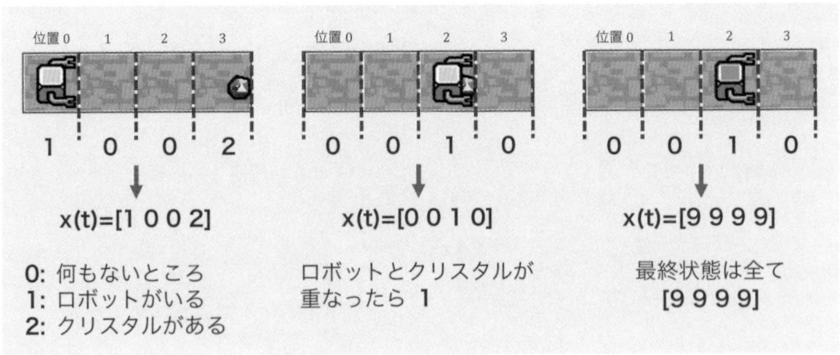

図 4-4　観測 x(t) の意味

a(t) はロボットの**行動**（action）を意味し、「拾う」を選ぶと 0 に、「進む」を選ぶと 1 の値になります。

r(t) は**報酬**（reward）を意味し、クリスタルを拾うことができると5に、それ以外のときは −1の値になります。

done(t) は、エピソードが終了したときはTrueに、それ以外のときはFalseのブール値をとる情報です。エピソードが終了したかどうかの情報は、前述の観測から得られるようにすることもできますが、このように観測とは別に設ける方が実装しやすくなるため、多くの実装例で使われる変数です。本書では**最終状態判定**と名付けました。

以上がコリドータスクの説明になります。コリドータスクはやってみるととても簡単だと思います。クリスタルの場所までロボットを進めて、拾わせるだけです。2回くらいのエピソードを体験すればすぐに要領を得て、ミスなしでプレイできるようになるでしょう。

次の項では、同じタスクを強化学習のアルゴリズムにやらせます。

4.1.2 タスクを強化学習アルゴリズムがプレイ

それでは、このコリドータスクを**Q学習**という強化学習のアルゴリズムに「学習」させて解かせてみましょう。Q学習の仕組みについては5章で説明しますが、ここではその動作がどのようなものかを確認します。5章で解説する「基本のQ学習」は、「agt_tableQ.py」で定義されています。基本のQ学習は、アルゴリズムの内部で「Qテーブル」という表を使うので、プログラムでの命名を「tableQ」としました。

それでは、実際にQ学習を動かしてみましょう。以下のコマンドでagt_tableQ.pyを実行します。最後に「300」を入れることに注意してください。これは、学習させるステップ数の指定になります。このように、Pythonでは「python ファイル名 引数1 引数2…」の形で、プログラムに引数を渡すことが可能です。このような引数を**コマンドライン引数**と言います。

```
(env_iRL)> python agt_tableQ.py 300
```

コマンドを実行すると、4.1.1項で直接実行したenv_corridor.pyが、agt_tableQ.pyの内部でインポートされ、環境とエージェントのやり取りを300ステップ実行します。そしてその間にエージェントの学習が進みます。この学習を含めた環境とエージェントのやり取りに、一般的には決まった名前は付いていませんが、ロボットや動物が環境と相互作用して学習する様子を模倣したものと考え、**学習シミュレーション**と呼ぶことにします。

300ステップの学習シミュレーションはほぼ一瞬で終わります。すると、コンソールに「学習後のQ値」が表示されます。この値こそがQ学習の頭脳になるのですが、詳細については5章で説明します。

```
(env_iRL)> python agt_tableQ.py 300
300 ステップの学習シミュレーション開始

学習後の Q 値
[1 0 2 0]: -0.99,  2.37
[0 1 2 0]: -0.87,  3.72
[0 0 1 0]:  4.89, -0.89
[0 0 2 1]: -0.59, -0.36
[1 0 0 2]: -1.00, -1.67
[0 1 0 2]: -0.89, -0.92
[0 0 1 2]: -0.59,  0.03
[0 0 0 1]:  2.44,  0.00

学習なしシミュレーション開始

x(0)=[1 0 2 0]
```

次に、コンソールには「学習なしシミュレーション開始」と表示され、表示ウインドウも現れます(図4-5)。これは学習の成果を確かめるためのシミュレーションの開始画面で、このあとステップを実行してもエージェントの学習は行われません。これを「学習シミュレーション」に対して**学習なしシミュレーション**と本書では呼びます。

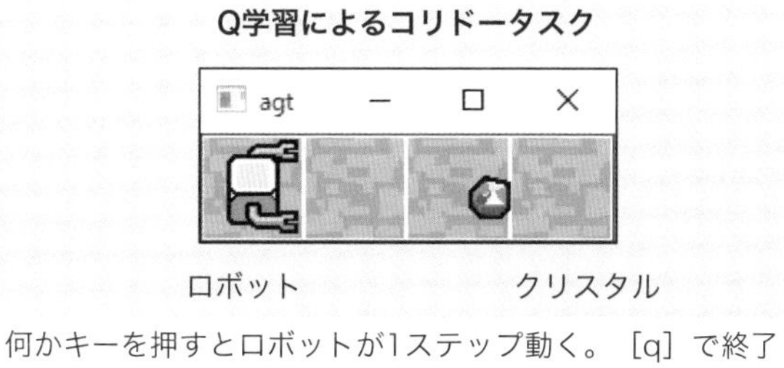

図 4-5　Q 学習によるコリドータスク

「学習シミュレーション」ではエージェントは行動選択に時々乱数を入れて行動を確率的にするのが普通なのですが、この「学習なしシミュレーション」は学習した行動パターンを見たり評価したりすることが目的なので、行動に乱数は含めずに行います。

表示ウインドウがアクティブになっている状態で［スペース］キー（［q］以外なら他のキーでもよいです）を押すと、Q学習のアルゴリズムが学習した行動パターンでロボットが 1 ステップずつ動きます。何度も押してロボットの行動を確かめてください。終了するには［q］キーを押します。

このときコンソールには、「あなた」がコリドータスクをプレイしたときと同様の強化学習情報が表示されます。ただし、今回は Q 学習が行動 a(t) を決めています。

```
学習なしシミュレーション開始

x(0)=[1 0 0 2]
a(0)=0, r(0)=-1.00, done(0)=True, x(1)=[9 9 9 9]

x(2)=[1 0 2 0]
a(2)=1, r(2)=-1.00, done(2)=False, x(3)=[0 1 2 0]
a(3)=1, r(3)=-1.00, done(3)=False, x(4)=[0 0 1 0]
a(4)=0, r(4)= 5.00, done(4)=True, x(5)=[9 9 9 9]

x(6)=[1 0 2 0]
```

ロボットはうまくクリスタルを回収することができているでしょうか。おそらく、時々失敗してロボットの頭の色が赤くなる場合があると思います。クリスタルが右端に出たときに、この失敗が起きているでしょう。これは、300ステップの学習シミュレーションでは、学習が不十分だったからです。ただし、計算に乱数が含まれるために結果は常に同じにはなりません。場合によっては常に成功、または常に失敗ということもあり得ます。

それでは、学習ステップを5000にして実行してみましょう。5000でも学習シミュレーションはすぐに終わります（学習ステップのデフォルト値を5000にしているので、コマンドライン引数を指定しない場合でも5000回になります）。

```
(env_iRL)> python agt_tableQ.py 5000

5000 ステップの学習シミュレーション開始

学習後の Q 値
[1 0 2 0]: -1.00  3.00
[0 1 2 0]: -1.00  4.00
[0 0 1 0]:  5.00 -2.00
[0 0 2 1]: -1.00 -1.00
[1 0 0 2]: -1.00  2.00
[0 1 0 2]: -1.00  3.00
[0 0 1 2]: -1.00  4.00
[0 0 0 1]:  5.00 -1.00

学習なしシミュレーション開始

x(0)=[1 0 2 0]
```

まず、コンソールに表示される「学習後のQ値」の値が、300ステップの学習のときと変わっていることを確認してください。Q値の解説は5章で行いますが、5000ステップの十分な学習を行ったため、Q値が正しい値に収束したことを示しています。また、［スペース］キーを押してロボットの動作を確認してください。今度は、クリスタルがどの場所に出てもクリスタルのある所までロボットが進んで拾うという、目標の行動が再現できていると思います。

これで、Q学習の体験は終わりです。コリドータスクとそれを学習するQ学習の振る舞いがどんなものであるか、イメージがはっきりしたのではないかと思います。次は、この強化学習が解くべき問題設定を、コリドータスクだけでなく一般的な場合も含めて詳しく説明していきます。

4.2 環境

1.5 節で環境とエージェントの概念を説明しましたが、ここでは一般的な「環境」の概念や定義を、コリドータスクを例に出しながらさらに掘り下げていきます。図 4-6 は、ここで説明する内容の概要図になります。

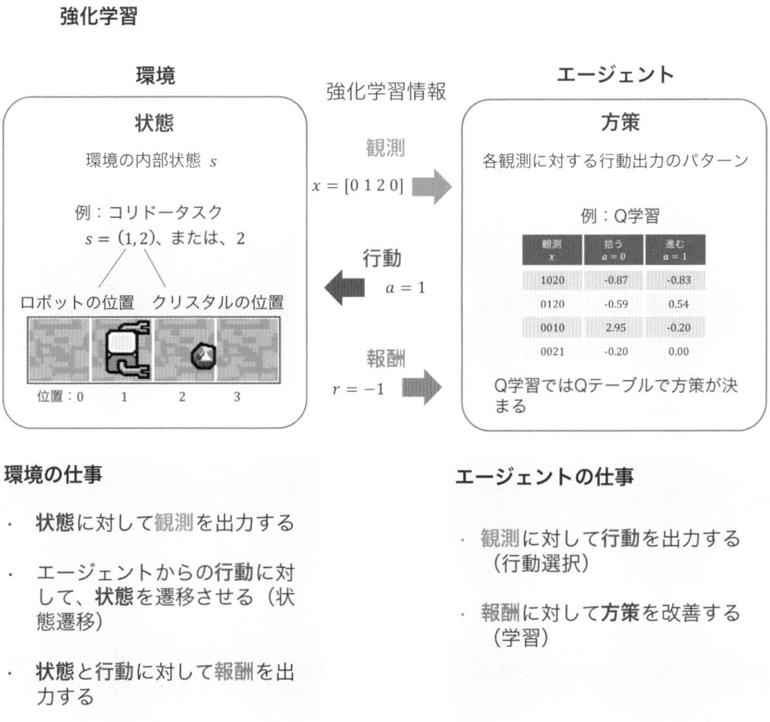

図 4-6　環境とエージェント

環境は「観測」と「報酬」をエージェントに渡すのに対し、エージェントは「行動」を環境に渡します。この環境は内部で「状態」というものを持つと考えます。一方、エージェントは、「観測」に対してどの行動を選ぶかという「行動パターン」を持ちます。これを**方策**と言います。

ここからは、環境側の内容である「状態」、「観測」、「報酬」について詳しく説明していきます。

4.2.1 状態

環境はエージェントからの行動を受けると、その行動に応じて内部で保持する何らかの情報を更新します。その情報を、**内部状態**もしくは単純に**状態**と言います。状態は英語でstateなので、数式ではその頭文字の s を使います。ステップ t における状態を $s(t)$ と表します。

コリドータスクでの「状態」は、「ロボットの位置」と「クリスタルの位置」になります。ステップ t において、ロボットの位置が1、クリスタルの位置が2であった場合、状態は、$s(t) = (1,\ 2)$ のようにベクトルで定義してもよいし、図4-7と図4-8のように、とり得る全てのロボットとクリスタルの位置に対して、0、1、2、…と通し番号を割り振って定義してもよいでしょう。要は、各状態に違う値が割り振られていればOKです。本書の説明では、後者の方法で状態を定義します。

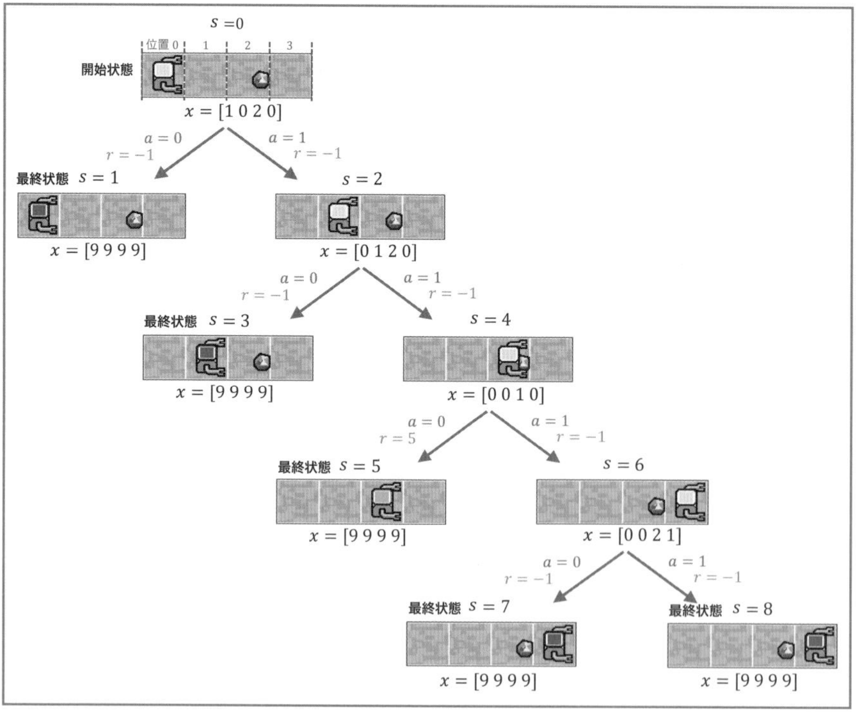

図4-7　コリドータスクの状態遷移（クリスタルが2の位置で始まる場合）

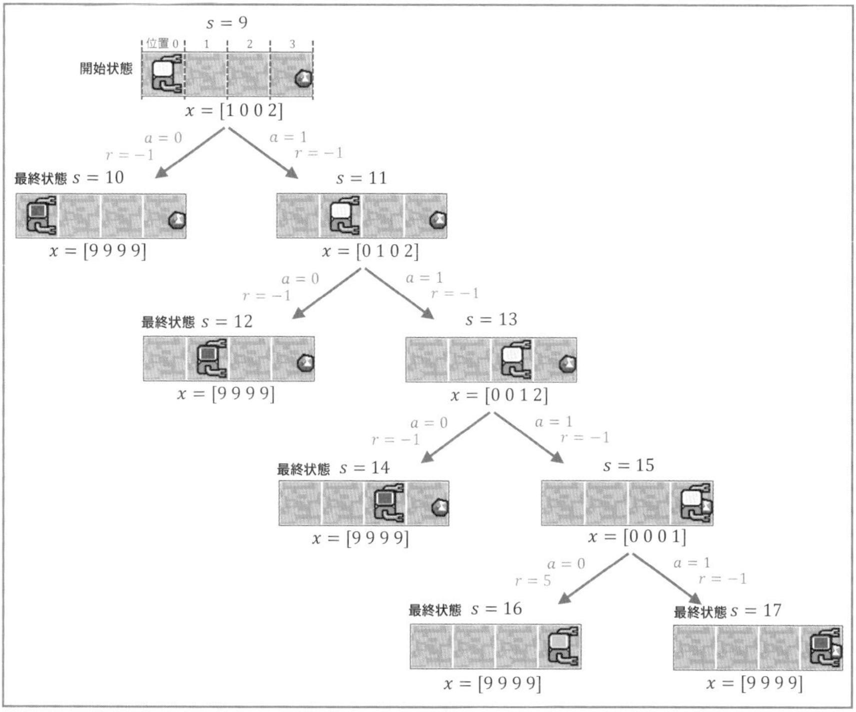

図 4-8　コリドータスクの状態遷移（クリスタルが 3 の位置で始まる場合）

ちなみに、状態を $s(t)$ として表すのは理論上の説明のためであり、実装において s に対応する変数は使っていません。実装については 5 章で説明しますが、本書のプログラムでは、ロボットの位置は `self.robot_pos`、クリスタルの位置は `self.crystal_pos` という変数でバラバラに保持されています。このような変数を統括した概念的な変数が $s(t)$ だととらえてください。

タスクを開始してそのエピソードが終わるまでの間、状態はステップごとに次々と別の状態へ遷移します。これを**状態遷移**と呼びます。状態遷移の最初の状態を**開始状態**、タスクが終わったときの状態を**最終状態**と呼ぶものとします。最終状態は専門用語では**ターミナル状態**と呼びますが、本書では意味が分かりやすいように「最終状態」という呼び方を使います。コリドータスクの全ての状態遷移を図にしたものが図 4-7 と図 4-8 です。

強化学習で設定できる状態遷移には、ほかにも色々なパターンが考えられます。コリドータスクの開始状態は $s = 0$ と $s = 9$ の 2 つですが、開始状態は 1 つでも 3 つ以上でも構いません。開始状態が複数ある場合には、エピソード開始時に開始状態を確率的に選びます。この確率の値を**初期状態分布**と言います。コリドータスクの初期状態分布は、状態 $s = 0$ から始まる確率が 0.5、状態 $s = 9$ で始まる確率が 0.5 と設定しています。

状態遷移が確率的になる場合もあります。例えば、状態 0 で行動 1 を 10 回選んだとき、そのうちの約 7 回は状態 1 に遷移し、約 3 回は状態 2 に遷移するというように、同じ状態で同じ行動を選んだとしても次の状態が確率的に決まるという遷移です。このような確率を**状態遷移確率**と呼びます。

通常は、初期状態分布も状態遷移確率も、その確率自体の値はシミュレーションを通してずっと一定と考えます。このような条件を想定して、通常の強化学習のアルゴリズムは考えられています。

一度訪れた状態に戻る状態遷移もあり得ます。その例として、図 4-9 に $s = 0$、$s = 1$、$s = 2$ と進んで $s = 0$ に戻る場合や $s = 0$ と $s = 3$ を行ったり来たりする場合を示しました。これを状態遷移に**巡回がある**と表現することにします。巡回がある場合、方策によっては無限に同じ状態を回り続けるという行動パターンも出てきます。

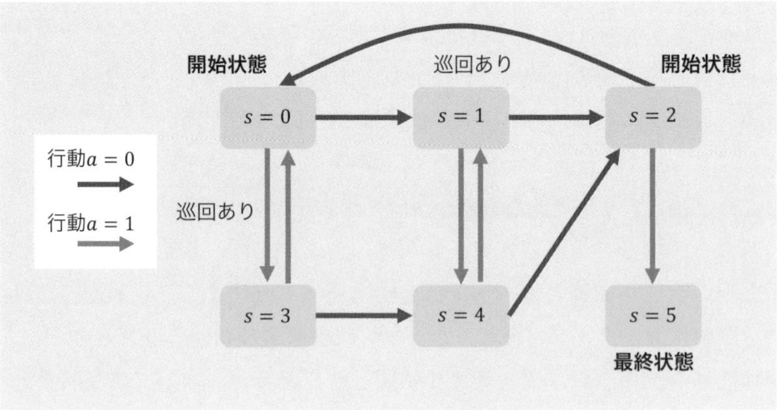

図 4-9　巡回がある状態遷移

巡回がある場合には、最終状態がないパターンもあり得ます。この場合は、1 回のエピソードの中で無限の状態遷移を続けることになります。

以上が、色々な状態遷移のパターンの説明でしたが、暗黙の前提としていたことがあります。それは、「今の状態 $s(t)$ と行動 $a(t)$ のみで次の状態 $s(t+1)$ が決まる」というルールです。確率で考える場合には「今の状態 $s(t)$ と行動 $a(t)$ のみで次の状態 $s(t+1)$ への状態遷移確率が決まる」というルールになります。このようなルールに従った状態遷移を**マルコフ決定過程（Markov decision process、MDP）**と呼びます。

少し難しそうな話になってしまいましたが、図 4-9 で考えると分かりやすいと思います。状態遷移が確率的ではない場合の例になりますが、例えばこの図は $s=1$ の状態で行動 $a=0$ を選べば $s=2$ に遷移することを示しています。

この $s=2$ への遷移は、$s=1$ より前でどの状態にいたかは関係ない、というところがポイントです。$s=0$ から $s=1$ に来ていた場合でも、$s=4$ から $s=1$ に来ていた場合でも、とにかく $s=1$ で $a=0$ を選べば $s=2$ になります。これがマルコフ決定過程です。逆に、$s=1$ より前の状態も遷移に関係してしまうときには、「マルコフ決定過程ではない」と言います。

コリドータスクの状態遷移も、図 4-7 と図 4-8 を見れば、マルコフ決定過程であることは一目瞭然です。

4.2.2 観測

観測は英語で observation なので o と表したいところですが、数字の 0 と紛らわしいので、x と表すことが普通です。

観測 $x(t)$ は、今の状態 $s(t)$ で決まります。$x(t)=s(t)$ として、今の状態そのものを観測値にすることもできます。このような状況を本書では**完全観測**と呼びましょう[1]。観測が状態そのものではなくても、観測の情報と今の状態が一つ一つ対応していて、観測を見たら対応する状態が確実に分かるような場合なら、「完全観測」とみなせます。

状態がマルコフ決定過程であれば、このような問題設定を**完全観測マルコフ決定過程**と言い、簡単に **MDP の問題**または単に **MDP** と呼ぶことにします。

[1] 後ほど説明する「部分観測」という言葉は強化学習分野でよく使われていますので、本書では、それに対して、全て観測できる状況にも「完全観測」と名付けます。

MDPという言葉には「完全観測」の意味合いは含まれませんが、慣例にならって「完全観測マルコフ決定過程」を意味することにします。

一方、観測が状態の一部の情報しか表していないとき、言い換えると、観測から一意に1つの状態を決めることができないときを**部分観測**と呼びます。状態遷移がマルコフ決定過程で部分観測である場合は、この問題設定を**部分観測マルコフ決定過程**と言い、**POMDP(partially observable Markov decision process)の問題**または単に**POMDP**と呼びます。

ここからPOMDPについて少し詳しい説明をしますが、コリドータスクはMDPです。実際にPOMDPを扱うのは6章からになりますので、内容が少し難しそうだなと思われたら、いったん読み飛ばして次の4.2.3項に進んでも結構です。その場合、6章を読むときにこのあとの説明を確認してください。

MDPやPOMDPなどと少し難しそうな言葉を出してしまいましたが、コリドータスクの例で考えれば難しいことではありません。コリドータスクの場合、どの観測からでも状態（ロボットの位置、クリスタルの位置）が分かるので「完全観測」です（最終状態の観測は行動を選ぶために使用しないので除外して考えます）。そして、マルコフ決定過程であるので、「MDPの問題」です。

しかし、もし、コリドータスクのクリスタルが地面に埋まっていて、直接見ることができないという設定だったらどうでしょう。行動の「拾う」は「掘る」に改めて、地面の中にクリスタルが偶然あれば「掘る」で回収できるとするのです。この状況を考えると、観測はロボットの情報のみで、クリスタルの位置情報は観測に含めないとするのが普通です。この観測情報では、図4-10に示したように、今どの状態にいるのかを1つに絞れなくなります。すなわち、「部分観測」となるので、この場合のコリドータスクは「POMDPの問題」となります。

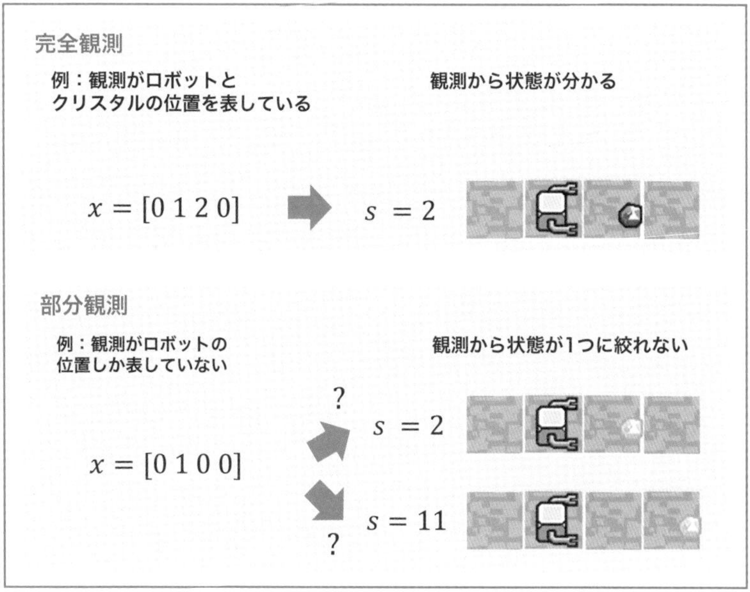

図 4-10　完全観測と部分観測

一般的な POMDP の問題はとても難しいので、通常の強化学習のアルゴリズムは、MDP を想定して開発されています。本書で紹介する Q 学習も MDP であれば正しく学習できることが証明されています。

しかし、一般的には難しい POMDP の問題でも、状態の情報がどのように観測に含まれるかで、難易度は大きく変わります。例えば、観測から推定される状態が複数になってしまっても、その状態の全てで望まれる行動が一致しているような問題であれば、MDP 用のアルゴリズムでもうまくいく場合があることが経験的に分かっています。

本書では、MDP 用のアルゴリズムでもそこそこできる、ぎりぎりの POMDP 問題を後半で扱っていきます。6 章で出てくる「フィールドタスク」は、POMDP の難易度を調節できるようなタスクとして考案したものです。

実は多くの強化学習の解説書が扱う問題は MDP であり、POMDP まで考える解説書は少ないと思います。しかし、なぜ筆者が POMDP にこだわるかというと、実際の問題を強化学習に落とし込もうとするとき、大概の場合は POMDP 問題になるからです。

例えば1.5節で説明したロボットラットの場合では、餌が皿の上にあるかどうかも環境の状態になりますが、ロボットラットは餌皿の方を向いていないときには餌が皿に出ているかは分からないので、POMDPの問題になります。

一般的なロボットの例で考えると、観測はロボットのカメラや距離センサーなど全てセンサーからの情報になりますが、環境の全ての情報をセンサーでとらえることは通常はできないのでPOMDPの問題になります。

テレビゲームでも、例えばRPGなどでは、使っている武器や防具の種類、他のイベントの達成状況など通常の画面からでは分からない内部状態はたくさんありますのでPOMDPです。シューティングゲームなどでワンショットの画面を観測とすると、敵の弾の位置は分かっても、そのスピードと飛ぶ方向は分かりません。この場合もPOMDPとなります。

POMDPの問題は難しいのですが、強化学習の弱点や将来の強化学習研究の方向性を深く考える上で、POMDPを意識することはとても大切ですし、面白いことでもあります。そして、ラッキーなことに、POMDP問題を解いているお手本となるシステムがとても身近にあります。そうです、「脳」ですね。

4.2.3 報酬

報酬は英語でrewardなので、数式ではrを使います。

ステップtにおける報酬$r(t)$は、状態$s(t)$と行動$a(t)$によって決まります。この報酬を出すルールを**報酬関数**（reward function）と言います。報酬は、正の数でも負の数でもよい実数値を使います。正の数の場合はその文字通りの「報酬」で、大きい数値であればあるほど大きい報酬の意味になります。ゲームをクリアできたときなど、実現させたい状況で正の報酬を出すように設定します。コリドータスクでは、クリスタルを無事回収できたときに$r=+5$を出しています。

一方、負の報酬は罰やコストなどの意味となり、できるだけ避けたい状況に対して設定します。コリドータスクでは、移動したときに$r=-1$（移動コスト）、間違った場所で「拾う」を選んだときに$r=-1$（罰）、ロボットが右端にいる状態でさらに「進む」を選んだときに$r=-1$（罰）を割り振っています。図

4-7 と図 4-8 の状態遷移図にも報酬を記載しています。

コリドータスクでの報酬は確率的ではありませんが、一般的な問題では報酬は確率的なものとして扱います。確率的な報酬とは、例えば、クリスタルを拾えたときに常に報酬 5 なのではなく、0.6 の確率で報酬 5、0.4 の確率で報酬 10 といった設定です。このような報酬の確率を、**報酬確率**と言います[2]。確率的な報酬の設定にすると問題は少し難しくなりますが、その場合でも MDP なら解けるように Q 学習は設計されています。

余談になりますが、私たちの脳にも報酬関数が仕込まれています。そして、それはかなり複雑なものだと言えます。生物として重要な「三大欲求」を満たすことは間違いなく報酬ですが、「金銭」も疑うことなく報酬です。

そしてそれだけでなく、物が直接関係しないような「人に褒められたとき」、「人に認めてもらえたとき」、「目標を達成したとき」などでも正の報酬が出ていると見なせるでしょう。かなり高度な報酬になりますと「他人の幸せ」が自分の報酬になる場合もあるかもしれません。

このような複雑な報酬関数は、進化の過程で脳が獲得してきたものであり、脳内のドーパミンのシステムがこの報酬関数に深く係わっていることが分かっています。実に興味深いですね。結局のところ、私たちは、すでに脳に仕込まれた報酬関数に基づいて報酬ができるだけ大きくなるように毎日行動を選択しているだけなのだと考えるのは、少し安易すぎるでしょうか。

4.2.4 時系列で見た情報のやり取り

ここでは強化学習情報のやり取りを時系列で確認します。

図 4-11 にそのやり取りを図式化しました。ステップは t で表され、0 から始まり、ループが回るたびに 1 ずつ増えていきます。図 4-11 の中で番号が振ってある箇所を順番に説明していきます。

[2] 本書では扱いませんが、報酬が確率的な場合には、報酬関数は報酬の大きさとその確率を決める関数になります。

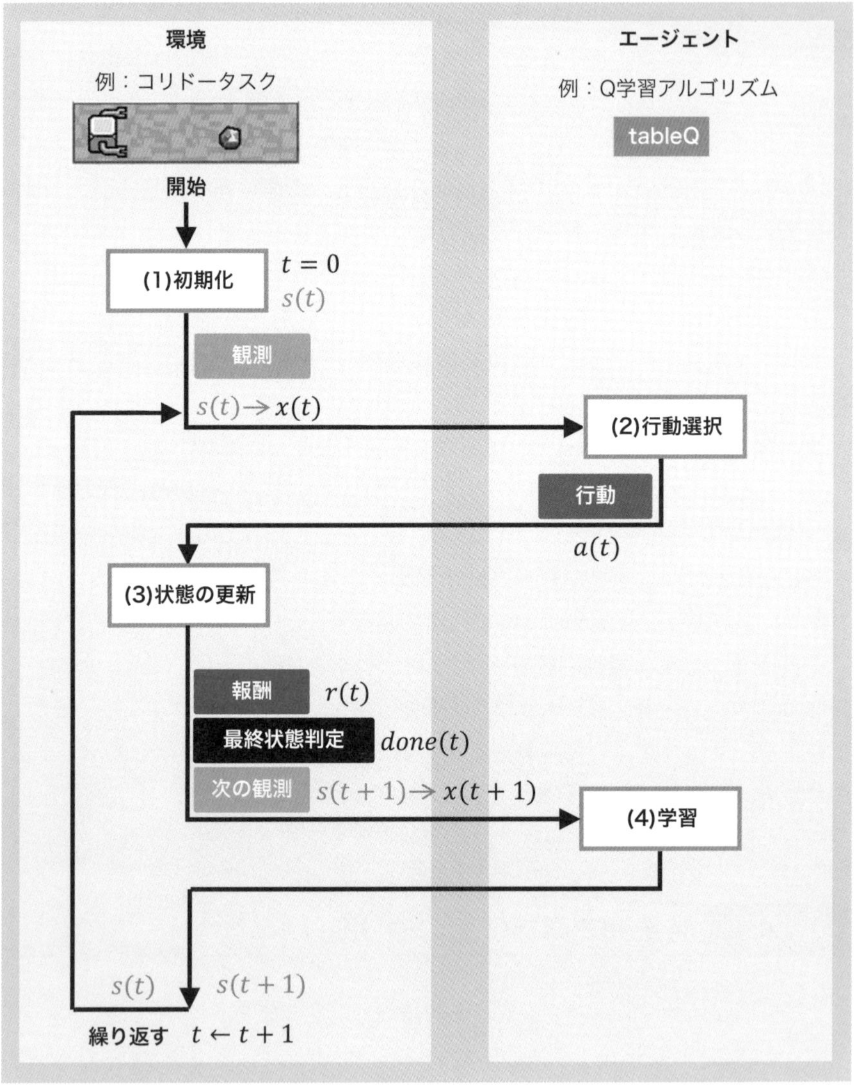

図 4-11　環境とエージェントのシミュレーション

(1)**初期化**は、環境の状態 $s(t)$ を「開始状態」にすることです。初期化が済んだら、環境は今の状態 $s(t)$ に対応する観測 $x(t)$ を作成し、出力します。「状態」はとても重要な情報なのですが環境の中だけにあり、エージェントとのやり取りには状態から作られた「観測」が使われます。

コリドータスクではロボットの位置とクリスタルの位置が状態 $s(t)$ になります。初期化では、ロボットの位置を 0 にセットし、クリスタルの位置を 2 か 3 にランダムでセットします。クリスタルの位置が 2 の場合と 3 の場合では、観測 $x(t)$ はそれぞれ、$[1\ 0\ 2\ 0]$、$[1\ 0\ 0\ 2]$ となります。

(2) **行動選択**では、エージェントが環境から観測 $x(t)$ を受け取り、「行動 (action)」を決めます。ステップ t における行動は $a(t)$ と表します。行動は、あらかじめ決められた複数の選択肢の中から 1 つを選ぶということになります。

コリドータスクの例では、行動は 0 または 1 のどちらかです。0 は「拾う」、1 は「進む」に対応しています。4.1.1 項では強化学習アルゴリズムの代わりにあなたが［f］か［d］で行動を決め、それに応じてコンソールに $a(t)=0$ または $a(t)=1$ が表示されていました。4.1.2 項では、Q 学習が $a(t)=0$ か $a(t)=1$ を出力していました。

(3) **状態の更新**では、環境が行動 $a(t)$ を受け、「報酬 $r(t)$」「最終状態判定 $done(t)$」「次の状態 $s(t+1)$」「次の観測 $x(t+1)$」の 4 つを決め、「次の状態 $s(t+1)$」以外を出力します。以下のような手順になります。

(ア) まず、現在の状態 $s(t)$ とエージェントの行動 $a(t)$ から、報酬 $r(t)$ を決めます[3]。

(イ) 次に、現在の状態 $s(t)$ とエージェントの行動 $a(t)$ から、「次の状態 $s(t+1)$」を決めます。

(ウ) 通常の場合は最終状態判定を $done(t)=\mathrm{False}$ としますが、「次の状態 $s(t+1)$」が最終状態だったら $done(t)=\mathrm{True}$ とします。

(エ) 最後に、次の状態 $s(t+1)$ に対して「次の観測 $x(t+1)$」を決めます。$s(t+1)$ が最終状態の場合は、コリドータスクの実装では $x(t+1)=[9999]$ としています。

[3] $s(t)$、$a(t)$、$s(t+1)$ から $r(t)$ を決めるという枠組みもありますが（この場合は、(イ)のあとで報酬を決めることになります)、ここでは $s(t+1)$ は含めない少しシンプルな枠組みを採用しました。

(4)**学習**では、エージェントは報酬 $r(t)$、最終状態判定 $done(t)$、次の観測 $x(t+1)$ の情報を新しく受け取り、これに加えてすでに知っている観測 $x(t)$ と行動 $a(t)$ の情報を利用して方策(行動パターン)を改善します。その改善を「学習」と呼んでいます。学習の具体的な方法については、5 章で詳しく説明します。

(4)からは t の値を 1 つ増やして (2)に戻り、ループが繰り返されます。

ここまで 1 回の学習ステップにおける環境とエージェントとの情報のやり取りを説明しました。次は、ステップを繰り返したときに各ステップで生成される強化学習情報を時系列で示します。図 4-12 の (1) から順番に見ていきましょう。

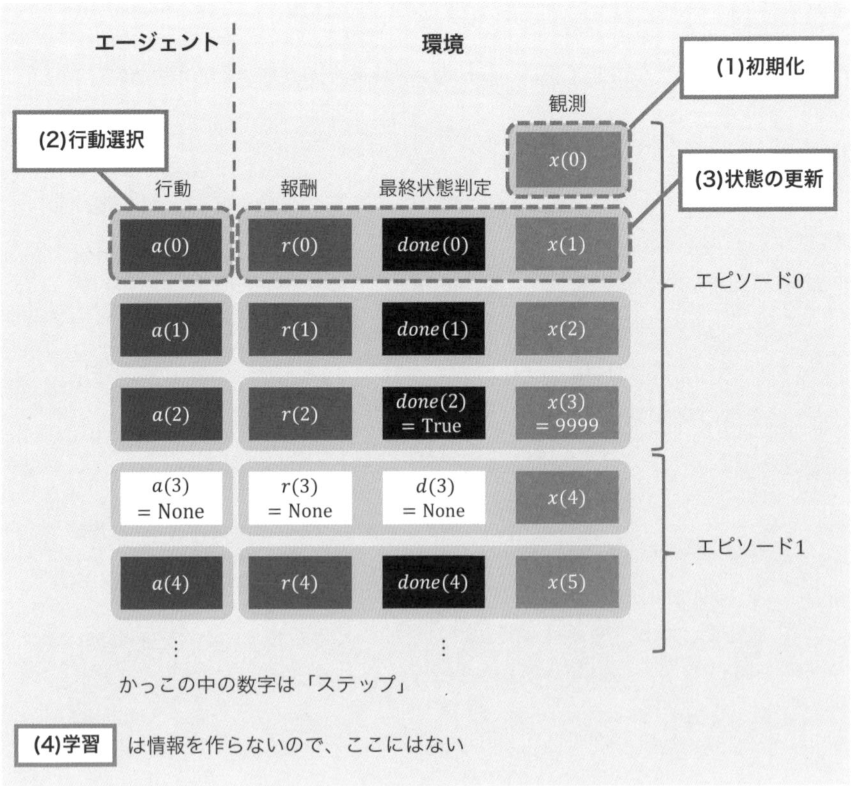

図 4-12　強化学習情報の時系列の関係

図4-12の（1）初期化では、ステップ0で環境が初期化した状態 $s(0)$ に対応する観測 $x(0)$ を出力します。環境とエージェントのやり取りには「状態」ではなく「観測」の情報を使うので、この図には「状態」を記述していません。

（2）行動選択では、ステップ0でエージェントが行動 $a(0)$ を出力します。

（3）状態の更新では、ステップ0で環境が、報酬 $r(0)$ と最終状態判定 $done(0)$、次の状態 $s(1)$ に対応する観測 $x(1)$ を出力します。

（4）学習では新たな情報を生成しないので、ここには記述していません。

これをステップ1、ステップ2と繰り返していきますが、ステップ2で最終状態判定 $done(2) = \text{True}$ が出力されたことに注目してください。最終状態のステップでは、次の観測 $x(3) = 9999$ を出力し、エピソード0を終了します。

最終状態の次のステップ（ステップ3）では、新しいエピソード（エピソード1）を始めるために通常のステップとは異なる処理をします。このステップでは、(2)で任意の行動選択のあと、（3）の状態の更新で、エピソード開始時の状態に初期化し、次の状態 $s(4)$ を決定します。そして、それに対する観測 $x(4)$ を出力します。このとき、$a(3)$、$r(3)$、$done(3)$ は値を持たないものとします（図4-12ではNoneとしています）。また、(4)の学習は行いません。ループの中で新しいエピソードが始まるときは、ステップ t は0にリセットされません[4]。

このように環境とエージェントが情報のやり取りを繰り返し、エージェントは学習を進めます。これが4.1.2項の「学習シミュレーション」に対応します。

一方、「学習なしシミュレーション」は、(4)の学習を除いたシミュレーションになります。これは、学習した成果を確認するときに行います。

ところで、教師あり学習でも「学習」という言葉が出ていましたが、強化学習でも(4)で「学習」という言葉が出てきました。教師あり学習の「学習」は、誤差を改善するために、モデルの重みパラメータを更新することを意味していました。強化学習の場合では、報酬をより多く得られるように、方策を改善することが「学習」になります。

[4] 新しいエピソードが始まるたびに t を0にリセットする方法もありますが、t をシミュレーションの回数や学習回数のカウントとして使えるように、本書ではリセットしない方法を採用しています。

4.3 強化学習の目的

強化学習アルゴリズムの目的を簡単に述べれば、

「全ての観測に対して、未来の報酬が最大となる行動を選ぶこと」

です。この指標で形成された行動パターンが、真の目的の行動パターン（例：クリスタルを回収する）に一致するように、報酬の出し方を設計する点が強化学習のポイントになります。

しかし、この目的にはまだ曖昧な部分があります。まず、報酬が確率的な場合に「報酬を最大にする」とはどう考えればよいのでしょうか。この点については次の4.3.1項で詳しく解説します。そして、「未来の報酬」とは具体的にどのような量を示しているのでしょうか。この点については4.3.2項で解説します。そして最後に、より具体的に強化学習の目的を考えていきます。

4.3.1 期待値

4.2.3項で、強化学習のアルゴリズムは報酬が確率的であることを想定して設計されていると述べました。ここではコリドータスクからいったん離れて、報酬が確率的な場合の簡単な例題を考えましょう。目の前にくじ引きをするガラガラAとガラガラBがあり、どちらかを選んで玉を出すという「ガラガラタスク」を考えます（図4-13）。今回は観測については考えません。

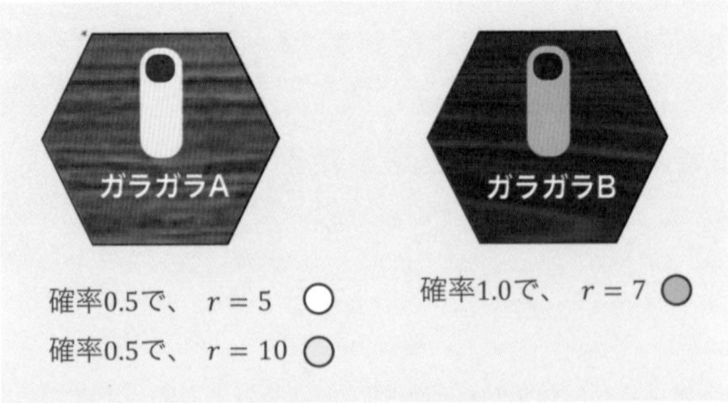

図4-13　ガラガラタスク

報酬確率は次のようになっています。

ガラガラAには、白色の玉と黄色の玉が同数入っており、白色が出る確率と黄色が出る確率はどちらも0.5です。白色が出たら残念賞で報酬 $r = 5$、黄色が出たら当たりで報酬 $r = 10$ となります。

一方、ガラガラBは緑色の玉だけしか入っていない、あまり面白くないガラガラです。緑色の玉が出る確率は1ということになります。ガラガラBを選ぶと必ず緑色の玉が出て報酬 $r = 7$ を獲得します。

さて、このように報酬確率が分かっているとしたら、どちらのガラガラを選ぶのが正解なのでしょうか？　リスクは避けるべきとか、刺激があった方がいいとか、色々な考え方があると思いますが、一般的な強化学習の問題設定では**期待値（Expectation）**が大きい方を選ぶことを正解とします。期待値とは、読んで字のごとく「期待される量」であり、「これからもらえるであろう量の平均値」ということになります。

数式では、確率的な量 z があったとしたら、その期待値をExpectationのEを使って $E[z]$ と表します。よって、報酬 r の期待値は $E[r]$ と表します。

ガラガラAを選んだときの r の期待値は、以下の式で計算できます。

$$E[r] = (\text{白色の報酬量}) \times (\text{白色が出る確率}) + (\text{黄色の報酬量}) \times (\text{黄色が出る確率})$$

式（4-1）

白色の報酬量は5、白色が出る確率は0.5、黄色の報酬量は10、黄色が出る確率は0.5でしたので、これらの数値を代入して計算すると以下のようになります。

$$E[r] = 5 \times 0.5 + 10 \times 0.5 = 7.5$$

式（4-2）

つまり、Aを選んだときの報酬の期待値は7.5ということです。実際にガラガラAから100回くらい玉を出してその報酬の平均をとっても7.5くらいの値になるはずです。しかし、確率の数値が分かっていれば、そのような実験をしなくても正確な期待値が分かるという点がポイントです。

一方、Bは常に7の報酬となりますので、期待値も7です。よって、Aの期待値の方がBの期待値よりも大きいので、Aを選ぶことが正解となります。

では、ガラガラAの報酬確率が以下のようだったら、報酬の期待値はどうなるでしょうか。

ガラガラA

確率0.7で $r=5$（白色の玉）

確率0.3で $r=10$（黄色の玉）

今度は、白色の報酬量は5、白色が出る確率は0.7、黄色の報酬量は10、黄色が出る確率は0.3となります。これらの数値を式（4-1）に代入すると期待値を求める式は以下のようになり、報酬の期待値は6.5と求まります。

$$E[r]=5\times 0.7+10\times 0.3=3.5+3=6.5 \qquad \text{式（4-3）}$$

よってAを選んだときの期待値はBの期待値7よりも小さくなるので、この場合はBを選ぶことが正解となります。

では、Aを選んで得られる報酬の期待値を、より一般的な報酬確率の場合で定式化しましょう。

得られる報酬量のパターンが、M個あったとし、それぞれの報酬量を以下のように表すとします。

$$r_0,\ r_1,\ r_2,\ \cdots,\ r_{M\text{-}1}$$

そして、それぞれが起こる確率を以下のようにPで表すとします。

$$P_0,\ P_1,\ P_2,\ \cdots,\ P_{M\text{-}1}$$

このときに、Aを選んで得られる報酬の期待値$E[r]$は

$$E[r]=r_0\times P_0+r_1\times P_1+\cdots+r_{M\text{-}1}\times P_{M\text{-}1} \qquad \text{式（4-4）}$$

となります。これが、一般的な報酬確率の場合での**期待値の公式**です。

この4.3.1項の結論をまとめます。4.3節の冒頭で述べた、強化学習アルゴリズムの目標「全ての観測に対して、未来の報酬が最大となる行動を選ぶこと」は、報酬が確率的であることを加味していませんでした。より正確に述べると

すれば「全ての観測に対して、未来の報酬の期待値が最大となる行動を選ぶこと」となります。

4.3.2 報酬和

次は、「未来の報酬」についてです。数式を使って具体的に考えていきましょう。

ステップ t における観測を $x(t)$、行動を $a(t)$、報酬を $r(t)$ と表すことを 4.2 節で説明しました。これらの情報がやり取りされる順番は、以下のようになります。

$$\begin{aligned}&\cdots \to x(t) \to a(t) \to r(t) \to \\ &x(t+1) \to a(t+1) \to r(t+1) \to \\ &x(t+2) \to a(t+2) \to r(t+2) \to \cdots\end{aligned} \qquad \text{式 (4-5)}$$

この式の先頭の $x(t)$ を観測し、次の行動 $a(t)$ を選んだあとの「未来の報酬」を $R(t)$ とすると、未来の報酬とは、以下の式で表される量になります。

$$R(t) = r(t) + r(t+1) + r(t+2) + \cdots \qquad \text{式 (4-6)}$$

和は、今のエピソードが終わるまでを考えます。この R を**報酬和**と呼びます。これが、「未来の報酬」の具体的な形です。

報酬和は、$x(t)$ と $a(t)$ が同じでも、その後の行動 $a(t+1)$ や $a(t+2)$ によって値は変わります。よって、報酬和の値は、どのようなパターンで行動するかによって異なるものになります。エージェントが持つ「各観測に対してどの行動を選ぶかを決めたルール」を「方策」と呼んでいますが、「報酬和は方策で決まる」と言えます。そして、「良い方策とは報酬和が大きい方策だ」と考えることができます。

さて、報酬和はエピソードが終わるまでの和であるので、タスクに最終状態があることを想定しています。しかし、図 4-9 で述べたように無限に巡回して最終状態に行かない場合も設定によっては起こり得ます。この場合は、式 (4-6) で定義した報酬和は無限の足し算となりますので、値がどこまでも大きくなってしまう、もしくは負の大きい方向へどこまでも減っていってしまう可能性が出てきます。これを**発散**すると言います。

そこでこのような発散が起きないようにするために、**割引率**（γ、ガンマ）という0から1の間の値をとるパラメータを導入し、以下の式のように遠くの未来の報酬ほど小さい係数を掛けるようにします。

$$R(t) = r(t) + \gamma r(t+1) + \gamma^2 r(t+2) + \gamma^3 r(t+3) + \cdots \quad \text{式 (4-7)}$$

例えば、$\gamma = 0.8$ とすると、r に掛かる係数は、

$$1, \gamma, \gamma^2, \gamma^3, \gamma^4, \cdots \quad \text{式 (4-8)}$$

なので、以下のようになります。

$$1, 0.8, 0.64, 0.512, 0.4096, \cdots \quad \text{式 (4-9)}$$

このようにすることで、無限の足し算で起こり得る発散を抑えることができます。タスクにもよりますが一般的な実装ではγは0.8～1.0の値が使われます。

式（4-7）は、式（4-6）の報酬和と区別して**割引報酬和**と呼びます。しかし「割引報酬和」という言葉は少々長く言いにくいので、単純に「報酬和」と呼ぶことにしましょう。ここから先は単純に「報酬和」と言ったら式（4-7）を意味することとし、式（4-6）の割引率を導入しない報酬和を表したい場合には、「割引率 $\gamma = 1$ の場合の報酬和」と言うことにします。

だいぶ、「未来の報酬」が具体化されてきましたが、もう一点だけ考えることがあります。それは、報酬和は確率的であるということです。確率の要因は3つ考えることができます。初めの2つは環境に起因するもので、(1)状態遷移の確率性と(2)報酬の確率性です。そして、残りの1つはエージェントに起因するもので、(3)行動選択の確率性です。

コリドータスクには (1)と(2)の要因がありませんが、学習時にはエージェントの行動選択に確率性を持たせるので (3)の要因が入り、報酬和は確率的になります。つまり、報酬が確率的でない場合でも、報酬和は確率的な量になり得るということです。以上に基づいて強化学習アルゴリズムの目的を厳密にして書き直すと、

「全ての観測に対して報酬和の期待値が最大となる」方策を求めること

となります。「報酬和の期待値」を改めて書くと以下のようになります。

$$E[R(t)] = E\left[r(t) + \gamma r(t+1) + \gamma^2 r(t+2) + \gamma^3 r(t+3) + \cdots\right] \quad \text{式 (4-10)}$$

そして、この目的を達成できている方策を**最適方策**と呼ぶものとします。

さて、だいぶ抽象的な話が続いたので、少し悶々としてしまったかもしれません。コリドータスクの例で具体的に考えてスッキリしましょう。

図4-14にコリドータスクの状態遷移図を描きました。各状態の上に書いた[0]や[1]は、観測を表しています。従来の観測は[1020]のような4桁の数値でしたが、ここでは説明を簡単にするために[0]から[8]までの番号を新たに振り分けています。

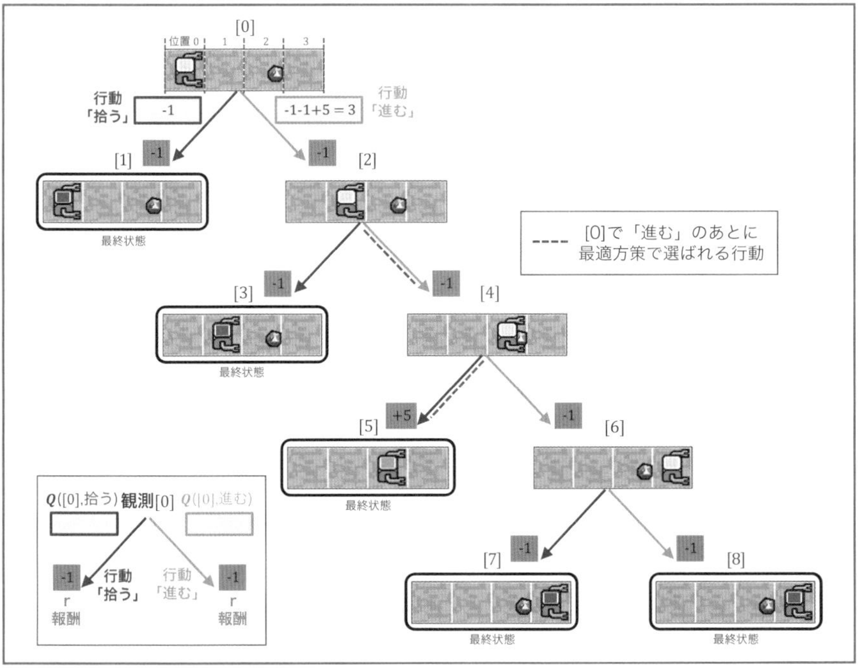

図4-14　開始状態からの報酬和

では、1つ問題を考えてみましょう。今、エージェントの方策が「最適方策」

だとします。このエージェントは、[0] の観測を受け取ったとき、「拾う」と「進む」のどちらの行動を選ぶでしょうか？

正解となるのは、「報酬和の期待値」が大きい方の行動です。しかし、コリドータスクには確率的要素はなく、最適方策にも確率的要素はありません。なので、ここでは期待値を求めることは省略して考えます。また、状態の巡回もないので、「割引率 $\gamma = 1$ の場合の報酬和」が大きい方の行動を選ぶことを考えていきます。

考え方の方針は、観測 [0] で「拾う」を選んだときの報酬和と観測 [0] で「進む」を選んだときの報酬和を計算するということです。この２つの報酬和が分かれば、最適方策で選ばれるのは報酬和の高い方の行動だと答えが出ます。

ではまず観測 [0] で「拾う」を選んだときの報酬和を考えます。この場合は、1 回の報酬でエピソードが終わるのでいたってシンプルです。

観測 [0] で「拾う」のあとの報酬和 ＝－１　　　式（4-11）

となります。

では、観測 [0] で「進む」を選んだ場合はどうでしょう。この場合は、「進む」を選んだあとも何回かの行動選択をすることになりますが、そこからの行動も「最適方策」で選ばれることに注意してください。観測 [0] で「進む」を選んだあとのシナリオは、どの最終状態の観測（[3]、[5]、[7]、[8]）で終わるかで４つのパターンがあり得ますが、「最適方策」で行動が選ばれるために、報酬和が最も大きくなるパターンが選ばれるはずです。そこで、それぞれのパターンでの報酬和を求めてみましょう。

求め方は、「[0] で『進む』を選んでから目的の最終状態に行くまでに得られる報酬を全て足す」です。４つのシナリオについてそれぞれ計算すると、以下のようになります。

［0］で「進む」のあとに［3］で終わったときの報酬和
　＝（－１）＋（－１）＝－２
［0］で「進む」のあとに［5］で終わったときの報酬和
　＝（－１）＋（－１）＋（＋５）＝３（最大）

［0］で「進む」のあとに［7］で終わったときの報酬和

$$= (-1) + (-1) + (-1) + (-1) = -4$$

［0］で「進む」のあとに［8］で終わったときの報酬和

$$= (-1) + (-1) + (-1) + (-1) = -4$$

結果、報酬和は[5]で終わるときに最大になることが分かりました。つまり、[0]で「進む」を選んだあとは、最適方策は[5]で終わるように行動を選び、そのときの報酬和は3ということになります。

$$\text{観測}\,[0]\,\text{で「進む」のあとの報酬和} = 3 \qquad \text{式 (4-12)}$$

これで結論が出ました。[0]での「拾う」の後の報酬和は－1であったのに対して、「進む」のあとの報酬和は3だったので、報酬和の多い「進む」が正解になります。そして、この行動は、本来の目的である「クリスタルを回収する」ための正しい一手となっていることにも注目してください。

以上のような考え方が、ここまでに言ってきた「未来の報酬が最大となる行動を選ぶ」という厳密な意味になります。

あともう一つ、割引率が小さい場合を考えてみましょう。今は割引率$\gamma = 1$のときを考えましたが、$\gamma = 0.1$の場合ではどうなるでしょうか。

［0］で「進む」のあとに［3］で終わったときの報酬和

$$= (-1) + 0.1 \times (-1) = -1.1$$

［0］で「進む」のあとに［5］で終わったときの報酬和

$$= (-1) + 0.1 \times (-1) + 0.1^2 \times (+5) = -1.05 \quad \text{(最大)}$$

［0］で「進む」のあとに［7］で終わったときの報酬和

$$= (-1) + 0.1 \times (-1) + 0.1^2 \times (-1) + 0.1^3 \times (-1) = -1.111$$

［0］で「進む」のあとに［8］で終わったときの報酬和

$$= (-1) + 0.1 \times (-1) + 0.1^2 \times (-1) + 0.1^3 \times (-1) = -1.111$$

となります。全て負の値になってしまいましたが、一番大きいのは[5]に行った場合の－1.05なので、

$$観測[0]で「進む」のあとの報酬和 = -1.05 \qquad 式(4\text{-}13)$$

となります。すると、[0] で「拾う」のあとの報酬和は−1でしたので、この場合は「拾う」の方が報酬和が多くなります。つまり､最適方策で選ばれるのは「拾う」となるのです。よって、「割引率 γ によって最適方策は変わる」ということが言えます。

少し奇妙に感じるかもしれませんが､数学的にはこれで正しいのです。γ が 0.1 という設定はすぐにもらえる報酬のみに重きをおくということです。[0] で「進む」のあとに [5] で終わった場合の報酬和の式をもう一度見てみましょう。

$$(-1) + 0.1 \times (-1) + 0.1^2 \times (+5) = -1.05$$

このとき、3手先で得られるクリスタルの報酬は左辺第3項で表されていますが、その値は $0.1^2 \times (+5) = 0.05$ と、かなり0に近くなってしまいます。それなのに、そこにたどり着くまでの2ステップの「進む」では−1のコストが2回もかかります（左辺第1、2項）。だったら、初めから「拾う」を選択して1回の−1のコストでタスクを終わらせてしまった方がまだまし、となるのです。

学習については5章で詳しく説明しますが、γ が1に近づけば近づくほど、それだけ遠くの未来まで考慮することになるため、学習に多くのステップ数が必要になります。よって、学習を早く終わらせたいときには、γ の値を小さくした方がよいのですが、γ の値をあまり小さくしすぎて、最適方策が変わってしまわないようにすることが重要です。

以上が、強化学習の問題の枠組みについての説明でした。

5章

基本のQ学習：tableQ

5章 基本のQ学習：tableQ

では、いよいよQ学習の説明です。前半で理論を解説し、後半でPythonによる実装を見ていきます。

5.1 理論

理論の解説は、まずQ学習のアルゴリズムの基礎となる「平均の更新則」と「動的計画法」の説明から始めます。そして、それらを組み合わせた「Q学習のアルゴリズム」の解説に進みます。

5.1.1 平均の更新則

平均の更新則とは本書で決めた呼び方ですが、1つの変数だけを使って、変動する量を繰り返し観察しながらその平均値を都度求めていくという、情報処理の基本的な方法です。平均の更新則を使うと、確率的な変数の期待値を求めたり、激しく変化する信号を滑らかな信号に変えたりすることができます。

まず、4.3.1項で例として出したガラガラの問題で、報酬の期待値を強化学習のエージェントの立場で求める方法を考えます。ただしここでは以下のようなガラガラAのみがあるとします。

ガラガラAをしたときの報酬確率

確率0.7で報酬 $r = 5$ （白色の玉）

確率0.3で報酬 $r = 10$ （黄色の玉）

ポイントは、強化学習の設定では、エージェントはこの報酬の量と報酬確率についての情報（報酬関数）を知らないということです。ここで、エージェントができる行動は「ガラガラAをする」だけとします。ガラガラAをして報酬をもらって、それでエピソードが終わります。これを何度も繰り返して、報酬の期待値（報酬期待値）をエージェントの立場で予測することを考えます。

この状況での報酬期待値は「期待値の公式」式（4-4）を使って求めると、

$$\text{報酬期待値} = 5 \times 0.7 + 10 \times 0.3 = 3.5 + 3.0 = 6.5 \qquad \text{式 (5-1)}$$

となります。しかし、報酬の情報(報酬関数)を知らないエージェントの立場では、この計算はできません。エージェントは、ガラガラをして報酬を受け取るという「経験」のみから報酬期待値を推定しなくてはいけないのですが、どのようにすればよいでしょうか。

確実な方法は、例えば、100回ガラガラを繰り返し、その全ての報酬の値を記録しておいて、最後にそれらの平均を報酬期待値の推定値とするというやり方です。ただし、この方法は100回分の報酬を記憶するメモリー（変数）が必要ですし、100回のガラガラを終わらせてからでないと推定値が求まりません。

しかし、強化学習のエージェントとしては、学習の初期から行動選択をしなくてはいけないので（ガラガラの問題は行動選択のない特別な例ですが）、精度は悪くても常に何らかの期待値が分かる方法が求められます。また、使用するメモリー（変数）も少ないに越したことはありません。

そこで、「平均の更新則」の登場です。平均の更新則はシンプルですが、使用するメモリー（変数）は1つだけです。そして、ガラガラを回して報酬を得るたびに、そのときそのときの推定値を出すことができます。

平均の更新則では、まず「V」という変数を準備し、Vで報酬期待値を推定することを考えます。よってここからは、Vを「報酬期待値の推定値」と呼ぶことにします。初めはVに初期値として仮の値をセットしておき、報酬を得るごとにVを少しずつ更新し、徐々に報酬期待値に近づけていくという作戦を考えます。

Vの初期値は、できるだけ真の報酬期待値に近い値の方が良いのですが、実際には分からない場合が普通ですので0としたりします。しかし、ここでは説明のために報酬$r = 5$と$r = 10$の間の値である8を初期値とします。

今、ガラガラをして報酬rを得たとします。rは5か10のどちらかです。この情報をもとに、$V = 8$を次の式で更新します。これが「平均の更新則」の原型です。

$$V \leftarrow 0.9 \times V + 0.1 \times r \qquad \text{式 (5-2)}$$

「←」とは、「右の値を左の変数に代入する」という意味です。プログラムで言うところの「＝」と同じ意味になります。

この操作は、「報酬期待値の推定値 V を 90% にし、減った 10% 分は、経験から得た報酬 r の 10% で置き換える」という意味です。結果、「V の値が少しだけ r の値に近づく」ことになります。このように、変数の値を更新する式を**更新則**と呼びます。この 1 回の更新では、V は真の「報酬期待値」に近づくのではなく、更新に使った r の値に近づくという点に注意してください。

例えば、$r = 5$ だった場合は、

$$V \leftarrow 0.9 \times 8 + 0.1 \times 5 = 7.2 + 0.5 = 7.7 \qquad \text{式 (5-3)}$$

となり、元の $V = 8$ は、7.7 に変化し、5 に近づきます（図 5-1 赤線）。

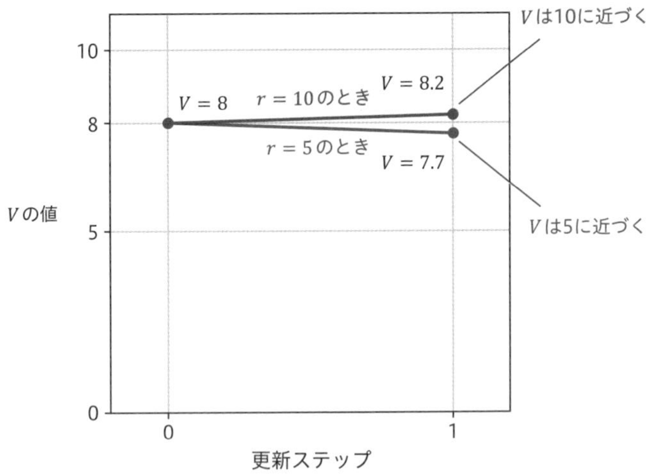

図 5-1　報酬期待値の推定値 V

$r = 10$ だった場合は、

$$V \leftarrow 0.9 \times 8 + 0.1 \times 10 = 7.2 + 1.0 = 8.2 \qquad \text{式 (5-4)}$$

となり、元の $V=8$ は、8.2 に変化し、10 に近づきます（図 5-1 青線）。

この要領で、ガラガラを何度もして、そのときの r の値を式（5-2）に入れて V の値を更新するということを繰り返します。10 回に 7 回くらい（確率 0.7）で V は 5 に近づき、それ以外の 3 回（確率 0.3）で V は 10 に近づくというランダムな動きが継続することになるでしょう。その結果、V の値はちょうど報酬の期待値 6.5 付近で行ったり来たりを繰り返すことになるのです。

では、本当に式（5-2）の更新則で V が報酬期待値に近づくかどうかを、プログラムで確かめてみましょう。プログラムは、iRL/c05_samples/c05_update_V.ipynb の list 5-1-(1)になります。Jupyter Notebook でファイルを開いて実行してください。前述の説明では V の初期値は 8 でしたが、ここでは 0 として V の更新を 60 回繰り返し、そのグラフを表示します。

list 5-1-(1)

```
# list 5-1-(1) 報酬期待値の推定

import numpy as np
import matplotlib.pyplot as plt
np.set_printoptions(precision=3, suppress=True)
plt.rcParams['font.size'] = 14                   # フォントサイズを設定
plt.rcParams['figure.figsize'] = (7, 4)          # フィギュアサイズ指定

np.random.seed(5)                # 乱数の固定 (A)
initV = 0                        # V の初期値 (B)
P = 0.7                          # r=5 となる確率 (C)
trueV = 5 * P + 10 * (1 - P)     # 正しい V 値 6.5 (D)
n_step = 60                      # ステップ数
history_V = []                   # V の履歴の記録用
history_r = []                   # r の履歴の記録用
V = initV                        # V に初期値を設定

for t in range(n_step):          # ループの開始
    if np.random.rand() < P:     # 確率 P で True になる (E)
        r = 5                    # P の確率で実行 (F)
    else:
        r = 10                   # 1-P の確率で実行 (G)
```

```
    V = 0.9 * V + 0.1 * r        # 式(5-2)の更新則 (H)
    history_V.append(V)          # V の履歴を記録
    history_r.append(r)          # r の履歴を記録

# 表示(I)
plt.plot(history_r, '.-', color='orange', label='r')
plt.plot(history_V, '.-', color='g', label='V')
plt.plot([0, n_step], [trueV, trueV], 'r-')
plt.grid(axis='both')
plt.legend()
plt.ylim(0, 11)
plt.show()
```

まず、(A) で常に結果が同じになるように乱数を固定しています。少し恣意的ですが結果が見やすいシード値を選びました。(B) でVの初期値 initV を 0 としています。(C) は r=5 となる確率である P の値を 0.7 で設定しています。r=10 となる確率は 1-P で、ここでは 0.3 ということになります。(D) はこの確率 P の値に対する報酬期待値を計算し、trueV に入れています。この場合 6.5 になります。

(E) の部分は、確率的に処理を分岐させています。P の確率で (F) が実行され r=5 となり、1-P の確率で (G) が実行され r=10 となります。np.random.rand() が 0 から 1 の乱数を発生する関数で、np.random.rand() < P は、確率 P で True になるというところがポイントです。例えば、P=0.7 の場合には、10 回実行すると 7 回程度 True になり、3 回程度 False になるということです。この確率的に分岐させるテクニックはこのあともよく使うので、覚えておいてください。

(H) の部分が、まさしく式 (5-2) の更新則を使って V を更新している箇所になります。最後に (I) で報酬 r の履歴と「報酬期待値の推定値」V の履歴をグラフ表示します (図 5-2)。

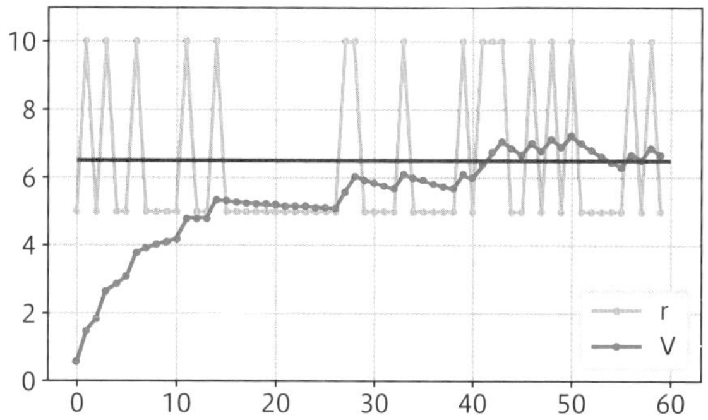

図 5-2　報酬期待値の推定値 $\boldsymbol{V}$ の時間発展（赤は理論値）：list 5-1-(1)の実行結果

結果の図 5-2 は、オレンジのグラフが報酬 r を、緑が V を表しています。オレンジのグラフの値が 10 のときに緑のグラフは 10 の方に寄り、オレンジのグラフの値が 5 のときに緑のグラフは 5 の方に寄っていることが分かります。そのような動きの結果、V は徐々に増加し、40 回くらいで報酬の期待値である 6.5（赤線）付近にたどり着くと、その付近で上がったり下がったりを繰り返していることが分かります。ラフではありますが、このような簡単な更新則で期待値の推定がうまくいっていることが確認できました。

数学では、変動する値が特定の値に近づいていくことを「**収束する**」と言います。ここでは、値が 6.5 に近づいたあと、その近くで変動を繰り返すので、厳密には「収束する」ではないのですが、慣習的に「収束する」という言葉が使われますので覚えておいてください。本書でも、このような状態を「収束する」と表現します。

ところで、この V の更新則では「V を 90% にして r の 10% を加える」というように、「90% と 10%」の割合を使っていましたが、これは他の数値でも成り立ちます。2 つの数値の和が 100% になってさえいればよいのです。「80% と 20%」でもよいですし、「95% と 5%」でも成り立ちます。これを、1 つの α という変数を使って、「平均の更新則」を以下のようにまとめます。これは、「平均の更新則」の報酬期待値を求めるバージョンで、「報酬期待値の更新則」と呼ぶことにします。

$$V \leftarrow (1-\alpha)V + \alpha r \quad \text{式 (5-5)}$$

報酬期待値の推定値←(1 －学習率)×報酬期待値の推定値 ＋ 学習率×報酬

このようにすることで、$\alpha = 0.2$ とすれば、「80% と 20%」の割合を使ったことになり、$\alpha = 0.05$ とすれば、「95% と 5%」の割合を使ったことになります。ここで、α は更新の大きさを調節するパラメータと考えることができます。これは、教師あり学習でも出てきた「学習率」と性質が類似していますので、ここでも「学習率」と呼ぶものとします。

さて、α の値によって V の振る舞いがどう変わるかもプログラムで確認しておきたいと思います。α は 0 ～ 1 の間の実数をとるパラメータですが、$\alpha = 0.2$ としたときと $\alpha = 0.05$ としたときで V の変化を観察しましょう。

プログラムは list 5-1-(2)です。これは、複数の α の値で、V 値のグラフを表示できるように、前の list 5-1-(1)に変更を加えたものになります。

list 5-1-(2)

```
# list 5-1-(2) 学習率と V の関係

initV = 0                               # V の初期値
P = 0.7                                 # r=5 となる確率
trueV = 5 * P + 10 * (1 - P)            # 正しい V 値 6.5
n_step = 100                            # ステップ数
alphas = [0.2, 0.05]                    # 調べる学習率の値 (A)
col = ['#0a0', '#00c']                  # グラフの色

for i, alpha in enumerate(alphas):     # alpha のループ (B)
    np.random.seed(5)                   # 乱数の固定
    history_V = []                      # V の履歴の記録用
    V = initV                           # V に初期値を設定
    for t in range(n_step):             # ループの開始
        if np.random.rand() < P:        # 確率 P で True になる
            r = 5                       # P の確率で実行
        else:
            r = 10                      # 1-P の確率で実行

        V = (1-alpha) * V + alpha * r   # 平均の更新則 (C)
```

```
        history_V.append(V)                # Vの履歴を記録
    # 表示
    plt.plot(history_V, '.-', color=col[i], label=alpha)

# 表示
plt.plot([0, n_step], [trueV, trueV], 'r-')
plt.grid(axis='both')
plt.legend()
plt.ylim(0, 11)
plt.show()
```

まず、(A)で試したいαの値をリスト alphas として設定しています。(B)は、この alphas の内容ごとのループとなります。(C) の部分は、これまで0.1だった部分を alpha に置き換えた「平均の更新則」の実装です。結果の図5-3を見てみましょう。

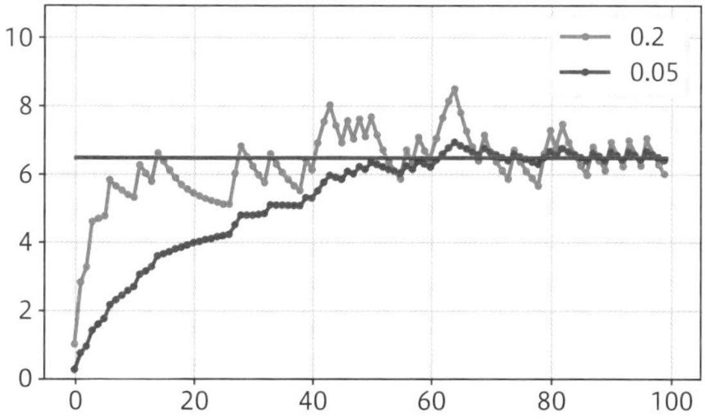

図5-3　$\alpha = 0.2$, 0.05のときのVの時間発展：list-5-1-(2)の実行結果

図5-3で、$\alpha = 0.2$ のときは速やかに正しい報酬期待値6.5に収束し、その後は振り幅の大きい変動を繰り返しています（緑線）。収束が速い反面、精度はあまり良くないことが分かります。一方で$\alpha = 0.05$ のときは、収束はゆっくりですが、その後の変動幅はかなり小さいことが分かります（青線）。すなわち、収束は遅いけれども、精度は良いと言えます。このように、「平均の更新則」は、αを0に近づければ近づけるほど収束は遅くなりますが、精度は高くなるという性質があります。

さて、ここまではVを近づける対象として確率的な報酬rを考えてきました。

しかし、V を近づける対象は、報酬に限ったものではありません。もっと別の変数に近づけることを考えてもよいのです。報酬期待値は時間が経っても変わることがないので、報酬の場合は時間的に不変な変数でしたが、時間的に変動する変数をターゲットとすることも可能です。そこで、V を近づけるターゲット T という変数を考えて、式 (5-5)「報酬期待値の更新則」の r を以下のように T に置き換え、この式を**平均の更新則**という名前で呼ぶことにします。

$$V \leftarrow (1-\alpha)\,V + \alpha\,T \qquad \text{式 (5-6)}$$

V ←(1 −学習率)× V + 学習率×ターゲット T

この式は、基本的には、「報酬期待値の更新則」と同じです。近づける対象が報酬の場合には「報酬期待値の更新則」と言い、一般的には「平均の更新則」と呼ぶものとします。

この式を使って、2 種類のターゲット T に対して V を計算したものを、図 5-4 に示しました。

ターゲットTが変化する場合の「平均の更新則」によるVの変化

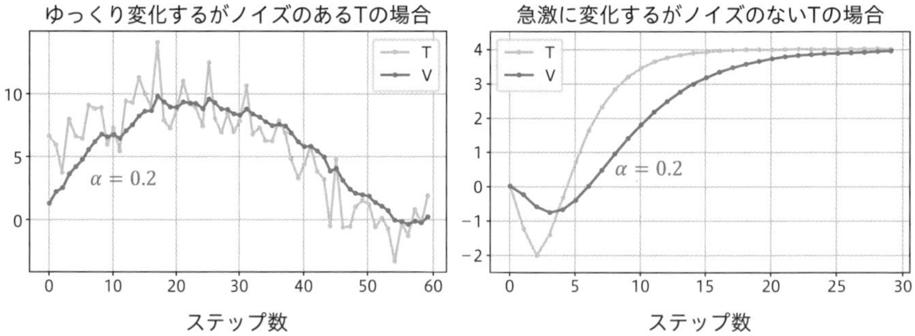

図 5-4　ターゲットが変化する場合の V の変化

左側のグラフの T は、20 ステップ付近で 10 まで上がり、そこから 60 ステップ付近まで徐々に 0 に下がるという信号に乱数（ノイズ）を加えて作成したものです（オレンジ線）。V は T のノイズ部分を滑らかにしながら T の変化に追従しています（緑線）。右側のグラフの T は、ノイズは含みませんが、初めに −2 まで大きく下がって、その後 4 の値まで一気に上がるという急激な変化を示した例ですが（オレンジ線）、V は T の変動を緩やかにしたような変化となっています（緑線）。T の初めの激しい減少は V では－ 0.8 程度に抑えられ、その後はゆっくりと 4 に収束していることが分かります。

まとめると、「平均の更新則」は、確率的な変数の期待値を求める機能だけでなく、変動する信号のノイズを除去したり、変動そのものを滑らかにしたりする機能がある、という見方もできるのです。

このような見方で、報酬期待値を推定した図 5-2 をもう一度見てみましょう。すると、この例も、ノイズで上下に変動する信号（オレンジ線）を滑らかな信号（緑線）に変換していると解釈することができると思います。報酬期待値の推定も、信号を滑らかにする処理も、同じ原理でできることが納得できるでしょう。

最後に、平均の更新則の仕組みについて述べたいと思います。平均の更新則は、過去歴代のターゲットの値の平均をとって V とするという計算と等価であることが証明できます。平均といっても、全ての過去のターゲットを平等に平均するのではなく、直近の過去のターゲットの値ほど反映を（重みを）大きくし、遠い過去のターゲットの値ほど、反映を小さくした平均です。導出は省略しますが、式（5-6）の平均の更新則を漸化式として解くと以下の式が導けます。以下の式では、式（5-6）の左辺の V を $V(t)$、右辺の V を $V(t-1)$、右辺の T を $T(t)$ としています。

$$V(t) = \alpha T(t) + \alpha(1-\alpha)T(t-1) + \alpha(1-\alpha)^2 T(t-2) + \cdots \quad \text{式 (5-7)}$$

ここで、ステップ t の V を $V(t)$、T を $T(t)$ と表しています。αが小さいと遠い過去までもほぼ平等に反映した平均に、αを 1 に近づけると近い過去の反映を大きくした平均になります。例えば、$\alpha = 0.05$ と小さく設定すると、式（5-7）は以下のように、T に掛かる係数は 0.050、0.048、0.043 とあまり変わりません[1]。つまり、今も過去も平等に近い形で扱われていることになります。

[1] 係数が全て小さいので、この計算をするとTの平均よりも小さくなってしまうのではないかと思うかもしれません。しかし、過去にさかのぼってどんどんTを足していくので、結果的にTの平均に合うようになっています。

$$V(t) = 0.050 \times T(t) + 0.048 \times T(t-1) + 0.043 \times T(t-2) + \cdots$$

α =0.5 と大きめに設定すると、以下のように T に掛かる係数は 0.500、0.250、0.063 と過去にさかのぼるほど急激に小さくなります。つまり、近い過去の反映が大きくなり、遠い過去の値は無視されるということになります。

$$V(t) = 0.500 \times T(t) + 0.250 \times T(t-1) + 0.063 \times T(t-2) + \cdots$$

このことから、図 5-3 で示した α の性質は、α を小さく設定すると遠い過去から今までのターゲット T をほぼ平等に反映するので V の変化が小さくなり、α を大きく設定すると直近のターゲット T を強く反映した平均となるので V の変化が大きくなるという理由で納得がいくのではないかと思います。

以上で、「平均の更新則」の説明は終わりです。

5.1.2 動的計画法

動的計画法（Dynamic Programming） とは、「対象となる問題を部分的な問題に分けて計算し、途中の結果を再利用することで効率的に問題を解くアルゴリズム」です。ここでは、コリドータスクの「最適方策」を動的計画法で求めます。この動的計画法の考え方が、Q 学習のアルゴリズムにも使われています。

「4.3.2 報酬和」では、観測 [0] に対して「拾う」を選んだときの報酬和と「進む」を選んだときの報酬和を求め、両者を比較することで観測 [0] における最適方策の行動を求めました。

シンプルにこの要領で「全ての観測に対して、全ての行動を選んだときのそれぞれの報酬和」を求めることができれば、全ての観測に対する最適行動、つまり、最適方策が分かります。

この、「各観測 x に対して行動 a を選んだ先の報酬和」の推定値を **Q 値**と呼び、数式では $Q(x,\ a)$ と表します。このときの報酬和は、最適方策に従って得られた報酬和です。

この Q 値は、**行動価値（action value）** とも呼ばれます。行動 a を選んで得られる報酬和が大きければ、その行動 a の「価値」が高いと考えることができるからです。また、$Q(x,\ a)$ は x、a の関数とみなすこともできるので、**行動価値関数（action value function）**と呼ぶ場合もあります。本書では、簡単に「Q 値」という呼び方を使います。

この全ての観測と行動に対するQ値は、まとめると表にできるので（図 5-5）、その表を**Qテーブル**と言います。正しい Q テーブルが得られれば最適方策が分かるので、以降は、正しいQテーブルを求めることを目的として考えていきます。

状態 s	観測 x	拾う $a=0$	進む $a=1$
	1020	-1	**3**
	0120	-1	**4**
	0010	**5**	-2
	0021	**-1**	**-1**
	1002	-1	**2**
	0102	-1	**3**
	0012	-1	**4**
	0001	**5**	-1

図 5-5　割引率 γ が 1 のときの正しい Q テーブル（各観測に対して、大きい方の Q 値を赤で示す）

では、コリドータスクの最適方策を考えましょう。問題を簡単にするために、割引率 γ は 1 とします。

図 4-14 で観測 [0] から報酬和を求めた方法は、観測 [0] から始まる全ての行動のパターンを考えて一番良いものを選ぶというやり方でした。しかし、全ての観測で、このようなやり方をするのは大変です。

実は、全ての観測に対して Q 値を求めるときには、冒頭で紹介した「動的計画法」という方法で効率的に求めることができます。そしてこの動的計画法での考え方が、実際のQ学習でも応用されています。よって、ここでは動的計画法でQ値を求めてみましょう。

問題を整理したのが、図 5-6 です。クリスタルが位置 2 にある場合に絞って考えます（クリスタルが位置 3 の場合は、別の問題として切り離して考えることができます)。黄色い枠で示した8か所が、求めたいQ値になります。分かりやすくするために、$Q(x,\ a)$ を Q([0], 進む) のように表しています。[0] は対応する観測 $x = [1\ 0\ 2\ 0]$ を簡略に表しているものと考えてください。そして、オレンジ色で示した数値は「報酬」を表していることにも注目してください。

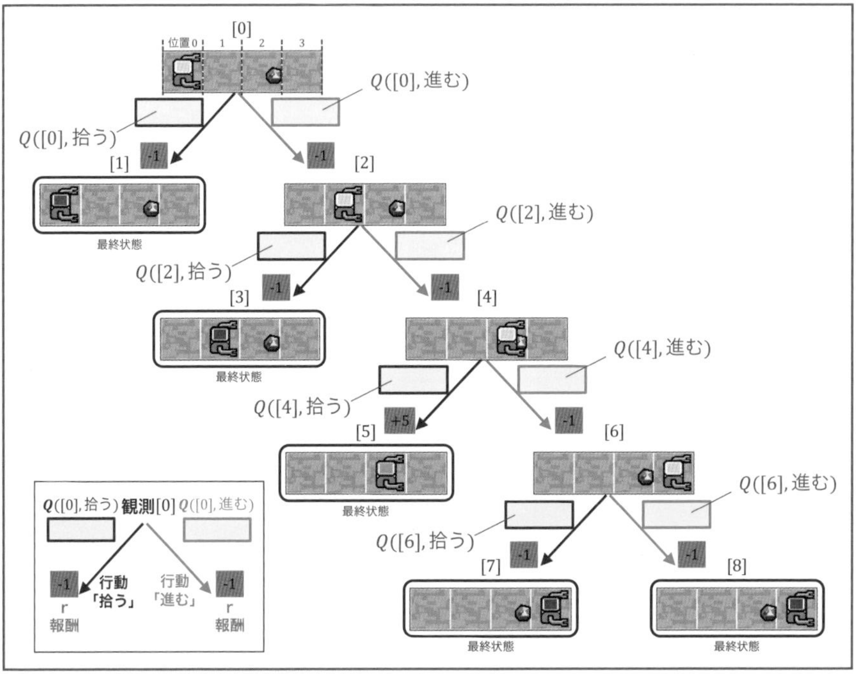

図 5-6　動的計画法でQ値を求める 1/5

まず、8個のQ値の中で簡単に求まるのは、最終状態の観測 [1][3][5][7][8] の手前のQ値です。行動を選び、報酬を得てすぐに最終状態になるので、そのときの報酬そのものがQ値となります。つまり、観測 [5] の手前のQ値だけ＋5で、それ以外は－1になります（図 5-7)。

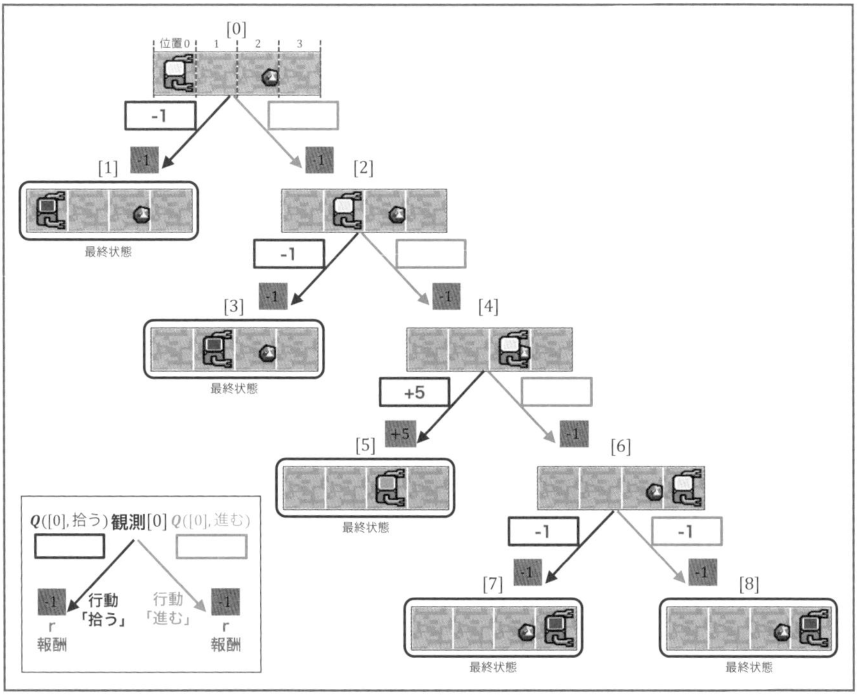

図 5-7　動的計画法で Q 値を求める 2/5

次に値が求まるのは、観測 [4] で「進む」を選んだときの Q 値、Q([4], 進む) です。観測 [4] で「進む」を選んだあとは、報酬 $r = -1$ を得て、観測 [6] に遷移します。そして、ここから先の報酬和（Q 値）は、-1 になります（観測 [6] で「拾う」を選んでも「進む」を選んでも -1）。よって Q([4], 進む) は、観測 [6] での行動は気にせず、この 2 つの値を足した -2 となります（図 5-8）。

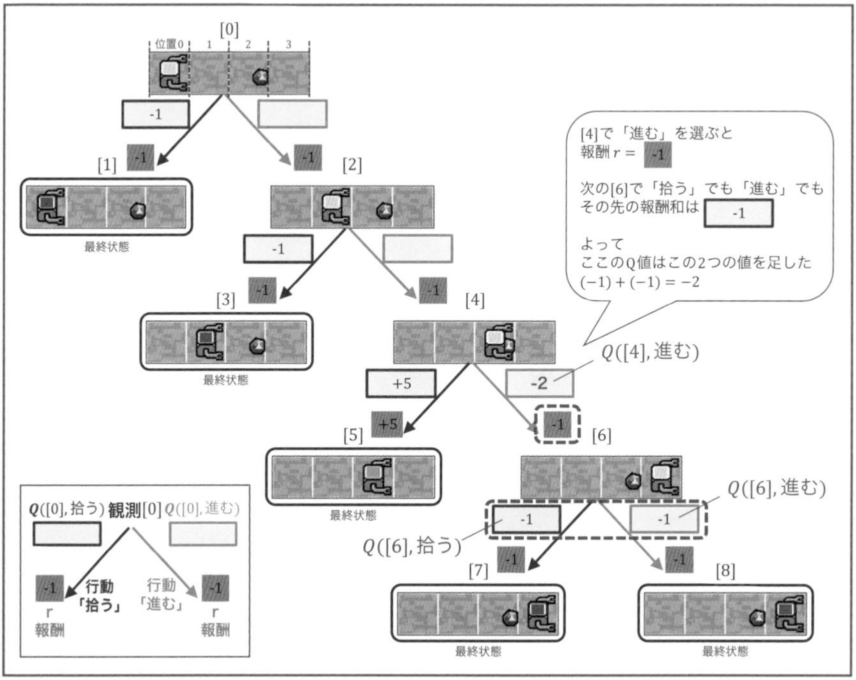

図 5-8　動的計画法で Q 値を求める 3/5

次は、観測 [2] で進むを選んだときの Q 値、Q([2], 進む) を同じようにして考えましょう。観測 [2] で「進む」を選んだあとは、報酬 $r = -1$ を得て、観測 [4] に遷移します。観測 [4] では、2 つの Q 値が求まっています。ここで「拾う」を選ぶとその先の報酬和（Q 値）は＋ 5 で、「進む」を選ぶとその先の報酬和（Q 値）は－ 2 ですが、今考えているのは、最適方策の報酬和なので、良い方（報酬和が大きい方）の「拾う」が選ばれます。よって、ここから先の報酬和は、Q([4], 拾う)＝ ＋ 5 となります（図 5-9）。

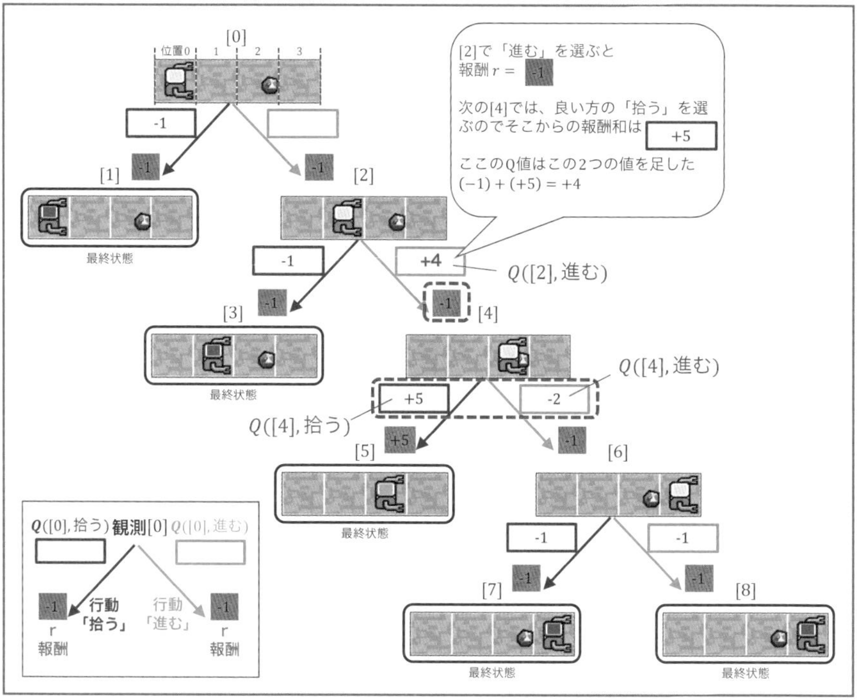

図 5-9　動的計画法で Q 値を求める 4/5

結果、Q([2], 進む) は、観測 [2] で「進む」を選んでもらう報酬 $r = -1$ とそこから先の報酬和 Q([4], 拾う) = $+5$ を足して、$+4$ となります。このように、Q([2], 進む) を求めるためにすでに求めてある Q([4], 拾う) を利用したというところが動的計画法のキモになります。Q([4], 拾う) を利用したおかげで、[4] 以降の全てのパターンをしらみつぶしに調べるという手間がなくなりました。

最後に、観測 [0] で「進む」を選んだときの Q([0], 進む) を求めましょう。観測 [0] で「進む」を選んだあとは、報酬 $r = -1$ を得て観測 [2] に遷移します。ここから先の報酬和は、良い方の報酬和（Q 値）が選ばれるので、Q([2], 進む) $= +4$ になります。よって Q([0], 進む) は、$r = -1$ と Q([2], 進む) $= +4$ を足した $+3$ となります（図 5-10）。

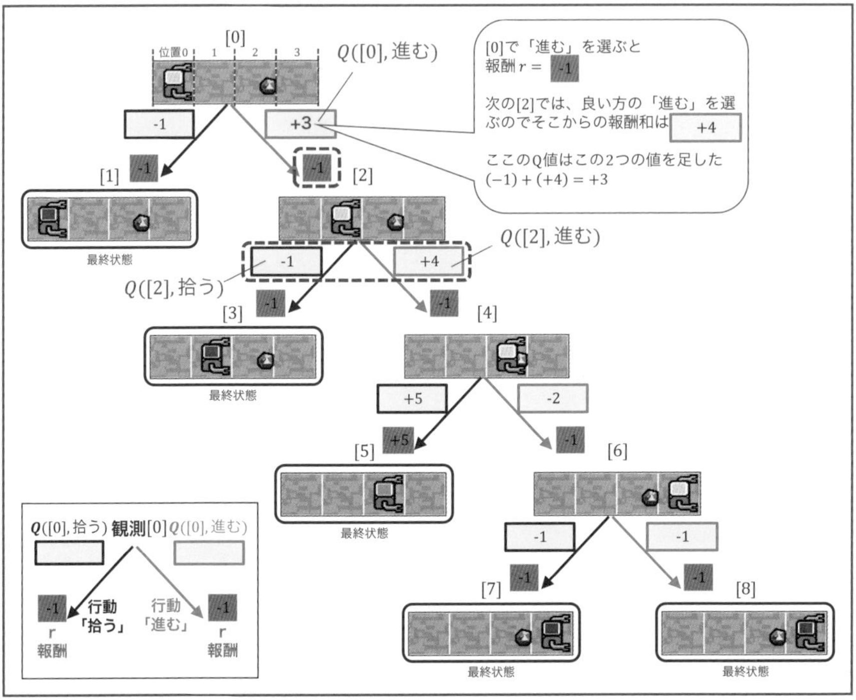

図 5-10　動的計画法で Q 値を求める 5/5

これで8個全ての正しいQ値が求まりました。観測[0]のQ値は「4.3.2報酬和」の図4-14で求めた報酬和と一致したことを確かめてください。ここではクリスタルが位置2にある場合のQ値を求めましたが、クリスタルが位置3にある場合でも同様な方法でQ値を求めることができます。その全てのQ値を表にまとめると図5-5のようになります。これで正しいQテーブルが求まりました。目標達成です。

正しいQテーブルがあれば、最適方策も求まったことになります。エージェントが受け取った「観測」に対する「拾う」と「進む」のQ値を比較し、大きい方の行動を選べば、それが最適行動になるからです。そして、この最適行動が、「クリスタルの位置まで進んで、そこで拾う」という目標となる行動パターンに一致していることを確認してください。

では、Q学習アルゴリズムの解説に進む準備として、コリドータスクの動的計画法の手順を一般的な式としてまとめます。図5-11を見てください。

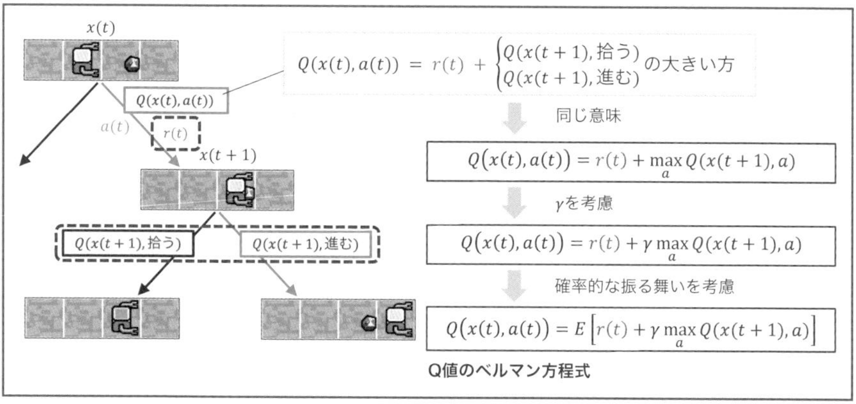

図5-11　Q値のベルマン方程式

まず、観測 $x(t)$ と行動 $a(t)$ のQ値を $Q(x(t),\ a(t))$ と表します。この値は、$a(t)$ の後でもらえる報酬 $r(t)$ と、次の観測 $x(t+1)$ での $Q(x(t+1),$ 拾う$)$ か $Q(x(t+1),$ 進む$)$ の大きい方の和で計算されていました。

$$Q(x(t), a(t)) = r(t) + \begin{cases} Q(x(t+1), a = \text{拾う}) \\ Q(x(t+1), a = \text{進む}) \end{cases} \text{の大きい方} \quad \text{式 (5-8)}$$

ここで、数学で使う記号maxを使って式をスッキリさせましょう。$\max_a f(a)$とすると、「$f(a)$ の a に関する最大値」になります。もう少し詳しく言えば、「a をとりうる値で色々変えた時、最大となる $f(a)$」という意味です。これを使うと、以下のようになります。

$$Q(x(t), a(t)) = r(t) + \max_a Q(x(t+1), a) \quad \text{式 (5-9)}$$

これでスッキリした式になりました。

さて、ここまでは割引率 $\gamma = 1$ の場合で考えてきましたが、γ を含めた場合で、同様なQ値の関係式を導出すると（証明は省略します）、以下のようにmaxの前に γ が入った形となります。

$$Q(x(t),a(t)) = r(t) + \gamma \max_a Q(x(t+1),a) \qquad \text{式 (5-10)}$$

さらに、もう一歩です。ここまでは確率的な要素のない状況を想定していましたが、報酬や状態遷移が確率的である一般的な場合でも対応できるように拡張しましょう。この場合、$x(t)$ と $a(t)$ が決まっていても、報酬 $r(t)$ と次の観測 $x(t+1)$ が確率的になるということです。つまり、式（5-10）の右辺の値が確率的になることを考えます。

このような場合では、$Q(x(t),\ a(t))$ は、「最適方策における報酬和の期待値の推定値」という意味とし、右辺の期待値を $Q(x(t),\ a(t))$ とします。

$$Q(x(t),a(t)) = E\left[r(t) + \gamma \max_a Q(x(t+1),a)\right] \qquad \text{式 (5-11)}$$

$$Q(x(t),a(t)) = \text{期待値}\left[r(t) + \gamma \left\{ \begin{array}{l} Q(x(t+1),a=\text{拾う}) \\ Q(x(t+1),a=\text{進む}) \end{array} \right. \text{の大きい方}\right]$$

これで、一般的な Q 値の関係式が出そろいました。

式（5-9）、式（5-10）、式（5-11）は、$Q(x(t),\ a(t))$ と $Q(x(t+1),\ a)$ の関係性を示したものとして解釈できますが、動的計画法において、このように異なる状態の関係性を表した式を**ベルマン方程式（Bellman equation）**と呼びます。特にこれらはQ値についての式ですので、**Q 値のベルマン方程式**と呼ぶことにします。

以上で動的計画法による Q 値の求め方の説明は終わりです。

5.1.3 Q 学習のアルゴリズム

それでは、「平均の更新則」と「動的計画法」の説明が済みましたので、これらを応用した Q 学習のアルゴリズムの説明をしていきます。Q 学習は、環境の状態全てが観測できる MDP 用のアルゴリズムですので、ここでも MDP の場合を想定して話を進めます。

まず、強化学習の問題設定では、動的計画法を直接使うことはできません。動的計画法では、状態の全ての遷移と報酬の情報をまとめた図（状態遷移と報酬の図。図5-6など）をもとに、最終状態に近いQ値から求めていったことを思い出してください。

一方、強化学習の設定では、エージェントに状態遷移と報酬関数の知識はありません。エージェントは、行動を選んだあとで、初めてそれで得られる報酬量と遷移後の状態が分かるのです（今、MDPを仮定しているので、観測から状態が分かります）。

最初から状態遷移と報酬の情報が分からないのであれば、学習の初期段階では様々な行動を試し、その遷移と得られた報酬量をメモリー（変数）に記憶するとします。そして、完ぺきな「状態遷移と報酬の図」を作成したあとで動的計画法を適用したらどうでしょうか。これは正しいアイデアで、このような方法を**モデルベース**の手法と呼びます。ここでモデルというのは、**環境のモデル**（状態遷移と報酬の図）のことを指します。

しかし、この方法は少し発展的な方法になってしまうので本書では扱いません。その代わり、環境モデルを使わない基本の「Q学習」を紹介します。環境モデルを使わない方法は、モデルベースに対して**モデルフリー**の方法と言います。基本のQ学習はシンプルですが、その考え方は多くの強化学習のアルゴリズムの基礎となっており、モデルベースにも発展させることができます。

では、コリドータスクを例に、Q学習のアルゴリズムを説明していきます。

Q学習のゴールは動的計画法と同じく、正しいQテーブルを作ることです。ただし、ここではエージェントに状態遷移と報酬関数の知識はありません。Q学習のエージェントは、まず、適当な初期値、例えば0などの値を持たせたQテーブルを準備します[2]。この状態で、シミュレーションが開始されます。

Q学習は、1ステップごとに得られる情報をもとにQテーブルを少しずつ更新し、正しいQ値に近づけていきます（図5-12）。

[2] 厳密に言うと、この表があるということは、エージェントが、「とり得る観測値の種類を知っている」ということになりますが、プログラムではこの知識を使わないで済むように実装しています。

$\alpha = 0.2,\ \gamma = 1,\ \epsilon = 0.5$のときのQテーブルの変化例

$t = 0$

観測 x	拾う $a = 0$	進む $a = 1$
[1020]	0	0
[0120]	0	0
[0010]	0	0
[0021]	0	0
[1002]	0	0
[0102]	0	0
[0012]	0	0
[0001]	0	0

$t = 1$

観測 x	拾う $a = 0$	進む $a = 1$
[1020]	-0.2	0
[0120]	0	0
[0010]	0	0
[0021]	0	0
[1002]	0	0
[0102]	0	0
[0012]	0	0
[0001]	0	0

$t = 2$

観測 x	拾う $a = 0$	進む $a = 1$
[1020]	-0.2	-0.2
[0120]	0	0
[0010]	0	0
[0021]	0	0
[1002]	0	0
[0102]	0	0
[0012]	0	0
[0001]	0	0

…

$t = 100$

観測 x	拾う $a = 0$	進む $a = 1$
[1020]	-0.87	-083
[0120]	-0.59	0.54
[0010]	2.95	-0.20
[0021]	-0.20	0.00
[1002]	-0.93	-1.01
[0102]	-0.59	0.53
[0012]	-0.20	-0.36
[0001]	0.00	-0.36

エージェントの行動によって、様々なQテーブルの要素が少しずつ正しい値に近づいていく

…

$t = 5000$

観測 x	拾う $a = 0$	進む $a = 1$
[1020]	-1.00	3.00
[0120]	-1.00	4.00
[0010]	5.00	-2.00
[0021]	-1.00	-1.00
[1002]	-1.00	2.00
[0102]	-1.00	3.00
[0012]	-1.00	4.00
[0001]	5.00	-1.00

十分なステップ数続け、正しいQテーブルに収束

図 5-12　シミュレーション時の Q テーブルの変化

ここからは、コリドータスクのエージェントの立場になって考えていきます。最終状態のときとそうでないときでQ値の更新の仕方が変わりますので、まずは、すぐに最終状態になるシナリオでQ値の更新の仕方を説明します（$t = 0$, 1）。そのあとで、最終状態にならないシナリオでQ値の更新を説明します（$t = 2,\ 3$）。

まず、$t = 0$ において、観測 $x(0) = [1020]$ を得たとします（図 5-13）。

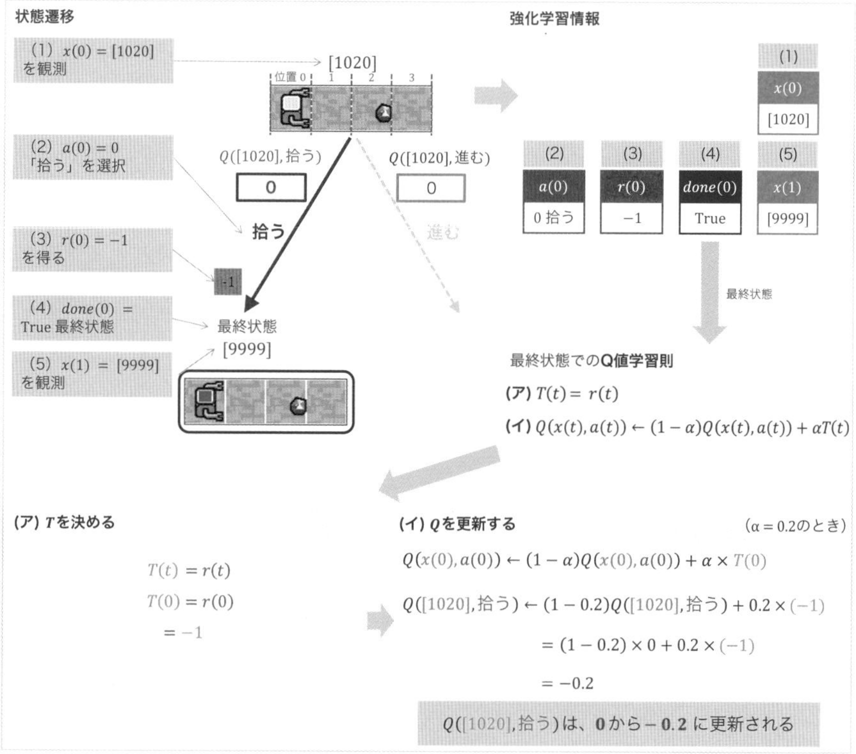

図 5-13　Q 学習アルゴリズム 1/2

これに対して $a(0)$ を決めます。基本的には、「Q テーブルの観測 $[1020]$ における『拾う』と『進む』の Q 値を読み、値が大きい方の行動を選ぶ」という方針になりますが、Qテーブルが正しいとは限らないことに注意します。特に学習の初期段階では、真の値とはかけ離れた値が、Qテーブルに入っています。ですので、毎回Qテーブルを信じて行動を選び続けると、間違った行動を選び続けてしまう可能性があります。

そこで、ある確率ではランダムに行動を選ぶようにします。その確率を**乱雑度**と呼ぶものとし、ϵ（エプシロン）で表します。このような行動選択の方法を、**エプシロン - グリーディー法**と呼びます。まとめると、次のようになります。

$$a(t) = \begin{cases} Q(x(t), a = \text{拾う}) \\ Q(x(t), a = \text{進む}) \end{cases} \text{の大きい方の行動}\ a \qquad \text{式 (5-12)}$$

ただし、ϵの確率で行動はランダムに決める

では、エージェントの気持ちに戻って、最終状態になるパターンで進めていきます。$x(0)=[1020]$ を観測している今、行動 $a(0)$ をエプシロン - グリーディー法で決めましょう。$Q([1020],\text{拾う})$ と $Q([1020],\text{進む})$ を調べると、開始したばかりなのでQ値はどちらも等しく0となっています。こういう特殊な場合は、ランダムで $a(0)$ を決めてもよいし、Q値が同じ場合は常に「拾う」にすると決めてしまってもよいでしょう。ここでは「拾う」を選び、$a(0)=$「拾う」を環境に出力したとします。

すると、環境から報酬 $r(0)=-1$ と $done(0)=\text{True}$ の情報が返ってきました。$done$ の値から、状態が最終状態となりエピソードが終わったと分かります。次の観測 $x(1)=[9999]$ ももらいました（最終状態の観測はそこからの行動選択がないので、以降の行動選択や学習に使用することはありません）。

このステップでの強化学習情報がそろったので、$a(0)$ の行動選択で使った $Q([1020],\text{拾う})$ の値を更新させることを考えます。このQ値は「[1020]で『拾う』を選択した先の報酬和の推定値」です。報酬和は最終状態までの報酬の和 $r(0)+r(1)+\cdots$（割引率 $\gamma=1$ の場合で考えます）ですが、ここでは今が最終状態となっています。ということは報酬和は $r(0)$ だけになります。つまり、最終状態 $done(0)=\text{True}$ のときに更新するQ値は、そのときもらった報酬そのものになるのです。この場合で考えれば $Q([1020],\text{拾う})$ は $Q([1020],\text{拾う}) \leftarrow r(t)$ とすればよいことになります。

ただし、Q学習は報酬が確率的である場合を前提としているので、式 (5-6)「平均の更新則」を使って、Q値を報酬 $r(0)=-1$ に少しだけ近づけるということをします。「平均の更新則」は以下の式でした。

$$V \leftarrow (1 - \text{学習率}) \times V + \text{学習率} \times \text{ターゲット}\,T$$

ここで V を $Q([1020], \text{拾う})$ とし、ターゲット T を $r(0) = -1$ とするので、更新則は以下のようになります。

$$Q([1020], \text{拾う}) \leftarrow (1-\alpha) \times Q([1020], \text{拾う}) + \alpha \times (-1) \quad \text{式 (5-13)}$$

ここでは、学習率 $\alpha = 0.2$ として計算すると以下のようになります。

$$Q([1020], \text{拾う}) \leftarrow (1-0.2) \times 0 + 0.2 \times (-1) = -0.2 \quad \text{式 (5-14)}$$

結果、Q 値 $Q([1020], \text{拾う})$ の新しい値は、－ 0.2 となります（図 5-13）。

ここまでの手続きを、一般的な式で整理すると以下の式になります。

$$\begin{aligned} T(t) &= r(t) \\ Q(x(t), a(t)) &\leftarrow (1-\alpha)\, Q(x(t), a(t)) + \alpha\, T(t) \end{aligned} \quad \text{式 (5-15)}$$

ここでターゲット T も t で変化する値であることを明確にするために $T(t)$ と表します。この更新則を、「最終状態での **Q 値学習則**」と呼ぶことにします。

次は、最終状態にならないシナリオでの Q 値の更新です。またエージェントになりきって進めます（図 5-14）。

$t = 2$ で 2 回目のエピソードが開始され、観測 $x(2) = [1020]$ を受け取りました。これに対して「エプシロン - グリーディー法」で行動を決めます。今度は $Q([1020], \text{拾う}) = -0.2$ と $Q([1020], \text{進む}) = 0$ ですので、行動は Q 値が大きい「進む」を選びました。$a(2) =$「進む」を出力すると、それに対して報酬 $r(2) = -1$ と $done(2) = \text{False}$ を環境から得たので、エピソードはまだ継続していることが分かりました。次の観測 $x(3) = [0120]$ も受け取りました。

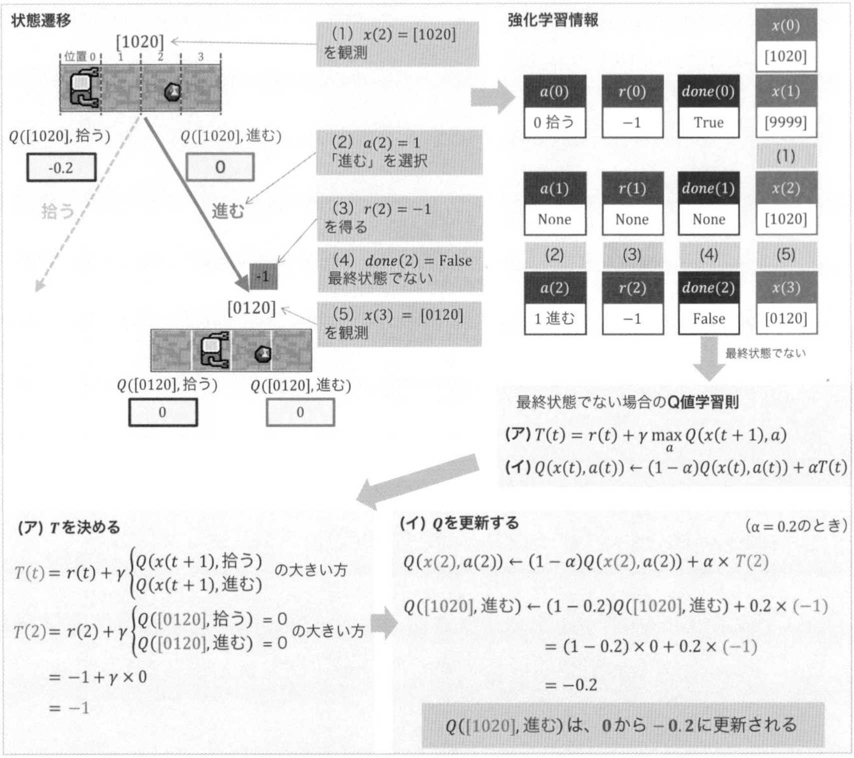

図 5-14　Q 学習アルゴリズム 2/2

ここまでの情報で、$a(2)$ の行動選択に使った $Q([1020], 進む)$ の値を更新させることを考えます。この Q 値が目指す値は、報酬和 $r(2)+r(3)+\cdots$ です。ここで、$r(2)$ の値は知っていますが、$r(3)$ 以降の未来の報酬の値は知りません。そこで、動的計画法で使った方法を応用します。動的計画法で導いた式（5-11）「Q 値のベルマン方程式」は以下の式でした。

$$Q(x(t),a(t)) = E\left[r(t)+\gamma\max_a Q(x(t+1),a)\right] \qquad 式（5\text{-}16）$$

今の $t=2$ のときに当てはめると、$x(t)=[1020]$、$a(t)=$ 進む、$r(t)=-1$、$x(t+1)=[0120]$ なので、以下のようになります。

$$Q([1020], 進む) = E\left[-1+\gamma\max_a Q([0120],a)\right] \qquad 式（5\text{-}17）$$

5.1.2 項で説明してきた動的計画法では、右辺の $Q([0120], a)$ が先に正確な値として求まるので、その大きい方に報酬－1を加えた右辺の値を、左辺の$Q([1020], \text{進む})$の値としました[3]。

しかし、ここではエージェントの立場で考えると、右辺の$Q([0120], a)$の部分はまだ不正確です。それでも、右辺は真実の値である報酬$r(t) = -1$を含んでいるので、ある程度は真実の情報を含んだ値であるとも言えます。

そこで、ここでも「平均の更新則」を使って、左辺の$Q([1020], \text{進む})$の値を、少しだけ右辺の$\left(-1+\gamma \max_a Q([0120], a)\right)$に近づけるということをします。これは、右辺の$\left(-1+\gamma \max_a Q([0120], a)\right)$の値が、学習初期においては激しく間違った方向に変動する可能性もあるので、「平均の更新則」の信号を滑らかにする効果で、それに振り回されすぎないようにするという狙いがあります（図5-4右図のイメージ）。また、「平均の更新則」を使うと期待値を求めることができるので、確率的な$\left(-1+\gamma \max_a Q([0120], a)\right)$の値の期待値に右辺の$Q([0120], a)$を収束させようとする狙いもあります（図5-2や図5-4左図のイメージ）。コリドータスクの報酬と状態遷移は確率的ではありませんが、Q学習アルゴリズムはそれを前提としています。

具体的には、更新則は以下のようになります。

$$
\begin{aligned}
T &= -1 + \gamma \max_a Q([0120], a) \\
Q([1020], \text{進む}) &\leftarrow (1-\alpha) Q([1020], \text{進む}) + \alpha T
\end{aligned}
\qquad \text{式 (5-18)}
$$

式（5-11）の右辺の期待値の中身をTに入れ、「平均の更新則」を使って、$Q([1020], \text{進む})$の値をTの期待値に近づけるという操作です。

$\alpha = 0.2$、$\gamma = 1$として実際に式（5-18）を計算すると、

$$
\begin{aligned}
T &= -1 + 1 \times (0 \text{ と } 0 \text{ の大きい方}) = -1 \\
Q([1020], \text{進む}) &\leftarrow (1-0.2) \times 0 + 0.2 \times (-1) = -0.2
\end{aligned}
\qquad \text{式 (5-19)}
$$

[3] $Q([0120], a)$は全てのaの場合を考えるので、$Q([0120], \text{拾う})$と$Q([0120], \text{進む})$を意味します。

となり、$Q([1020],$ 進む$)$ は0から-0.2の値に更新されることになります(図5-14)。

この更新を一般的な数式として整理すると、以下のようになります。

$$T(t)=r(t)+\gamma\max_{a}Q(x(t+1),a)$$
$$Q(x(t),a(t))\leftarrow(1-\alpha)Q(x(t),a(t))+\alpha T(t)$$
式 (5-20)

この更新則は、先の「最終状態でのQ値学習則」に対して「最終状態でない場合の**Q値学習則**」と呼ぶことにします。

さて、次は $t=3$ のターンですが、ここまでで、必要な手順は全て出そろいました。あとは、ここまでに述べたことを淡々と繰り返していくだけです。そうすることで、図5-12に示したように、Qテーブルの値が全体的に少しずつ正しい値に近づいていくのです。

5.1.2項で説明した動的計画法では、最終状態から開始状態に向かった1回の流れの計算で全てのQ値が求まりましたが、Q学習の場合は、エージェントが受け取った観測に対して行動を選ぶたびに、少しずつQ値の更新を続けていくというイメージです。これがQ学習になります。Q学習は、MDP問題であれば正しいQテーブルに収束することが分かっています[4]。

以上、Qテーブルを使ったQ学習の公式をまとめると、図5-15のようになります。Q学習ではQテーブルを準備し、これを使って行動選択を行います。そして、学習によってQテーブルを修正していきます。ここでは、行動選択にエプシロン-グリーディー法を使いましたが、それ以外の方法としてソフトマックス法[5]という方法が使われることもあります。

[4] 数学的な証明の話なので少し難しいのですが、学習率αを少しずつ小さくさせていくとして、そのとき、$\sum_{t=0}^{\infty}\alpha(t)\to\infty$, $\sum_{t=0}^{\infty}\alpha(t)^2<\infty$という条件を満たすように小さくさせると、正しいQテーブルに収束することが保証されています。

[5] エプシロン-グリーディー法は、各行動のQ値の差に関係なく、一番大きいQ値を持った行動が決まった確率で選ばれます。一方、ソフトマックス法は、Q値の差が考慮される方法で、Q値が他の行動のQ値に比べて大きければ大きいほど、その行動が選ばれる確率も高くなるという方法になります。

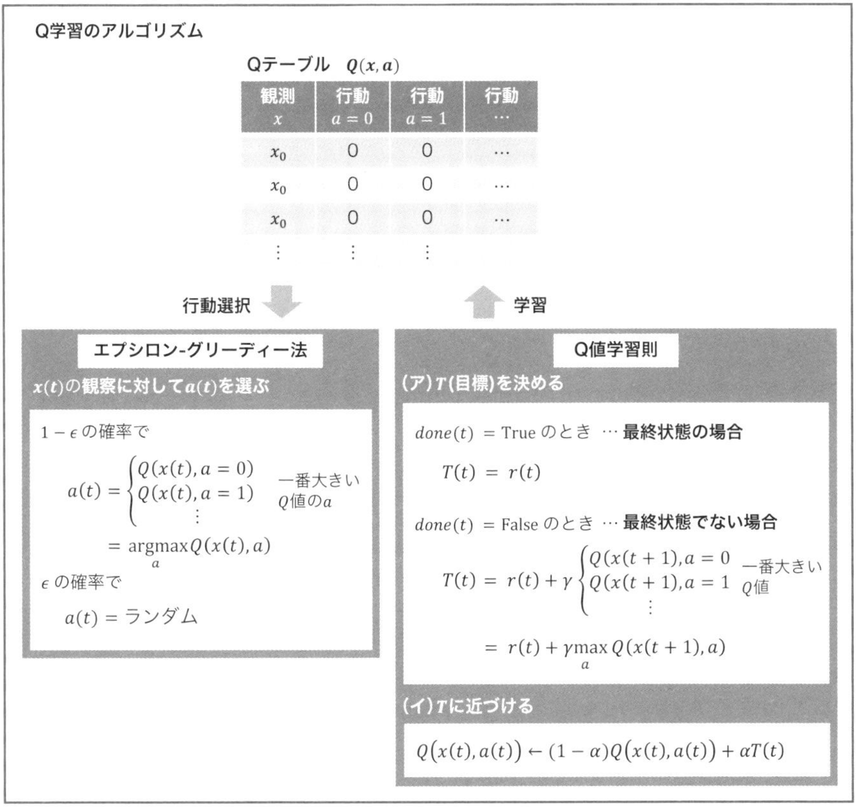

図 5-15　Q 学習のアルゴリズムのまとめ

ここまでがQ学習の理論となります。次はいよいよプログラムによる実装です。

5.2 実装

ここからは、Python による強化学習の実装の説明です。まず全体のプログラム構成を考えます。そして、環境とエージェントのインターフェース（抽象クラス）、コリドータスク（環境クラス）、Q 学習（エージェントクラス）の順番で説明していきます。

5.2.1 全体のプログラム構成

では、これから作る強化学習プログラムの構成を練りましょう。

まず、一般的なプログラムの方針として、できるだけ同じ内容のコードは 2 か所以上に書かないように気を付けたいと思います。無駄ということもありますが、それよりも修正が大変になることを避けることが一番の理由です。しかし、2 重のコードを避けることでプログラムが分かりにくくなるような場合には、プログラムの可読性を優先して 2 重のコードもやむなしとします。

強化学習の枠組みでは、環境とエージェントは別々の個体として考えてきました。この関係は、**環境クラス**と**エージェントクラス**のように別々のクラスとして作るととてもしっくりきます。図 5-16 にプログラム構成の全体像を作りました。環境とエージェントでクラスを分けることで、それぞれが持っている情報をしっかり区別することができます。また、このあとでも触れますが、別の環境やエージェントへの入れ替えも容易になります。

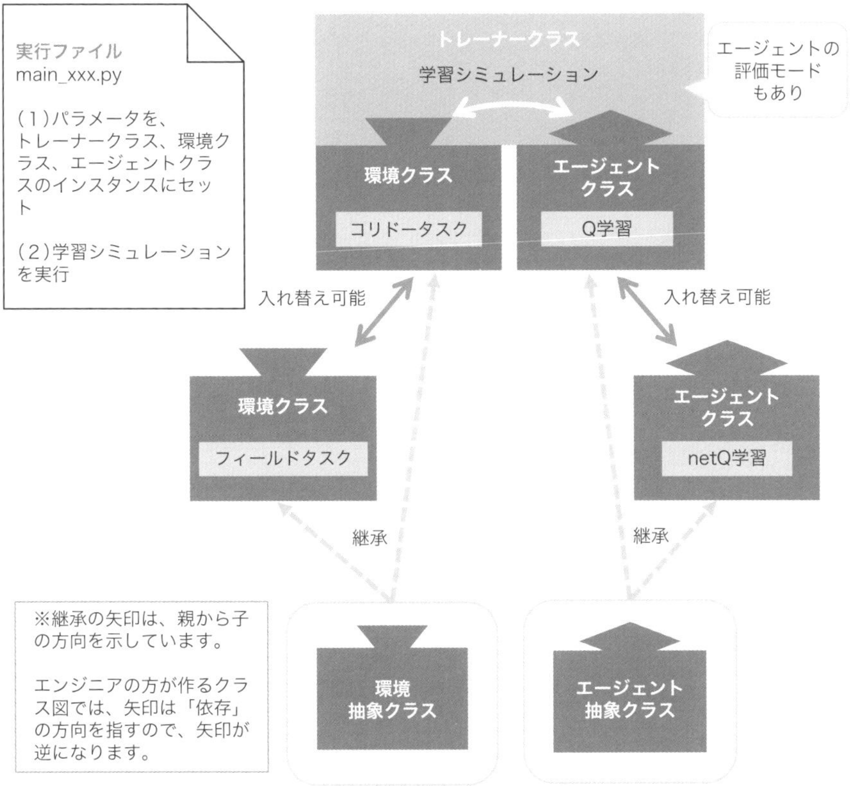

図 5-16　強化学習プログラムの構成図

環境とエージェントのクラスを作る場合、両者の情報のやり取りを仲介し、シミュレーションを実行するクラスも必要です。これを**トレーナークラス**と呼ぶことにしましょう。トレーナークラスは、「学習シミュレーション」中にエージェントの学習がどれくらい進んでいるかをチェックする「評価」もできるようにしたいと思います。評価ではエージェントの乱雑度を0にセットし、行動のランダム性をなくした状態で「学習なしシミュレーション」を行い、その状況で獲得した報酬を評価値として計算します。この評価を、メインの学習シミュレーションの途中に何度も入れて、学習の進行度を確認するのです。

環境クラスとしては、まずコリドータスクのクラスを考えますが、それ以外の環境クラスも試したくなるでしょう。実際、この本の後半ではフィールドタスクという別の環境クラスも考えます。エージェントクラスも、まずＱ学習エージェントを考えますが、それ以外のエージェントも試す予定です。

しかし、環境クラスとエージェントクラスの組み合わせごとに専用のトレーナーを作っていくのは大変ですし、無駄があります。そこで、どんな環境クラスでもエージェントクラスでも、同じトレーナーでシミュレーションできるようにすると良いでしょう。ブロックのパーツを選ぶように、好きな環境クラスとエージェントクラスを選んでトレーナーに渡せば、トレーナーがシミュレーションをしてくれるというイメージです。

そのためには、全ての環境クラスとエージェントクラスのインターフェースが共通になっていないといけません。つまり、環境とエージェントのメソッド（トレーナーがシミュレーションで使うメソッド）は、全ての環境クラスとエージェントクラスで同じにする必要があります。

このようなときに便利なのが、「継承」です。初めに「環境の抽象クラス」「エージェントの抽象クラス」を作っておき、そこで必須のメソッドを定義します[6]。そして、新しく環境クラスやエージェントクラスを作るときには、それぞれの抽象クラスを継承して作るのです。そうすれば、必要なメソッドが装備されたクラスが作られます。そして必要に応じて、メソッドをオーバーライド（上書き）し、オリジナルの機能を盛り込んでいけばよいでしょう。

ところで、強化学習を実行するには、たくさんのパラメータを必要とします。エージェントクラス、トレーナークラスの両方がそれぞれのパラメータを必要とするからです。これらのパラメータは、１つのファイルにまとまっていた方が便利です。そこで、シミュレーションの「実行ファイル」がこれらのパラメータを持つことにしましょう。

よって「実行ファイル」の仕事は、以下の２つということにします。

(1) パラメータをエージェントとトレーナーにセット
(2) トレーナーによる学習シミュレーションを実行

[6]「抽象クラス」とは、そのインスタンスを実行して使うという目的ではなく、「継承の元」として使うことを目的としたクラスのことを言います。

これで大枠のプログラムの構成ができました。

さて、いっぺんにこの構成を目指すのではなく、部分的に作って動作を確認しながらこの構成を目指していく方が確実です。そこで、本章では、強化学習シミュレーションが動く最小限のパーツとして、以下の4つのクラスを考えます。( ) 内はクラスを定義するファイル名です。5、6、7章で使用するファイルは全てiRL/main/のディレクトリにあります。Visual Studio Codeなどのエディターで対象のファイルを開き（巻末の講座A参照)、コードの全体を確認しながら読み進めると理解が深まります。

- ・環境の抽象クラス … coreEnv（core.py）
- ・エージェントの抽象クラス … coreAgt（core.py）
- ・コリドークラス（環境） … CorridorEnv（env_corridor.py）
- ・Q学習クラス（エージェント） … TableQAgt（agt_tableQ.py）

これに加えて、以下のファイルも使用します。

- ・共通で使う関数をまとめたファイル … myutil.py

ここでは、シミュレーションを行うトレーナークラスと図5-16でmain_xxx.pyとした実行ファイルがないのですが、それらの代わりに、agt_tableQ.pyのif __name__ == '__main__': の下に簡易トレーナーを実装しています。agt_tableQ.pyを直接実行することで[7]、このif文以下の部分が実行され、コリドークラスとQ学習クラスのシミュレーションが実行されます。

env_corridor.pyを直接実行したときには、「あなた」がコリドータスクをプレイするモードになるように、if __name__ == '__main__': の下に対人用の簡易トレーナーを実装しています。

7 ファイルA.pyを「直接実行する」とは、ファイルA.pyを「python ファイルA.py」のコマンドで実行するということです。それに対して、他のpyファイルの中で「import ファイルA」で読み込まれて（直接ではない形で）実行される場合があります。

5.2.2 インターフェース（抽象クラス）

では、抽象クラスを定義した core.py の内容を説明します。

本章で掲載するコードリストには、「core.py: 1」のように、ファイル名と通し番号を記載します。それぞれのコードリストは、そのファイルの中で通し番号の順番に並ぶと考えてください。コードの最後の部分は、「core.py: 10 end」のように、end と明記します。

数式で使ってきた変数は、プログラム中では図 5-17 のように表すことにします。観測 x を obs と表すことに注意してください。観測は observation なので、数式では「o」を使いたいところですが、「0（ゼロ）」と見分けがつきにくいので x としていました。

名称	数式	プログラム
観測（observation）	x	obs
行動（action）	a	act
報酬（reward）	r	rwd
最終状態判定	$done$	done

図 5-17　数式とプログラムの変数名

実際の環境クラスやエージェントクラスを作るときには、それぞれ coreEnv クラスと coreAgt クラスを継承し、必要なメソッドをオーバーライド（上書き）することを想定します。しかし、完全にオーバーライドして消してしまうと不具合が出るコードが少しだけあります。その部分を守るために、オーバーライドする際には、基本的には以下の手順で行うことを想定しています[8]。

(1) オーバーライドするメソッドに対応する coreEnv クラスまたは coreAgt クラスのメソッドの内容をコピーする
(2) コピーを貼り付けて、「--- 編集ここから」から「--- ここまで」の間に必要なコードを記述する

8 オーバーライドしてはいけないコードを別の関数としてまとめることも可能ですが、全体の動きが見えにくくなることからこのような仕様にしました。

では、core.py: 1から見ていきます。環境の抽象クラスcoreEnvの定義からです。

core.py: 1

```
"""
core.py
環境とエージェントの抽象クラス
"""
import numpy as np

class coreEnv:
    """ 環境の抽象クラス """
    def __init__(self):
        """ 初期処理 """
        # 引数の設定は適時編集
        self.n_act = 2  # <--- 行動数を設定
        self.done = False
        # ------------------------ 編集ここから
        # ------------------------ ここまで
```

core.py: 1では、coreEnvクラスのインスタンス生成時に実行される__init__()メソッドを定義していますが、`self.n_act`と`self.done`=Falseは必須のアトリビュートです[9]。オーバーライドする際に間違えて消さないように、編集領域の外に置いています。`self.n_act`は、エージェントに行動の数を教えるために使うので、環境で使用する行動の数をセットしてもらうことを想定しています[10]。`self.done`は、環境が最終状態にあるか（True）、ないか（False）を記憶するためのアトリビュートです。最終状態の次のステップで、環境をリセットするために必要です。

core.py: 2はreset()の定義です。

[9] 「self.変数名」という形の変数は、アトリビュート（属性）と呼ぶ変数で、異なるメソッド間で共通して使うことができます。詳しくは、巻末の講義B-2-17を参考にしてください。

[10] 削除してはいけないコードなので編集領域外に配置していますが、数値は書き換えて使うことを想定しました。編集領域外は「編集してはいけない」ではなく、「もともと存在するコードを消してはいけない」という意味で考えてください（代入する値を変えたり、コードを加えたりするのはOK）。

core.py: 2

```
    def reset(self):
        """ 状態を初期化 """
        self.done = False
        # ------------------------- 編集ここから
        obs = np.array([0, 0, 0, 0])  # ndarray
        # ------------------------- ここまで
        return obs
```

reset() は、図 4-11 で説明したように、エピソード開始時に状態の初期化を行うことが仕事です。reset() は、self.done を False にすること、観測 obs を ndarray 型で出力することを必須としており、それらのコードは編集領域の外側にあります。ここでは、オーバーライドをしなくても出力ができるように仮の値を obs に割り振っています。以降のメソッドに対しても、出力に対する仮の値の割り振りをしていきます。

core.py: 3 は、内部状態の更新をする step() メソッドの定義です。

core.py: 3

```
    def step(self, act):
        """ 状態を更新 """
        # 最終状態の次の状態はリセット
        if self.done is True:
            obs = self.reset()
            return None, None, obs
        # ------------------------- 編集ここから
        rwd = 1.0                     # float
        done = True                   # bool
        # ------------------------- ここまで
        self.done = done
        obs = np.array([0, 0, 0, 0])   # ndarray
        # ------------------------- 編集ここから
        # self.done を使った処理
        # ------------------------- ここまで
        return rwd, done, obs
```

step() は、エージェントから行動 act を受け取って内部状態を更新し、報酬 rwd、最終状態判定 done、次の観測 obs を決定して出力します。

最終状態で(self.doneがTrueのとき)このメソッドが実行された場合には、self.reset()で状態をリセットし、初期の観測obsを返します。その際、rwdとdoneはNoneで出力します。

編集領域は2か所あり、出力には仮の値を割り振っています。編集領域の後半の方は、self.doneを使った処理用になります。コリドータスクでは、観測を作るときにself.doneを利用します。

core.py: 4のrender()は、環境の内部状態を表す「画像」を作るメソッドです。

core.py: 4

```
    def render(self):
        """ 状態に対応した画像を作成 """
        # ------------------------- 編集ここから
        # img: 3d ndarray
        img = np.zeros((100, 200, 3), dtype=np.uint8)
        # ------------------------- ここまで
        return img
```

この機能は、強化学習の理論上では必要のないものですが、実装上では重要です。画像をうまく作ると環境の動作が一目で確認できますし、人がタスクをプレイする際にも画像があった方が直感的に理解できます。コリドータスクでもロボットとクリスタルの画像があることで、理解がしやすかったと思います。ここでも、出力imgには仮の値（縦100、横200ピクセルの大きさで全ての値が0の画像データ）を割り当てています。

以上の4つが環境の必須メソッドでした。

core.py: 5からは、エージェントの抽象クラスcoreAgtの定義です。

core.py: 5

```
class coreAgt:
    """ エージェントの抽象クラス """
    def __init__(self):
        """ 初期処理 """
        # 引数の設定は適時編集
```

```
        self.epsilon = 0.4
        # ------------------------- 編集ここから
        # ------------------------- ここまで
```

インスタンス生成時に実行される __init__() メソッドの定義から始まります。self.epsilon は、乱雑度のパラメータを保持するアトリビュートで、学習時や評価時に設定を変えるために必須なので、編集領域の外で定義しています。

core.py: 6 は行動選択をする select_action() メソッドの定義です。観測 obs を受け取り、行動 act を出力します（図 4-11）。

core.py: 6

```
    def select_action(self, obs):
        """ 観測に対して行動を出力 """
        # ------------------------- 編集ここから
        act = 0  # int
        # ------------------------- ここまで
        return act
```

core.py: 7 は学習をさせるための learn() メソッドの定義です。観測 obs、行動 act、報酬 rwd、最終状態判定 done、次の観測 next_obs の情報を使って、方策のパラメータを更新します（図 4-11）。

core.py: 7

```
    def learn(self, obs, act, rwd, done, next_obs):
        """ 学習 """
        if rwd is None:
            return
        # ------------------------- 編集ここから
        # ------------------------- ここまで
```

エージェントで理論的に必要なものは以上の select_action() と learn() の 2 つです。ここからは、実装上必要なメソッドになります。

core.py: 8 の get_Q() は、入力した観測 obs に対する Q 値を出力するメソッドです。学習がうまくいっているかどうかを確認するためです。

core.py: 8

```
    def get_Q(self, obs):
        """ 観測に対する Q 値を出力 """
        # ------------------------ 編集ここから
        Q = np.ndarray([0, 0])   # ndarray
        # ------------------------ ここまで
        return Q
```

core.py: 9 は、学習した方策のパラメータをファイルに保存する save_weights() と、ファイルから方策を読み込む load_weights() です。

core.py: 9 end

```
    def save_weights(self, filepath):
        """ 方策のパラメータの保存 """
        # ------------------------ 編集ここから
        # ------------------------ ここまで

    def load_weights(self, filepath):
        """ 方策のパラメータの読み込み """
        # ------------------------ 編集ここから
        # ------------------------ ここまで
```

以上が、環境とエージェントの抽象クラスでした。

5.2.3 コリドータスク（環境クラス）

では、いよいよ実体部分として、環境のコリドータスクのファイル env_corridor.py を見ていきます。

まず、env_corridor.py: 1 の説明です。

env_corridor.py: 1

```
"""
env_corridor.py
コリドータスク
"""
import numpy as np   # ベクトル・行列演算ライブラリ (A)
```

```
import cv2             # 画像作成・画像表示・キー操作用のライブラリ (B)

# 自作モジュール
import core            # core.py (C)
import myutil          # myutil.py (D)

PATH_BLANK = 'rsc/blank.png'                  # 空白 (床) (E)
PATH_ROBOT = 'rsc/robo_right.png'             # ロボット画像 (F)
PATH_CRYSTAL = 'rsc/crystal_small.png'        # クリスタル画像 (G)
```

(A) は NumPy のインポート、(B) は画像作成・画像表示・キー操作を行う OpenCV ライブラリのインポートです。(C) と (D) は同じディレクトリにある core.py と myutil.py のインポートです。インポートすることで、ファイル A で定義された関数やクラスを、[ファイル A] . [クラス名 / 関数名] という形で使用できます。このようなファイル A を「モジュール」と呼びます。

(E) (F) (G) では、画像ファイル (空白、ロボット、クリスタル) のパスを変数に入れています。この画像は状況に対応した画像を作成する render() メソッドが使用します。

env_corridor.py: 2 で、CorridorEnv クラスは coreEnv クラスを継承して定義しています。5.2.2 項で述べたように、オーバーライドするメソッドは、対応する coreEnv クラスのメソッドをコピーして編集領域にコードを書いていくことを想定していますが、これは、必須のコードを残すことが目的ですので、編集領域外に新しいコードや新しいメソッドを加えるなどの変更は問題ありません。

env_corridor.py: 2

```
class CorridorEnv(core.coreEnv):
    """ コリドータスクの環境クラス """
    # 内部表現の ID (A)
    ID_blank = 0      # 空白
    ID_robot = 1      # ロボット
    ID_crystal = 2    # クリスタル

    def __init__(                              # (B)
            self,
```

```
            field_length=4,                # int: フィールドの長さ
            crystal_candidate=(2, 3),      # tuple of int: ゴールの位置
            rwd_fail=-1.0,                 # 失敗した時の報酬（ペナルティ）
            rwd_move=-1.0,                 # 進んだ時の報酬（コスト）
            rwd_crystal=5.0,               # クリスタルを得た時の報酬
            ):
        """ 初期処理 """
        # 引数の設定は適時編集
        self.n_act = 2  # <--- 行動数を設定（C）
        self.done = False
        # ------------------------ 編集ここから
        """ インスタンス生成時の処理 """
        # タスクパラメータ（D）
        self.field_length = field_length
        self.crystal_candidate = crystal_candidate
        self.rwd_fail = rwd_fail
        self.rwd_move = rwd_move
        self.rwd_crystal = rwd_crystal

        # 内部状態の変数（E）
        self.robot_pos = None        # ロボットの位置
        self.crystal_pos = None      # クリスタルの位置
        self.robot_state = None      # render 用

        # 画像の読み込み（F）
        self.img_robot = cv2.imread(PATH_ROBOT)
        self.img_crystal = cv2.imread(PATH_CRYSTAL)
        self.img_blank = cv2.imread(PATH_BLANK)
        self.unit = self.img_robot.shape[0]
        # ------------------------ ここまで
```

早速ですが(A)の部分は編集領域外に加えたコードです。「空白」と「ロボット」と「クリスタル」の番号をクラス変数として定義しています[11]。これは、観測を作成する self._make_obs() メソッドが使います。

(B) の __init__() は、インスタンス生成時にパラメータを受け取ります。その種類と意味はコードの中のコメントに記載しました。コードに書かれている数値は、パラメータがセットされない場合に使われるデフォルト値です。

[11] クラス変数とは、全てのインスタンスが共通で使える変数で、「クラス名.クラス変数」の形式で参照することができます。ここでは単にクラスの内部の定数として明確にするために、クラス変数を使いました。

(C) は、行動数のセットです。コリドータスクの行動は $a=0$「拾う」と $a=1$「進む」の 2 種類ですので self.n_act = 2 としています。これは、タスク開始前にエージェントに渡す情報として準備しています。実装上、エージェントは、行動の種類の数を前もって知っておく必要があるからです。

(D) では、引数で得たパラメータをアトリビュートに保存し、他のメソッドでも使えるようにしています。

(E) は、環境の内部状態に対応するアトリビュートの準備で、初めの 2 つはロボットの位置とクリスタルの位置の情報になります。self.robot_state は、ロボットの状態を言葉で表した文字列、'normal'、'fail'、'success' を入れる変数です。これは、状態を描画する render() メソッドに情報を伝えるために使用します。

(F) は、表示で使う画像の読み込みです。OpenCV の関数を使って **img= cv2.imread(ファイル名)** で画像を読み込みます。出力される画像データ img はサイズが（縦の長さ , 横の長さ , 3）の ndarray 型です。座標が (x, y) のピクセルの色は、img[y, x, :]=[B, G, R] で表されます。Blue、Green、Red の順番であることに注意してください。BGR の各値は 0 から 255 までの整数値で、np.uint8 という 8 ビット符号なし整数型となっています。

各画像のデータは、アトリビュートに保存しています。self.unit は描画のセル（1 マス）のサイズです。ロボット画像の縦の長さをセルのサイズとしています。

次は、env_corridor.py: 3 です。ここでは、状態を初期化する reset() メソッドを定義しています。

env_corridor.py: 3

```
    def reset(self):
        """ 状態を初期化 """
        self.done = False # (A)
        # ------------------------ 編集ここから
        # ロボットを通常状態に戻す (B)
        self.robot_state = 'normal'

        # ロボットの位置を開始位置へ戻す (C)
```

```
        self.robot_pos = 0

        # クリスタルの位置をランダムに決める (D)
        idx = np.random.randint(len(self.crystal_candidate))
        self.crystal_pos = self.crystal_candidate[idx]

        # ロボットとクリスタルの位置から観測を作る (E)
        obs = self._make_obs()
        # ------------------------- ここまで
        return obs
```

まず (A) で最終状態判定 self.done を False に戻し、(B) でロボットの状態の記述を通常状態 'normal' に戻します。(C) と (D) では、ロボットの位置とクリスタルの位置を決めています。クリスタルの位置決めで使っている np.random.randint(n) は、0 から n − 1 までの乱数を出力する NumPy の関数です。

Python の対話モードで、以下のように np.random.randint(n) の動作を確かめることができます。乱数なので、実行するたびに値が変わります。

```
>>> import numpy as np
>>> np.random.randint(3)
2
>>> np.random.randint(3)
0
```

(E) は、ロボットとクリスタルの位置をもとに観測を作成する self._make_obs() メソッドを使って obs を得ています。この関数は、次の env_corridor.py: 4 で説明します。

env_corridor.py: 4 は先ほど出てきた self._make_obs() の定義です。この関数名には、初めに「 _ 」(アンダースコア) を付けています。これは、この関数がクラス内部でしか使わない「内部用メソッド」であることを意味します[12]。

12 アンダースコアを付けなくてもエラーは起きませんが、このような命名法がPEP8というPythonのコードスタイルガイドラインで推奨されています。

env_corridor.py: 4

```
    def _make_obs(self):
        """ 状態から観測を作成 """
        # 最終状態判定が True だったら 9999 を出力 (A)
        if self.done is True:
            obs = np.array([9] * self.field_length)
            return obs

        # ロボットとクリスタルの位置から観測を作成 (B)
        obs = np.ones(self.field_length, dtype=int) ¥
            * CorridorEnv.ID_blank
        obs[self.crystal_pos] = CorridorEnv.ID_crystal
        obs[self.robot_pos] = CorridorEnv.ID_robot

        return obs
```

(A) では、最終状態判定が True だった場合の観測として、ndarray 型で [9 9 9 9] を返します（self.field_length ＝ 4 の場合）。[9] の数は、self.field_length の数でセットされるようになっています。ただし、最終状態の観測値は、エージェントは使いません。最終状態から意味のある行動選択をすることがないからです。ですのでフォーマットさえ合っていれば、どのような数値でも動作に関係しません。ここで [9 9 9 9] と与えているのは、プログラムの動作を確認する私たちが最終状態の観測だと分かりやすくするためです。

(B) では、ロボットとクリスタルの位置から、観測を作っています。まず、CorridorEnv.ID_blank で定めた数値（＝ 0）で obs=[0 0 0 0] を作り（self.field_length ＝ 4 の場合）、obs の、クリスタルの位置の要素を CorridorEnv.ID_crystal（＝ 2）で置き換え、ロボットの位置の要素を CorridorEnv.ID_robot（＝ 1）で置き換えています。

env_corridor.py: 5 は、環境クラスの中で最も重要な step() メソッドの定義です。

env_corridor.py: 5

```
def step(self, act):
        """ 状態を更新 """
        # 最終状態の次の状態はリセット (A)
        if self.done is True:
            obs = self.reset()
            return None, None, obs
        # ------------------------ 編集ここから
        # 行動 act に対して状態を更新する (B)
        if act == 0: # 拾う (C)
            if self.robot_pos == self.crystal_pos:
                # クリスタルの場所で「拾う」を選んだ
                rwd = self.rwd_crystal
                done = True
                self.robot_state = 'success'
            else:
                # クリスタル以外の場所で「拾う」を選んだ
                rwd = self.rwd_fail
                done = True
                self.robot_state = 'fail'
        else: # act==1 進む (D)
            next_pos = self.robot_pos + 1
            if next_pos >= self.field_length:
                # 右端で「進む」を選んだ
                rwd = self.rwd_fail
                done = True
                self.robot_state = 'fail'
            else:
                # 右端より前で「進む」を選んだ
                self.robot_pos = next_pos
                rwd = self.rwd_move
                done = False
                self.robot_state = 'normal'
        # ------------------------ ここまで
        self.done = done # (E)
        # ------------------------ 編集ここから
        obs = self._make_obs()  # obs を作成 (F)
        # ------------------------ ここまで
        return rwd, done, obs
```

(A) は、最終状態で step() が呼ばれた場合の処理です。環境をリセットし、次のエピソードの開始状態となる観測 obs を出力します。rwd と done は存在しないので、どちらもNoneとして返します。

(B)からのプロセスは、受け取った行動actによって分岐します。「拾う」だったら（C）へ、「進む」だったら（D）へ進みます。それぞれの状況に応じて報酬rwdを決定し、状態を更新して最終状態になったらdone=Trueとし、そうでなければdone=Falseとします。状況に合わせて、self.robot_stateに'success'、'fail'、'normal'のどれかを入れます。この情報は、render()が、ロボットの頭の色を決めるためなどに使います。

（E）では、結果のdoneをアトリビュートに保存します。これは、done=Trueを出したあとでこのstep()メソッドが呼ばれたときに（A）のコードで環境をリセットするためです。(F）では、新しい状態に対して観測obsを作成しています。self._make_obs()はself.doneの情報を使うために、self.done=doneのあとに記述しています。

env_corridor.py: 6では、環境の状態に対応した画像を作るメソッド、render()を定義しています。

env_corridor.py: 6

```
    def render(self):
        """ 状態に対応した画像を作成 """
        # ------------------------- 編集ここから
        # 画像サイズ width x height を決める (A)
        width = self.unit * self.field_length
        height = self.unit

        # カラー画像用の 3 次元配列変数を準備 (B)
        img = np.zeros((height, width, 3), dtype=np.uint8)

        # 空白部分（床）の描画 (C)
        for i_x in range(self.field_length):
            img = myutil.copy_img(
                img, self.img_blank,
                self.unit * i_x, 0,
                )

        # クリスタルの描画 (D)
        if self.robot_state != 'success':
            img = myutil.copy_img(
```

```
                img, self.img_crystal,
                self.unit * self.crystal_pos, 0,
                isTrans=True,
                )

        # ロボットの描画 (E)
        img = self._draw_robot(img)
        # ------------------------ ここまで
        return img
```

(A) は、セルの大きさ (self.unit) を基準に、画像の横の長さ width と縦の長さ height を決めています。(B) は、値が全て 0 のカラー画像用の変数 (3 次元配列の ndarray 型) を作成しています。

(C) は、空白部分 (床) の画像を廊下の全マスにコピーしています。myutil.py で定義している myutil.copy_img() を使っています。(D) は、ロボットがまだクリスタルを回収していない場合に (robot_state が 'success' ではない場合)、クリスタルの描画をしています。myutil.copy_img() の引数で isTrans=True とすることで、元画像の白色の領域を透明にしてコピーします。

(E) は、ロボットの描画です。この処理は、内部関数 _draw_robot() にまとめています。次で説明します。

env_corridor.py: 7 は、引数の画像 img にロボットの画像を加える _draw_robot() メソッドです。ここは少し複雑ですが強化学習の動きに直接関係はありませんので、読み飛ばしても問題ありません。

env_corridor.py: 7

```
    def _draw_robot(self, img):
        """ ロボットを描く """
        # ロボットの頭の色の定義 (A)
        col_target = (224, 224, 224)  # ロボットの頭の色
        col_fail = (0, 0, 255)      # 赤
        col_success = (0, 200, 0)   # 緑

        # ロボット元画像をコピー (B)
        img_robot = self.img_robot.copy()
```

```
# 頭の色を赤か緑に塗る (C)
idx = np.where((img_robot == col_target).all(axis=2))
if self.robot_state == 'fail':
    img_robot[idx] = col_fail
elif self.robot_state == 'success':
    img_robot[idx] = col_success

# ロボット画像の貼り付け (D)
x0 = np.array(self.robot_pos) * self.unit
img = myutil.copy_img(img, img_robot,
                      x0, 0, isTrans=True)

return img
```

ロボットの元画像は頭の色が白色のみなので、赤と緑の色はこの関数が塗っています。(A) でロボットの頭の色 col_fail と col_success を定義しています。(B) は、ロボットの元画像を img_robot にコピーしています。

(C) は、robot_state が 'fail' か 'success' かによって、ロボットの頭の色を塗り分けています。関数が少し複雑ですが、ロボットの画像のピクセル値が (224, 224, 224) の部分のインデックス idx を取得し (ロボットの頭の部分に対応します)、その idx 部分の値を col_fail や col_success に入れ替えることで、頭の色を変えています。

最後に (D) で、頭の色を塗ったロボット画像 img_robot が、今のロボットの位置 self.robot_pos に対応する位置 x0 になるように、img (このメソッドの引数) にコピーします。

これで、CorridorEnv クラスの定義は完了です。

env_corridor.py: 8 からは、このファイルが直接実行されたときの内容で、「4.1.1 タスクをあなたがプレイ」で動かした部分に対応します。まず、前半部分です。

env_corridor.py: 8

```
if __name__ == '__main__':
    # 操作方法の表示 (A)
    msg = (
        '¥n' +
        '---- 操作方法 -----------------------------------¥n'
        '[f] 右に進む ¥n' +
        '[d] 拾う ¥n' +
        '[q] 終了 ¥n' +
        ' クリスタルを拾うと成功 ¥n' +
        '------------------------------------------------'
    )
    print(msg)

    # 環境の準備 (B)
    env = CorridorEnv()

    # 環境のパラメータの与え方例
    """
    env = CorridorEnv(
        field_length=6,
        crystal_candidate=(2, 3, 4, 5),
        rwd_fail=-1,
        rwd_move=0,
        rwd_crystal=10,
    )
    """

    # 強化学習情報の初期化 (C)
    t = 0
    obs = env.reset()
    act = None
    rwd = None
    done = None

    # 開始の表示 (D)
    print('')
    print(' あなたのプレイ開始 ')

    # 強化学習情報表示の関数定義 (E)
    def show_info(t, act, rwd, done, obs, isFirst=False):
        """ 強化学習情報の表示 """
        if rwd is None:  # (F)
```

```
        if isFirst:
            tt = t
        else:
            tt = t + 1
        print('')
        print(f'x({tt:d})={str(obs):s}')
    else:                   # (G)
        msg = (
            f'a({t:d})={act:d}, ' +
            f'r({t:d})={rwd: .2f}, ' +
            f'done({t:d})={done:}, ' +
            f'x({t + 1:d})={str(obs):s}'
        )
        print(msg)
```

(A) はコンソールに操作方法を表示します。(B) は、このファイルで定義した、CorridorEnv() のインスタンス env を作っています。ここでは、パラメータを指定していないので、デフォルトのパラメータ値が採用されます。パラメータを指定してタスクを変えることもできます。例えば、その下にコメントとして書いたようにすると、フィールドの長さが 6 に、クリスタルが出現する位置が 2、3、4、5 となります。報酬の値も例のようにして変えることができます。

(C) は使用する強化学習情報の初期化です。t はステップのカウントに使います。obs はエピソード開始時の観測です。行動 act、報酬 rwd、最終情報判定 done は開始時には決まっていない変数なので None を入れています。

(D) で開始の表示を行います。(E) は強化学習情報の表示をするための関数 show_info() を定義しています。図 5-18 に、強化学習情報とそれらを計算する関数、そしてその順番をまとめましたので参考にしてください。報酬 rwd が None の場合、(F) はエピソードの開始時なので、観測 obs のみを表示します。シミュレーションの開始時の obs は「今の obs」で、次のステップ以降の obs は「次の obs」なので、t と t+1 で表示を分けています。

rwd が None でない場合 (G) は、全ての情報を表示します。ここでの観測 obs は、「次の観測」なので、ステップを 1 つ進めて t+1 としていることに注意してください。

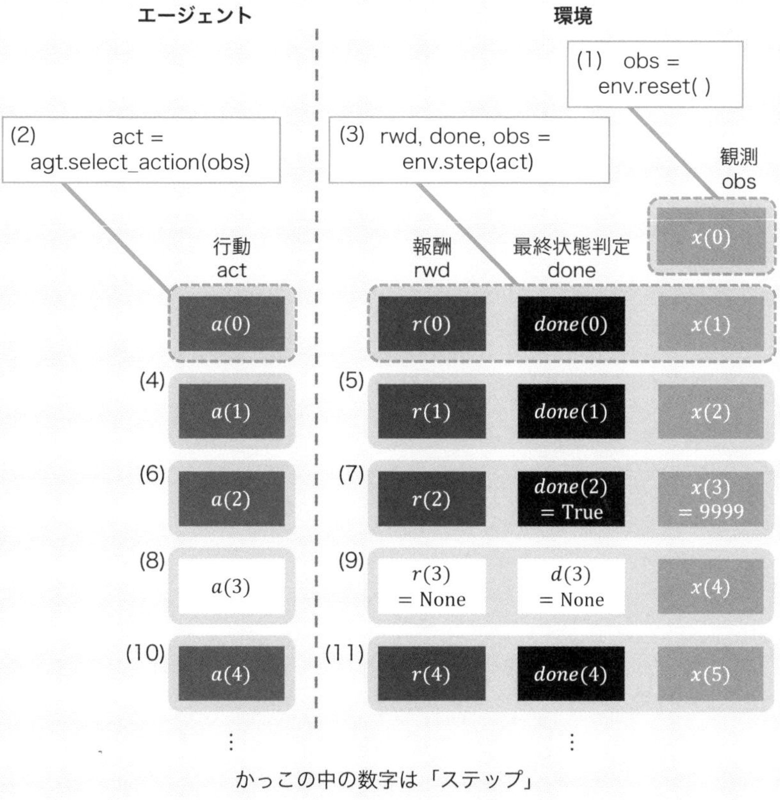

図 5-18　強化学習情報と計算される関数と順番

それでは、env_corridor.py: 9 endです。「あなた」がプレイするモードのシミュレーションの本体です。

env_corridor.py: 9 end

```
    # 強化学習情報表示 (H)
    show_info(t, act, rwd, done, obs, isFirst=True)

    # シミュレーション (I)
    while True:
        # 画面表示 (J)
        image = env.render()
        cv2.imshow('you', image)
```

```
# キーの受付と終了処理（K）
key = cv2.waitKey(0)
if key == ord('q'):
    break

# あなたの行動選択（L）
if key in [ord('d'), ord(' ')]:
    act = 0  # 拾う
elif key == ord('f'):
    act = 1  # 進む
else:
    continue

# 環境の更新（M）
rwd, done, obs = env.step(act)

# 強化学習情報表示（N）
show_info(t, act, rwd, done, obs)
t += 1
```

（H）で、show_info() を使って最初の強化学習情報を表示します。シミュレーションの開始時であることを、isFirst=True で伝えています。

（I）からがシミュレーションのループです。（J）で現在の状態を表した画像を取得し、表示します。

（K）でキー入力を取得します。cv2.waitKey() への引数を 0 にしているので、キー入力があるまでプロセスはここで止まったままになります。キー入力があるとプロセスが進み、それが［q］の場合、ループから抜けて終了します。

（L）で、キー入力に対して、act=0（拾う）か act=1（進む）を割り当てます。キーが、［d］、［スペース］、［f］以外だったら、continue でループの先頭に戻ります。

（M）で行動 act に対して環境の状態を更新し、報酬 rwd、最終状態判定 done、次の状態 obs を決定します。

（N）で現在の強化学習状態を表示し、t を 1 つ増やしてループの先頭に戻ります。

以上で、env_corridor.py の内容は全てになります。

5.2.4 Q 学習（エージェントクラス）

本章の最後は、強化学習の実装のキモとなる agt_tableQ.py の説明になります。このファイルの中の TableQAgt クラスで Q 学習を実装しています。

agt_tableQ.py: 1 では、必要なライブラリと自作モジュールをインポートし、TableQAgt クラスの定義が始まります。TableQAgt クラスは、coreAgt クラスを継承しています。

agt_tableQ.py: 1

```
"""
agt_tableQ.py
Q テーブルを使った Q 学習アルゴリズム
"""
import sys
import pickle
import numpy as np

# 自作モジュール
import core

class TableQAgt(core.coreAgt):
    """ Q テーブルを使った Q 学習エージェントクラス """
    def __init__(                # 引数とデフォルト値の設定 (A)
            self,
            n_act=2,             # int: 行動の種類数
            init_val_Q=0,        # float: Q 値の初期値
            epsilon=0.1,         # float: 乱雑度
            alpha=0.1,           # float: 学習率
            gamma=0.9,           # float: 割引率
            max_memory=500,      # int: 記憶する最大の観測数
            filepath=None,       # str: 保存用ファイル名
            ):
        """ 初期処理 """
        # 引数の設定は適時編集
        self.epsilon = epsilon
        # ------------------------ 編集ここから
        self.n_act = n_act
```

```
        # エージェントのハイパーパラメータ (B)
        self.init_val_Q = init_val_Q
        self.gamma = gamma
        self.alpha = alpha

        # 保存ファイル名 (C)
        self.filepath = filepath

        # Qテーブル関連 (D)
        self.Q = {}         # Qテーブル
        self.len_Q = 0    # Qテーブルに登録した観測の数
        self.max_memory = max_memory
        # ------------------------- ここまで
```

(A) は、__init__() メソッドで、引数とそのデフォルト値を設定しています。引数の意味は、コード中のコメントを参照してください。(B) は、エージェントのハイパーパラメータに対応する変数をアトリビュートに保存しています。

(C) はエージェントの方策パラメータ(ここではQテーブル)を保存するファイル名をアトリビュートに保存しています。

(D) は、Qテーブルを'self.Q'として空のdict型で定義しています。self.len_Qは、Qに登録した観測の数をカウントしていくための変数です。

dict型で定義したQの使い方ですが、観測(を文字列に変換したもの。[1 0 2 0]など)をキーとし、その観測に対する全ての行動の「Q値のリスト」を値とします。例えば、観測 [1020] に対する $Q([1020], 0) = -1.0$ と $Q([1020], 1) = 3.0$、観測 [0120] に対する $Q([0120], 0) = -1.0$ と $Q([0120], 1) = 2.0$ は、次のように値を登録します。以下はPythonの対話モードを想定しています。

```
>>> import numpy as np
>>> Q = {}
>>> Q['[1 0 2 0]'] = [-1.0, 3.0]
>>> Q['[0 1 2 0]'] = [-1.0, 2.0]
>>> Q
{'[1 0 2 0]': [-1.0, 3.0], '[0 1 2 0]': [-1.0, 2.0]}
```

実際に環境のインスタンスenvから渡される観測obsはndarray型の配列で、行動actは整数です。例えば下のような値だったとしましょう。

```
>>> obs = np.array([1, 0, 2, 0])
>>> act = 0
```

このobsとactに対するQ値を参照する場合には、ndarrayのobsをstr(obs)としてstr型（文字列）に変換します。

```
>>> type(obs)
<class 'numpy.ndarray'>
>>> obs = str(obs)
>>> type(obs)
<class 'str'>
>>> obs
'[1 0 2 0]'
```

このようにすれば、以下のようにobsに対するQ値リスト（obsに対する全ての行動のQ値）が参照できます。

```
>>> Q[obs]
[-1.0, 3.0]
```

obs, actに対するQ値は、以下のように参照します。

```
>>> Q[obs][act]
-1.0
```

obsに対する最大のQ値は以下のように参照できます。

```
>>> max(Q[obs])
3.0
```

dict型Qの使い方の確認ができたところで、agt_tableQ.py: 2に進みましょう。ここは行動選択select_action()メソッドの実装です。

agt_tableQ.py: 2

```
    def select_action(self, obs):
        """ 観測に対して行動を出力 """
        # ------------------------- 編集ここから
        # obs を文字列に変換 (A)
        obs = str(obs)

        # obs が登録されていなかったら初期値を与えて登録 (B)
        self._check_and_add_observation(obs)

        # 確率的に処理を分岐 (C)
        if np.random.rand() < self.epsilon:
            # epsilon の確率 (D)
            act = np.random.randint(0, self.n_act)  # ランダム行動
        else:
            # 1-epsilon の確率 (E)
            act = np.argmax(self.Q[obs])  # Q を最大にする行動
        # ------------------------- ここまで
        return act
```

(A) で、引数として受け取った obs を Q のキーとして使うために、ndarray 型から str 型に変換しています。(B) では、内部メソッド _check_and_add_observation(obs) を使って (次で説明します)、obs がすでに Q に登録されているかどうかをチェックします。もし登録がなかったらキーとして登録し、初期値の Q 値をセットします。

(C) は、エプシロン - グリーディー法 (図 5-15) の実装部分です。epsilon の確率で (D) が実行され、行動 act がランダムに決まります。1 − epsilon の確率で (E) が実行され、Q 値が最も大きい行動 act が選ばれます。np.argmax() は入力したリストの中で一番値が大きい要素のインデックスを返す関数です。例えば、Python の対話モードで、以下のように入力してテストすることができます。

```
>>> import numpy as np
>>> np.argmax([10, 50, 5])
1
```

ちなみに、max() は一番大きい要素そのもの (インデックスではない) を返

しますので、これらの違いに注意してください。

```
>>> max([10, 50, 5])
50
```

agt_tableQ.py: 3 は、観測 obs のチェックメソッドである _check_and_add_observation() の定義です。

agt_tableQ.py: 3

```
    def _check_and_add_observation(self, obs):
        """ obs が登録されていなかったら初期値を与えて登録 """
        if obs not in self.Q: # (A)
            self.Q[obs] = [self.init_val_Q] * self.n_act  # (B)
            self.len_Q += 1   # (C)
            if self.len_Q > self.max_memory:  # (D)
                print(f'観測の登録数が上限 ' +
                      f'{self.max_memory:d} に達しました。')
                sys.exit()
            if (self.len_Q < 100 and self.len_Q % 10 == 0) or ¥
                    (self.len_Q % 100 == 0):  # (E)
                print(f'the number of obs in Q-table' +
                      f' --- {self.len_Q:d}')
```

(A) の「obs not in self.Q」は、obs が self.Q に未登録だったら True となります。この場合は、(B) で、obs をキーとして、self.init_val_Q のリスト（長さが self.n_act）が値としてセットされます。

(C) では、登録した obs 数を記録している self.len_Q に 1 を加えます。この観測の数が上限 self.max_memory（このプログラムの初期値は 500 に設定）を超えてしまったら (D) 以下の sys.exit() で強制終了となります。

(E) は、現時点でどれくらいの観測 obs を登録したかを、定期的に表示するコードです。登録数が 100 未満の場合には 10 回に 1 回表示し、100 以上になったら 100 回に 1 回表示します。

agt_tableQ.py: 4 は、まさに Q 学習のキモの「学習」、learn() メソッドの実装です。

agt_tableQ.py: 4

```
    def learn(self, obs, act, rwd, done, next_obs):
        """ 学習 """
        if rwd is None: # rwd が None だったら戻る (A)
            return
        # ------------------------ 編集ここから
        # obs, next_obs を文字列に変換 (B)
        obs = str(obs)
        next_obs = str(next_obs)

        # next_obs が登録されていなかったら初期値を与えて登録 (C)
        self._check_and_add_observation(next_obs)

        # 学習のターゲットを作成 (D)
        if done is True:
            target = rwd
        else:
            target = rwd + self.gamma * max(self.Q[next_obs])

        # Q をターゲットに近づける (E)
        self.Q[obs][act] = ¥
            (1 - self.alpha) * self.Q[obs][act] + ¥
            self.alpha * target
        # ------------------------ ここまで
```

(A) は、rwd が None だった場合の対応で、学習はできないのでそのまま戻します。

(B) と (C) は、select_action() のときの流れと同じです。(B) で obs、next_obs を文字列に変換し、(C) で next_obs の登録確認をします。

(D) と (E) は、図 5-15 でまとめた、「Q 値学習則」の実装です。(D) でターゲットを作ります。done = True か False か、つまり「次の状態 next_obs」が最終状態かそうでないかで、ターゲットの値が変わります。(E) は、現在の状態 obs と選んだ行動 act の Q 値をターゲットに近づけます。

agt_tableQ.py: 5 は、引数 obs に対する Q 値を返す get_Q() メソッドです。

agt_tableQ.py: 5

```
    def get_Q(self, obs):
        """ 観測に対する Q 値を出力 """
        # ------------------------ 編集ここから
        obs = str(obs)
        if obs in self.Q:    # obs が Q にある (A)
            val = self.Q[obs]
            Q = np.array(val)
        else:                # obs が Q にない (B)
            Q = None
        # ------------------------ ここまで
        return Q
```

(A) で obs に対する Q 値のリストを self.Q[obs] で取り出して返します。obs が Q テーブルに登録されていなかったら、(B) で None を返します。

agt_tableQ.py: 6 は、方策パラメータ（Q テーブル）、つまり、dict 型 self.Q をファイル保存するメソッド save_weights() と読み込みをするメソッド load_weights() です。pickle モジュールを使って実装しています。ここはこのようにすると保存・読み込みができるのだと知っておくだけでよいでしょう。

agt_tableQ.py: 6

```
    def save_weights(self, filepath=None):
        """ 方策のパラメータの保存 """
        # ------------------------ 編集ここから
        # Q テーブルの保存
        if filepath is None:
            filepath = self.filepath + '.pkl'
        with open(filepath, mode='wb') as f:
            pickle.dump(self.Q, f)
        # ------------------------ ここまで

    def load_weights(self, filepath=None):
        """ 方策のパラメータの読み込み """
        # ------------------------ 編集ここから
        # Q テーブルの読み込み
        if filepath is None:
            filepath = self.filepath + '.pkl'
        with open(filepath, mode='rb') as f:
```

```
            self.Q = pickle.load(f)
        # ------------------------ ここまで
```

agt_tableQ.py: 7からは、このファイルが直接実行されたときに動作する内容で、「4.1.2 タスクを強化学習アルゴリズムがプレイ」で動かしたコードに対応します。ここでは、「学習シミュレーション」を実行する「簡易トレーナー」の機能が実装されています。まず、その前半です。

agt_tableQ.py: 7

```
if __name__ == '__main__':
    # 学習のステップ数 (A)
    n_step = 5000

    # コマンドライン引数 (B)
    argvs = sys.argv
    if len(argvs) > 1:
        n_step = int(argvs[1])
    print('%d ステップの学習シミュレーション開始' % n_step)

    # 環境の準備 (C)
    from env_corridor import CorridorEnv
    env = CorridorEnv()

    # 環境のパラメータの与え方の例
    """
    env = CorridorEnv(
        field_length=6,
        crystal_candidate=(2, 3, 4, 5),
        rwd_fail=-1,
        rwd_move=0,
        rwd_crystal=5,
    )
    """

    # エージェントの準備 (D)
    agt = TableQAgt(
        alpha=0.2,
        gamma=1,
        epsilon=0.5,
        )
```

（A）は、デフォルトの学習シミュレーションのステップ数n_stepを5000と決めています。（B）は、agt_tableQ.pyが「python agt_tableQ.py 引数」というコマンドライン引数のある形で実行されたときに、その引数をn_stepに入れるための処理になります。コマンドライン引数の内容は、sys.argvという特別なリスト型変数に［実行ファイル名、引数1、引数2、…］という形で格納されます。コマンドライン引数ありで実行されたかどうかは、sys.argvの長さが1よりも大きくなることで分かります。

（C）は環境の準備です。env_corridor.pyからCorridorEnvクラスをインポートし、インスタンスenvを作ります。(C)の下にあるコメントのように、パラメータを変えてタスクを変更することも可能ですので、色々試してみると面白いでしょう（ただし、学習後のQ値も見たい場合には、このあとのagt_tableQ.py: 9でのobssの内容を、確認したい観測に対応させることが必要です）。

（D）はエージェントの準備です。今回作成したTableQAgtにパラメータを与えて、インスタンスagtを生成します。このQ学習に関するパラメータを変更し、振る舞いを観察するのも面白いでしょう。

agt_tableQ.py: 8は、「学習シミュレーション」の本体です。

agt_tableQ.py: 8

```
# 学習シミュレーション (E)
obs = env.reset()
for t in range(n_step):
    # エージェントが行動を選ぶ (F)
    act = agt.select_action(obs)

    # 環境が報酬と次の観測を決める (G)
    rwd, done, next_obs = env.step(act)

    # エージェントが学習する (H)
    agt.learn(obs, act, rwd, done, next_obs)

    # next_obsを次の学習のために保持 (I)
    obs = next_obs
```

（E）で初めの観測obsを環境から受け取ったら、シミュレーションのループを開始します。ここでは学習過程の表示はせず、一気に n_step のシミュレーションを行います。ステップを表す t はループ内では使いません。

(F) でエージェントが、観測 obs に対する行動 act を決めます。(G)で環境が、行動 act に対する報酬 rwd、最終状態判定 done、次の観測 next_obs を決めます。(H) でエージェントが、観測 obs、行動 act、報酬 rwd、最終状態判定 done、次の観測 next_obs の情報を使って、Q テーブルを更新します。

最後に (I) で、obs に next_obs を入れます。next_obs は次のループでの学習で使います。

agt_tableQ.py: 9 は、学習の確認として Q テーブルを表示する部分です。

agt_tableQ.py: 9

```
# 学習後の Q 値の表示のための入力観測 (J)
obss = [
    '[1 0 2 0]',
    '[0 1 2 0]',
    '[0 0 1 0]',
    '[0 0 2 1]',
    '[1 0 0 2]',
    '[0 1 0 2]',
    '[0 0 1 2]',
    '[0 0 0 1]',
]

# 学習後の Q 値の表示 (K)
print('')
print('学習後の Q 値')
for obs in obss:
    q_vals = agt.get_Q(obs)
    if q_vals is not None:
        msg = (
            f'{obs}: ' +
            f'{agt.Q[obs][0]: .2f}, ' +
            f'{agt.Q[obs][1]: .2f}'
        )
        print(msg)
    else:
        print(f'{obs}:')
```

(J) で、Q 値を見るための観測を obss にセットします。全ての取り得る観測を指定する必要はなく、Q 値を表示させたい観測を希望の順番でリストに入れます（環境のパラメータ設定によっては、とり得る観測が膨大になりますので、このような仕様にしました）。

(K) でQテーブルを表示します。観測 obs それぞれに対するQ値を agt.get_Q(obs) で得て、内容を表示します。まだキーとして登録されていない obs に対しては None が返されますので、その場合は、obs のみの表示をします。

agt_tableQ.py: 10からは、学習結果を見せるための「学習なしシミュレーション」の内容です。ここではその準備になります。

agt_tableQ.py: 10

```
# 学習結果を見せるためのシミュレーションの準備 (L)
import cv2
agt.epsilon = 0

# 強化学習情報の初期化 (M)
t = 0
obs = env.reset()
act = None
rwd = None
done = None
next_obs = None

# 開始メッセージを表示 (N)
print('')
print('学習なしシミュレーション開始')

# 強化学習情報表示関数の定義 (O)
def show_info(t, act, rwd, done, obs, isFirst=None):
    if rwd is None:
        if isFirst:
            tt = t
        else:
            tt = t + 1
        print('')
        print(f'x({tt:d})={str(obs):s}')
    else:
        msg = (
            f'a({t:d})={act:d}, ' +
```

```
            f'r({t:d})={rwd: .2f}, ' +
            f'done({t:d})={done:}, ' +
            f'x({t + 1:d})={str(obs):s}'
        )
        print(msg)
```

まず、(L) で画像表示用の OpenCV ライブラリ cv2 をインポートし、エージェントの乱雑度 agt.epsilon を 0 にします。

(M) で強化学習情報を初期化し、(N) で開始メッセージを表示します。(O) で、強化学習情報表示関数 show_info() を定義します。これは、env_corridor.py で作ったものと同じです[13]。

agt_tableQ.py: 11 end は、「学習なしシミュレーション」の本体です。

agt_tableQ.py: 11 end

```
    # 強化学習情報表示 (P)
    show_info(t, act, rwd, done, obs, isFirst=True)

    # 学習なしシミュレーション (Q)
    while True:
        # 画面表示 (R)
        image = env.render()
        cv2.imshow('agt', image)

        # キーの受付と終了処理 (S)
        key = cv2.waitKey(0)
        if key == ord('q'):
            break

        # エージェントの行動選択 (T)
        act = agt.select_action(obs)

        # 環境の更新 (U)
        rwd, done, obs = env.step(act)
```

[13] 同じコードが2か所にあるのは良くないので、本来はshow_info()はmyutil.pyなどに定義する方がよいのですが、ここはコードの確認のしやすさを優先し、このファイルで定義しています。

```
        # 強化学習情報表示 (V)
        show_info(t, act, rwd, done, obs)
        t += 1
```

(P) で最初の強化学習情報を表示し、(Q) で学習なしシミュレーションのループが開始します。

ここでは学習したエージェントが行動を決定しますが、あなたが［q］以外のキーを押すと、1 ステップずつ進むようになっています。［q］を押すと終了します。

(R) で画面表示、(S) の cv2.waitKey(0) でキーの受付待ちとなります。何かキーを押すとプロセスが進み、［q］が押されていたら終了します。

(T) でエージェントが行動 act を選びます。(U) では環境が、行動 act をもとに報酬 rwd、最終状態判定 done、次の観測 obs を作ります。学習なしシミュレーションでは、エージェントの学習がないので、学習シミュレーションのときのように next_obs を作る必要はありません。

ループの最後の (V) で強化学習情報を表示し、ステップ t を 1 増やしてループの最初に戻ります。この t は表示のためにステップをカウントしています。

以上が Q 学習の実装のプログラムでした。最後の「学習シミュレーション」と「学習なしシミュレーション」の部分は、6 章で登場する「トレーナー」クラスの基本の流れとなります。

そして、ここまでが強化学習の基本の実装になります。抽象クラスから環境クラス、エージェントクラスと 1 行も飛ばさずに確認してきました。

ここまでの理論と実装をしっかり理解することで、新しくオリジナルの環境を作ったり、新しいエージェントを作ったり、Q 値の変化のグラフを出したりと、自分の好きなように発展させることができるはずですので、ぜひチャレンジしてみてください。

6章

ニューラルネットQ学習：netQ

6章 ニューラルネットQ学習：netQ

Qテーブルを使った基本のQ学習には、実は限界があります。この章ではその限界を示し、限界を超えるために、ニューラルネットワークをQ学習に応用します。本書ではその強化学習アルゴリズムを「netQ」と呼びます。

ここからは、コリドータスクよりも難易度が高い「フィールドタスク」を使います。フィールドタスクとは、2次元フィールドでクリスタルを集めるタスクのことです。ここでいう2次元フィールドとは、コリドータスクのような横方向の移動だけでなく、縦方向にも移動できるフィールドです。このフィールドタスクには、難易度を変えた3つの「タスクタイプ」があります。

本章の流れは次の通りです。まず、このフィールドタスクを「あなた」が試し、どんなタスクなのかを体験します。次に、tableQとnetQに順番にこのタスクを解かせます。本章のメインはnetQの解説ですが、基本のQ学習であるtableQにも同じタスクを解かせることで、そのパフォーマンスの違いを確認できます。そして後半で、netQの仕組みと実装をじっくり解説していきます。

6.1 フィールドタスクを体験

では、「フィールドタスク」を試します。これまでと同様に、Anaconda Powershell Promptを立ち上げ、仮想環境env_iRLに入り、iRL/main/のディレクトリに入りましょう。この章で実行するファイルは以下の2つになります。

iRL/main/

├ env_field.py

フィールドタスクのプログラムです。タスクタイプを指定して直接実行すると、「あなた」がフィールドタスクをプレイするモードで立ち上がります。

└ main_field.py

フィールドタスクを強化学習アルゴリズムにプレイさせるプログラム

です。tableQやnetQなどの強化学習アルゴリズムを選んで実行することができます。内部でenv_field.pyやエージェントのクラス各種をインポートします。

では、フィールドタスクを「あなた」がプレイしてみましょう。まず、コマンドライン引数を指定しないでenv_field.pyを実行すると、コンソールに実行方法が表示されます。

```
(env_iRL)> python env_field.py
---- 実行方法 ------------------------------------
[task_type] を指定して実行します
> python env_field.py [task_type]
[task_type]
no_wall, fixed_wall, random_wall
---------------------------------------------------
```

フィールドタスクは、タスクタイプ[task_type]をコマンドライン引数で指定して実行します。タスクタイプとは、難易度の異なるステージのようなもので、3種類用意してあります。それぞれの説明を表6-1にまとめました。タスクのクリアの条件は、画面上の全てのクリスタルを回収することです。これは、全てのタスクタイプで共通です。

タスクタイプ	問題種	観測の種類	難易度	説明
no_wall	MDP	81	低	壁なしでクリスタル1つ。位置はランダム。 tableQ、netQで学習が可能
fixed_wall	POMDP	約150	中	壁ありでクリスタルが2つの固定したマップ。 tableQ、netQで学習が可能
random_wall	POMDP	50,000,000以上	高	壁4つ、クリスタル4つ。位置はランダム。 netQでのみ学習が可能

表6-1　フィールドタスクのタスクタイプ

以降、この3つのタスクタイプについて、「あなた」、「tableQ」、「netQ」が順番に試していきます。

6.1.1 壁なしフィールドタスク：no_wall

それでは、一番簡単なno_wallを、まずは「あなた」がプレイし、次に

tableQに解かせ、その後でnetQに解かせていきます。以下のコマンドで、ロボットが描画された表示ウインドウが現れます。

```
(env_iRL)> python env_field.py no_wall
```

画面の見方と操作方法を図6-1に示しました。no_wallは5 × 5のフィールド上でランダムな位置に配置されるクリスタルを回収するタスクです。操作は、左手をキーボードのホームポジションに置いたまま、[s]で左回転、[f]で右回転、[e]で前進を操作します。フィールドタスクでは「拾う」という行動はなく、ロボットがクリスタルの場所に行けば自動で回収されます。要領をつかめばすぐにできるようになるでしょう。

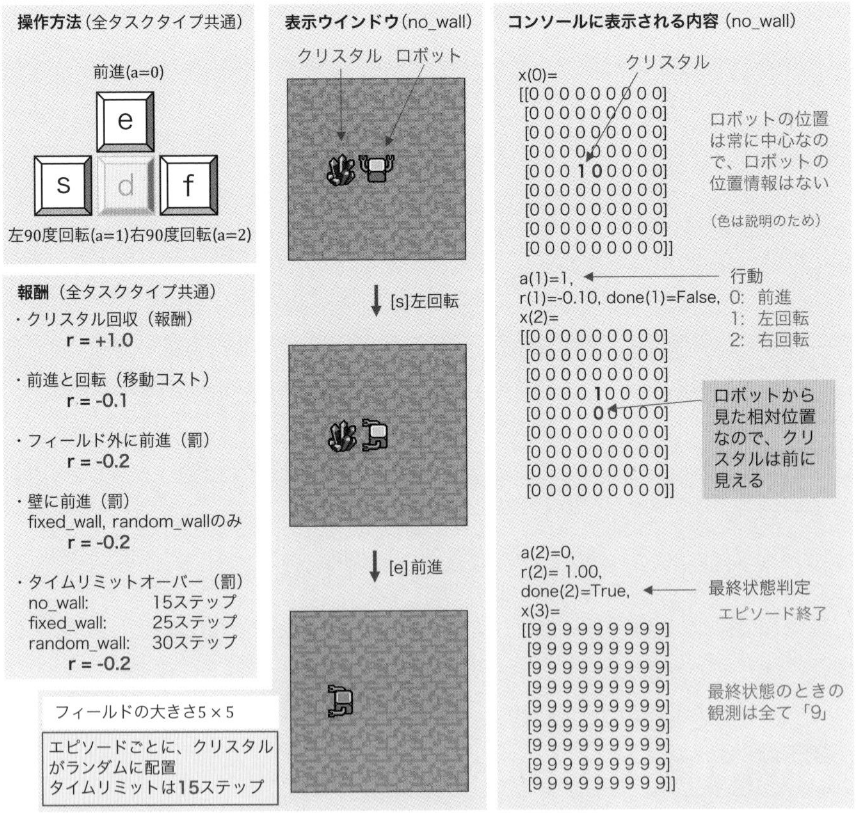

図6-1　フィールドタスクの操作方法とタスクタイプ「no_wall」の表示説明

報酬は、クリスタルを回収したときに +1.0（報酬）、壁やフィールドの外に向かって進んだときに －0.2（罰）、回転や移動をしたときに －0.1（移動コスト）としています。移動コストを入れることによって、最短経路でクリスタルに到達することが報酬和を最も大きくする行動パターンとなります。

また、フィールドタスクは、時間制限（手数の制限）を設けています。[task_type] no_wall では、15 ステップ以内にクリスタルを回収することができなければタイムリミットオーバーとなり、－0.2 の報酬（壁に前進したときと同じ罰の大きさ）で最終状態となります。

フィールドタスクの環境が出力する観測は、図 6-1 の右側に示したようにロボットを中心としたクリスタルの位置になります。ロボットがフィールド上でどの方向を向いていたとしても、観測はロボットの正面方向を上にしたときのクリスタルの相対位置を表します。

なぜ 5 × 5 のフィールドが 9 × 9 マスの観測になるかというと、クリスタルの位置をロボットを中心としたときの相対位置で表現しようとすると、ロボットのマスの上下左右に 4 マスずつ必要になるからです。例えば、ロボットとクリスタルが最も離れた対角線上の位置にある場合を考えてみましょう。ロボットが正面上を向いて 5 × 5 のフィールドの一番右上のマスに、クリスタルが一番左下のマスにあるとします。このとき、ロボットを中心に固定した観測では、クリスタルの位置はロボットの 4 マス左で 4 マス下（9 × 9 マスの中では一番左下）に現れます。

少しややこしいかもしれませんが、プレイするときに、表示ウインドウを見ずに、コンソールの表示を手掛かりにプレイすると感触がつかめると思います。このような観測を**主観型**と呼ぶことにします。別の観測の方法としては、天井の固定カメラからロボットを眺めるような方式が考えられます。このような観測を**俯瞰型**と呼ぶことにします。先のコリドータスクの観測は俯瞰型でした。

このタスクで主観型を採用したのには理由があります。主観型の方が俯瞰型よりも Q 学習にとって圧倒的に効率がよいからです。Q 学習は、観測の全ての種類に対する Q テーブルを作りますが、そのサイズが小さいほど効率は高まり、メモリーの節約になるだけでなく学習も速くなります。

5 × 5のフィールドにおいて、俯瞰型では、クリスタルの位置（5 × 5 通り）とロボットの位置（5 × 5 通り）が変わるので、合わせて5 × 5 × 5 × 5 = 625 ものパターンが考えられます。一方、主観型ではロボットの位置は中心で固定されているので、クリスタルの位置のみが観測の違いとして現れます。クリスタルの位置はロボットを中心とした9 × 9 = 81 のマスの中に現れ、（図6-1 参照）、81 通りとなります。つまり、主観型にすることによって、観測の種類が625 通りから81 通り（約13%）まで少なくなるのです。

ところで、4.2.2 項でMDP とPOMDP についての説明をしましたが、覚えていますでしょうか。環境の状態を完全に観測できる問題をMDP、環境の状態を部分的にしか観測できない問題をPOMDP と分類しました。では、このタスクタイプ no_wall は、どちらの問題と考えることができるのでしょうか。エージェントはロボットの絶対的な位置を知ることができないということに注目すると、no_wall はPOMDP となります。

しかし、見方を変えて、ロボットは常にフィールドの中心にいて動かないと考えるとどうでしょうか。そして、「行動」が動かすものはロボットではなくクリスタルだと考えるのです。実際、コンソールに表示される観測を見ながらプレイすると、そのような感覚になると思います。

このように考えると、このタスクの状態はクリスタルの位置だけとも解釈することができ、そのクリスタルの位置は観測によって常に知ることができます。つまり、このタスクはMDP としても考えることができるのです。よって、no_wall はPOMDP とMDP のどちらとでも解釈できるのですが、ここでは簡単な方のMDP と分類することにします。

だいぶ前置きが長くなってしまいましたが、ここから強化学習アルゴリズムに no_wall のタスクを解かせます。netQ の動作を確認する前に、tableQ に no_wall を学習させてみます。フィールドタスクの学習シミュレーションを行う場合は、main_field.py を使います。

まず、使い方を見るには、コマンドライン引数に何も指定せずに実行します。

```
(env_iRL)> python main_field.py
---- 使い方 ---------------------------------------
3 つのパラメータを指定して実行します

> python main_field.py [agt_type] [task_type] [process_type]

[agt_type]       : tableQ, netQ, replayQ, targetQ
[task_type]      : no_wall, fixed_wall, random_wall
[process_type]  :learn/L, more/M, graph/G, anime/A
例 > python main_field.py tableQ no_wall L
---------------------------------------------------
```

使い方にあるように、main_field.py は 3 つのパラメータ [agt_type]、[task_type]、[process_type] を指定して使います。パラメータの説明は以下のようになります。

[agt_type]（エージェントタイプ）は、表 6-2 に示しました。エージェントのアルゴリズムを指定します。netQ は本章で説明するニューラルネットを使った Q 学習です。replayQ と targetQ は、7 章で説明するエージェントです。

パラメータ	説明
tableQ	Qテーブルを使ったQ学習（5章）
netQ	ニューラルネットを使ったQ学習（6章）
replayQ	netQに経験再生を加えたQ学習（7章）
targetQ	replayQにターゲットネットを加えたQ学習（7章）

表 6-2　エージェントタイプ

[task_type]（タスクタイプ）は、表 6-1 で説明したものと同じです。

[process_type]（プロセスタイプ）は、表 6-3 に示しました。プログラム処理のタイプを指定します。

パラメータ	説明
learn または L	初めから学習する
more または M	追加学習する
graph または G	学習曲線を表示する
anime または A	タスクをプレイしている様子をアニメーションで表示する

表 6-3　プロセスタイプ

それでは以下のコマンドで、[agt_type] tableQ で [task_type] no_wall を [process_type] L で初めから学習させてみましょう。

```
(env_iRL)> python main_field.py tableQ no_wall L
```

プログラムが起動すると、学習シミュレーションが 5000 ステップ実行されます。その間、コンソールに以下のような情報が表示されます（計算に乱数が使われているため、実行のたびに結果は若干変わります)。最後にグラフが表示されますが、まずはコンソールの内容を説明します。

```
the number of obs in Q-table --- 10
the number of obs in Q-table --- 20
the number of obs in Q-table --- 30
the number of obs in Q-table --- 40
the number of obs in Q-table --- 50
 200 steps, 0 sec --- rewards/episode -1.01, steps/episode  11.55
 400 steps, 0 sec --- rewards/episode -0.30, steps/episode  8.47
...
(省略)
...
 4200 steps, 15 sec --- rewards/episode  0.71, steps/episode  3.87
 4400 steps, 15 sec --- rewards/episode  0.71, steps/episode  3.87
the number of obs in Q-table --- 80
 4600 steps, 16 sec --- rewards/episode  0.71, steps/episode  3.87
 4800 steps, 16 sec --- rewards/episode  0.71, steps/episode  3.87
 5000 steps, 17 sec --- rewards/episode  0.71, steps/episode  3.87
```

コリドータスクで Q 学習を試した agt_tableQ.py の実行時では（4.1.2 項)、「学習シミュレーション」が終わったあとに「学習なしシミュレーション」を行い、学習の効果の確認（評価）をしました。この main_field.py の実行時では、「学習シミュレーション」を 200 ステップするごとに学習の「評価」を行って、学習の進行具合を測定します[1]（図 6-2）。

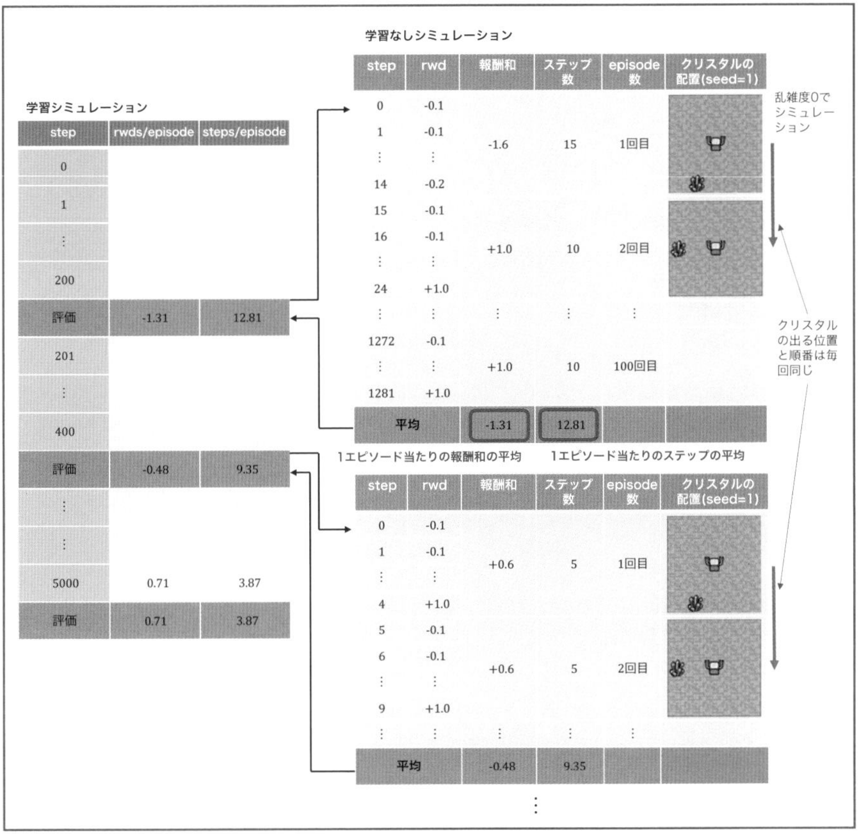

図 6-2　main_field.py 実行時の「学習シミュレーション」と「学習なしシミュレーション」

これは「5.2.1 全体のプログラム構成」でも述べた仕様です。この「評価」では、エージェントの乱雑度を 0 にした状態で 100 エピソードの「学習なしシミュレーション」を行い、「1 エピソード当たりの報酬和の平均」と「1 エピソード当たりのステップ数の平均」を計算します。

この 2 つの値が、学習シミュレーションの 200 ステップごとにコンソールに表示された rewards/episode と steps/episode の値です。

学習ステップの最後の方では、rewards/episode と steps/episode の値が完

[1] コリドータスク用のmain_corridor.pyも同様の仕様です。

全にそろっています。クリスタルの位置はランダムなのになぜこれらの数字がそろうのだろうと奇妙に思うかもしれません。学習なしシミュレーションでも100エピソードのクリスタルの位置はランダムですが、各評価の開始時に乱数を決まったシード値で初期化しているので[2]、各評価での100エピソード分のクリスタルの位置と順番は同一になります(図6-2の右側のロボットの図参照)。これが、値がそろう理由です。評価では、できるだけ確率的な要素を排除し、学習の進行度のみを観察したいため、このような仕様にしました。

それ以外で表示されている「the number of obs in Q-table --- (数値)」の行は、Qテーブルに観測が10個登録されるたびに表示される情報です[3]。この機能は、5.2.4項のagt_tableQ.py: 3の_check_and_add_observation()メソッドで定義しています。フィールドタスクでは、約80個の観測が登録されたことが分かります。

最後に表示されるグラフは、rewards/episodeとsteps/episodeの時間変化です(図6-3)。これを**学習曲線**と呼ぶことにします。「学習なしシミュレーション」での乱数は固定していますが、「学習シミュレーション」での乱数は固定していないため、実行するたびに結果は異なります。

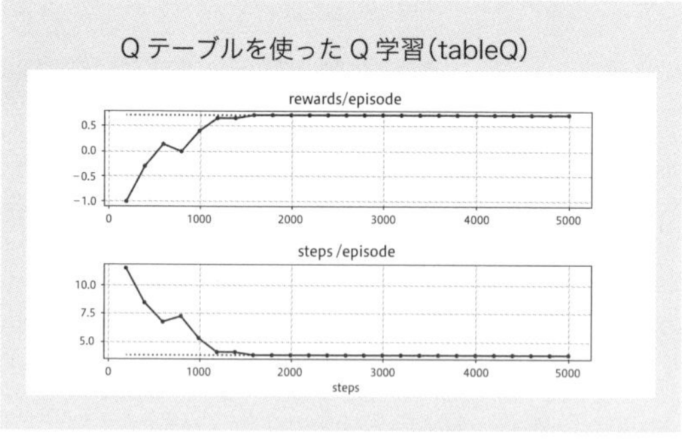

図6-3　フィールドタスク(no_wall)におけるtableQの学習曲線

[2] プログラムで生成する乱数は、同じシード値(初期化時の引数)で初期化することで、全く同じ乱数を生成させることができます。このような操作を「乱数を固定する」と言います。詳しくは、講座B-3-6を参考にしてください。

[3] 100個登録されるまでは、10個登録されるごとに表示されます。100個以上になると、100個登録されるごとに表示となります。

グラフ内の赤い点線は、行動が最適になったときに達成される目標値です。これは、最短経路でクリスタルを集める行動をとったときの平均報酬と平均ステップ数ということになりますが、理論的に導いた値ではありません。筆者が何度かシミュレーションを繰り返して近似的に得た値ですので、一つの目安値として考えてください[4]。

図 6-3 のグラフでは、学習曲線が 1600 ステップ付近で赤い点線に到達しており、そこで最適な行動が獲得されていることが分かります。ちなみに、rewards/episode は学習が進むと増加しますが、steps/episode は学習が進むと増加する場合も減少する場合もあり、その増減はタスクによって異なります。

学習の結果は、agt_data ディレクトリの中に以下の 2 つのバイナリファイルとして保存されます。

```
iRL/main/
  └ agt_data/
        ├ env_field_tableQ_no_wall.pkl --- Q テーブル
        └ env_field_tableQ_no_wall.npz --- 評価値の履歴
```

保存用のファイル名は、env_field_[agt_type]_[task_type]. 拡張子というルールで決めています。

学習が済んだら、[process_type] A でコマンドを実行して、学習で獲得した行動をアニメーションで表示しながら「学習なしシミュレーション」を見ることができます。アニメーションは 100 エピソードを繰り返すと終了しますが、[q] を押して途中でやめることもできます。

```
(env_iRL)> python main_field.py tableQ no_wall A
```

同様のアニメーションを、次の URL から YouTube 動画で見ることもできます。

4 あとで説明するrandom_wallに関しても同様に目安の値となります。fixed_wallの場合はマップが固定されているので、正確な値を設定しています。

https://youtu.be/poO331KZVoQ

クリスタルがランダムな位置に出現しますが、ロボットは常に最短経路でクリスタルを回収できていることが確認できたと思います。コリドータスクで使った agt_tableQ.py でしたが、そのプログラムの構成を変えずに、全く異なるフィールドタスクでも学習させることができました。これは 5.2.1 項で考えた、「エージェントクラスは、異なる環境クラスでも動かせるように作る」という構想通りです。

それでは、本章で新しく紹介するニューラルネット Q 学習にフィールドタスクを解かせます。[agt_type] netQ で [task_type] no_wall を試してみましょう。

```
(env_iRL)> python main_field.py netQ no_wall L
```

[agt_type] netQ を使うと、コンソールには初めに以下のような警告が出る場合があります。そのあとで通常のプロセスの表示が始まります。

```
(env_iRL) > python main_field.py netQ no_wall L
2021-06-16 23:42:34.406955: I tensorflow/core/platform/cpu_feature_guard.cc:141]
Your CPU supports instructions that this TensorFlow binary was not compiled to use:
AVX2
```

この警告は TensorFlow のモデルを動かしたときに出るのですが、特にエラーを示しているものではないので無視してください。以降、この警告については本書では特に触れません。

[task_type] no_wall における netQ は、学習に要するステップ数にばらつきが多いです。[process_type] L、つまり 5000 ステップの学習で rewards/episode が目標値に達していない場合には、[process_type] M で実行して、以下のように追加学習をしてください。

```
(env_iRL)> python main_field.py netQ no_wall M
```

netQ の学習曲線は、図 6-4 になります。この例は、1 回の学習シミュレーションで目標値に届かなかったため、追加学習を１回して合計 10000 ステップの学習を行った結果になります。

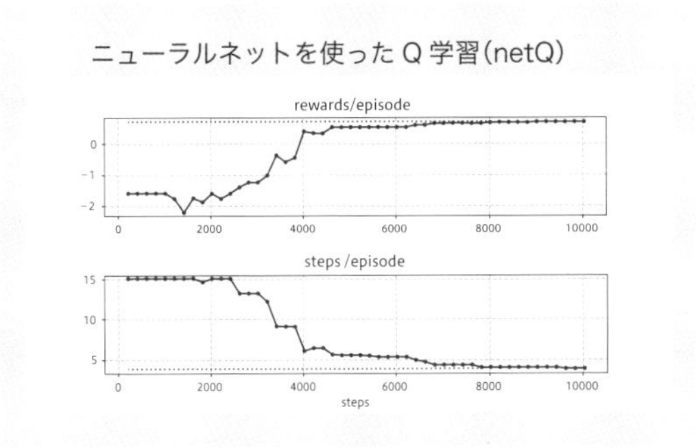

図 6-4　フィールドタスク（no_wall）における netQ の学習曲線

学習の結果は、agt_data ディレクトリの中に以下の２つのバイナリファイルとして保存されます。

```
iRL/main/
  └ agt_data/
        ├ env_field_netQ_no_wall.h5 --- ニューラルネットワークの重みパラメータ
        └ env_field_netQ_no_wall.npz --- 評価値の履歴
```

この学習結果による「学習なしシミュレーション」も、[process_type] A で実行し、アニメーションで見ることができます。tableQ と同様な行動が獲得できていることを確認してみてください。

以上、[task_type] no_wall の体験は終わりです。tableQ と netQ の両方が、[task_type] no_wall をうまく学習することができました。

6.1.2　固定迷路のタスク：fixed_wall

では､2 つ目のタスクタイプである fixed_wall に進みます。ここでも「あなた」がタスクをプレイしたあとに､tableQ と netQ に順番に解かせていきます。まず、

「あなた」がプレイするために、env_field.py を [task_type] fixed_wall で実行してください。

```
(env_iRL)> python env_field.py fixed_wall
```

図 6-5 に示したように [task_type] fixed_wall では、「壁」が新しく登場し、クリスタルが 2 つになりますが、操作方法は [task_type] no_wall のときと同じです。今回は、クリスタルを 2 つとも回収してクリアとなります。全てのエピソードで壁とクリスタルの位置は変わりません。これも簡単にできると思います。

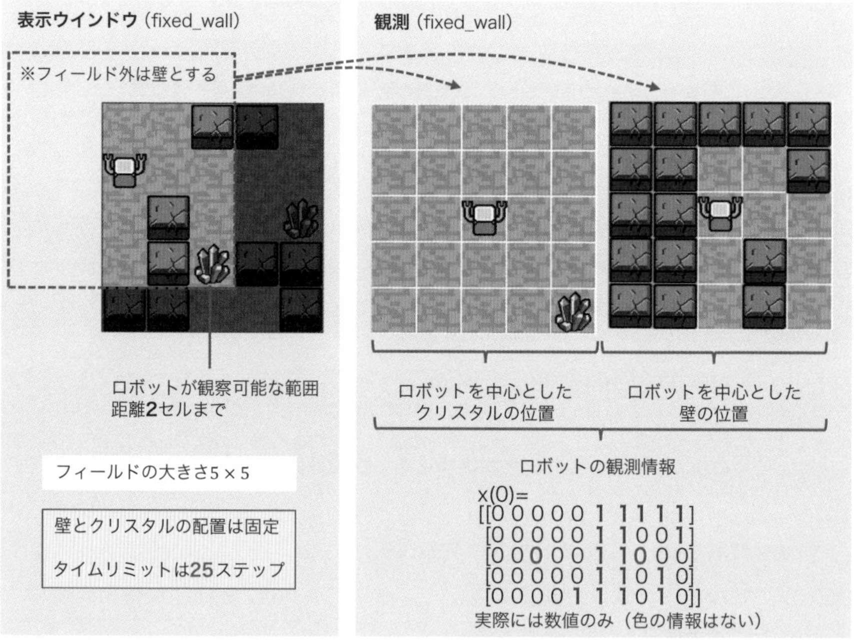

図 6-5　フィールドタスクの [task_type] fixed_wall の表示説明

fixed_wall でも観測は主観型ですが、壁の情報も追加されています。クリスタルの主観型情報と壁の主観型情報を横につなげて 1 つの観測としています。

fixed_wall は、壁の出現以外にも no_wall と決定的に違う点があります。それは、観測の情報が不完全だということです。no_wall ではクリスタルがどんなにロボットから離れていても、クリスタルは観測に含まれていました。これは視野の長さの設定が4セルだったからです。一方、図6-5の左の表示ウインドウの点線で示したようにfixed_wallの場合は視野の長さが2セルと短いです。そのため、スタート地点からは、点線の外にある右端のクリスタルは観測に入りません。

クリスタルが見えないと、クリスタルがそこにあるのかないのか、エージェントには判別がつきません。つまり、「観測」から「状態」を1つに特定することができないということになりますので、fixed_wallの設定はPOMDPの問題だと言えます。

前にも述べたように、基本のQ学習（tableQ）はMDP問題に対してのみ収束が保証されており、POMDP問題では、学習できる保証はありません。しかし、POMDP問題でも、その難易度によっては、tableQでも学習することができます。[agt_type] tableQで[process_type] L（学習）を指定して、fixed_wallを学習させてみましょう。

```
(env_iRL)> python main_field.py tableQ fixed_wall L
```

コンソール画面には、「the number of obs in Q-table --- 100」と表示されている箇所があることから、観測が100個以上登録されたことが分かります。100を超えるとこのレポートは100回ごとになるので、登録された観測は100～199個の間ということになります（観測の数を実際に数えると約150個）。

```
（省略）
 2600 steps, 1 sec --- rewards/episode  1.00, steps/episode  12.00
the number of obs in Q-table --- 100
 2800 steps, 1 sec --- rewards/episode -1.50, steps/episode  25.00
 3000 steps, 1 sec --- rewards/episode -1.40, steps/episode  25.00
（省略）
 4800 steps, 2 sec --- rewards/episode  1.00, steps/episode  12.00
 5000 steps, 2 sec --- rewards/episode  1.00, steps/episode  12.00
```

このときの学習曲線を図6-6に示しました。rewards/episodeは一度目標値に達したあとも、下がったり上がったりを繰り返しましたが、4000ステップ以降で目標値に安定したことがグラフから分かります。

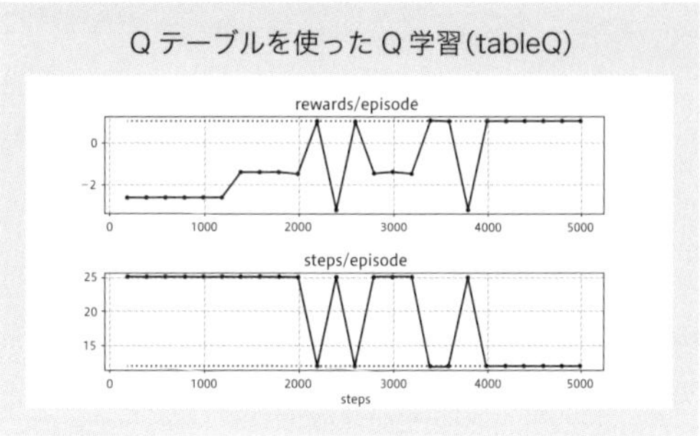

図 6-6　フィールドタスク（fixed_wall）における tableQ の学習曲線

ところで、前回の no_wall の学習曲線に比べると、今回の学習曲線は大きく変動しています。その理由は、fixed_wall の場合はマップが 1 種類しかないことに起因します。no_wall はクリスタルの位置がランダムに変わるので、マップが複数ありました。

学習途中の「評価」では、乱雑度を 0 にしているためにロボットが壁や迷路の端にぶつかり続けてタイムリミットになってしまうという「悪い行動」が時々出現します。「悪い行動」が出ると報酬も最低に近くなります。しかし、次のエピソードでマップが変われば「悪い行動」は起きない場合もあります。

よって、no_wall（まだ説明していませんが、random_wall も同様）のように評価に使うマップに複数の種類があると、「悪い行動」の最低報酬の得点（評価値）はマップ間の平均によって緩和されます。しかし、fixed_wall の場合はマップが 1 種類しかありません。よって、「悪い行動」が出てしまえば、その最低報酬の得点がそのまま評価値になってしまうのです。そういった理由から、今回の学習の曲線は大きく変動しているのです。

プロセス A（アニメーション）を指定して、学習なしシミュレーションでのロボットの動きを見てみましょう。ロボットが最短経路で 2 つのクリスタルを回収する行動が確認できるはずです（図 6-7）。

```
(env_iRL)> python main_field.py tableQ fixed_wall A
```

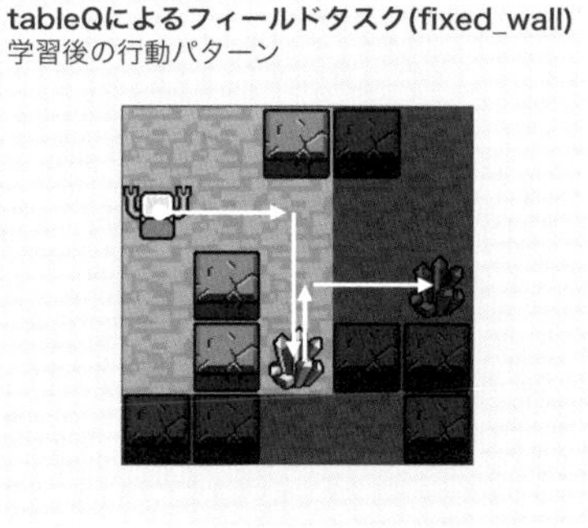

図 6-7　tableQ によるフィールドタスク（fixed_wall）の学習後の行動パターン

以下の URL からアニメーション時の動きを動画で見ることもできます。

https://youtu.be/1uLbMegkrbs

それでは、netQ に fixed_wall を学習させます。[agt_type] netQ で [task_type] fixed_wall を試してみましょう。

```
(env_iRL)> python main_field.py netQ fixed_wall L
```

学習曲線は、図 6-8 になります。tableQ と同様、うまく学習ができていることがわかります。

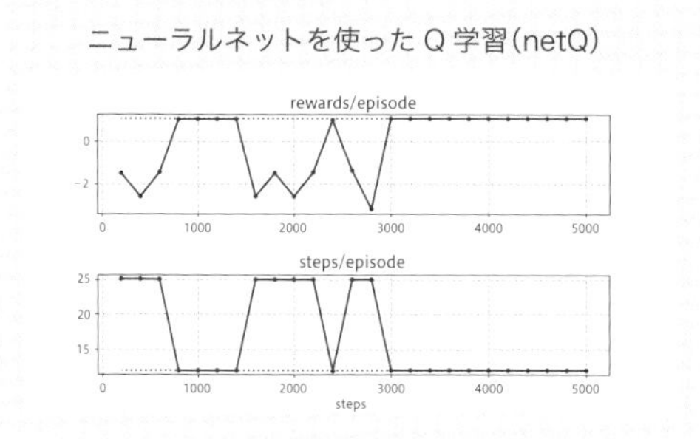

図 6-8　フィールドタスク（fixed_wall）における netQ の学習曲線

獲得した行動も [process_type] A で確認できます。

```
(env_iRL)> python main_field.py netQ fixed_wall A
```

6.1.3 ランダムな迷路のタスク：random_wall

最後に試すタスクタイプ random_wall は、見える範囲が限られているという点ではタスクタイプ fixed_wall と同じですが、壁とクリスタルの位置が毎回ランダムに変わるという点で大きく異なります。そのために観測の種類が非常に多くなり、強化学習アルゴリズムにとってはずっと難しい問題になっています。まず、次のコマンドで [task_type] random_wall を起動して、自分でプレイしてみてください。

```
(env_iRL)> python env_field.py random_wall
```

[task_type] random_wall の詳細を、図 6-9 に示しました。クリスタルの数は 4 個、壁の数も 4 個と決まっており、エピソードごとにそれらの位置がランダムに決まりますが、クリスタルが壁に囲まれて回収できないような配置にはならないようになっています。タイムリミット 30 ステップの間にできるだけ多くのクリスタルを回収することが目的です。

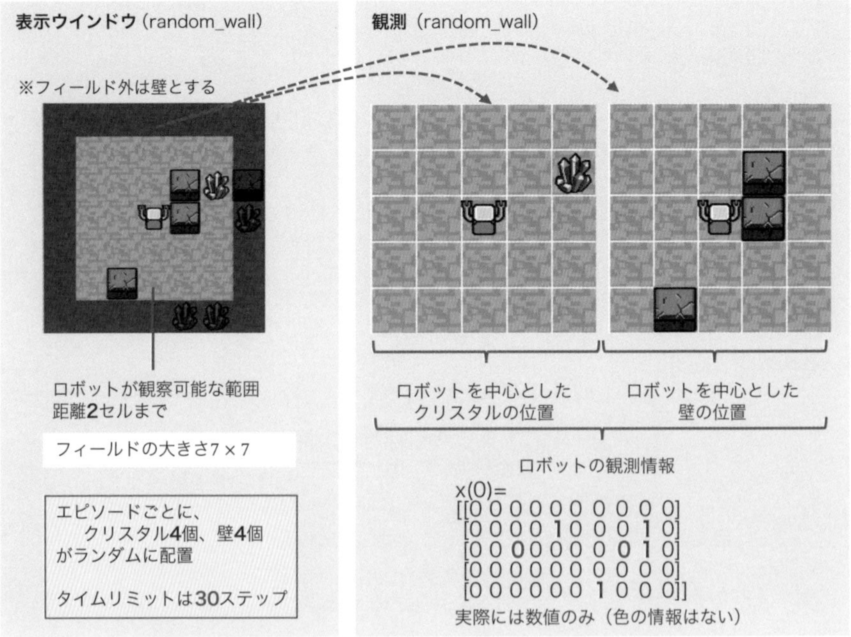

図 6-9　フィールドタスクの [task_type] random_wall の表示説明

ここでは、ロボットの画面を見ずに、コンソール画面に表示される情報だけ見てプレイするということも試してみてください。タイムリミット 30 ステップ以内に 4 つのクリスタルを回収するのは相当難しいことが分かると思います。

次は tableQ に解かせます。[task_type] random_wall を [agt_type] tableQ に学習させてみましょう。[task_type] random_wall の場合は、学習シミュレーションは 50000 ステップにセットされています。

```
(env_iRL)> python main_field.py tableQ random_wall L
the number of obs in Q-table --- 10
the number of obs in Q-table --- 20
...
the number of obs in Q-table --- 400
the number of obs in Q-table --- 500
観測の登録数が上限 500 に達しました。
```


すると上のように表示されて、プログラムはすぐに終了してしまいます。これは Q テーブルに登録できる観測の数が、上限の 500 を超えてしまったために、シミュレーションが強制終了したからです。壁とクリスタルの位置がランダムで決まるため、その観測の種類が圧倒的に多くなるのです。

観測の種類のおおよその数を見積もってみましょう。視野 $5 \times 5 = 25$ の中にクリスタル 4 個と壁が 4 個ある場合のパターンの数を考えるとします。自分の位置以外の 24 マスから、クリスタル 4 個と壁 4 個の位置を選ぶ組み合わせを数えると[5]、

$$ {}_{24}C_4 \times {}_{20}C_4 = 51,482,970 $$

となり、5000 万以上もあることが分かります。実際には、視界に入るクリスタルと壁の数は 3 個や 2 個の場合もあるので、観測の種類はもっと多くなります。よって、シミュレーションを 50000 ステップ続けたとしても、ほとんどの観測が初めての観測と考えてよいでしょう。

では、Q テーブルに登録できる観測の数に制限がなかったとしたらどうなる

[5] 24マスからクリスタルのために4マスを選ぶ場合の数が${}_{24}C_4$通り、残りの20マスから壁のために4マスを選ぶ場合の数が${}_{20}C_4$となるので、全体のパターンの数はこれらの場合の数の掛け算になります。

でしょうか。評価時に得る観測もほぼ初めての観測となるので、tableQはそのような観測に対するQ値は初期値とします。その結果、正しい行動を選ぶことはできません。仮に観測が登録されていたとしても、その観測が学習シミュレーション時に何度も観測されないとQ値は更新されません。このように、random_wallは、tableQではQテーブルに登録できる数に制限がなくても扱えない問題なのです。

この問題をニューラルネットワークで解決したのがnetQです。動作原理はさておいて、まずその動作を確かめてみましょう。先ほど述べたように、学習シミュレーションは50000ステップで設定していますが、rewards/episodeが1.6を超えると自動的に終了するようにしています。

```
(env_iRL)> python main_field.py netQ random_wall L
```

このときの例では、42000ステップでrewards/episodeが1.6を超えて1.84となり、学習が終了しました（図6-10）。筆者のPCでは3分弱くらいの計算時間でした（筆者のPCのCPUは、古い第6世代のIntel Core i7-6600U）。ただし、学習の進み方は確率的なので、運が悪いと50000ステップでも目標が達成できないかもしれません。その場合には、[process_type] Mで追加学習をしてみてください。

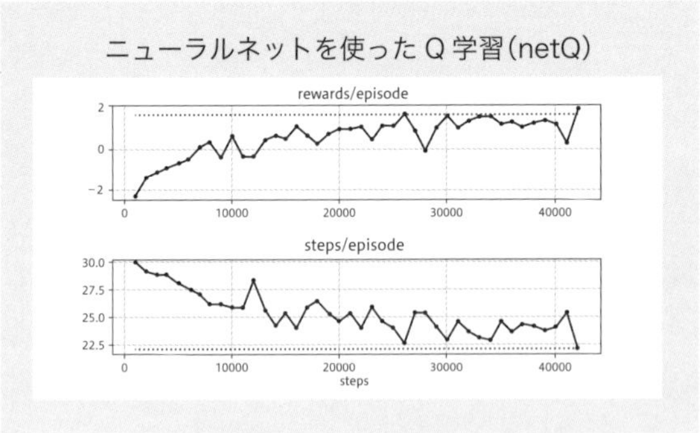

図6-10　フィールドタスク（random_wall）におけるnetQの学習曲線

ここで目標値としている1.6という値は、筆者がシミュレーションを何度か行い、この値まで学習すればそこそこの行動が得られていると判断して決めたものなので、最適解の理論値ではないことに注意してください[6]。

学習が目標値まで達成したら、得られた行動を [process_type] A でアニメーションで見てみましょう。

```
(env_iRL)> python main_field.py netQ random_wall A
```

以下の URL からアニメーションを動画で見ることもできます。

https://youtu.be/_lO0eXX7fpl

アニメーションを見ることで、図 6-11 のようにロボットが壁をよけながら近くのクリスタルを回収していくという、目的に近い動きをしていることが確認できたかと思います。もし「あなた」がコンソール画面でのプレイを試し、このゲームの難しさを体感していたら、この netQ のパフォーマンスがそうとう頑張っているものだと、実感していただけるのではないかと思います。

6 目標値を1.6より大きくして学習シミュレーションを行うと、多くのステップ数がかかりますが、よりミスの少ない行動パターンを得ることができます。興味のある方は、6.3.3項で解説しているmain_field.py: 5の一番下の行、sim_prm['eary_stop']=1.6の数値を1.8や2.0に変更し、再度学習シミュレーションを試してみてください。

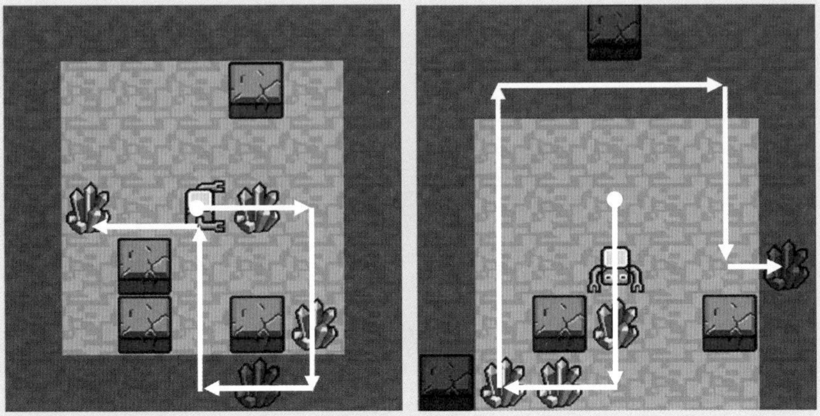

https://youtu.be/_lO0eXX7fpl

図 6-11　[agt_type] netQ による [task_type] random_wall。うまくいっている例

ただし、たまに図 6-12 のように同じ経路を往復し続けたり、壁に当たり続けたりと、最適とは言いがたい行動が出てしまうこともあります。しかし、多くの場面でクリスタル 4 個全ての回収ができるようになっていると思います。

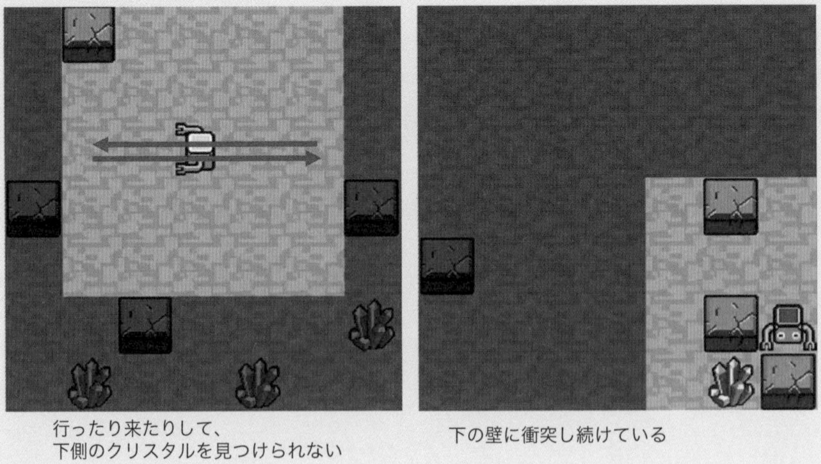

https://youtu.be/_lO0eXX7fpl

図 6-12　[agt_type] netQ による [task_type] random_wall。うまくいっていない例

tableQ では、太刀打ちできなかった random_wall でしたが、netQ は、かなり善処することができました。

以上で、フィールドタスクの全てのタスクタイプの体験は終わりです。

6.2 ニューラルネット Q 学習

ここからは、[agt_type] netQ の種明かしになります。まず、その仕組みを説明します。そのあとで実装を見ていきます。

6.2.1 netQ の仕組み

まず、3 章で説明した「教師あり学習」の目的を思い出しましょう。教師あり学習の目的は、「未知の x に対して y を予測すること」でした（3.1.2 項）。つまり、教師あり学習のモデルの能力とは、「訓練データにはなかった初めて見る入力データに対しても予測ができる」ということでした。

この目的は、[task_type] random_wall での観測が常にほとんど初めてという状況にぴったりです。今したいことは、「学習シミュレーションでは出現しなかった初めての観測に対してもQ値の予測をする」ということだからです。そこでニューラルネットワークを使って、入力 $\mathbf{x}$ を観測とし、出力 $\mathbf{y}$ を Q 値としたモデルを考えます。図 6-13 にその模式図を示しました。このニューラルネットワークモデルを、**Q ネットワーク**と呼びます[7]。

[7]「Qネットワーク」と「netQ」の関係性についての補足です。「netQ」は内部で「Qネットワーク」を使った強化学習アルゴリズムという位置づけです。7章で紹介する「replayQ」、「targetQ」も内部でQネットワークを使ったアルゴリズムです。

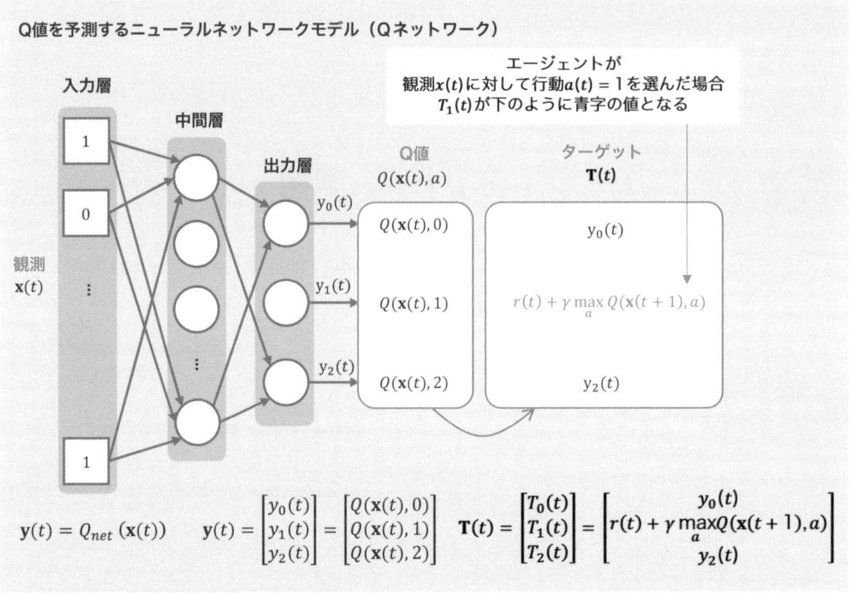

図 6-13　観測に対して Q 値を出力するニューラルネットワーク、Q ネットワーク

ところで、ディープラーニング（多層のニューラルネットワーク）を使った強化学習を、特に**深層強化学習**と呼びます。その代表的なものとして Deep-Q-Network（DQN）というアルゴリズムがあります。DQN は 7 章で詳しく述べますが、ここでは簡単に DQN と netQ の区別について述べたいと思います。

DQN も Q ネットワークを使ったアルゴリズムです。DQN の Q ネットワークは画像処理用の機能を持たせたディープラーニングで構成されています。DQN は Q ネットワークだけでなく、他のテクニックも取り入れた、複数のテクニックの集合体となっています。

一方、この章で考える netQ は、Q ネットワークだけを取り入れたアルゴリズムです。そして、netQ が実装で使う Q ネットワークは中間層が 1 層のみのシンプルな「ニューラルネットワーク」となっています。

強化学習での観測 x の変数は、スカラー（数値）でもベクトルでも各観測が区別できればなんでもよく、フィールドタスクの場合は数値の 2 次元配列（行列）でした。ここでは、教師あり学習での記述に合わせて、行列の場合には数値を

1次元ベクトルとして並べ替えたものを観測 $\mathbf{x}$ として考えましょう（並べ替える方法は1つに決めればどのようなものでもかまいません）。$\mathbf{x}$ とその要素の関係は、以下のようになります。

$$\mathbf{x} = \begin{bmatrix} x_0 \\ x_1 \\ \vdots \\ x_{D-1} \end{bmatrix} \quad \text{式 (6-1)}$$

入力 $\mathbf{x}$ の情報はQネットワークに入ると中間層のユニットに伝わります。実装では、中間層の活性化関数にはReLU関数（3.2.4項）を用いています。中間層のユニット数は、実装のデフォルト値では32個にしています。中間層の層の数はいくつでも可能ですが、実装では1層としています。

中間層の出力は、出力層に伝わります。出力ユニットの数は行動の種類の数と同じで、各出力ユニットは各行動のQ値を出力します。フィールドタスクなら3つ（「前進」「左90度回転」「右90度回転」）、コリドータスクなら2つ（「拾う」「進む」）の出力ユニットが使われます。出力層の活性化関数は、ReLU関数ではなく線形関数（活性化関数を使わないことと同じ）です。Q値が負の値もとりうる実数値であることに対応させるためです。

このニューラルネットを使った方法なら、どんな観測が入力されたとしても、たとえそれが学習で使われたことのない観測だったとしても、何らかの値は出力されるはずです。そして、Qネットワークをうまく学習させることができれば、初めて入力される観測でもそれらしいQ値を出力させることができるでしょう。

Qネットワークは、入力 $\mathbf{x}(t)$ に対して $\mathbf{y}(t)$ を出力する関数として、以下のように表すものとします。

$$\mathbf{y}(t) = Q_{net}(\mathbf{x}(t)) \quad \text{式 (6-2)}$$

$\mathbf{y}(t)$ はQ値として解釈するので、要素とQ値の関係は、以下のようになります。

$$\mathbf{y}(t) = \begin{bmatrix} y_0(t) \\ y_1(t) \\ y_2(t) \end{bmatrix} = \begin{bmatrix} Q(\mathbf{x}(t), 0) \\ Q(\mathbf{x}(t), 1) \\ Q(\mathbf{x}(t), 2) \end{bmatrix} \quad \text{式 (6-3)}$$

学習方法についてですが、通常の教師あり学習では入力データとそれに対するターゲットデータが必要でした。実装で TensorFlow を使ったときには、入力データ xs とターゲットデータ ts を fit() メソッドに渡すことで、model の学習を行いました（3.2.3 項の list 3-2-(5) など）。xs と ts の次元が適切にセットされていれば、学習は以下のコードで実行できました。

```
history = model.fit(xs, ts, epoch=e, batch_size=b)
```

では、Q ネットワークを学習させる場合には、どのような入力データとターゲットデータを準備すればよいでしょうか。入力データは観測 $\mathbf{x}$ ですが、ターゲットデータは、観測 $\mathbf{x}$ に対する正しい Q 値ということになります。しかし、もちろんそんな Q 値は分かりません。分かっていたらもう問題が解けていることになってしまいます。

そこで、Q学習の更新則、式（5-20）をもう一度考えましょう。以下の式は、式（5-20）の x を $\mathbf{x}$ に置き換え、ターゲット T を T_{act} としたものです（このあとに出てくるベクトルのターゲット $\mathbf{T}$ と区別するため）。

$$
\begin{aligned}
T_{act}(t) &= r(t) + \gamma \max_a Q(\mathbf{x}(t+1), a) \\
Q(\mathbf{x}(t), a(t)) &\leftarrow (1-\alpha) Q(\mathbf{x}(t), a(t)) + \alpha T_{act}(t)
\end{aligned}
\qquad \text{式（6-4）}
$$

この式は、「$Q(\mathbf{x}(t),\ a(t))$ を $T_{act}(t)$ に近づける」という操作でした。つまり、ターゲット $T_{act}(t)$ は教師あり学習でいうところの教師データとしても解釈できます。よって、model.fit() には、この $T_{act}(t)$ を渡せばよさそうです。

しかし、注意しないといけないのは、Q ネットワークの出力 $\mathbf{y}$ はベクトルであるのに対して、今考えているターゲット $T_{act}(t)$ はスカラー（数値）だということです。ベクトルのターゲット $\mathbf{T}(t)$ を作るためにはどうしたらよいでしょうか。例えば、行動の種類の数が 3 だとしましょう。そして $a(t)$ で選んだ行動が 1 だとします。このとき、スカラーのターゲット $T_{act}(t)$ は出力 $y_1 = Q(\mathbf{x}(t),\ 1)$ のみの目標値であり、他の出力 y_0 と y_2 に対する目標値は分かりません。

そこで、y_0 に対する目標値は、y_0 そのものとし、y_2 に対する目標値も y_2 そのものとします。つまり、分からない値は変えないという方針です。

ここまでをまとめると、$a(t)=1$（しばらくこの仮定で話を進めます）のときのベクトルのターゲット $\mathbf{T}(t)$ の作り方は、以下の3つの式となります。まずQネットワークに $\mathbf{x}(t)$ を入力したときの出力を $\mathbf{y}(t)$ とします。

$$\mathbf{y}(t)=Q_{net}(\mathbf{x}(t)) \qquad \text{式 (6-5)}$$

その成分は以下のように表されます。

$$\mathbf{y}(t)=\begin{bmatrix} y_0(t) \\ y_1(t) \\ y_2(t) \end{bmatrix} \qquad \text{式 (6-6)}$$

この成分と $r(t)$ で、ベクトルとしての $\mathbf{T}(t)$ を以下のように作ります[8]。

$$\mathbf{T}(t)=\begin{bmatrix} T_0(t) \\ T_1(t) \\ T_2(t) \end{bmatrix}=\begin{bmatrix} y_0(t) \\ T_{act}(t) \\ y_2(t) \end{bmatrix}=\begin{bmatrix} y_0(t) \\ r(t)+\gamma \max\limits_a Q(\mathbf{x}(t+1),a) \\ y_2(t) \end{bmatrix} \qquad \text{式 (6-7)}$$

これで、ベクトルのターゲット $\mathbf{T}(t)$ が準備できました。しかし、考えておかなければならないことがもう一点あります。$\mathbf{T}(t)$ の中の、$Q(\mathbf{x}(t+1),\ a)$ の値はどうすればよいのでしょうか？

この値を求めるのにもQネットワークを使うことができます。$Q(\mathbf{x}(t+1),\ a)$ は、Qネットワークに $\mathbf{x}(t+1)$ を入力した出力そのものとみなすことができるからです。つまり、$\mathbf{T}(t)$ を求めるには、Qネットワークに $\mathbf{x}(t)$ を入力したときの出力 $\mathbf{y}(t)$ と、$\mathbf{x}(t+1)$ を入力したときの出力 $\mathbf{y}(t+1)$ を使うことになります。以上を $a(t)=1$ のときでまとめると以下のようになります。まず、$\mathbf{x}(t)$ と $\mathbf{x}(t+1)$ をQネットワークに入れて、$\mathbf{y}(t)$ と $\mathbf{y}(t+1)$ を得ます。

$$\mathbf{y}(t)=Q_{net}(\mathbf{x}(t)), \quad \mathbf{y}(t+1)=Q_{net}(\mathbf{x}(t+1)) \qquad \text{式 (6-8)}$$

成分はこのようになっています。

[8] $\mathbf{T}$とするとフォントが大文字太字なので、本来なら「行列」を意味しますが、これはベクトルです。特例としてご了承ください。

$$\mathbf{y}(t) = \begin{bmatrix} y_0(t) \\ y_1(t) \\ y_2(t) \end{bmatrix}, \quad \mathbf{y}(t+1) = \begin{bmatrix} y_0(t+1) \\ y_1(t+1) \\ y_2(t+1) \end{bmatrix} \qquad \text{式 (6-9)}$$

この成分と $r(t)$ で、以下のターゲットを作ります。

$$\mathbf{T}(t) = \begin{bmatrix} y_0(t) \\ r(t) + \gamma \max_a y_a(t+1) \\ y_2(t) \end{bmatrix} \qquad \text{式 (6-10)}$$

ここで、$a(t) = 1$ を仮定しているために $T_1(t)$ の値がQ学習の更新則のターゲットの値に書き換わっていることに注意してください。$a(t) = 0$ の場合には、以下のように $T_0(t)$ がQ学習の更新則のターゲットの値となります。

$$\mathbf{T}(t) = \begin{bmatrix} r(t) + \gamma \max_a y_a(t+1) \\ y_1(t) \\ y_2(t) \end{bmatrix}$$

$a(t) = 2$ の場合には、$\mathbf{T}(t)$ は以下のようになります。

$$\mathbf{T}(t) = \begin{bmatrix} y_0(t) \\ y_1(t) \\ r(t) + \gamma \max_a y_a(t+1) \end{bmatrix}$$

つまり、$a(t)$ の情報は書き換える $\mathbf{T}(t)$ の要素の位置を決めるために使う、ということになります。

さあ、これでターゲット $\mathbf{T}(t)$ が作れることが分かったので、netQ の実装ができそうです。ただし、最後にもう一点確認です。教師あり学習を、TensorFlow で実行したときは、複数の入力データとターゲットデータをバッチデータとして fit() に渡し、1 回の fit() の実行で学習を終わらせたことを思い出してください。

しかし、今回の場合の $\mathbf{T}(t)$ は唯一の $\mathbf{x}(t)$ に対するターゲットデータです。つまりデータは 1 組しかないのです。そこで、この 1 組のデータを fit() に渡して少しだけ（例えば 1 エポックのみ）学習をさせます。そして、次のステップ

ではまた新しい $\mathbf{x}(t+1)$ と $\mathbf{T}(t+1)$ をそろえて、同様に fit() に渡し、少しだけ学習を進めるということを何度も繰り返すことにします。

Q ネットワークの説明は以上になります。次の項で、早速実装してみましょう。

6.2.2 netQ の実装

「Q ネットワーク」を使ったエージェント netQ のプログラムは、agt_netQ.py の中で、NetQAgt クラスとして定義されています。このファイルを見ていきましょう。

agt_netQ.py: 1 では、必要なライブラリと core.py をインポートし、NetQAgt クラスの定義が始まります。NetQAgt クラスは、coreAgt クラスを継承し、coreAgt のメソッドをオーバライド（上書き）して定義されています。

本書では、オーバーライドする際に、必要なコードを消してしまわないように次のような手順でエージェントを作成しています。

(1) オーバーライドする coreAgt のメソッドの内容をコピーする
(2) コピーを貼り付けて、「--- 編集ここから」から「--- ここまで」の間に必要なコードを記述する（ただし、あくまでも必要なコードを消さないようにすることが目的なので、それ以外の箇所でもコードを加えることも可）

この基本のルールに従って、NetQAgt クラスも作られています。

agt_netQ.py: 1

```
"""
agt_netQ.py
ニューラルネット（Q ネットワーク）を使った Q 学習アルゴリズム
"""
import numpy as np
import tensorflow as tf
from tensorflow.keras.models import Sequential
from tensorflow.keras.layers import Dense, Flatten

# 自作モジュール
import core

class NetQAgt(core.coreAgt):
    """ Q ネットワークを使った Q 学習エージェントクラス """
    def __init__(                   # 引数とデフォルト値の設定（A）
            self,
            n_act=3,                # int: 行動の種類数（ネットワークの出力数）
            input_size=(4,),        # tuple of int: 入力サイズ
            n_dense=32,             # int: 中間層のニューロン数
            epsilon=0.1,            # float: 乱雑度
            gamma=0.9,              # float: 割引率
            filepath=None,          # str: 保存ファイル名
            ):
        """ 初期処理 """
        # 引数の設定は適時編集
        self.epsilon = epsilon
        # ------------------------ 編集ここから

        # アトリビュートにパラメータを保存（B）
        self.n_act = n_act
        self.input_size = input_size
        self.n_dense = n_dense
        self.gamma = gamma
        self.filepath = filepath

        # アトリビュートにモデルを保存（C）
        self.model = self._build_Qnet()
        # ------------------------ ここまで
```

（A）からが__init__() メソッドの定義です。引数とそのデフォルト値を設定しています。引数の意味は、コード中のコメントに記載しているものを参照し

てください。(B)は、引数で得たパラメータをアトリビュートに保存しています。

(C) は、self._build_Qnet() (次で説明します) で作成したニューラルネットワークモデル「Q ネットワーク」を、アトリビュート self.model に入れて保存しています。

agt_netQ.py: 2 は、今出てきた self._build_Qnet() の定義です。「Q ネットワーク」のインスタンスを返します。

agt_netQ.py: 2

```
    def _build_Qnet(self):
        """ 指定したパラメータで Q ネットワークを構築 """
        # Q ネットワークの構築 (A)
        model = Sequential([
            Flatten(input_shape=self.input_size),
            Dense(self.n_dense, activation='relu'),
            Dense(self.n_act, activation='linear'),
        ])

        # 勾配法のパラメータの定義 (B)
        model.compile(
            optimizer='adam',
            loss='mse',
        )
        return model
```

(A) は 3.2.3 項で説明したようなニューラルネットを構築しています。初めの Flatten は、入力を 1 次元に展開するための層で、重みパラメータはありません。コリドータスクの場合の観測は 1 次元、フィールドタスクの観測は 2 次元ですが、このどちらにも対応できるように、Flatten 層を入れています。

次の Dense は、全結合型の中間層を意味します。活性化関数は activation ='relu' で、ReLU 関数を指定しています。ユニット数は self.n_dense で指定しています。

最後の出力層も Dense で定義していますが、活性化関数は activation='linear' で線形関数を指定しています。ユニット数は、行動の種類の数 self.n_act で指定しています。

(B) は、最適化アルゴリズム (勾配法の種類) の指定です。これは、教師あり学習で使用したときと同じく（3.2 節）、optimizer='adam' で Adam を指定し、loss='mse' で目的関数を MSE（平均二乗誤差）としています。

agt_netQ.py: 3 は、行動選択 select_action() の実装です。tableQ と同じ、エプシロン - グリーディー法になります。

agt_netQ.py: 3

```
    def select_action(self, obs):
        """ 観測に対して行動を出力 """
        # ------------------------ 編集ここから
        # 確率的に処理を分岐 (A)
        if np.random.rand() < self.epsilon:
            # ランダム行動 (B)
            act = np.random.randint(0, self.n_act)
        else:
            # obs に対する Q 値のリストを取得 (C)
            Q = self.get_Q(obs)

            # Q を最大にする行動
            act = np.argmax(Q)
        # ------------------------ ここまで
        return act
```

（A）で確率的な分岐を行っています。self.epsilon の確率で（B）が実行され、1-self.epsilon の確率で（C）が実行されます。（B）は行動をランダムに決める場合のコードです。（C）は Q 値が最も大きい行動を選ぶ場合のコードです。行動を選ぶために必要な、観測 obs に対する Q 値のリストは、次で説明する self.get_Q() で取得しています。

agt_netQ.py: 4 は、Q 値の値を返す get_Q() の実装です。

agt_netQ.py: 4

```
    def get_Q(self, obs):
        """ 観測に対する Q 値を出力 """
        # ------------------------ 編集ここから
        # 観測 obs を入力し出力を得る (A)
        Q = self.model.predict(
          obs.reshape((1,) + self.input_size))[0, :]
```

```
        # ------------------------ ここまで
        return Q
```

Q ネットワーク self.model の predict() メソッドで、obs に対する出力 Q を得ます。predict() メソッドは自作のメソッドではなく、tensorflow.keras の Sequential クラスのメソッドです（self.model は Sequential クラスのインスタンスです）。predict() は、obs を複数まとめて入力することが想定されており、初めのインデックスはデータ番号として認識されます。ここでは、obs は 1 つだけなのですが、例えば、もともとの obs の配列の大きさが self.input_size=(9, 9) だったら、(1, 9, 9) のように変形する必要があります。そのために、obs.reshape((1,) + self.input_size)) としています。

また、出力の配列も初めのインデックスがデータ番号になります。データは 1 つしかないので、行動種が 3 の場合だったら、出力配列のサイズは（1, 3）になります。よって、データ番号 0 に対する出力を Q に入れています。

agt_netQ.py: 5 が、netQ で最も重要な学習のメソッド、learn() の実装です。

agt_netQ.py: 5

```
    def learn(self, obs, act, rwd, done, next_obs):
        """ 学習 """
        if rwd is None:
            return
        # ------------------------ 編集ここから

        # obs に対する Q ネットワークの出力 y を得る (A)
        y = self.get_Q(obs)

        # target に y の内容をコピーする (B)
        target = y.copy()

        if done is False:
            # 最終状態でなかったら next_obs に対する next_y を得る (C)
            next_y = self.get_Q(next_obs)

            # Q[obs][act] の target_act を作成 (D)
            target_act = rwd + self.gamma * max(next_y)
```

```
else:
    # 最終状態の場合は報酬だけで target_act を作成 (E)
    target_act = rwd

# target の act の要素だけ target_act にする (F)
target[act] = target_act

# obs と target のペアを与えて学習 (G)
self.model.fit(
    obs.reshape((1,) + self.input_size),
    target.reshape(1, -1),
    verbose=0, epochs=1,
    )
# ------------------------ ここまで
return
```

まず､式(6-10)に示したベクトル $\mathbf{T}(t)$ を､`target` という ndarray 型に作っていくことを考えます。(A) では、先ほどの self.get_Q() を使って、入力の観測 `obs` に対するネットワークの出力 y(ndarray 型) を得て、(B) で `target` にコピーします。そして、最終状態でなかったら、(C) で次の観測 `next_obs` に対する self.get_Q() の出力 `next_y` を得ます。

(D)が､式(6-10)の実装で､現在の `act` に対する `target_act` を作っています。(E) は、最終状態の場合の `target_act` です。(F) で、`target_act` を対応する `target` の要素に差し込み、ベクトルとしての `target` が完成します。

(G) が学習です。入力 `obs` とそれに対する `target` を、学習をさせるための fit() メソッドに渡します。このときも、入力 `obs` と `target` について初めのインデックスをデータのインデックスとするために、その分のインデックスを追加する操作を reshape() で行っています。また、epochs=1 とし、学習の進行は少しだけにします。

agt_netQ.py: 6 はネットワークモデルの重みデータの保存 save_weights() と読み込み load_weights() の実装です。.h5 という拡張子のファイルに保存されます。

agt_netQ.py: 6

```
    def save_weights(self, filepath=None):
        """ モデルの重みデータの保存 """
        # ------------------------ 編集ここから
        if filepath is None:
            filepath = self.filepath
        self.model.save(filepath + '.h5', overwrite=True)
        # ------------------------ ここまで

    def load_weights(self, filepath=None):
        """ モデルの重みデータの読み込み """
        # ------------------------ 編集ここから
        if filepath is None:
            filepath = self.filepath
        self.model = tf.keras.models.load_model(filepath + '.h5')
        # ------------------------ ここまで
```


最後の agt_netQ.py: 7 end は、このファイルを直接実行したときに実行される部分ですが、ここに、モデルの動作テストのコードを入れています。エージェントクラスの使い方の確認にもなります。

agt_netQ.py: 7 end

```
if __name__ == '__main__':
    # エージェントのインスタンス生成 (A)
    agt = NetQAgt(n_act=3, input_size=(5,))

    # 行動選択 (B)
    obs = np.array([[1, 1, 1, 1, 1]])
    act = agt.select_action(obs)
    print('act', act)

    # 学習 (C)
    rwd = 1
    done = False
    next_obs = np.array([[1, 1, 1, 1, 2]])
    agt.learn(obs, act, rwd, done, next_obs)

    # モデル構造の表示 (D)
    print('モデルの構造')
    agt.model.summary()
```

```
    # 重みパラメータの保存 (E)
    agt.save_weights('agt_data/test')

    # 重みパラメータの読み込み (F)
    agt.load_weights('agt_data/test')

    # モデルへの観測の入力 (G)
    y = agt.model.predict(obs)
    print('モデルの出力 y', y.reshape(-1))
```

（A）でエージェントをインスタンス化し、agtを得ています。出力数n_act=3、入力サイズは（5,）としています。

（B）は行動選択の実行です。input_sizeで指定したサイズのobsを作成し、agt.select_action()に入力してactを得ます。

（C）は学習の実行です。rwd、done、next_obsを準備し、agt.learn()に入力します。返り値はありません。

（D）は、モデルの構造を表示します。このagt.model.summary()という関数は、tensorflow.kerasのSequentialクラスのメソッドです。

（E）（F）は、重みパラメータの保存と読み込みです。引数にはファイルのパスを指定しますが拡張子は付けない約束です。

（G）は、モデルへ観測を入力し、指定した行動の種類分の出力（Q値）があることを確認します。

実際に、このファイルを直接実行すると、コンソールに以下のように表示されます。

```
(env_iRL)> python agt_netQ.py
act 1
モデルの構造
_________________________________________________________________
Layer (type)                 Output Shape              Param #
=================================================================
flatten (Flatten)            (None, 5)                 0
_________________________________________________________________
dense (Dense)                (None, 32)                192
_________________________________________________________________
```

```
dense_1 (Dense)          (None, 3)              99
=================================================================
Total params: 291
Trainable params: 291
Non-trainable params: 0
_________________________________________________________________
2021-06-05 00:29:25.998038: I
モデルの出力 y [-0.37232712  0.0795697  -0.4742254 ]
```

この結果では、実行の直後に「act 1」と表示されました。agt_netQ.py: 7 end の（B）で実行している行動選択 agt.select_action() の動作が正常に行われたことを意味しています。結果は実行のたびに変わることに注意してください。Q ネットワークの重みパラメータの初期値が乱数でセットされるためです。

次に、「モデルの構造」の表示のあとに、表のようなものが表示されます。これは、（D）の agt.model.summary() によって表示されたネットワークの構造です。項目の左の「Layer (type)」は「層の名前（種類）」を表しています。

表の項目の真ん中の「Output Shape」は各層の出力のサイズを表しています。例えば、Flatten 層のサイズは（None, 5）と表されていますが、その 1 つめの要素の None の部分は、バッチデータの数に対応しています。None ということは、このネットワークはバッチデータの数がいくつでも対応できるということです。

（None, 5）の 2 番目の数値 5 は、その層のネットワークのユニット数に一致します。入力層としての Flatten 層、中間層としての Dense 層、出力層としての Dense 層のユニット数がそれぞれ、5 個、32 個、3 個と正しく設定されていることが確認できます。

一番右の項目「Param #」は、パラメータの数を表しています。Flatten 層は 0、中間層の Dense 層は 192 個、出力層の Dense 層は 99 個のパラメータがあることが分かります。パラメータ数は全部で 291 個だという情報も、表の最後に「Total params: 291」として表示されています。

最後の行で、「モデルの出力 y」に続く 3 つの数値のリストは、agt_netQ.py: 7 end の（G）による agt.model.predict() の出力です。想定通り、Q 値に対応する 3 つの数値が出力されました。この値も Q ネットワークの重みパラメータが乱数でセットされているために、実行するたびに変わります。

以上が、netQ の全てでした。netQ は、[task_type] random_wall を学習することができるすごいモデルですが、コードの長さは TableQAgt とほとんど変わりません。TensorFlow ライブラリのおかげとも言えます。

6.2.3 netQ の Q 値の確認

さて、netQ の実装を説明しましたので、動作の確認をしたいと思います。これまで tableQ で行ってきたように、正しい Q 値が分かっているコリドータスクで学習を行い、正しい Q 値が得られるかを確認します。

5 章では、tableQ とコリドータスクの学習シミュレーションには、agt_tableQ.py を実行してきましたが、[agt_type] を指定できる main_corridor.py を準備してありますので、ここではそちらを使います。まず、使い方を見るために、コマンドライン引数を入れずに、以下のコマンドを実行して、使い方を表示します。

```
(env_iRL)> python main_corridor.py
---- 使い方 ---------------------------------------
2 つのパラメータを指定して実行します

> python main_corridor.py [agt_type] [process_type]

[agt_type]         : tableQ, netQ, replayQ, targetQ
[process_type]  :learn/L, more/M, graph/G, anime/A
例 > python main_corridor.py tableQ L
---------------------------------------------------
```

コリドータスクの場合は、[task_type] はなく、[agt_type] と [process_type] のみを指定して実行します。まず、確認のために [agt_type] tableQ を指定して、[process_type] L で学習を行ってみましょう。

```
(env_iRL)> python main_corridor.py tableQ L
```

すると以下のように、コンソールに学習途中の評価が表示され、最後に Q 値が表示されます。そして、学習曲線のグラフも表示されます（図 6-14)。

```
100 steps, 0 sec --- rewards/episode -1.00, steps/episode  1.00
200 steps, 0 sec --- rewards/episode  0.60, steps/episode  1.80
300 steps, 0 sec --- rewards/episode  0.60, steps/episode  1.80
(省略)
5000 steps, 0 sec --- rewards/episode  2.50, steps/episode  3.50

学習後のQ値
[1 0 2 0]: -1.00,  3.00
[0 1 2 0]: -1.00,  4.00
[0 0 1 0]:  5.00, -2.00
[0 0 2 1]: -1.00, -1.00
[1 0 0 2]: -1.00,  2.00
[0 1 0 2]: -1.00,  3.00
[0 0 1 2]: -1.00,  4.00
[0 0 0 1]:  5.00, -1.00
```


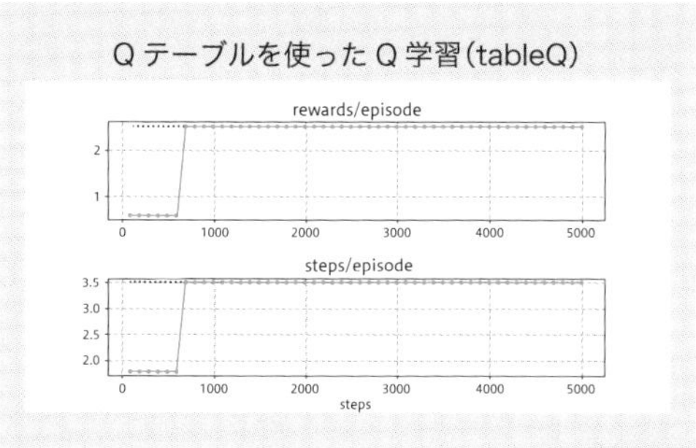

図6-14　コリドータスクにおけるtableQの学習曲線

5章では、agt_tableQ.pyでQ値を確認しましたが、今回のmain_corridor.pyでも、tableQが正しいQ値を獲得できることが確認できました。

次は、ここでの主役の[agt_type] netQを試してみましょう。

```
(env_iRL)> python main_corridor.py netQ L
```

netQはtableQに比べて収束が遅いので、[process_type] Mを使って2回の追加学習もしてください。以下で、1回目の追加学習を行います。

```
(env_iRL)> python main_corridor.py netQ M
```

さらに、2回目の追加学習を行います。

```
(env_iRL)> python main_corridor.py netQ M
```

以下は、2回追加学習をしたあとに得られたQ値です（乱数が使われているので実行ごとに値は異なります)。そのときに表示されたグラフは、図6-15になります。

```
学習後のQ値
[1 0 2 0]: -1.03, 2.85
[0 1 2 0]: -1.01, 3.90
[0 0 1 0]:  4.93, -0.89
[0 0 2 1]:  0.16, -0.05
[1 0 0 2]: -1.01, 1.90
[0 1 0 2]: -1.01, 2.92
[0 0 1 2]: -1.17, 3.91
[0 0 0 1]:  5.01, -0.98
```

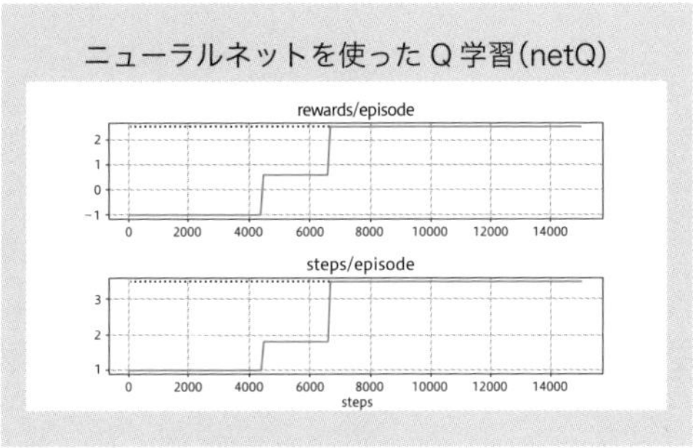

図6-15　コリドータスクにおけるnetQの学習曲線

この値を先ほどのtableQによるQ値と比べると、若干の数値の乱れはありますが、大体似たような値に収束していることが分かります。よって、ニューラルネットを取り入れたnetQも、想定通りに動いていると言えそうです。

それにしても、tableQに比べると精度は幾分悪いようです。コリドータスクやフィールドタスクでは、このくらいの精度でも最適な行動を選ぶことに支障はほとんど出ないようですが、この精度をさらに改善する方法を7章で紹介します。

6.3 netQ 以外のプログラムの実装

ここまではメインとなる netQ の実装の説明をしてきましたが、ここからは、それ以外の部分のプログラムの実装を解説します。実装の詳細よりも強化学習の理論を中心に勉強を進めたい人は、この節はスキップして 7 章に進んでも問題はありません。

まず、ここまでに出てきたプログラムの整理をしましょう。まず、コリドータスクに係わっているクラスとファイルを図 6-16 に示しました。先ほど試したように、main_corridor.py は、[agt_type] でエージェントを切り替えることができます。replayQ と targetQ で指定する Q 学習は、このあとの 7 章で説明するアルゴリズムです。

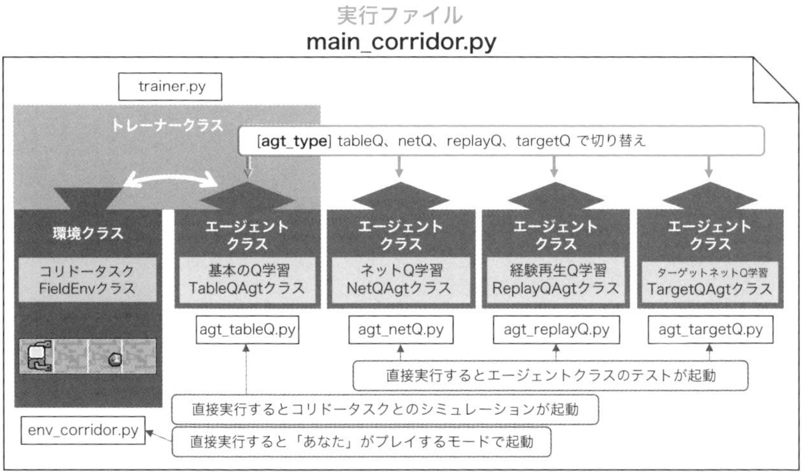

図 6-16　コリドータスクに係わっているクラスとファイル

この中の全てのプログラムは、main_corridor.py から読み出されて実行されることを想定していますが、直接実行することで簡易的な動作確認ができるようにも作られています。env_corridor.py を直接実行すると、「あなた」がコリドータスクをプレイするモードが起動します。agt_tableQ.py を直接実行すると、Q 学習（tableQ）とコリドータスクとのシミュレーションが実行されます。

同様なシミュレーションは main_corridor.py でもできますが、この agt_tableQ.py でのシミュレーションは、できるだけシンプルなシミュレーションの実装の例として5.2節で説明するために作ったものです。学習ステップをコマンドライン引数として指定することができるという点、「評価」の「学習なしシミュレーション」は1ステップごとにキーを押して進めるという点でmain_corridor.pyと比べて若干の機能の違いもあります。

agt_netQ.pyは直接実行すると、NetQAgtクラスの動作確認が行われます。agt_replayQ.pyもagt_targetQ.pyも直接実行すると、同様にエージェントクラスの動作確認が行われます。

フィールドタスクに係わっているクラスとファイルは図6-17に示しました。コリドータスクのときと同じようにエージェントを[agt_type]で切り替えることができます。env_field.pyを直接実行すると、「あなた」がフィールドタスクをプレイするモードが起動します。

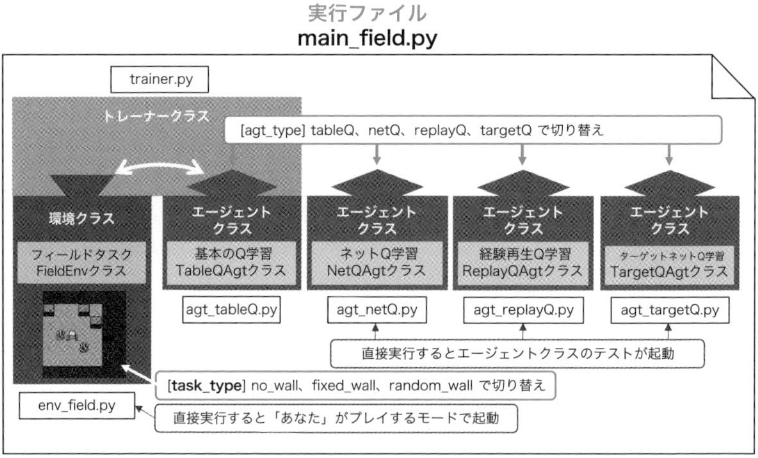

図6-17　フィールドタスクに係わっているクラスとファイル

ここまでで、プログラムの内容を説明したのは、コリドータスク（env_corridor.py）、基本のQ学習（agt_tableQ.py）、そしてネットQ学習（agt_netQ.py）でした。ここからは、フィールドタスク（env_field.py）、トレーナークラス（trainer.py）、フィールドタスクの実行ファイル（main_field.py）のポイントを見ていきます。main_corridor.pyは、main_field.pyと内容が類似しているので、説明は省略します。

6.3.1 フィールドタスク

フィールドタスクは、env_field.py の FieldEnv クラスとして実装されています。コリドータスクとの違いは、この中で [task_type] no_wall、fixed_wall、random_wall を指定して、難易度の異なるタスクタイプを選べるという点です。このために少しだけ実装が複雑ですが、新しい自分オリジナルのタスクタイプを作ることが容易にできます。そして、そのオリジナルタスクを既存のエージェントクラスで解かせることができます。強化学習プログラムに慣れるためにも、ぜひ試してみてください。この方法は 8 章で説明します。

では、env_field.py: 1 から見ていきましょう。env_field.py: 1 では、タスクタイプの「列挙型」を定義しています。「列挙型」とは、登録した値しかとらないようにした新しい変数のようなものです。

env_field.py: 1

```
"""
env_field.py
フィールドタスク
"""
import sys
from enum import Enum, auto  # (A)

(省略)

class TaskType(Enum):  # (B)
    """ タスクタイプの列挙型 """
    # タスクタイプを登録 (C)
    no_wall = auto()
    fixed_wall = auto()
    random_wall = auto()
```

まず、(A) enum モジュールから、Enum、auto をインポートしています。これは、列挙型クラスを作る準備です。

(B) でインポートした Enum クラスを継承して、TaskType という列挙型クラスを作っています。(C) のように、タスクタイプの名前を登録することで、TaskType クラスのインスタンスを、no_wall、fixed_wall、random_wall の値のみをとる変数のように使うことができます。タスクタイプに通し番号を0、1、2のように付けて管理すると、番号とタスクタイプの関係を覚えておかないといけませんが、列挙型を使うとその必要がなくなるので便利です。

env_field.py: 2から、フィールドタスクのクラスFieldEnvの定義が始まります。

env_field.py: 2

```
class FieldEnv(core.coreEnv):
    """ フィールドタスクの環境クラス """

（省略）

    def __init__(                     # (A)
            self,
            field_size=5,             # int: フィールドの 1 辺の長さ
            sight_size=3,             # int: 視野の長さ
            max_time=30,              # int: タイムリミット
            n_wall=1,                 # int: 壁の数（map_type='random' 用）
            n_crystal=2,              # int: クリスタルの数
            start_pos=(3, 3),         # tuple of int: スタート座標
            start_dir=0,              # int: スタート時の方向（0, 1, 2, or 3）
            rwd_hit_wall=-0.2,        # float: 壁に当たった時の報酬（ダメージ）
            rwd_move=-0.1,            # float: 動いたときの報酬（コスト）
            rwd_crystal=1.0,          # float: クリスタルを得た時の報酬
            map_type='random',        # str: 'random' or 'fixed_map'
            wall_observable=True,     # bool: 壁を観測に入れる
            ):
        """ 初期処理 """
        # 引数の設定は適時編集
        self.n_act = 3  # <--- 行動数を設定 (B)
        self.done = False
        # ------------------------ 編集ここから
        # タスクパラメータ (C)
        self.field_size = field_size
        self.sight_size = sight_size
        self.max_time = max_time
        self.n_wall = n_wall
        self.n_crystal = n_crystal
        self.start_pos = start_pos
        self.start_dir = start_dir
```

```
        self.rwd_hit_wall = rwd_hit_wall
        self.rwd_move = rwd_move
        self.rwd_crystal = rwd_crystal
        self.map_type = map_type
        self.wall_observable = wall_observable

        # 内部状態の変数（D）
        self.robot_pos = None              # ロボットの位置
        self.agt_dir = None                # ロボットの方向
        self.fieldmap = None               # クリスタルと壁の配置
        self.n_collected_crystal = 0       # 回収したクリスタルの数
        self.time = None                   # タイムリミット用のカウント
        self.robot_state = None            # render用
```

（省略）

この環境のFieldEnvクラスもエージェントクラスと同様に、まずcoreEnvクラスを継承し、オーバーライドするメソッドは、対応するcoreEnvのメソッドをコピーしてから指定の編集箇所にコードを入れていくという手はずで作っています。

(A) ではまず__init__()メソッドの定義で、タスクパラメータの指定と、そのデフォルト値の登録を行っています。フィールドタスクは、(A) のコメントにあるように、多くのタスクパラメータで様々なバリエーションのタスクを設定することができるのですが、このままではパラメータの管理が大変です。これらをまとめるために、[task_type] を作っています。

(B)の`self.n_act`はフィールドタスクの行動数なので3としています。エージェントが参照できるようにアトリビュートに入れています。(C) では、タスクパラメータをアトリビュートに保存しています。

(D) はフィールドタスクの内部状態に対応する変数をアトリビュートとして準備している箇所です。

env_field.py: 3は、コリドータスクではなかった、set_task_type()メソッドです。各タスクタイプを引数にして、タスクパラメータを一括してセットします。オリジナルタスクタイプを作るときには、ここにコードを追加することになります。

env_field.py: 3

```
    def set_task_type(self, task_type):
        """ task_type を指定して parameter を一括設定 """
        if task_type == TaskType.no_wall:
            self.field_size = 5             # int: フィールドの 1 辺の長さ
            self.sight_size = 4             # int: 視野の長さ
            self.max_time = 15              # int: タイムリミット
            self.rwd_hit_wall = -0.2        # float: 壁に当たった時の罰
            self.rwd_move = -0.1            # float: 移動コスト
            self.rwd_crystal = 1.0          # float: クリスタルを得た時の報酬
            self.map_type = 'random'        # 指定したクリスタルと壁の数でマップを自動生成
            self.n_wall = 0                 # int: 壁の数（'random' 用）
            self.n_crystal = 1              # int: クリスタルの数（'random' 用）
            self.start_pos = (2, 2)         # tuple of int: スタート座標
            self.start_dir = 0              # int: スタート時の方向 (0, 1, 2, or 3)
            self.wall_observable = False    # bool: 壁を観測に入れる

        elif task_type == TaskType.fixed_wall:
            self.field_size = 5
            self.sight_size = 2
            self.max_time = 25
            self.rwd_hit_wall = -0.2
            self.rwd_move = -0.1
            self.rwd_crystal = 1.0
            self.map_type = 'fixed_map'    # マップを指定するタイプ
            # fixed_map の場合は text_map を指定
            # '-': blank,  # 'c': crystal, 'w': wall
            self.text_map = [
                '--ww-',
                '-----',
                '-w--c',
                '-wcww',
                'ww--w',
                ]
            self.n_wall = None   # 使用せず
            self.n_crystal = 2
            self.start_pos = (0, 1)
            self.start_dir = 0
            self.wall_observable = True

        elif task_type == TaskType.random_wall:
            self.field_size = 7
```

```
            self.sight_size = 2
            self.max_time = 30
            self.rwd_hit_wall = -0.2
            self.rwd_move = -0.1
            self.rwd_crystal = 1
            self.map_type = 'random'
            self.n_wall = 4
            self.n_crystal = 4
            self.start_pos = (3, 3)
            self.start_dir = 0
            self.wall_observable = True
        else:
            raise ValueError('task_type が間違っています')
```

env_field.py: 4 は、環境の初期化メソッド reset() の定義です。

env_field.py: 4

```
    def reset(self):
        """ 状態を初期化 """
        self.done = False
        # ------------------------ 編集ここから
        self.robot_state = 'normal'    # render 用
        self.time = 0                  # タイムリミット用のカウントを 0
        self.n_collected_crystal = 0   # 集めたクリスタルの数を 0

        if self.map_type == 'random': # (A)
            # マップをランダム生成
            for i in range(100):
                self._random_map()  # ランダムで壁とクリスタルを配置
                # スタート地点から全てのクリスタルが回収可能なら
                # ループを抜ける
                possible_crystal = self._map_check()
                if possible_crystal == self.n_crystal:
                    break
                if i == 99:
                    # 100 回生成して全て解けないパターンだったらエラー終了
                    msg = 'マップが生成できません。' + ¥
                      '壁やクリスタルの数を減らしてください'
                    raise ValueError(msg)

        elif self.map_type == 'fixed_map':  # (B)
```

```
            # self.text_map の情報でマップを生成
            self._fixed_map()

        else:
            raise ValueError('map_type が間違っています')

        # 観測を生成   # (C)
        obs = self._make_obs()
        # -------------------------- ここまで
        return obs
```

(A) の self.map_type == 'random' の場合には、self._random_map() が壁とクリスタルをランダムに配置して self.fieldmap にマップを作りますが、壁を多く設定していると、壁に阻まれてクリスタルが回収できないような配置もできてしまいます。

そこで、そのようなマップを避けるために、スタート地点から到達できるクリスタルの数を数える self._map_check() という関数を作っています。そして、その数が設定で決めた n_crystal と同じ数でなければ、マップを作り直します。100 回作り直しても目的のマップが生成できなければ、エラー終了とします。

(B) の self.map_type == 'fixed_map' の場合には、文字（str 型のリスト）でマップの配置を指定した self.text_map をもとに、self._fixed_map() メソッドで ndarray 型のマップ self.fieldmap を生成します。

(C) では、self._make_obs() メソッドを使って、作成された今の状態に応じた観測 obs を生成します。

env_field.py: 5 は、reset() と step() 内で使われている内部関数です。ここは関数名だけを記載します。興味のある方はプログラムのコード中に記載したコメントを参考にしてください。

env_field.py: 5

```
    def _make_obs(self):
        """
        状態から観測を作成
        reset(), step() で使用
        """
（省略）
```

```
        return obs

    def _fixed_map(self):
        """
        文字で表したマップを ndarray 行列に変換
        reset() で使用
        """
(省略)

    def _random_map(self):
        """
        ランダムなマップを生成
        reset() で使用
        """
(省略)

    def _map_check(self):
        """
        スタート地点から到達できるクリスタルの数を出力
        reset() で使用
        """
(省略)
        return possible_crystal

    def _count_update(self, f_val, i_x, i_y, enable):
        """
        フィールドマップ f_val に対して、
        i_x, i_y の 4 方向隣にクリスタルがないかを調査
        _map_check() で使用
        """
(省略)
        return f_val, is_change, reached_crystal
```

env_field.py: 6 は、環境の状態を更新する step() メソッドの定義です。

env_field.py: 6

```
    def step(self, act):
        """ 状態を更新 """
        # 最終状態の次の状態はリセット
        if self.done is True:
            obs = self.reset()
```

```
            return None, None, obs

        # -------------------------- 編集ここから
        self.robot_state = 'normal'
        if act == 0:
            # 進む（A）
            pos = self.robot_pos + FieldEnv.dr[self.agt_dir]
            if pos[0] < 0 or self.field_size <= pos[0] or ¥
                pos[1] < 0 or self.field_size <= pos[1]:
                # フィールドの範囲外に進もうとした
                self.robot_state = 'hit_wall'
                rwd = self.rwd_hit_wall
                done = False

            elif self.fieldmap[pos[1], pos[0]] ¥
                    == FieldEnv.ID_crystal:
                # 進む先がクリスタルだった
                self.robot_state = 'success'
                self.fieldmap[pos[1], pos[0]] ¥
                    = FieldEnv.ID_blank
                rwd = self.rwd_crystal
                self.n_collected_crystal += 1
                if self.n_collected_crystal == self.n_crystal:
                    # 全てのクリスタルを回収したら最終状態
                    done = True
                    self.robot_pos = pos
                else:
                    # まだクリスタルが残っている
                    done = False
                    self.robot_pos = pos

            elif self.fieldmap[pos[1], pos[0]] ¥
                    == FieldEnv.ID_blank:
                # 進む先が空（床）だった
                self.robot_pos = pos
                rwd = self.rwd_move
                done = False

            elif self.fieldmap[pos[1], pos[0]] ¥
                    == FieldEnv.ID_wall:
                # 進む先が壁だった
                self.robot_state = 'hit_wall'
                rwd = self.rwd_hit_wall
                done = False
```

```
            else:
                raise ValueError('Err!')

        elif act == 1:
            # 左に 90 度回転する (B)
            self.agt_dir = (self.agt_dir + 1) % 4
            rwd = self.rwd_move
            done = False

        elif act == 2:
            # 右に 90 度回転する (C)
            self.agt_dir = (self.agt_dir - 1) % 4
            rwd = self.rwd_move
            done = False

        else:
            raise ValueError('Err!')

        # タイムリミットに達したら最終状態 (D)
        self.time += 1
        if self.time >= self.max_time:
            done = True
            if self.robot_state is not 'success':
                rwd = self.rwd_hit_wall
                self.robot_state = 'timeover'

        # ------------------------ ここまで
        self.done = done

        # ------------------------ 編集ここから
        # self.done を使った処理
        obs = self._make_obs()  # 観測 obs を作成 (E)
        # ------------------------ ここまで
        return rwd, done, obs
```


行動「進む」「左回転」「右回転」に対して、それぞれ(A) (B) (C)の箇所でロボットの位置や向きを変更し、クリスタルに到達したか、壁に衝突したか等で報酬を決定します。全てのクリスタルが回収できたら最終状態とします。また、(D)では、エピソード開始から数えるステップ数が、設定していた時間制限を超えた場合に最終状態としています。

(E) の箇所は、最終状態判定 self.done を使った処理を書く部分です。self._make_obs() は、今の内部状態で観測 obs を作りますが、self.done が True だったら obs の要素を全て 9 にします。

env_field.py: 7 は､状態に対応した画像を生成する render() です。そのメソッドの内部で、ロボットを所定の場所に描画する self._draw_robot() と、視野の外を暗くする self._draw_sight_effect() を使っています。内容は省略しますが、プログラムのコードにコメントを入れていますので、興味のある方は、そちらを見てください。

env_field.py: 7

```
    def render(self):
        """ 状態に対応した画像を作成 """
(省略)
        return img


    def _draw_robot(self, img):
        """
        ロボットを描く
        render() で使用
        """
(省略)
        return img


    def _draw_sight_effect(self, img):
        """
        視野の外を暗くする
        render() で使用
        """
(省略)
        return img
```

最後の env_field.py: 8 end は、このファイルを直接実行したときに動作するコードで､「あなた」がフィールドタスクをプレイする場合に使われるプログラムです。env_corridor.py の対応する箇所とほとんど同じ内容になります。

env_field.py: 8 end

```
if __name__ == '__main__':

（省略）

    # シミュレーション
    while True:
        # 画面表示
        image = env.render()
        cv2.imshow('you', image)

        # キーの受付と終了処理
        key = cv2.waitKey(0)
        if key == ord('q'):
            break

        # あなたの行動選択
        if key == ord('e'):      # 進む
            act = 0
        elif key == ord('f'):   # 右回転
            act = 2
        elif key == ord('s'):   # 左回転
            act = 1
        else:
            continue

        # 環境の更新
        rwd, obs, done = env.step(act)

        # 強化学習情報表示
        show_info(t, act, rwd, obs, done)
        t += 1
```

ここでは詳細は省略しましたが、基本的にはコマンドライン引数でタスクタイプを受け取り、それに応じた環境を設定しています。そのあとでシミュレーションの部分が開始されます。

以上が、env_field.py の要点の説明でした。

6.3.2 トレーナー

では、トレーナーの説明に移ります。Trainerクラスは、5.2.1項で考えたプログラムの構成に基づいて、どの環境でも、どのエージェントでもシミュレーションができるように作っています。

トレーナーの仕事は、「学習シミュレーション」、「学習なしシミュレーションによる評価」、そして「評価の記録」になります。プログラムの実体は、trainer.pyの中で定義されたTrainerクラスです。

すでに、agt_tableQ.pyの解説で、学習シミュレーションのコード（5.2.4項のagt_tableQ.py: 8, 9, 10, 11）を見てきましたが、Trainerクラスは、これをより柔軟に使いやすくしたもので、本質的には一緒です。よってここでは、その使い方を確認するために、どんなメソッドがあるかを中心に見ていきたいと思います。

trainer.py: 1は、Recorderクラスの定義から始まります。これは、報酬のデータを記録してまとめるためのクラスです。

trainer.py: 1

```
"""
trainer.py
環境とエージェントを組み合わせて動かす
学習シミュレーションと学習なしシミュレーション
"""
(省略)

import time
import random
import cv2
import numpy as np


class Recorder:
    """ シミュレーションの履歴保存クラス """
    def __init__(self):
        """ 初期処理 """
(省略)
```

```
    def reset(self):
        """ 記録の初期化 """
(省略)

    def add(self, rwd, done):
        """ 記録の追加 """
(省略)

    def get_result(self):
        """ 報酬とステップのリストの平均を出力 """
(省略)
        return mean_rwds, mean_steps
```

Recorderクラスは Trainerクラスの中で使われます。Trainerクラスの説明でも述べますが、Trainerクラスが実行するシミュレーションのループの中で、Recorderクラスのadd()メソッドが、報酬rwdと最終状態判定doneの情報を記録していきます。そのあとでRecorderクラスのget_result()メソッドを実行することで、エピソード当たりの平均報酬と平均ステップ数を得るという使い方をします。

trainer.py: 2からがTrainerクラスの定義です。Trainerクラスは、エージェントと環境を操作することが仕事です。

trainer.py: 2

```
class Trainer:
    """ トレーナークラス """
    def __init__(          # 引数とデフォルト値の設定 (A)
            self,
            agt=None,          # TableQAgt class: エージェント
            env=None,          # CorridorEnv class: 環境
            eval_env=None,     # CorridorEnv class: 評価用環境
            ):
        """ 初期処理 """
        # エージェントと環境のインスタンス (B)
        self.agt = agt                  # エージェント
        self.env = env                  # 学習用
        self.eval_env = eval_env        # 評価用
```

```
        # 学習過程の記録関連 (C)
        self.hist_rwds = []              # rewards/episode の履歴
        self.hist_steps = []             # steps/episode の履歴
        self.hist_time = []              # 上記のステップ数
        self.hist_start_time = 0         # スタート時のステップ数
        self.obss = None                 # Q 値のチェック用の観測
        self.recorder = Recorder()       # データ保存用クラス
```

（A）のインスタンス生成時にエージェントと環境クラスのインスタンス agt、env を受け取ります。

また、評価用に別の環境クラスのインスタンス eval_env も受け取ります。環境クラスは内部変数を持っているので、学習用と評価用で別々に取り扱うことにしました。このような仕組みにしておけば、評価は別の環境で行うという方法も可能です。例えば、学習時には出てこない環境パターンをわざと与えて汎用能力を評価するなどの使い道があるでしょう。

（B）では、今のエージェントと環境のインスタンスをアトリビュートに保存します。

（C）は、学習過程の記録用のアトリビュートです。設定したステップごとに行う評価の結果を、self.hist_rwds、self.hist_steps にリストとして入れていきます。

trainer.py: 3 が、シミュレーションを行う simulate() メソッドの定義です。Trainer クラスのメインとなる部分です。

trainer.py: 3

```
    def simulate(
            self,  # 以下、None はその設定をしない場合
            n_step=1000,             # ステップ数
            n_episode=None,          # エピソード数
            is_eval=True,            # 評価を行うか
            is_learn=True,           # 学習を行うか
            is_animation=False,      # アニメーション表示をするか
            seed=None,               # 乱数固定のシード値
            eval_interval=100,       # 評価間のステップ数
            eval_n_step=None,        # 評価のステップ数
            eval_n_episode=10,       # 評価のエピソード数
```

```
            eval_epsilon=0.0,      # 評価時の乱雑度
            eval_seed=None,        # 評価の乱数固定のシード値
            anime_delay=0.5,       # アニメのフレーム間の秒数
            obss=None,             # Q 値のチェック用の観測
            eary_stop=None,        # 目標平均報酬 (float)
            show_history=True,     # 途中経過表示をするか
            ):
        """ シミュレーション """
(省略)
        # ここから学習シミュレーション開始 (A)
        obs = self.env.reset()
        while True:
(省略)
            # エージェントが行動を選ぶ
            act = self.agt.select_action(obs)

            # 環境が報酬と次の観測を決める
            rwd, done, next_obs = self.env.step(act)

            # エージェントが学習する
            if is_learn is True:
                self.agt.learn(obs, act, rwd, done, next_obs)

            # next_obs, next_done を次の学習のために保持
            obs = next_obs

            # 一定のステップ数で記録と評価と表示を行う (B)
            if is_eval is True:
                if timestep % eval_interval == 0:
                    # 評価を行う (C)
                    eval_rwds, eval_steps = self._evaluation(
                        eval_n_step=eval_n_step,
                        eval_n_episode=eval_n_episode,
                        eval_epsilon=eval_epsilon,
                        eval_seed=eval_seed,
                        )

                    # 記録 (D)
                    self.hist_rwds.append(eval_rwds)
                    self.hist_steps.append(eval_steps)
                    self.hist_time.append(
                       self.hist_start_time + timestep)

(省略)
```

```
            # 終了判定
            timestep += 1
            episode += (done is True)
            if n_step is not None:
                if timestep >= n_step + 1:
                    break
            if n_episode is not None:
                if episode >= n_episode + 1:
                    break

        # シミュレーション終了後に Q 値を表示
        self._show_Q()
```

このシミュレーションを実行するメソッドには多くのパラメータがありますのでコメントを参照してください。パラメータに従って、(A) からの学習シミュレーションが実行されます。

学習シミュレーションのループの途中で、(B) で eval_interval ステップごとに (C) の self._evaluation() が実行され、評価が行われます。その結果が (D) でアトリビュートに記録されます。

trainer.py: 4 は、先ほどの simulate() メソッド内で使われていた、評価のメソッド _evaluation() です。これも内容はシミュレーションなので、simulation() と似た内容になっていますが、「評価」が目的なので学習は行いません。そして、エピソード当たりの平均の報酬と平均のステップ数を返すという点でも simulation() と異なります。

trainer.py: 4

```
    def _evaluation(
            self,
            eval_n_step,
            eval_n_episode,
            eval_epsilon,
            eval_seed,
            ):
        """ 評価 """
(省略)
        return mean_rwds, mean_steps
```

最後の trainer.py: 5 end は、simulation() メソッドの中で、学習シミュレーションのあとで Q 値を表示するときに使われる _show_Q() メソッドの定義と、学習履歴の保存と読み込みを行う save_history() と load_history() の定義です。

trainer.py: 5 end

```
    def _show_Q(self):
        """ Q 値の表示 """
（省略）

    def save_history(self, pathname):
        """ 学習履歴を保存 """
        np.savez(
            pathname + '.npz',
            eval_rwds=self.hist_rwds,
            eval_steps=self.hist_steps,
            eval_x=self.hist_time,
            )

    def load_history(self, pathname):
        """ 学習履歴を読み込み """
        hist = np.load(pathname + '.npz')
        self.hist_rwds = hist['eval_rwds'].tolist()
        self.hist_steps = hist['eval_steps'].tolist()
        self.hist_time = hist['eval_x'].tolist()
（省略）
```

学習履歴を保存する save_history() と読み込みをする load_history() の定義で `self.hist_rwds` と `self.hist_steps` が使われていますが、これが学習後に表示されるグラフのデータになります。`self.hist_time` はそのグラフの横軸のデータです。

ちなみに、コリドータスクの main_corridor.py の実行時では学習シミュレーション後に Q 値を表示しますが、フィールドタスクの main_field.py の実行時では、Q 値の表示をしない仕様にしました。フィールドタスクでは観測の種類が多く、その全ての観測値に対する Q 値を表示することはほぼ不可能であることと、Q 値を表示する観測を絞ったとしても観測が 2 次元配列（行列）なので表示がとても煩雑になってしまうことが理由です（そのために、Q 値が観測しやすいコリドータスクを作ったという経緯があります）。

以上でトレーナークラスの実装の説明は終わりです。

6.3.3 実行ファイル

では、実行ファイルの説明に進みましょう。実行ファイルは main_corridor.py と main_field.py の 2 つがあります。内容はほとんど同じですが、main_field.py ではタスクタイプを選択する機能が追加されています。

これらの実行ファイルが行っていることは、

1. コマンドライン引数の処理（agt_type、task_type[9]、process_type）
2. シミュレーションとエージェントのパラメータの設定
3. プロセスの実行

になります。

前述したように、main_corridor.py は main_field.py とほぼ同じ内容です。ですので、ここでは、main_field.py の方の流れを見ていきます。では、main_field.py: 1 を説明します。

main_field.py: 1

```
"""
main_field.py
フィールドタスクの実行ファイル
"""
import os
import sys

# 自作モジュール
from env_field import FieldEnv
from env_field import TaskType
import trainer
import myutil

（省略）

# process_type でパラメータをセット (A)
if process_type in ('learn', 'L'):
```

[9] task_typeの設定はmain_field.pyのみ。

```
        IS_LOAD_DATA = False      # 学習したデータを読み込むかどうか
        IS_LEARN = True           # 学習を行うかどうか
        IS_SHOW_GRAPH = True      # 学習曲線のグラフを表示するかどうか
        IS_SHOW_ANIME = False     # 画像によるシミュレーションの表示をするかどうか
    elif process_type in ('more', 'M'):
        IS_LOAD_DATA = True
        IS_LEARN = True
        IS_SHOW_GRAPH = True
        IS_SHOW_ANIME = False
    elif process_type in ('graph', 'G'):
        IS_LOAD_DATA = False
        IS_LEARN = False
        IS_SHOW_GRAPH = True
        IS_SHOW_ANIME = False
        print('[q] 終了')
    elif process_type in ('anime', 'A'):
        IS_LOAD_DATA = True
        IS_LEARN = False
        IS_SHOW_GRAPH = False
        IS_SHOW_ANIME = True
        print('[q] 終了')

    else:
        print('process type が間違っています。')
        sys.exit()
```

途中の（省略）とした部分は、コマンドライン入力を処理する部分です。ここでの処理の結果、agt_type、task_type、process_type に指定した内容が入ります。(A) はプロセスタイプの設定です。コマンドライン引数の process_type で 4 つのフラグの内容を変えています。これに従って以降の処理が分岐します。

main_field.py: 2 は、環境の設定です。環境のインスタンスを、学習用と評価用に、env と eval_env として作成します。

main_field.py: 2

```
# 環境の設定 ///////////////////////////////// (A)
# Env インスタンス生成
# 学習用環境
env = FieldEnv()
env.set_task_type(task_type)
```

```
obs = env.reset()  # obsのサイズがエージェントのパラメータ設定で使われる

# 評価用環境
eval_env = FieldEnv()
eval_env.set_task_type(task_type)
```

main_field.py: 3は、エージェントのパラメータの設定です。初めに各エージェントで共通となるパラメータを作ってから、エージェント別のパラメータを加えています。この数値を変えて、シミュレーションのパフォーマンスがどう変わるかを試してみても良いでしょう。

main_field.py: 3

```
# エージェントのパラメータ設定 /////////////// (B)
# Agt共通パラメータ
agt_prm = {
    'n_act': env.n_act,
    'filepath': (SAVE_DIR + '/' +
                 ENV_NAME + '_' +
                 agt_type + '_' +
                 task_type.name)
}
# agt_type別のパラメータ
if agt_type == 'tableQ':
    agt_prm['init_val_Q'] = 0                  # Q値の初期値
    agt_prm['alpha'] = 0.1                     # 学習率

elif agt_type == 'netQ':
    agt_prm['input_size'] = obs.shape          # 入力のサイズ
    agt_prm['n_dense'] = 32                    # 中間層のユニット数

elif agt_type == 'replayQ':
    agt_prm['input_size'] = obs.shape          # 入力のサイズ
    agt_prm['n_dense'] = 32                    # 中間層のユニット数
    agt_prm['replay_memory_size'] = 100 # 記憶サイズ
    agt_prm['replay_batch_size'] = 20          # 学習のバッチサイズ

elif agt_type == 'targetQ':
    agt_prm['input_size'] = obs.shape          # 入力のサイズ
    agt_prm['n_dense'] = 32                    # 中間層のユニット数
    agt_prm['replay_memory_size'] = 100 # 記憶サイズ
    agt_prm['replay_batch_size'] = 20          # バッチサイズ
    agt_prm['target_interval'] = 10            # ターゲットインターバル
```

main_field.py: 4はトレーナーのシミュレーションの共通パラメータとアニメーションのパラメータ設定です。

main_field.py: 4

```
# トレーナーのパラメータ設定 ////////////////
# シミュレーション共通パラメータ (C)
sim_prm = {
    'n_step': 1000,             # ステップ数
    'n_episode': None,          # エピソードは終了条件にしない
    'is_learn': True,           # 学習する
    'is_eval': True,            # 評価する
    'eval_interval': 100,       # 評価のインターバル
    'eval_n_episode': 10,       # 評価のエピソード数
    'eval_n_step': None,        # 評価でステップ数は終了条件にしない
    'eval_epsilon': 0.0,        # 評価時の乱雑度
    'eval_seed': 1,             # 評価時の乱数のシード値
    'is_animation': False,      # アニメーションの表示はしない
}

# アニメーション共通パラメータ (D)
sim_anime_prm = {
    'n_step': None,             # ステップ数は終了条件にしない
    'n_episode': 100,           # エピソード数
    'seed': 1,                  # 乱数のシード値を指定
    'is_eval': False,           # 評価しない
    'is_learn': False,          # 学習しない
    'is_animation': True,       # アニメーションを表示する
    'anime_delay': 0.2,         # フレーム時間（秒）
}
ANIME_EPSILON = 0.0
```

(C) のパラメータの中のeval_seedは、評価時のマップを作る乱数のシード値です。値を変えると、評価時のマップが変わります（no_wallとrandom_wallの場合）。次で説明する平均報酬と平均ステップの目標値（target_rewardとtarget_step、学習曲線グラフで表示される赤い線の値）は、seed=1の場合で調整してありますので、特に理由がなければseed=1の設定にしておくことをお勧めします。(D) は学習なしシミュレーションのアニメーション時のパラメータです。ここでのseedをeval_seedと同じにすることで、アニメーション時のマップの配置（各エピソードごとの配置全て）が、評価で使われたマップ

の配置と同じになります。

main_field.py: 5 ではタスクタイプによって変えるシミュレーションのパラメータを設定しています。ここでの値を変えることで、シミュレーションの微調整が可能です。例えば、sim_prm['n_step'] の数値を変えれば、学習シミュレーションのステップ数を変えることができます。また、最後の行の sim_prm['eary_stop'] の値を変えると、学習シミュレーションを終了させる rewards/episode の達成値を変えることができます。

main_field.py: 5

```
# task_type 別のパラメータ ///////////////// (E)
graph_prm = {}
if task_type == TaskType.no_wall:
    sim_prm['n_step'] = 5000                # ステップ数
    sim_prm['eval_interval'] = 200          # 評価を何ステップごとにするか
    sim_prm['eval_n_episode'] = 100         # 評価のエピソード数
    agt_prm['epsilon'] = 0.2                # 乱雑度
    agt_prm['gamma'] = 0.9                  # 割引率
    graph_prm['target_reward'] = 0.71       # グラフの赤い点線の値
    graph_prm['target_step'] = 3.87         # グラフの赤い点線の値

elif task_type == TaskType.fixed_wall:
    sim_prm['n_step'] = 5000
    sim_prm['eval_interval'] = 200
    sim_prm['eval_n_episode'] = 1
    agt_prm['epsilon'] = 0.4
    agt_prm['gamma'] = 0.9
    graph_prm['target_reward'] = 1.0
    graph_prm['target_step'] = 12.0

elif task_type == TaskType.random_wall:
    sim_prm['n_step'] = 50000
    sim_prm['eval_interval'] = 1000
    sim_prm['eval_n_episode'] = 100
    agt_prm['epsilon'] = 0.4
    agt_prm['gamma'] = 0.9
    graph_prm['target_reward'] = 1.6
    graph_prm['target_step'] = 22.0
    # 数値を設定すると
    # rewards/episode がこの値を超えた時に
```

```
    # 学習シミュレーションが終了する
    sim_prm['eary_stop'] = 1.6
```

ここまででパラメータの設定が終わり、次の main_field.py: 6 からメインの処理が開始します。

main_field.py: 6

```
# メイン //////////////////////////////////
if (IS_LOAD_DATA is True) or ¥
        (IS_LEARN is True) or ¥
        (sim_prm['is_animation'] is True):

    # エージェントをインポートしてインスタンス作成 (F)
    if agt_type == 'tableQ':
        from agt_tableQ import TableQAgt as Agt
    elif agt_type == 'netQ':
        from agt_netQ import NetQAgt as Agt
    elif agt_type == 'replayQ':
        from agt_replayQ import ReplayQAgt as Agt
    elif agt_type == 'targetQ':
        from agt_targetQ import TargetQAgt as Agt
    else:
        raise ValueError('agt_type が間違っています')

    # エージェントのインスタンス生成 (G)
    agt = Agt(**agt_prm)

    # trainer インスタンス作成 (H)
    trn = trainer.Trainer(agt, env, eval_env)

    if IS_LOAD_DATA is True:
        # エージェントのデータロード (I)
        try:
            agt.load_weights()
            trn.load_history(agt.filepath)
        except Exception as e:
            print(e)
            print('エージェントのパラメータがロードできません')
            sys.exit()
```

(F) では、コマンドライン引数で指定したエージェントを Agt クラスとしてインポートします。

(G) で設定したパラメータ agt_prm でエージェントのインスタンス agt を生成します。(H) では、agt、env、eval_env を引数にしてトレーナーのインスタンス trn を生成します。

(I) では、IS_LOAD_DATA が True のときのみ、エージェントの重みパラメータと学習履歴を読み込みます。

このファイルの最後である main_field.py: 7 end では、シミュレーションの実行と学習曲線グラフの表示を行います。

main_field.py: 7 end

```
    if IS_LEARN is True:
        # 学習 (J)
        trn.simulate(**sim_prm)
        agt.save_weights()
        trn.save_history(agt.filepath)

    if IS_SHOW_ANIME is True:
        # アニメーション (K)
        agt.epsilon = ANIME_EPSILON
        trn.simulate(**sim_anime_prm)

if IS_SHOW_GRAPH is True:
    # グラフ表示 (L)
    myutil.show_graph(agt_prm['filepath'], **graph_prm)
```

IS_LEARN が True だったら、(J) でシミュレーションのパラメータ sim_prm を trn.simulate() にセットして学習シミュレーションが開始します。

IS_SHOW_ANIME が True だったら、(K) で agt.epsilon を ANIME_EPSILON (＝0) にセットして乱雑度を 0 にし、sim_anime_prm を trn.simulate() にセットし、アニメーションのシミュレーションが開始します。

IS_SHOW_GRAPH が True だったら、(L) で学習曲線のグラフ表示をします。

これで main_field.py の説明は終わりです。お疲れさまでした。

7章

経験再生を取り入れたQ学習：replayQ、targetQ

7章 経験再生を取り入れたQ学習：replayQ、targetQ

前章ではニューラルネットワークをQ学習に応用したアルゴリズム、netQを紹介しました。

フィールドタスクは、簡単ではありませんでしたが、中間層1層のQネットワークを使ったnetQでもなかなかのパフォーマンスを出すことができました。しかし、netQはタスクによっては学習が不安定になる場合もあるのです。詳しくは7.2.1項で説明しますが、その一つの原因に、学習データの偏りが考えられます。

そこで、本章では、より高度な問題を安定して学習させるための工夫として、**経験再生（Experience Replay）**と**ターゲットネットワーク（Target Network）の利用**を説明し、実装します。「経験再生」は、一定量の経験を記憶に蓄え、それらを思い出しながら学習する方法です。「ターゲットネットワークの利用」は、ターゲットを作るネットワークを本体のネットワークと別にするという方法です。

この2つのテクニックは、**Deep-Q-Network（DQN）**という有名な強化学習アルゴリズムで使われています。DQNは2013年[1]と2015年[2]にDeepMind社[3]が発表した、ディープラーニングを取り入れた強化学習アルゴリズムで、レトロテレビゲームの画面を観測（入力）として、そのゲームの操作を学習させるということが試されました。

ゲーム画面を観測として強化学習を行うということは従来の方法ではとても困難な問題設定だったのですが、その対策として、DQNでは画像処理用のディープラーニングで使われる**畳み込みニューラルネットワーク（Convolutional Neural Network、CNN）**がQ値の推定に応用されました。

そして、様々な種類のレトロテレビゲームでの学習が試され、DQNはその多

[1] Mnih et al., (2013) Playing Atari with Deep Reinforcement Learning, NIPS.
[2] Mnih et al., (2015) Human-level control through deep reinforcement learning, Nature.
[3] Google傘下のイギリスの人工知能企業。本書の冒頭でも紹介した最強の囲碁アルゴリズム「AlphaGo」を作ったのもDeepMind社です。

くのゲームでプロゲーマーよりも上手にプレイできるようになったことが示されたのです。この発表は、個人的にもとてもインパクトがあったことを覚えています。「経験再生」と「ターゲットネットワークの利用」は、ニューラルネットワークの学習を安定化させるための重要なテクニックです。

7.1 経験再生：replayQ

経験再生（Experience Replay）を取り入れたエージェントに、ここではreplayQという名前を付けました。まずreplayQのパフォーマンスを確認します。そのあとでアルゴリズムを解説し、最後にその実装を確認します。

7.1.1 経験再生Q学習のテスト

ここでは、Q値を表示して確認できる「コリドータスク」を使います。まず、replayQを試す前に、その比較としてnetQのパフォーマンスをチェックしましょう。[agt_type] にnetQを指定し、[process_type] Lで5000ステップの学習をさせてください。

```
(env_iRL) > python main_corridor.py netQ L
```

さらに、追加学習を [process_type] Mで2回行ってください。乱数の影響で結果は毎回変わりますが、15000ステップの学習後の最終的なQ値は、例えば、筆者の計算では以下のようになりました。

```
学習後のQ値
[1 0 2 0]: -1.00,  2.95   #  0.00, -0.05
[0 1 2 0]: -1.01,  3.95   # -0.01, -0.05
[0 0 1 0]:  5.00, -1.71   #  0.00,  0.29
[0 0 2 1]: -0.93, -0.69   #  0.07,  0.31
[1 0 0 2]: -0.99,  1.90   #  0.01, -0.10
[0 1 0 2]: -1.00,  2.92   #  0.00, -0.08
[0 0 1 2]: -1.00,  3.93   #  0.00, -0.07
[0 0 0 1]:  5.01, -0.57   #  0.01,  0.43
```

「#」の右側の数値は、実際には表示されませんが、図5-5で示した理論値からの誤差を表しています。誤差の大きさは0.05以下のものが多いですが、大きいものでは0.43というものもあります。このときの誤差の絶対値の平均をとると、0.0925となりました。

では、本命のreplayQのパフォーマンスを見てみましょう。[agt_type]にreplayQを指定し、[process_type] Lで5000ステップの学習をさせてください。筆者のPCではnetQは計算に10秒くらいかかりましたが、replayQでは60秒くらいかかりました。

```
(env_iRL) > python main_corridor.py replayQ L
```

さらに、追加学習を[process_type] Mで2回してください。結果は実行のたびに異なりますが、例えば、筆者のPCで試した15000ステップの学習後の最終的なQ値は以下のようになりました。

```
学習後のQ値
[1 0 2 0]: -1.00,  3.00   #  0.00,  0.00
[0 1 2 0]: -0.99,  3.99   #  0.01, -0.01
[0 0 1 0]:  5.00, -2.00   #  0.00,  0.00
[0 0 2 1]: -0.99, -1.01   #  0.01, -0.01
[1 0 0 2]: -1.01,  2.02   # -0.01,  0.02
[0 1 0 2]: -1.01,  3.03   # -0.01,  0.03
[0 0 1 2]: -0.99,  4.00   #  0.01,  0.00
[0 0 0 1]:  5.00, -0.99   #  0.00,  0.01
```

「#」の右側の数値は、先ほどと同様に、理論値からの誤差を表しています。誤差の値はほとんどが0.01以内で、大きいものでも0.03です。絶対値の平均を計算すると、0.0081でした。netQの結果と比べると誤差は約10分の1になっているということが分かります。

ただし、replayQでも学習に不安定さが残っているので、学習シミュレーションが終わるタイミングによっては誤差がこれよりも大きくなっている場合や、逆に誤差がほとんどない場合もあることに注意してください。

netQとreplayQの違いをもう少しはっきりと確かめるために、Trainerクラスが Q値の時間発展をモニターできるように少しだけ改良した「trainer_mod.py」を作り、それをインポートしてQ値の時間発展のグラフを表示するプログラム「trackQ.py」を作りました。

具体的には、観測 [0 1 2 0] で行動「進む」のときのQ値、つまり、Q（0120, 進む）が、学習シミュレーション中にどのように変化していくかを記録し、全体のグラフと学習の後半を拡大したグラフを表示するプログラムです。このプログラムはディレクトリ iRL/main/ の中にあります。

まず、以下のように、学習を意味するLをコマンドライン引数にして trackQ.py を実行すると、netQ、replayQ、targetQ（この章の後半で説明します）に対して 15000 回の学習シミュレーションを行います。筆者の PC ではこの計算に 5 分程度かかりました。

```
(env_iRL) > python trackQ.py L
```

この計算が終わったら、G をコマンドライン引数にして実行するとグラフが表示されます。乱数を含む計算になるので実行のたびに結果が異なることに注意してください。その結果の例が図 7-1 になります[4]。

```
(env_iRL) > python trackQ.py G
```


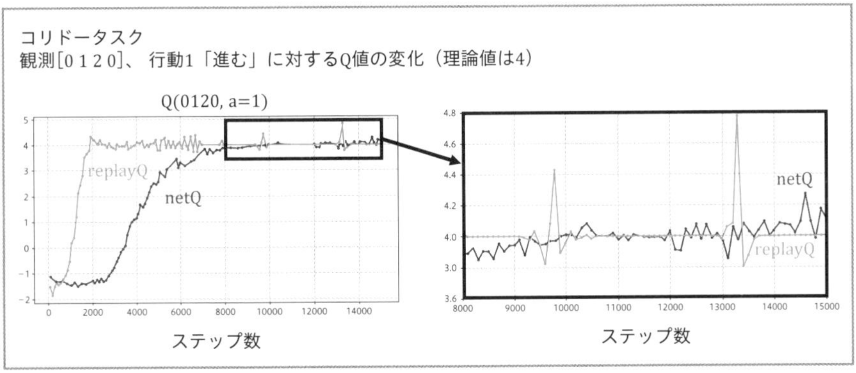

図 7-1　replayQ と netQ の Q 値の収束

図 7-1 に示したように Q（0120, 進む）の値は、replayQ も netQ の場合でも、理論値の 4 に収束していることが分かります。両者の違いでまず目につくのが収束の速さの違いです。replayQ の方が netQ よりもずっと速いことが分

[4] trackQ.pyでグラフを表示させると、netQ、replayQ、targetQの結果が表示されますが、ここでは説明のため、netQとreplayQの結果のみを表示しています。

かります。netQ は、収束までに 10000 ステップくらいかかっているのに対し、replayQ は、2000 ステップくらいで 4 に到達しているので、ステップで見た収束の速さは 5 倍くらいあります（ただし、前述のように計算時間で見ると、replayQ は netQ の 6 倍くらいかかります）。

収束の速度よりも重要なのが収束の安定性です。収束してからの Q 値の振る舞いを右側の拡大したグラフで見てみると、netQ のグラフは ±0.1 程度の範囲でふらつきがあるのに対し、replayQ はピタッと理論値 4.0 に張り付いているように見えます。ただし、この拡大範囲では 2 回ほどの大きなずれがあることも見逃すことはできません。

実行するたびにグラフは変わりますが、筆者は何回も繰り返し実行してみて、replayQ は若干の不安定さはあるものの、基本的には netQ より精度よく収束できることを確かめました。

7.1.2 経験再生の仕組み

では、経験再生の方法について解説します。netQ のやり方で学習が不安定になる原因から考えていきましょう。主な原因の一つに、「学習データの偏り」というものがあります。

教師あり学習のときを思い出してみてください。このときは、訓練データ全てを使って勾配法で重みパラメータを学習させました。実装では、全データをバッチデータとして一塊にし、学習をさせるための fit() メソッドに渡していました。これは、全データの誤差が同時に小さくなるように、モデルの曲線をデータに近づけていることに対応します（図 7-2 左）。

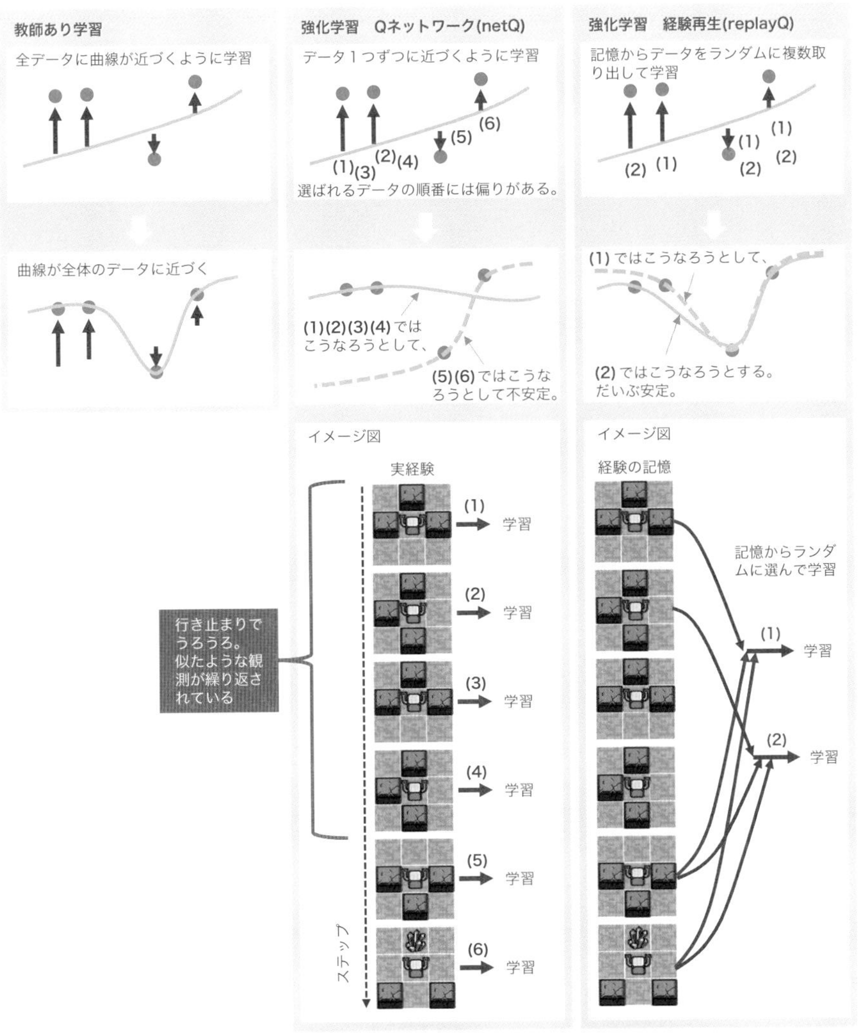

図 7-2　データの偏りによる不安定性とその対応

一方、netQ の場合では、1 回の学習で使われるデータは 1 つだけです。ですので、1 回の学習ではそのデータの点でしか誤差は小さくなりません。ただし、1 つずつのデータの学習でも、そのデータが「まんべんなく」選ばれて学習に使われれば、まとめて与えるのと同じ効果が理論上は得られるのですが、強化学習の場合は「まんべんなく」というわけにはいきません。

それは、強化学習の場合では、「データはエージェントと環境のやり取りで決まる」からです。例えば、図 7-2 中央の（1）（2）（3）（4）のように、エージェントが迷路の行き止まりではまってしまった場合などを考えると、その行き止まり周辺の観測データばかりで学習が行われることになります。

学習によるニューラルネットワークの重みの変更は、他の観測に対する出力値も変化させますので、(1)（2）（3）（4）のような行き止まり周辺だけの観測の学習が進むと、他の観測（5）（6）に対する出力がずれてしまうということが考えられるのです。

そして、そのあとで別の観測へと進んで観測の偏りが変わると、(5)（6）の例のように今まで学習してきた曲線が押し戻されることもありえます。これが netQ で不安定となるシナリオです。

この対策として考えられたのが「経験再生」のテクニックになります。イメージとしては、データをある一定量記憶しておいて、学習時にはその中からランダムにデータを複数個選んで学習させるという方法です（図 7-2 右)。これが replayQ です。

より具体的に考えていきましょう。実装の概念図を図 7-3 に示しました。まず、エージェントは、毎ステップにおける「観測」、「行動」、「報酬」、「次の観測」のセットを経験メモリーに記憶していきます。「最終状態判定（done)」も本書での実装では含めています。このセットを、**経験**と呼びます。

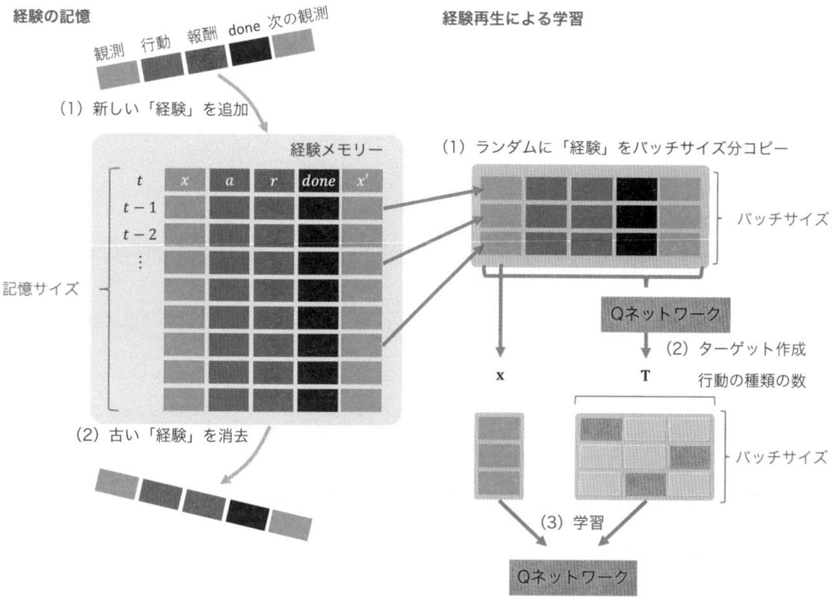

図 7-3　経験再生の実装の概念図

経験メモリーには**記憶サイズ**を設けておき、蓄えた経験が記憶サイズをオーバーしたら、古いものから捨てていきます。よって、いったん容量分の経験がたまれば、最新の記憶サイズ分の経験が常にストックされた状態になります。

学習ステップでは、経験メモリーに蓄えられた経験をランダムに選んで、**バッチサイズ**分のコピーを作ります。このコピーを使って、バッチサイズ分のターゲットを作ります。ターゲットの作り方は、netQ で作った方法と同じく Q ネットワークを使います。今回はこれをバッチサイズ分繰り返して、バッチサイズ分のターゲットを作ります。

最後に、バッチサイズ分の観測とターゲットを fit() メソッドに渡し、1 エポック分の学習を進めます。以上が、「経験再生」のアルゴリズムになります。

設計者が決めなくてはいけないハイパーパラメータは、「記憶サイズ」と「バッチサイズ」になります。これらをうまく設定することで、学習を安定させることができます。

また、replayQ は netQ よりも短いステップ数で収束していることを、コリドータスクの例で確認しましたが（図 7-1)、その理由は学習にバッチデータを使っているためと解釈できます。netQ では 1 つの「経験」は 1 回の学習でしか使われませんでしたが、replayQ では、1 つの経験が場合によっては何回も使われますので、経験が有効に再利用されていると解釈することもできます。

7.1.3 経験再生 Q 学習の実装

それでは、実装の説明をしていきます。経験再生 Q 学習のプログラム上での名前は、replayQ です。agt_relpayQ.py というファイルに、ReplayQAgt クラスとして定義しています。ReplayQAgt は、NetQAgt に経験メモリーを加え学習方法を改良したものなので、NetQAgt を継承して作っています（図 7-4)。

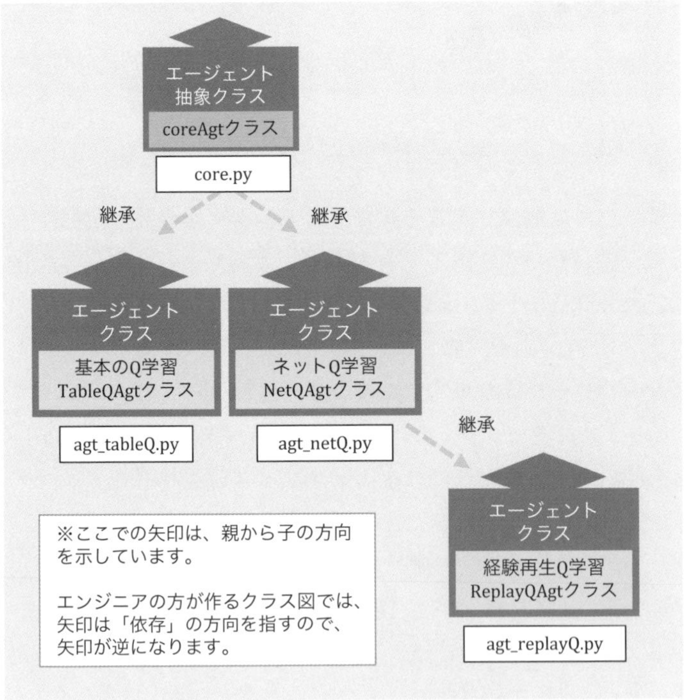

図 7-4　ReplayQAgt クラスの位置づけ

それでは、プログラムのファイルを見ていきましょう。

agt_replayQ.py: 1 は ReplayQAgt クラスで使われる、経験メモリーを扱う

ReplayMemory クラスの定義です。

agt_replayQ.py: 1

```
"""
agt_replayQ.py
経験再生（Experience Replay）と
ニューラルネットを使った Q 学習のアルゴリズム
"""

import random
import numpy as np

# 自作モジュール
from agt_netQ import NetQAgt  # (A)

class ReplayMemory:  # (B)
    """ 経験を記録するクラス """
    def __init__(self, memory_size):
        self.memory_size = memory_size  # 記憶サイズ
        self.memory = []

    def __len__(self):  # (C)
        """ len() で、memory の長さを返す """
        return len(self.memory)

    def add(self, experience):  # (D)
        """ 経験を記憶に追加する """
        # 経験の保存
        self.memory.append(experience)

        # 容量がオーバーしたら古いものを 1 つ捨てる
        if len(self.memory) > self.memory_size:
            self.memory.pop(0)

    def sample(self, data_length):  # (E)
        """ data_length 分、ランダムにサンプルする """
        out = random.sample(self.memory, data_length)
        return out
```

まず（A）で NetQAgt クラスをインポートしていますが、これは継承に使うためです。NetQAgt クラスを継承することで、ReplayQAgt は __init__() と learn() をオーバーライドするだけで完成します。

(B) からは、経験メモリーを扱うReplayMemoryクラスの定義です。__init__() メソッドでは、記憶サイズを決めるパラメータをアトリビュート self.memory_size に保存します。また、記憶の本体も空のリストとしてアトリビュート self.memory に準備します。

(C) の __len__() というメソッドは特別なメソッドで、このクラスのインスタンスに対して、「len(インスタンス)」としたときに返す値を定義することができます。ここでは、今蓄えられている経験の数を返すように定義しています。

(D) の add() メソッドは、経験を記憶に追加します。容量がオーバーしたらlist型のpop() メソッドで、一番古いもの（インデックスが0のもの）を捨てるようにしています。(E) の sample() メソッドは、現在の記憶の中から、data_length 分ランダムに選んで out にまとめて返すという機能です。このファイルの初めでインポートした random というライブラリの sample() という関数を使っています。

agt_replayQ.py: 2 からが、本体である ReplayQAgt クラスの定義です。

agt_replayQ.py: 2

```
class ReplayQAgt(NetQAgt):
    """ 経験再生とQネットワークを使ったQ学習エージェントクラス """
    def __init__(self, **kwargs):
        # int：記憶サイズ (A)
        self.replay_memory_size = ¥
            kwargs.pop('replay_memory_size', 100)

        # int：学習のバッチサイズ (B)
        self.replay_batch_size = ¥
            kwargs.pop('replay_batch_size', 20)

        # 経験再生クラスのインスタンス生成 (C)
        self.replay_memory = ReplayMemory(
            memory_size=self.replay_memory_size)
        # 継承元のクラスの初期処理 (D)
        super().__init__(**kwargs)
```

先に述べたように、ReplayQAgt クラスは NetQAgt クラスを継承して作ります。追加するパラメータのアトリビュートは、(A) 経験を蓄える記憶サイズ self.replay_memory_size、(B) 学習のバッチサイズ self.replay_batch_size です。

ここでの kwargs を含むコードは少し難しいので、必要なときに理解すればよいのですが、説明すると次のようになります。kwargs は、ReplayQAgt のインスタンス生成時に設定するキーワード引数全てを dict 型でひとまとめにした、「可変長キーワード引数」と呼ばれるものです（講座 B-2-15 参照)。(A) での pop() メソッドによる処理は、「kwargs の中に 'replay_memory_size' があれば、それに対応する値を self.replay_memory_size に入れ、なければ、デフォルト値として 100 を入れる。そして kwargs から 'replay_memory_size' を削除する」という処理になります。(B) についても同様です。

(C) で、先ほど定義した ReplayMemory クラスのインスタンスを作成し、self.replay_memory としてアトリビュートに保存します。

(D) は、スーパークラス（継承元のクラス)、つまり NetQAgt の __init__() の実行です。**super(). メソッド名 ()** によって、スーパークラスのメソッドを実行することができます。ここも少し難しいところですので、必要な時の理解でよいですが、ReplayQAgt のインスタンス生成時のキーワード引数 kwargs から 'replay_memory_size' と 'replay_batch_size' を (A) と (B) で除去した kwargs がキーワード引数として与えられています（NetQAgt の __init__() の引数にはこの 2 つの引数は指定されていないので、除去されていないとエラーになります)。この super().__init__(**kwargs) の実行で Q ネットワークが self.model に作られます。

agt_replayQ.py: 3 は学習の learn() メソッドの定義です。

agt_replayQ.py: 3

```
    def learn(self, obs, act, rwd, done, next_obs):
        """ 学習 """
        if rwd is None:
            return
        # ------------------------- 編集ここから
        # 経験の保存 (A)
        self.replay_memory.add((obs, act, rwd, done, next_obs))

        # 学習 (B)
```

```
        self._fit()
        # ------------------------- ここまで
```

(A) で経験を self.replay_memory.add() に渡して保存します。経験は、obs、act、rwd、done、next_obs をタプルでまとめて 1 つにして渡しています。(B) は学習の部分で、_fit() メソッドにまとめていますので次に説明します。

agt_replayQ.py: 4 end が学習の本体 _fit() の定義です。

agt_replayQ.py: 4 end

```
    def _fit(self):
        """ 学習の本体 """
        # 記憶された「経験」の量がバッチサイズに満たない場合は戻る (A)
        if len(self.replay_memory) < self.replay_batch_size:
            return

        # 経験メモリーからランダムにバッチサイズ分コピー (B)
        outs = self.replay_memory.sample(self.replay_batch_size)

        # 観測のバッチを入れる配列を準備 (C)
        obs = outs[0][0]   # 1 番目の経験の観測
        obss = np.zeros(
            (self.replay_batch_size,) + obs.shape,
            dtype=int)

        # ターゲットのバッチを入れる配列を準備 (D)
        targets = np.zeros((self.replay_batch_size, self.n_act))

        # 経験ごとのループ (E)
        for i, out in enumerate(outs):
            # 経験を要素に分解 (F)
            obs, act, rwd, done, next_obs = out

            # obs に対する Q ネットワークの出力 y を得る (G)
            y = self.get_Q(obs)

            # target に y の内容をコピーする (H)
            target = y.copy()

            if done is False:
```

```
                # 最終状態でなかったら next_obs に対する next_y を得る (I)
                next_y = self.get_Q(next_obs)

                # Q[obs][act] の target_act を作成 (J)
                target_act = rwd + self.gamma * max(next_y)
            else:
                # 最終状態の場合は報酬だけで target_act を作成 (K)
                target_act = rwd

            # target の act の要素だけ target_act にする (L)
            target[act] = target_act

            # obs と target をバッチの配列に入れる (M)
            obss[i, :] = obs
            targets[i, :] = target

        # obss と targets のバッチのペアを与えて学習 (N)
        self.model.fit(obss, targets, verbose=0, epochs=1)

if __name__ == '__main__':
(以降agt_netQ.pyと同じなので省略)
```


まず、(A) では、学習の初期段階で記憶された「経験」の量がバッチサイズに満たない場合には、学習ができないので処理を戻します。

そこから先は図7-3の右図の処理の実装です。(B) では、経験メモリーからランダムにバッチサイズ分の経験をコピーし、outs に入れます。(C) で、1番目の経験の初めの要素の obs を取り出し、そのサイズを使って obs のバッチを格納する空の配列 obss を作ります。(D) でも同様に、ターゲットのバッチ用の空の配列 targets を作ります。

(E) からは、outs 内の経験分のループになります。netQのときの target 作成が経験の数の分繰り返されます。(F) で out の要素をバラバラにし、(G) でQネットワークを使ってその出力 y を得て、(H) でその内容を target にコピーします。

done がFalse、つまり、最終状態でなかったら、(I) で next_obs に対するQネットワークの出力 next_y を得て、(J) で act に対するQ値のターゲット target_act を作成します。done がTrue、つまり、最終状態の場合には (K) の処理となり、target_act は報酬 rwd の値そのものとなります。

(L) で、target の act 番目の要素だけ target_act にして 1 つの観測に対する target が完成し、(M) で、obs と target を準備していたバッチ用配列 obss と targets に格納します。ループが全て回れば、バッチの観測とバッチのターゲットが出来上がります。

最後に (N) で、準備した obss と targets を fit() に与えて、エポック (epochs = 1) 分学習させます。これで replayQ の学習の処理は終わりです。この後の if __name__=='__main__' の部分はエージェントクラスの動作テストであり、agt_netQ.py のものと全く同じですので、説明は省略します。

これで、経験再生を実装した replayQ の説明は終わりですが、このように過去の経験を思い出してバランスよく学習するということは、脳の機能と比べても割と自然な機能拡張のようにも思えます。脳の場合、経験の記憶は「海馬」という場所に蓄えられることが、海馬に障害のある患者さんの症例などから分かっています。

実はラットの海馬は空間探索に特化した機能（空間内での自分の位置と方向を認識するなど）も持っているのですが、その海馬で、空間探索の経験の再生に対応する神経細胞の活動が起きていることが、実験で明らかになっています。脳科学におけるこの現象もリプレイ（replay）と呼ばれており、0.1 秒という短い時間の間に順方向や逆方向のリプレイが起きるのです[5]。強化学習の観点からしても実に興味深い現象です。

7.2 ターゲットネットワークの利用：targetQ

経験再生を取り入れた replayQ で、Q ネットワークの学習がだいぶ安定しました。しかし、図 7-1 のグラフに示したように、時々不安定になることもあります。

そこで、この章では、replayQ に「ターゲットネットワークの利用」のテクニックを取り入れることでさらに安定性を強化した targetQ を紹介します。

[5] 理化学研究所脳科学総合研究センター編「BLUE BACKS つながる脳科学」（講談社）の2章にラットの海馬活動の分かりやすい解説があります。

7.2.1 ターゲットネットワークQ学習のテスト

それでは、これまでと同様に動作確認から始めましょう。コリドータスクで[agt_type] targetQ として、[process_type] L で実行してください。

```
(env_iRL) > python main_corridor.py targetQ L
```

そして、[process_type] M で追加学習を1回行い、合計10000ステップの学習シミュレーションを行ってください。筆者のPCで行った場合にはコンソールは下の表示のようになりました。全てのQ値の小数点以下2桁の数値が全て00となり、正しい理論値に正確に収束していることが分かります。

```
学習後のQ値
[1 0 2 0]: -1.00,  3.00
[0 1 2 0]: -1.00,  4.00
[0 0 1 0]:  5.00, -2.00
[0 0 2 1]: -1.00, -1.00
[1 0 0 2]: -1.00,  2.00
[0 1 0 2]: -1.00,  3.00
[0 0 1 2]: -1.00,  4.00
[0 0 0 1]:  5.00, -1.00
```

replayQのときと同様に、Q（0120, a=1）の収束までの値の変化を記録し、netQとreplayQのグラフに重ねたものが図7-5です（このtargetQの結果は、7.1.1項で実行したtrackQ.pyを実行して得られたものです）。

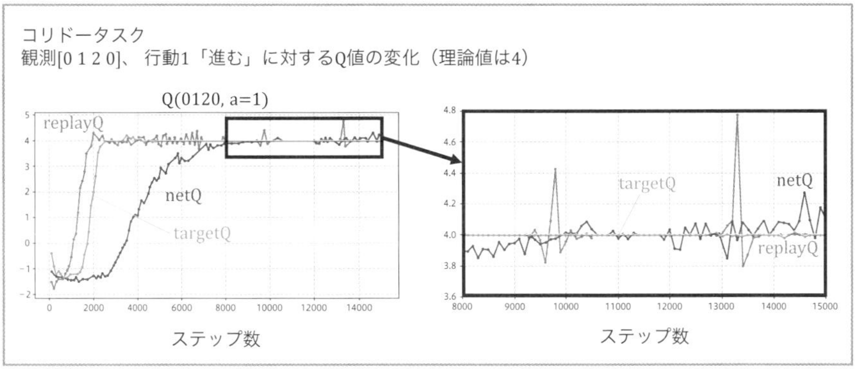

図7-5　targetQのQ値の収束

targetQ は replayQ よりも若干遅れて立ち上がっていますが、netQ に比べるとずっと早く理論値 4 に到達していることが分かります。そして、4 に収束してからは、そこからほとんどずれることはなく、安定して 4 の値を維持しています。targetQ では、replayQ で見られたような不安定な振る舞いはほとんど見られず、少なくともこの例では 4000 ステップ以降では全く起きていません。

7.2.2 ターゲットネットワークの仕組み

それでは、ターゲットネットワークの仕組みについて説明していきますが、その前に、「経験再生」を取り入れた replayQ でもときおり不安定な現象が出るのはなぜだったかを考えます。原因は、学習の対象となる Q ネットワークそのものを使ってターゲットも作っていたことにあります。

不安定になるシナリオを説明する前に、図 7-6 のように、馬の鼻先に人参がぶら下がっている状況を思い描いてもらえると分かりやすいと思います。

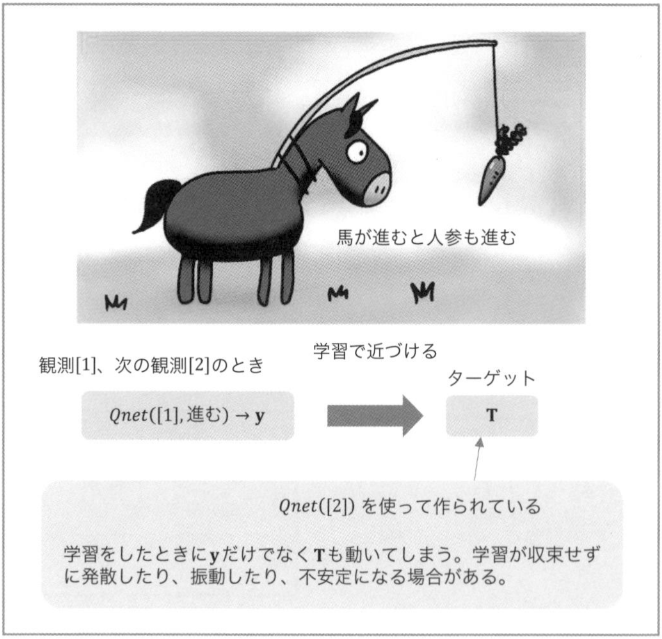

図 7-6　馬と人参

馬の首に棒がくくり付けられており、その先から人参がひもでぶら下がっています。馬は人参が食べたくて前に進むと、人参も前に進んでしまいます。結果、馬はどんどん前に進んでしまうという、少し笑ってしまうような状況ですが、replayQ で生じた不安定はこのような状況に似ていると思われます。

netQ や replayQ でターゲット T を求めるためには、Q ネットワークに観測 $\mathbf{x}(t)$ を入力したときの出力と、次の観測 $\mathbf{x}(t+1)$ を入力したときの出力を使うことを思い出しましょう。例えば、エージェントが観測 [1] の次に観測 [2] を受け取った場合を考えます。このときの学習は「観測 [1] に対する Q ネットワークの出力 $\mathbf{y}$」を改善することになります。このためのターゲットを「観測 [2] に対する Q ネットワークの出力」を使って作り、学習を行います。学習をさせるQネットワークそのもので、その学習のターゲットを作っているという点がポイントです。

この学習によって「観測 [1] に対する Q ネットワークの出力」をターゲットに近づけたとき、学習させていない「観測 [2] に対する Q ネットワークの出力」も変化することがニューラルネットワークでは起こります。これはニューラルネットワークの 1 つの重みパラメータが色々な入出力関係に係わっているからです。

結果、次にまた [1] と [2] を観測したときに、「観測 [1] に対する Q ネットワークの出力」のターゲットが変わってしまっていることになります。もし、学習するたびにターゲットも遠くなるということが繰り返し起きると、学習は収束せずに発散してしまうかもしれません。これは馬が人参を追いかけて走り続けるという現象に似ています。以上が、不安定となるシナリオでした。

この対策として取り入れられたのが、ターゲットを作るニューラルネットワークをQ ネットワークとは別のニューラルネットワークにするという方法です(図 7-7)。この新しいネットワークを**ターゲットネットワーク**と呼びます。ターゲットネットワークは、Q ネットワークの重みパラメータをコピーしたもので、振る舞いは Q ネットワークと同じです。ただし、この重みパラメータのコピーは毎ステップの学習のたびに行うのではなく、一定のステップ数の間隔で行うようにするのです。この間隔を**ターゲットインターバル**と呼ぶことにします。

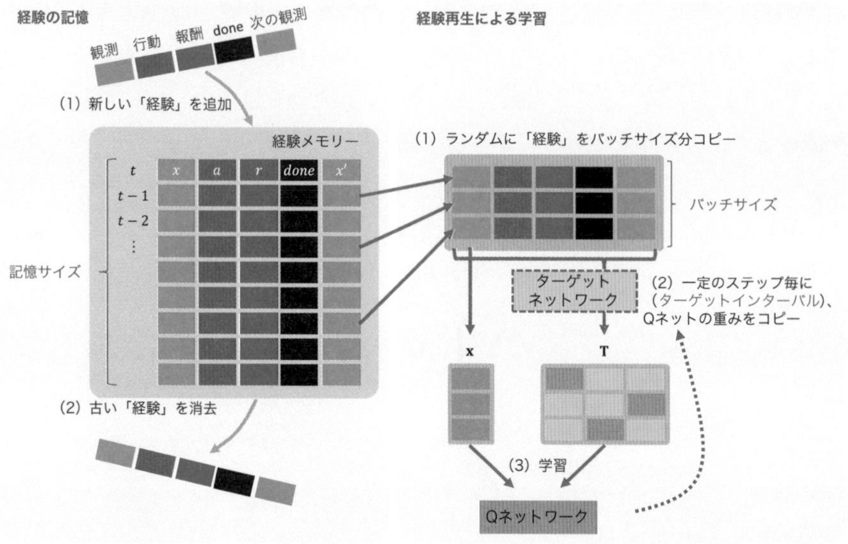

図 7-7　ターゲットネットワークを導入した経験再生

このようにすることで、Q ネットワークが学習してもその影響がすぐにターゲットに反映されることがないので、発散の不安定性は抑制されることになります。この改良の結果が、図 7-5 で示した安定した Q 値の収束なのです。

7.2.3 ターゲットネットワーク Q 学習の実装

それではターゲットネットワークの実装です。ターゲットネットワークを取り入れたエージェントの名前は targetQ としました。agt_targetQ.py というファイルに、TargetQAgt クラスという名前で定義しています。

TargetQAgt クラスは、ReplayQAgt クラスを少し改良するだけなので、ReplayQAgt クラスを継承して作っています。継承の関係性は図 7-8 に示しました。

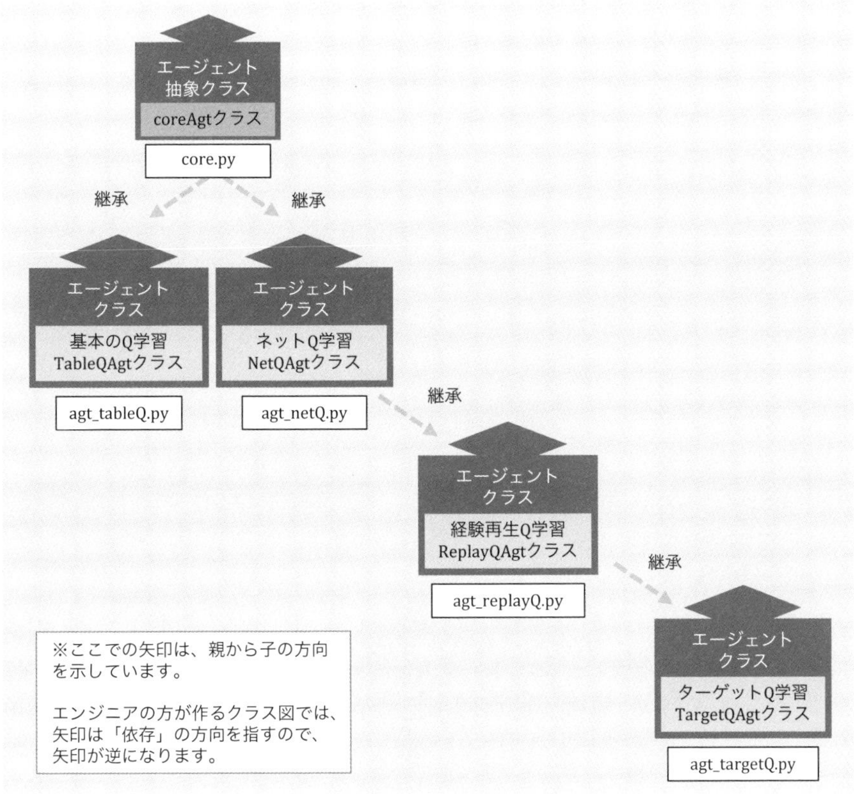

図 7-8　TargetQAgt クラスの位置づけ

では agt_targetQ.py を見ていきましょう。

agt_targetQ.py: 1 から TargetQAgt クラスの定義が始まります。

agt_targetQ.py: 1

```
"""
agt_targetQ.py
経験再生に
ターゲットネットワークを追加した Q 学習のアルゴリズム
"""

import random
import numpy as np

# 自作モジュール
```

```
from agt_replayQ import ReplayQAgt


class TargetQAgt(ReplayQAgt):
    """
    経験再生にターゲットネットワークを取り入れた
    Q 学習エージェントクラス
    """
    def __init__(self, **kwargs):
        # ターゲットインターバル (A)
        self.target_interval = kwargs.pop('target_interval', 10)

        # 継承元のクラスの初期処理 (B)
        super().__init__(**kwargs)

        # ターゲットモデルの作成 (C)
        self.model_target = self._build_Qnet()
        self.time = 0  # タイムステップのカウンター (D)
```

(A) で、新しく追加されるパラメータ「ターゲットインターバル」をアトリビュート self.target_interval として追加しています。(B) でスーパークラス ReplayQAgt の初期処理を行います。ここで Q ネットワークのインスタンスが self.model に作られます。

(C) で、改良のキモとなる「ターゲットネットワーク」を作り、self.model_target に入れます。(D) はタイムステップを数えるカウンターです。ターゲットインターバルごとにターゲットネットワークのパラメータを更新させるために使います。

agt_targetQ.py: 2 は学習 learn() メソッドのオーバーライドです。

agt_targetQ.py: 2

```
    def learn(self, obs, act, rwd, done, next_obs):
        """ 学習 """
        if rwd is None:
            return
        # ------------------------- 編集ここから
        # 経験の保存 (A)
        self.replay_memory.add((obs, act, rwd, done, next_obs))
```

```
        # 学習 (B)
        self._fit()

        # target_interval の周期で Q ネットワークの重みをターゲットネットにコピー (C)
        if self.time % self.target_interval == 0 ¥
                and self.time > 0:
            self.model_target.set_weights(
                self.model.get_weights())

        self.time += 1
        # ------------------------ ここまで
```

(A)、(B) までは replayQ と同じですが、(C) が追加されていることに注意してください。self.target_interval の周期で Q ネットワークの重みをターゲットネットワークにコピーしています。具体的には、モデルの重みパラメータを取得するメソッド self.model.get_weights() で self.model の重みを取得して、それをそのまま self.model_target.set_weights() メソッドで self.model_target にセットしています。

agt_targetQ.py: 3 が、学習の本体である、_fit() メソッドです。

agt_targetQ.py: 3

```
    def _fit(self):
        """ 学習 """
        # 記憶された「経験」の量がバッチサイズに満たない場合は戻る (A)
        if len(self.replay_memory) < self.replay_batch_size:
            return

        # バッチサイズ個の経験を記憶からランダムに取得 (B)
        outs = self.replay_memory.sample(self.replay_batch_size)

        # 観測のバッチを入れる配列を準備 (C)
        obs = outs[0][0]  # 1 番目の経験の観測
        obss = np.zeros(
            (self.replay_batch_size,) + obs.shape,
            dtype=int)

        # ターゲットのバッチを入れる配列を準備 (D)
```

```
targets = np.zeros((self.replay_batch_size, self.n_act))

# 経験ごとのループ (E)
for i, out in enumerate(outs):
    # 経験を要素に分解 (F)
    obs, act, rwd, done, next_obs = out

    # obs に対する Q ネットワークの出力 y を得る (G)
    y = self.get_Q(obs, type='main')

    # target に y の内容をコピーする (H)
    target = y.copy()

    if done is False:
        # 最終状態でなかったら next_obs に対する next_y を
        # ターゲットネットから得る (I)
        next_y = self.get_Q(next_obs, type='target')

        # Q[obs][act] の target_act を作成
        target_act = rwd + self.gamma * max(next_y)
    else:
        # 最終状態の場合は報酬だけで target_act を作成
        target_act = rwd

    # target の act の要素だけ target_act にする
    target[act] = target_act

    # obs と target をバッチの配列に入れる
    obss[i, :] = obs
    targets[i, :] = target

# obss と targets のバッチのペアを与えて学習
self.model.fit(obss, targets, verbose=0, epochs=1)
```

ここで重要な変更があります。(A)、(B)、(C)、(D)、(E)、(F) までは replayQ と同じですが、(G) が異なります。get_Q() メソッドが改良してあり (次で説明します)、type='main' という引数が加えられています。

ここでネットワークは、メインの Q ネットワーク `self.model` とターゲットネット `self.model_target` の 2 つがあります。get_Q() の引数で type='main' とすると前者、'target' とすると後者から Q 値を出力するように改良されています。つまり（G）では、メインのQネットワークから出力を得ています。

(H) は変更しないので､次の変更箇所は､(I) です。7.2.2 項で説明したように、ターゲットを作るときには､ターゲットネットワークを利用します。そのために、get_Q() の引数に type='target' をセットし、ターゲットネットワークから出力を得ています。

agt_targetQ.py: 4 end は、改良した get_Q() の定義です。

agt_targetQ.py: 4 end

```
    def get_Q(self, obs, type='main'):
        """ 観測に対するQ値を出力 """
        if type == 'main':
            # Qネットワークに観測obsを入力し出力を得る (A)
            Q = self.model.predict(obs.reshape(
                (1,) + self.input_size))[0, :]
        elif type == 'target':
            # ターゲットネットに観測obsを入力し出力を得る (B)
            Q = self.model_target.predict(obs.reshape(
                (1,) + self.input_size))[0, :]
        else:
            raise ValueError('get_Qのtypeが不適切です')

        return Q

if __name__ == '__main__':
(以降agt_netQ.pyと同じなので省略)
```

先ほど説明したように、type='main' だったら（A）でメインのQネットワークの出力を得て、type='target' だったら（B）でターゲットネットワークを使ってQ値の出力を得ます。それ以降のコードは、agt_netQ.py と同じです。

以上で、経験再生を取り入れたQ学習の説明は終わりです。

8章

改良と工夫

8章 改良と工夫

最後の章では、強化学習の勉強や研究を発展させていくためのヒントをまとめました。まず、新しい環境やエージェントの作り方を、そして、ハイパーパラメータの調節の方法を説明します。後半では、本書で解説したプログラムを拡張することで、どのような応用ができるのかを紹介します。

8.1 新しい環境とエージェントの作り方

まず、フィールドタスクにオリジナルのタスクタイプを加える方法を解説します。そのあとで、完全に新しい環境とエージェントを作る方法を説明します。この節では、以下のファイルの改良または作成を行います。

iRL/main/

├ env_field.py

8.1.1 項で改良する、フィールドタスクのプログラムファイルです。タスクタイプ「my_wall」を追加します。

├ main_field.py

8.1.1 項で改良する、フィールドタスクを既存のエージェントで学習させるためのプログラムファイルです。「my_wall」用のシミュレーションパラメータを追加します。

├ env_myenv.py

8.1.2 項で作成するフィールドタスクのプログラムファイルです。

├ main_myenv.py

8.1.2 項で作成するフィールドタスクを TableQAgt クラスで実行するプログラムファイルです。8.1.3 項では、新しく作成するエージェントの MyAgt クラスで実行するために改良します。

└ agt_myagt.py

8.1.3 項で作成する新しいエージェントのプログラムファイルです。

改良する env_field.py と main_field.py は、改良箇所をコメントとしてプログラム中に入れていますので参考にしてください。また、すぐにプログラムを動かしてみたいという方のために、以下の iRL/c08_samples/ に作成済のファイルがあります。使用する場合には、iRL/main/ にコピーして使ってください。

iRL/c8_samples/
　└ env_myenv.py、main myenv.py、agt_myagt.py
　　　作成済のファイルです。使用する場合には、iRL/main/ にコピーして使います。

8.1.1 フィールドタスクにタスクタイプを追加する

フィールドタスクのタスクタイプには、no_wall、fixed_wall、random_wall がありましたが、これに加えて my_wall という名前のタスクタイプを作ってみます。これはとても簡単です。

タスクタイプを作るために、env_field.py を直接変更します。iRL/main/ の中の env_field.py を Visual Studio Code などのエディターで開きます。まず、env_field.py: 1 で、ファイルの初めの方で定義されているタスクタイプの名前の列挙型クラスである TaskType クラスに、「my_wall」を以下のように追加します。

env_field.py: 1

```
（省略）

class TaskType(Enum):  # (B)
    """ タスクタイプの列挙型 """
    # タスクタイプを登録 (C)
    no_wall = auto()
    fixed_wall = auto()
    random_wall = auto()
    my_wall = auto() # <------------ 追加

（省略）
```

次に、env_field.py: 2 の set_task_type() メソッドの if 文に、task_type == TaskType.my_wall の分岐を elif で追加して、パラメータのセットを作ります。以下の例は、11 × 11 のフィールドで視野の長さは 1 セルのみ、壁は 30 個、クリスタルが 1 個のランダム配置、タイムリミットは 15 ステップとして設定した場合です（問題としては難しすぎる設定ですが、このような問題も作れるという例です）。自分で数値を設定するときには、他のタスクセットのパラメータも参考にしてください。

env_field.py: 2

```
    def set_task_type(self, task_type):
        """ task_type を指定して parameter を一括設定 """
        if task_type == TaskType.no_wall:
            self.field_size = 5          # int: フィールドの 1 辺の長さ
            self.sight_size = 4          # int: 視野の長さ
            self.max_time = 15           # int: タイムリミット
            self.rwd_hit_wall = -0.2     # float: 壁に当たった時の罰
            self.rwd_move = -0.1         # float: 移動コスト
            self.rwd_crystal = 1.0       # float: クリスタルを得た時の報酬
            self.map_type = 'random'     # 指定したクリスタルと壁の数でマ
                                           ップを自動生成
            self.n_wall = 0              # int: 壁の数（'random' 用）
            self.n_crystal = 1           # int: クリスタルの数（'random' 用）
            self.start_pos = (2, 2)      # tuple of int: スタート座標
            self.start_dir = 0           # int: スタート時の方向(0, 1, 2, or 3)
            self.wall_observable = False  # bool: 壁を観測に入れる

        elif task_type == TaskType.fixed_wall:
（省略）
        elif task_type == TaskType.random_wall:
（省略）
        elif task_type == TaskType.my_wall:  # <---- 追加 ここから
            self.field_size = 11
            self.sight_size = 1
            self.max_time = 15
            self.rwd_hit_wall = -0.2
            self.rwd_move = -0.1
            self.rwd_crystal = 1.0
            self.map_type = 'random'
            self.n_wall = 30
            self.n_crystal = 1
```

```
            self.start_pos = (5, 5)
            self.start_dir = 2
            self.wall_observable = True  # <--- ここまで
        else:
            raise ValueError('task_type が間違っています')
```

これで、タスクタイプの追加は完了です。env_field.py をコマンドライン引数なしで実行してみましょう。

```
(env_iRL) > python env_field.py

---- 実行方法 ---------------------------------------
[task_type] を指定して実行します
> python env_field.py [task_type]
[task_type]
no_wall, fixed_wall, random_wall, my_wall
----------------------------------------------------
```

[task_type] に my_wall が加わっていることが確認できました。

env_field.py を [task_type] my_wall を指定して実行すれば、「あなた」がプレイするモードで起動します（図 8-1）。

```
(env_iRL) > python env_field.py my_wall
---- 操作方法 ---------------------------------------
[e] 前に進む [s] 左に 90 度回る [f] 右に 90 度回る
[q] 終了
全てのクリスタルを回収するとクリア、次のエピソードが開始
----------------------------------------------------
[task_type]: my_wall

あなたのプレイ開始

x(0)=
[[0 0 0 1 1 0]
 [0 0 0 0 0 0]
 [0 0 0 1 0 0]]
```

Chapter 8

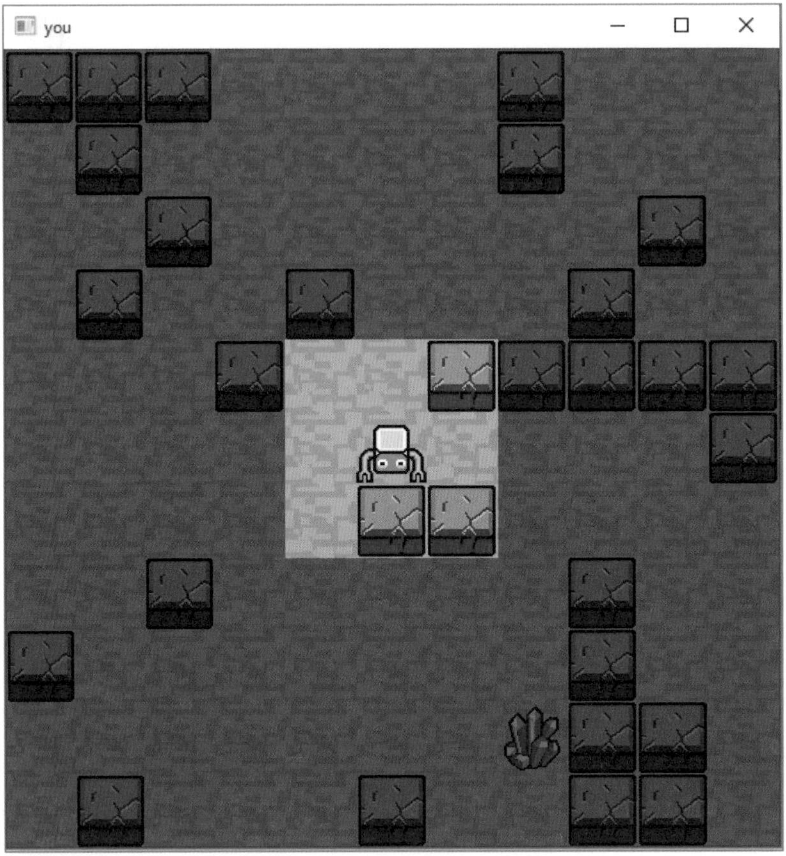

図 8-1　フィールドタスクのオリジナルの [task_type] my_wall の例

このようにして簡単に新しいタスクタイプを作ることができますので、色々と試してみてください。ただし、self.map_type='random' を指定したときに、クリスタルや壁の数が多いとクリスタルに到達できるマップを作れなくなり、以下のようなエラーが出ます。この場合はクリスタルや壁の数を少なくしてみてください。

```
ValueError: マップが生成できません。壁やクリスタルの数を減らしてください
```

ランダムのマップではなく、自分でクリスタルや壁の配置を決めたい場合には、[task_type] fixed_wall のパラメータのセットの仕方が参考になります。基

本的には self.map_type = 'fixed_map' として、self.text_map にオリジナルのマップを記述すれば OK です。このときマップの行数と列数は self.field_size と同じ数にしてください。

my_wall を既存のエージェントに学習させることも可能です。コマンドライン引数なしで main_field.py を実行すると、ここでも [task_type] に my_wall が追加されていることが分かります。

```
(env_iRL) > python main_field.py

---- 使い方 ---------------------------------------
3 つのパラメータを指定して実行します

> python main_field.py [agt_type] [task_type] [process_type]

[agt_type]      : tableQ, netQ, replayQ, targetQ
[task_type]     : no_wall, fixed_wall, random_wall, my_wall
[process_type]  :learn/L, more/M, graph/G, anime/A
例 > python main_field.py tableQ no_wall L
---------------------------------------------------
```

[agt_type] netQ、[task_type] my_wall、[process_type] L を指定して実行してみましょう。

```
(env_iRL) > python main_field.py netQ my_wall L
100 steps, 0 sec --- rewards/episode -1.86, steps/episode  15.00
200 steps, 1 sec --- rewards/episode -1.73, steps/episode  15.00
400 steps, 1 sec --- rewards/episode -1.60, steps/episode  15.00
500 steps, 2 sec --- rewards/episode -1.35, steps/episode  13.70
600 steps, 2 sec --- rewards/episode -1.68, steps/episode  13.60
700 steps, 2 sec --- rewards/episode -1.73, steps/episode  15.00
800 steps, 3 sec --- rewards/episode -1.86, steps/episode  15.00
900 steps, 3 sec --- rewards/episode -1.10, steps/episode  12.40
1000 steps, 3 sec --- rewards/episode -0.94, steps/episode  12.00
```

デフォルトのシミュレーションパラメータで学習シミュレーションが 1000 ステップ実行され、グラフが表示されます。グラフを閉じたあと、[process_type] A で学習結果を確認することができます。

```
(env_iRL) > python main_field.py netQ my_wall A
```

学習が不十分なのでちゃんとした行動にはならないと思いますが、動作の確認はできたと思います。

my_wall 用にシミュレーションのパラメータを作るには、main_field.py: 6 の「task_type 別のパラメータ（E)」の下の箇所に elif 文を増やして、例えば、以下のように追加します。

main_field.py: 6

```
# task_type 別のパラメータ ///////////////// (E)
graph_prm = {}
if task_type == TaskType.no_wall:
（省略）
elif task_type == TaskType.fixed_wall:
（省略）
elif task_type == TaskType.random_wall:
（省略）
elif task_type == TaskType.my_wall: # <--------------- 追加 ここから
    # 学習シミュレーションのパラメータ
    sim_prm['n_step'] = 5000
    sim_prm['eval_interval'] = 1000
    sim_prm['eval_n_episode'] = 10
    sim_prm['eval_seed'] = 1

    # エージェントのパラメータ
    agt_prm['epsilon'] = 0.4
    agt_prm['gamma'] = 0.9

    # グラフに目標値を入れる場合に数値を設定
    graph_prm['target_reward']= None
    graph_prm['target_step'] = None   # <-------------- 追加 ここまで
```

フィールドタスクへタスクタイプを追加する方法は以上です。

8.1.2 新しい環境を実装する

次は、フィールドタスクとは関係なく、完全に新しい環境を作る方法を説明します。これまでのenv_corridor.pyやenv_field.pyの内容も参考になりますが、ここではできるだけ単純なものを作ることで、何が最低限必要なのかを確認します。

基本的には、core.pyのcoreEnvクラスを継承すれば、Envクラスとして必要なメソッドがそろった環境クラスとなり、空っぽですがそのままでも動かすことができる状態になります。そこに、自分が作りたい環境用にreset()とstep()をオーバーライドすればOKです。アニメーションを出したいときには、render()もオーバーライドします。

ただし、オーバーライドしたときにも残さなくてはならないコードが少しだけあります。環境のリセットに関係したself.doneの箇所や、returnの返り値の箇所などです。そこで、オーバーライドするときには、coreEnvクラスの対応するメソッドの中身をコピーし、「--- 編集ここから」と「--- ここまで」の間の箇所を編集するようにしてください[1]。このようにすることで必要な機能を残したまま安全にオーバーライドができるでしょう。ただし、このルールは、あくまでも必要なコードを消さないようにすることが目的なので、それ以外の箇所でもコードを加えることには問題ありません。

試しにシンプルな環境として、4.3.1項で登場したガラガラのタスクを作ってみましょう。ガラガラタスクは、常に同じ観測に対して、行動 $a=0$ か $a=1$ でガラガラA（$a=0$）かB（$a=1$）を選びます。結果、図8-2に示したような確率的な報酬を受け取り、すぐにエピソードが終了するというタスクでした。

[1] オーバーライドする部分としない部分を別のメソッドとして分けた方がスマートですが、本書では全体の仕組みをできるだけ分かりやすくするために、このような単純な方式にしました。

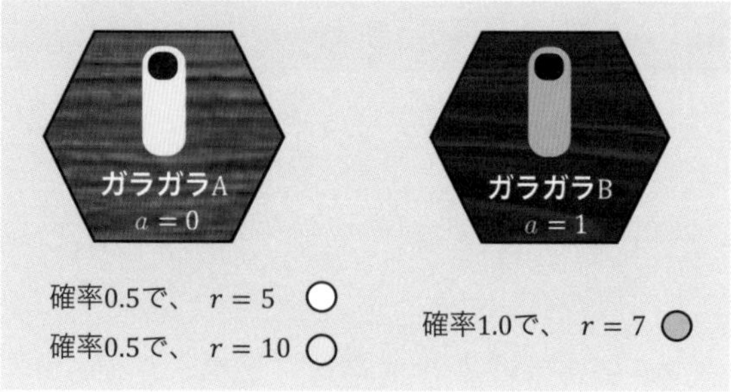

図 8-2　ガラガラタスクの仕様

では、env_myenv.py という名前のファイルをディレクトリ iRL/main/ に作成し、core.coreEnv クラスを継承して MyEnv クラスを作っていきましょう。

env_myenv.py: 1 の内容からファイルに書き込んでいきます。

env_myenv.py: 1

```
"""
env_myenv.py
"""
import cv2
import numpy as np
import core


class MyEnv(core.coreEnv):
    """ オリジナル環境クラス """
    def __init__(self):
        self.n_act = 2   # <--- 行動数を設定 (A)
        self.done = False
        # ------------------------- 編集ここから
        self.state = None
        # ------------------------- ここまで
```

必要な 3 行の import 文のあとは、__init__() のオーバーライドになります。core.py の coreEnv の __init_() の中身をコピーして編集していきます。行動の数が 2 のタスクになりますので、(A) で `self.n_act` を 2 と設定します。

「--- 編集ここから」と「--- ここまで」の間に、空の `self.state` を追加します。これは render() メソッドに、環境の状態を伝達するために使います。

env_myenv.py: 2 で、reset() メソッドをオーバーライドします。これも coreEnv.py から reset() の内容をコピーして、「--- 編集ここから」と「--- ここまで」の間を編集していきます。以下、全てこの作法でオーバーライドしていくことを想定します。

env_myenv.py: 2

```
    def reset(self):
        """ 状態を初期化 """
        self.done = False
        # ------------------------- 編集ここから
        self.state = 'start'
        obs = np.array([0])
        # ------------------------- ここまで
        return obs
```

この reset() メソッドは、環境の状態を初期化し、エピソード開始時の観測 obs（ndarray 型）を出力することが仕事です。

ガラガラタスクの場合、エピソード開始時の obs は ndarray 型であればなんでも OK ですので、np.array([0]) としましょう。環境の状態を表す self.state には、エピソード開始時と分かるように 'start' と入れておきましょう。

Chapter 8

env_myenv.py: 3 は、step() メソッドです。引数の act に対して、報酬 rwd（float 型）、最終状態判定 done（bool 型）、次の観測 obs（ndarray 型）を決めることが仕事です。また、状態を表す言葉を文字列で self.state に入れておくと render() が作りやすくなります。

env_myenv.py: 3

```
    def step(self, act):
        """
        act = 0: ガラガラ A
        act = 1: ガラガラ B
        """
        # 最終状態の次の状態はリセット
        if self.done is True:
            obs = self.reset()
```

```
    return None, None, obs
# ------------------------- 編集ここから
if act == 0:   # ガラガラ A (A)
    if np.random.rand() < 0.5:
        rwd = 5.0
        self.state = 'A small'
    else:
        rwd = 10.0
        self.state = 'A big'
else:   # ガラガラ B (B)
    rwd = 7.0
    self.state = 'B'

done = True             # (C)
obs = np.array([9])     # (D)
# ------------------------- ここまで
self.done = done
return rwd, done, obs
```

編集部分に、行動 act の値に対して報酬 rwd をどう与えるかを if 文で記述します。行動 $a = 0$ であれば、(A) で 0.5 の確率で小さい報酬 rwd=5.0 か、大きい報酬 rwd=10.0 とし、$a = 1$ であれば、(B) で報酬 rwd=7.0 とします。この状態を render() で描き分けられるように、それぞれを、'A small'、'A big'、'B' と名前を付けて、self.state に入れておきます。

今回のタスクはすぐにエピソードが終わるので、(C) で最終状態判定 done を True としました。観測 obs も最終状態用の観測として (D) で obs = np.array([9]) としました。

これで、ガラガラタスクの最小限の機能は完成ですが、ビジュアル的に状態が見えた方が断然実感がわきますし、面白いです。そして、プログラムが正常に動作しているかの確認もしやすくなります。そこで、env_myenv.py 4: end で図 8-3 のような各状態の画像を作る render() を作成します。

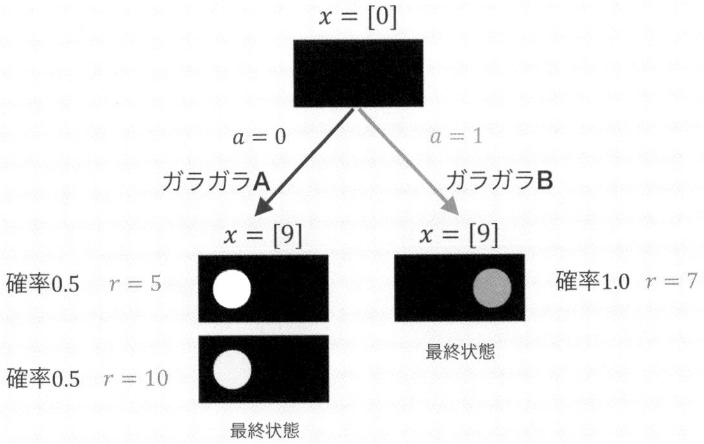

図8-3　ガラガラタスクの各状態の画像

env_myenv.py: 4 end

```
    def render(self):
        """ 状態に対応した画像を作成 """
        # ------------------------ 編集ここから

        if self.state == 'A small':
            x = 50
            col = (255, 255, 255)  # 白
        elif self.state == 'A big':
            x = 50
            col = (0, 255, 255)    # 黄色
        else:  # 'B'
            x = 150
            col = (0, 255, 0)      # 緑

        img = np.zeros((100, 200, 3), dtype=np.uint8)
        if self.state != 'start':
            cv2.circle(img, (x, 50), 30, col, -1)
        # ------------------------ ここまで
        return img
```

render() は、self.state や他の環境の状態を表すアトリビュート等に従って、その状態を表す図である img（3次元の ndarray 型）を作ることが仕事です。

img の ndarray 型は画像として扱うために dtype=np.uint8 で作成します。ガラガラタスクの画像としての表し方ですが、ここでは、ガラガラ A を選んだら左に丸を、ガラガラ B を選んだら右に丸を描くことにしました（図 8-3）。報酬の大きさの違いは、図 8-2 の玉の色で表しました。選ぶ前（開始時）は、シンプルに、何も描かない黒い画面としました。以上で、ガラガラタスクの完成です。

それでは、既存のエージェントにこのタスクを解かせてみましょう。Trainer クラスを使えば、既存のエージェントと組み合わせて簡単にシミュレーションができます。

例えば、以下のような main_myenv.py をディレクトリ /iRL/main/ に作ります。main_myenv.py: 1 で、先ほど作った env_myenv の MyEnv クラスをインポートします。エージェントは TableQAgt クラスを Agt としてインポートし、最後に、Trainer クラスをインポートします。

main_myenv.py: 1

```
"""
main_myenv.py
"""
import myutil
from env_myenv import MyEnv
from agt_tableQ import TableQAgt as Agt
from trainer import Trainer
```

main_myenv.py: 2 で、MyEnv クラスのインスタンス env を生成し、env.reset() で初めの観測 obs を得ます。評価用の環境 eval_env も忘れずに作ります。TableQAgt クラスのインスタンス agt の生成時には、行動数 env.n_act を引数にし、それに加えて、エージェントのパラメータである学習率 alpha と乱雑度 epsilon を指定します。

main_myenv.py: 2

```
env = MyEnv()
eval_env = MyEnv()
obs = env.reset()

agt = Agt(
    n_act=env.n_act,
    alpha=0.01, epsilon=0.5,
    )
```

main_myenv.py: 3 で、agt、env、eval_env を引数にして、Trainer クラスのインスタンス、trn を生成します。ここで、学習前の状態を確認するために、アニメーション表示で動作を見ることにしましょう。学習は is_learn=False で止めておきます。

main_myenv.py: 3

```
trn = Trainer(agt, env, eval_env)

print('学習前動作確認')
trn.simulate(
    is_animation=True, anime_delay=0.1,
    is_learn=False, n_episode=20)
```


main_myenv.py: 4 で、5000 ステップの学習を行います。最後の Q 値を見るために、obss=[[0]] を設定しました。シミュレーションが終わったらその履歴を 'tmp' というファイル名に保存することにします。拡張子は指定しない仕様です。そのファイル名を myutil.show_graph() に指定すれば、rewards/episode と steps/episode のグラフを表示させることができます。

main_myenv.py: 4

```
print('学習中')
trn.simulate(
    n_step=5000,
    eval_interval=1000,
    eval_n_episode=100,
    eval_seed=1,
    obss=[[0]])
```

```
trn.save_history('tmp')
myutil.show_graph('tmp')
```

最後に main_myenv.py: 5 end で、学習後の動作確認のためのアニメーションを入れます。報酬期待値が高い左のガラガラを選び続ければ、学習がうまくいったことになります。これで完成です。

main_myenv.py: 5 end

```
print('学習後動作確認')
agt.epsilon = 0
trn.simulate(
    is_animation=True, anime_delay=0.1,
    is_learn=False, n_episode=20)
```

それでは main_myenv.py を実行してみましょう。

```
(env_iRL) > python main_myenv.py
```

プログラムが間違っていなければ、学習前アニメーション、学習曲線のグラフ（消すには［q］を押す）、学習後アニメーションの順番で画像が表示され、コンソールには以下のように表示が出るはずです（グラフは、初めの1000ステップですぐに最適になってしまうので横に一直線の変化のないグラフになる可能性が高いです）。

```
学習前動作確認
学習中
1000 steps, 0 sec --- rewards/episode  7.95, steps/episode  1.00
2000 steps, 0 sec --- rewards/episode  7.95, steps/episode  1.00
3000 steps, 0 sec --- rewards/episode  7.95, steps/episode  1.00
4000 steps, 0 sec --- rewards/episode  7.95, steps/episode  1.00
5000 steps, 0 sec --- rewards/episode  7.95, steps/episode  1.00

学習後の Q 値
[0]: 7.62, 6.98
学習後動作確認
```

最後のQ値は、AとBを選んだときの報酬の期待値なので、7.50、7.00が理論値となります。大体合っていますね。

これで環境の作り方の説明は終わりですが、作り方のポイントやTrainerクラスの使い方のイメージはつかめたでしょうか。自分で作った環境をエージェントに解かせることで、強化学習をやっているという実感や面白みをより一層味わうことができると思います。

8.1.3 新しいエージェントを実装する

既存のエージェントに機能を追加したい場合には、そのエージェントを継承すると便利です。replayQクラスはnetQの継承で作られていますし、targetQクラスはreplayQの継承で作られていますので、この例が参考になるでしょう。

完全に新しいエージェントを作るときは、環境を作るときと同様に、core.pyのcoreAgtクラスを継承します。オーバーライドするメソッドは、coreAgtクラスをコピーして、基本的には、「--- 編集ここから」と「--- ここまで」の間の箇所を編集していきます。

ここではシンプルなエージェントとして、ガラガラタスクを解く専用のエージェントを作ってみましょう。仕組みは、5.1.1項で説明した「平均の更新則」を使って「AとBのガラガラの報酬の期待値」を推定し、エプシロン−グリーディー法で行動を選ぶというものです。式(5-15)の「最終状態でのQ値学習則」を1つの観測に対してのみ実装していることと同等です。

では、agt_myagt.pyというファイルをディレクトリ/iRL/main/に新規で作りましょう。

まず、agt_myagt.py: 1です。オリジナルエージェントのクラス名をMyAgtとして、coreAgtを継承して作っていきます。まず、__init__()メソッドのオーバーライドからです。

agt_myagt.py: 1

```
"""
agt_myagt.py
"""
import numpy as np
import core


class MyAgt(core.coreAgt):
    """ オリジナルエージェントクラス """
    def __init__(self, alpha=0.01, epsilon=0.5):
        self.epsilon = epsilon
        # ------------------------ 編集ここから
        self.alpha = alpha
        self.Q = np.array([0.0, 0.0])
        # ------------------------ ここまで
```

__init__() のオーバーライドは、coreAgt クラスの __init__() をコピーして編集部分に手を加えていきます。以降全てのオーバーライドでこのコピーの流儀で作っていくことを想定します。

ここでは、引数として「平均の更新則」で使う学習率と乱雑度を指定できるようにし、アトリビュートに self.alpha、self.epsilon として登録しました。それと、A と B のガラガラの報酬の期待値もアトリビュートとして self.Q=np.array([0.0, 0.0]) を作っておきます。

agt_myagt.py: 2 で、select_action() メソッドをオーバーライドします。

agt_myagt.py: 2

```
    def select_action(self, obs):
        """ 観測に対して行動を出力 """
        # ------------------------ 編集ここから
        if np.random.rand() < self.epsilon:
            # epsilon の確率でランダム
            act = np.random.randint(0, 2)
        else:
            # 1- epsilon の確率
            if self.Q[0] == self.Q[1]:
                # Q 値が同じだったらランダム
```

```
            act = np.random.randint(0, 2)
        else:
            # Q 値が大きい方を選ぶ
            act = np.argmax(self.Q)
    # ------------------------- ここまで
    return act
```

select_action() の仕事は、引数の観測 obs (ndarray 型) に対して行動 act (int 型) を返すことです。self.Q を使って、いつものエプシロン - グリーディー法を作ります。ただしひと工夫として、self.Q[0] と self.Q[1] の値が同じときには行動を乱数で選ぶようにしました。同じ値だと np.argmax(self.Q) は常に 0 を選んでしまうからです。

agt_myagt.py: 3 で、learn() をオーバーライドします。

agt_myagt.py: 3

```
def learn(self, obs, act, rwd, done, next_obs):
    """ 学習 """
    if rwd is None:
        return
    # ------------------------- 編集ここから
    self.Q[act] = (1 - self.alpha) * self.Q[act] ¥
       + self.alpha * rwd
    # ------------------------- ここまで
    return
```

learn() の仕事は、観測 obs、行動 act、報酬 rwd、最終状態判定 done、次の観測 next_obs を使って、行動を決めるパラメータを改善することです。出力はありません。

ここでは、self.Q[act] を報酬 rwd を使って 5.1.1 項の「平均の更新則」で更新します。

agt_myagt.py: 4 end で、学習シミュレーションの最後に報酬の期待値 self.Q の値を確認できるように、get_Q() を以下のようにオーバーライドします。

agt_myagt.py: 4 end

```
    def get_Q(self, obs):
        """ 観測に対する Q 値を出力 """
        # ------------------------- 編集ここから
        Q = self.Q
        # ------------------------- ここまで
        return Q
```

以上で、MyAgt クラスの完成です。

では、早速動かしてみましょう。ここは、8.1.2 項で作った iRL/main/ の main_myenv.py を少しだけ書き換えて、先ほど作った MyAgt クラスを使うようにしましょう。

main_myenv.py を開きます。

main_myenv.py: 1

```
"""
main_myenv.py
"""
import myutil
from env_myenv import MyEnv
# from agt_tableQ import TableQAgt as Agt # <--- コメントアウト (A)
from agt_myagt import MyAgt as Agt # <----- 追加 (B)
from trainer import Trainer

env = MyEnv()
eval_env = MyEnv()
obs = env.reset()

agt = Agt(
    # n_act=env.n_act, # <--- コメントアウト (C)
    alpha=0.01, epsilon=0.5,
    )
```

main_myenv.py: 1 の (A) で TableQAgt をインポートしていた部分をコメントアウトし（# を行の初めに入れて行を無効にする）、(B) を追加して、MyAgt を Agt としてインポートします。また、MyAgt のインスタンス生成時には、__init__() に n_act のパラメータの指定を対応させていなかったので、(C) のようにコメントアウトします。これでＯＫです。

それでは実行してみましょう。

```
(env_iRL) > python main_myenv.py
```

改良前の main_myenv.py の実行時と同じような動作が確認できればＯＫです。

以上、エージェントの作り方でした。このように結構簡単に作れますので、ぜひオリジナルエージェントを作ってみてください。

8.2 ハイパーパラメータの決め方

強化学習のエージェントには、設計者が決めなくてはいけないハイパーパラメータがあります。これをどう決めるかは、実務や研究で強化学習をするなら必ずぶつかる切実な問題です。参考までに、コリドータスク実行時における各アルゴリズムのハイパーパラメータの値を図 8-4 にまとめました。

ハイパーパラメータ	変数名	tableQ	netQ	replayQ	targetQ
学習率	alpha	0.2	-	-	-
Q値の初期値	init_val_Q	0	-	-	-
乱雑度	epsilon	0.5	0.5	0.5	0.5
割引率	gamma	1.0	1.0	1.0	1.0
ユニット数	n_dense	-	32	32	32
記憶サイズ	replay_memory_size	-	-	100	100
バッチサイズ	replay_batch_size	-	-	20	20
ターゲットインターバル	target_interval	-	-	-	10

図 8-4　各アルゴリズムのハイパーパラメータ（コリドータスク実行時の値）

ハイパーパラメータを調節する一番分かりやすい方法は、調べたいパラメータの値を決めて、それぞれに対して学習曲線を計算し、比較することです。ただし、学習シミュレーションには確率の要素が入りますので、同じパラメータの値でも複数回の学習シミュレーションをする必要があります。

その例として、フィールドタスクの [task_type] random_wall で、netQ における中間層ユニットは何個にするのがよいのかを調べてみました（図 8-5）。

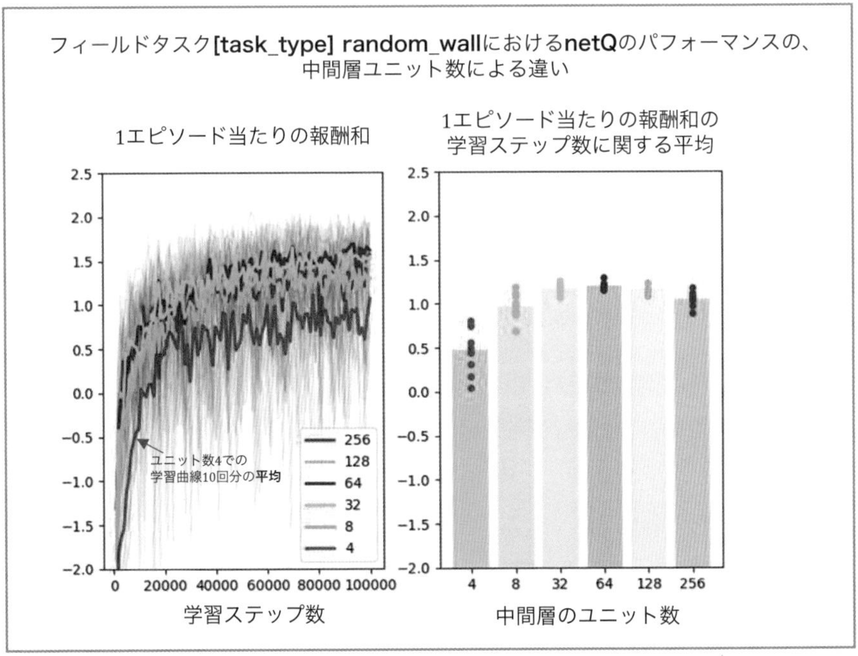

図 8-5　netQ における中間層ユニットの数と学習曲線の関係

まず、調べるユニット数は、[4, 8, 32, 64, 128, 256] の 6 種類と決めました。この中で最も良い数を選ぶことを目的とします。このそれぞれに対して 10 万ステップの学習シミュレーションを 10 回ずつ（合計 60 回）行いました。この計算には、筆者の PC で 9 時間半かかりました。

その結果をまとめたものが、図 8-5 になります。左のグラフは、全 60 個の学習曲線を重ねて描いたものです。その上に、各ユニット数で平均した学習曲線を太い線で描いています。

一方、各学習曲線に対し、0 から 10 万ステップまでの各点の値を平均したものが右のプロットになります。1 つの学習曲線が右のグラフの 1 点に対応します。そして、各ユニット数における 10 個の点の平均が、棒グラフの高さとなっています。

右のグラフの値は、学習曲線の「平均値」ではなく「10万ステップ時の値」としてもよいのですが、グラフの立ち上がりの速さも評価に入れたいと思い、「平均値」で見ることにしました。また、平均を使った方が点のばらつきが少なくなるというメリットもあります。

では、この右側の棒グラフを見てみましょう。4、8、32とユニット数を増やしていくと、報酬和の平均は増加していきますが、64をピークに、そこからは少しずつ下がっていく傾向が分かります。よって、調べた中ではユニット数64が最も良いという結論になります。ちなみに、この64がベストという結論は、「10万ステップ時の値」でプロットしても変わりませんでした。

さて、ハイパーパラメータ1つを決めるのにも結構な時間を要したのですが、パラメータが2つだったらどうでしょうか。例えば、replayQの「記憶サイズ」と「バッチサイズ」の値を改善したいとしましょう。まず、調べるパラメータの値を決めます。記憶サイズは[50, 100, 200]、バッチサイズは[10, 20, 40]と大雑把に決めるとします。

このときに、記憶サイズとバッチサイズが全く関係のないパラメータであれば、まず「記憶サイズ」、次に「バッチサイズ」、と順番に調べていくことができます。例えば、バッチサイズは適当に10と固定した状態で、記憶サイズ[50, 100, 200]の中から一番良いものを探します。「良い」というのは、例えば先ほどのように、学習曲線の平均値または学習曲線の到達値が高いものということです。

ここで、一番良い記憶サイズが100だったとしましょう。次は、記憶サイズを100に固定し、バッチサイズ[10, 20, 40]の中で一番良いものを探します。その結果、例えば、バッチサイズ20が一番良かったとなれば、記憶サイズは100、バッチサイズ20の組が一番良いということになり一件落着です。

しかし、2つのパラメータに関係がある場合にはこのような方法は使えません。関係があるというのは、例えば、記憶サイズ50のときにはバッチサイズ10が良いけれども、記憶サイズ200のときにはバッチサイズ20が良いといった関係性です。このような関係を統計学の言葉で**交互作用**と言います。

交互作用があり得る場合には、記憶サイズ[50, 100, 200]とバッチサイズ[10, 20, 40]の全ての組み合わせ、9通りについて試すことが必要になります。それぞれに対して複数回、例えば10回ずつ試すことで、最も良い組み合わせが分かるでしょう。しかし、これにはかなり時間がかかります。そして、調べる値をもっと細かくとなれば、さらに時間はかかります。さらにもう一つ、交互作用が懸念される3つ目のパラメータがあったら…。もう自分のPCでは計算しない方がよさそうです。

実は、調べるハイパーパラメータが複数あって、それぞれの調べる値が決まっている場合、全ての組み合わせを試す必要はなく、調べるべきパラメータの値の組み合わせを適切に決めることで実験回数を大幅に減らす方法が、統計学の応用分野である**実験計画法**という分野で考案されています。

そして、結果の差が本当にパラメータの違いによって生じたものなのか、それとも単にノイズのせいで偶然生じたものなのかを統計的に判定する**統計検定**の方法もセットで提案されています。本格的にハイパーパラメータのチューニングをする場合には、ぜひ勉強してみることをお勧めします[2]。

また、調べるハイパーパラメータが複数あって、調べる範囲のみが決まっているときには、次に試すべきパラメータの値を、過去のデータに基づき提案していく**ベイズ最適化**という近代的な手法もあります。

ベイズ最適化を使うと、調べたいパラメータの値の組み合わせを細かいグリッド状に区切って網羅的に調べていく方法（グリッドサーチ）や、ランダムにパラメータの組み合わせを選んで調べていく方法（ランダムサーチ）よりも、より少ない回数で最適なパラメータの組み合わせを見つけることができる可能性があります。ベイズ最適化は、例えばscikit-optimize[3]というPythonライブラリで使用することができます。

[2] 例えば、大村平　著「実験計画と分散分析のはなし 改訂版」（日科技連出版社）、永田靖 著「入門実験計画法」（日科技連出版社）が、参考になります。

[3] https://scikit-optimize.github.io/

8.3 強化学習の改良と工夫

この節では、環境とエージェントの拡張の方向性について述べたいと思います。

8.3.1 環境の発展性

これまで、コリドータスクとフィールドタスク、そしてガラガラタスクを考えてきましたが、この強化学習の枠組みの範囲で、より様々な事柄を環境クラスとして作ることができます。ここでは、どう解くかは考えずに、どんな環境クラスがあり得るかだけを色々想像してみましょう。

これまで考えてきた観測や状態は離散値として扱ってきましたが、離散値でなくてはいけないわけではありません。むしろ連続値として考える方が自然な場合も多いです。例えば、フィールドタスクのロボットの座標は実数値に拡張できます（図 8-6）。ロボットの方向も、90 度単位にこだわる必要はなく、実数値に拡張できます。観測も、最も近いクリスタルまでの「距離」などと実数値で定義することもできますし、その距離とクリスタルの見えている方向をセットにして、実数のベクトル（距離 , 方向）とした観測を作ることもあり得ます。

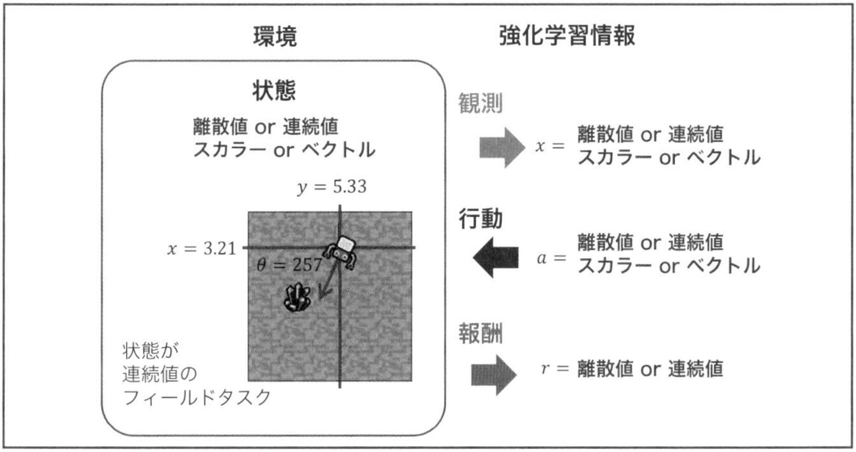

図 8-6　強化学習情報は離散値だけとは限らない

行動も、連続値にするという設定も考えられます。例えば、車の運転ゲームだったら、ハンドルの角度そのものを行動とするのも良いでしょう。また、スカラーである必要もありません。例えば、ハンドル角度とアクセルの踏み具合のように、連続の２次元ベクトルとして行動を定義することも可能です。

環境は、プログラムで作るだけのものではありません。ロボットの実機を強化学習で動かす場合は、ロボットという物理的な機械が環境そのものになります。観測は、関節角度センサー、距離センサー、タッチセンサー、そしてカメラからの情報などが考えられます。しかしこれでは複雑すぎるので、何らかの前処理を施して単純化するという工夫も考えられます。

このリアルなロボットの環境での行動は、各関節につけられたモーターへの角度の指示、またはトルクになるでしょう。もしくは、一連のモーターへの信号パターンを一つの行動として定義する方法も考えられます。

エージェントは、行動としてロボットの各関節の角度を出力すると、ロボットはそれに応じて関節の角度を変えます。結果、ロボットが動いて、センサーの情報が変化します。エージェントはその情報を次の観測としてロボットから受け取ります。これが強化学習のシミュレーションのサイクルになります。

マルチエージェントという研究分野もあります。複数のロボットを協力させて１つのタスクを行うような環境です。例えば、ロボットサッカーなどが有名です。この場合、自分以外のロボットは（正確にはエージェントが動かすロボット以外のロボット）、全て環境の状態の一部として考えることができます。別のロボットからすれば、自分はそのロボットの環境に含まれることになります。状態の遷移はかなり複雑なものになるでしょう。

こうして考えると、様々な事柄が、この強化学習の問題の枠組みに取り入れられることが分かります。しかしながら、この枠組みではおさまらないこともあります。例えば、報酬についてですが、強化学習の枠組みでは、環境がエージェントに報酬を渡しています。つまり環境側に報酬があります。しかし、私たちの脳をエージェントとして考えたとき、報酬はエージェント側にあると考えられます。

例えば、アイスクリームを食べているときはまさしく報酬を環境から受け取っているのではないかと思うかもしれません。しかし、ハッピーな気持ちになるのは、アイスクリームの味や舌ざわりの情報が「観測」として脳に送られ、脳がそれを報酬としてみなしているからです。アイスクリームそのものに報酬という情報があるわけではなく、脳が観測から報酬を作り出しているのです。

脳の報酬関数も、私たちの様々な体の機能と同様に、進化の過程で発達させてきた機能です。つまり報酬関数は、子孫を残すために都合がいいように形成された機能だと考えることができます。こういった考え方に基づいて、報酬関数そのものを自動設計するという研究の方向性もあり得ます[4]。

つまり、本書で紹介した強化学習の枠組みも、これだけが正解というわけではありません。それにとらわれることなく、必要であればどんどん新しい枠組みを考え出していくことも大切です。

8.3.2 Q ネットワークの多層化

ここから先は、エージェントの改良と工夫について述べていきます。まず、簡単にできる Q ネットワークの多層化からです。

観測と Q 値の関係が複雑な場合には、Q ネットワークの中間層を増やすことで Q 値の表現がより柔軟になり、パフォーマンスが上がる可能性があります。本書での Q ネットワークの中間層は 1 層でしたが、層の数を増やすことは簡単にできます。例えば、NetQAgt クラスの Q ネットワークの中間層と出力層の間に、10 ユニットと 20 ユニットの全結合層（Dense）を 2 層加えるには、_build_Qnet() メソッドに以下のように追加します。

[4] 例えば、報酬関数と強化学習のハイパーパラメータを進化アルゴリズムで最適化するという試みがあります；Elfwing et al., (2008) Co-evolution of Shaping Rewards and Meta-parameters in Reinforcement Learning, Adaptive Behavior.

agt_netQ.py

```
    def _build_Qnet(self):
        """ 指定したパラメータでＱネットワークを構築 """
        # Q ネットワークの構築 (A)
        model = Sequential([
            Flatten(input_shape=self.input_size),
            Dense(self.n_dense, activation='relu'),
            Dense(10, activation='relu'),   # <---- 追加
            Dense(20, activation='relu'),   # <---- 追加
            Dense(self.n_act, activation='linear'),
        ])
（省略）
```

ただし、層の数や各層におけるユニットの数もハイパーパラメータになりますので、最適な値を真面目に探すには、それなりに時間をかける必要があります。

8.3.3 画像入力対応：CNN

入力に画像そのものを使う場合には、**畳み込みニューラルネットワーク**（Convolutional Neural Network、CNN）が有用です[5]。CNN は画像の特徴を抽出する画像フィルターを学習します。テレビゲームの画面を入力として学習した Deep-Q-Network（DQN）でも CNN が使われています。ただし、学習にはとても時間がかかりますので、GPU[6] などの使用も考える必要が出てくるでしょう。

もし、フィールドタスクの画面そのものを入力とし、CNN を使って強化学習させたら、どのようなネットワークが学習で構築されるでしょうか。筆者は試していないので想像になりますが、壁が特定の位置にあるときに反応する（高い値を出力する）ユニットや、クリスタルが特定の位置にあるときに反応するユニットなどが、中間層に自然に形成されるのではないかと思っています。

[5] CNNの原理とTensorFlowでの使い方は、こちらで解説しました。伊藤真「Pythonで動かして学ぶ！あたらしい機械学習の教科書 第2版」（翔泳社）

[6] GPU (Graphics Processing Unit) とは、3Dグラフィック処理用のプロセッサですが、ニューラルネットワークの計算処理に利用できるものがあります。従来のCPUに比べて計算スピードが格段に速いという特徴があります。

実は、本書でのフィールドタスクで使用した0と1の観測は、このような画像フィルターの層での処理が終わったあとの表現をイメージして設計しました。

8.3.4 さらなる安定化：Double DQN

7章では、replayQ に対して targetQ というテクニックで学習を安定させましたが、さらに安定化させる Double DQN という方法が提案されています[7]。この方法を取り入れることで DQN のテレビゲームの学習のパフォーマンスが上がったという実績があります。まず、replayQ と targetQ のターゲットの作成方法を式で整理しながらおさらいし、Double DQN を説明します。

では、replayQ でのターゲットの作り方です。まず、$\mathbf{x}(t)$ と $\mathbf{x}(t+1)$ に対するネットワークの出力 $\mathbf{y}(t)$ と $\mathbf{y}(t+1)$ を得ます。

$$\mathbf{y}(t) = \begin{bmatrix} y_0(t) \\ y_1(t) \\ y_2(t) \end{bmatrix} = Q_{net}(\mathbf{x}(t)), \quad \mathbf{y}(t+1) = \begin{bmatrix} y_0(t+1) \\ y_1(t+1) \\ y_2(t+1) \end{bmatrix} = Q_{net}(\mathbf{x}(t+1))$$

これを使って、以下のようにターゲット $\mathbf{T}$ を作り、$\mathbf{x}(t)$ と $\mathbf{T}(t)$ を訓練データセットとします。

$$\mathbf{T}(t) = \begin{bmatrix} y_0(t) \\ r(t) + \gamma \max_a y_a(t+1) \\ y_2(t) \end{bmatrix}$$

ここでは $a(t) = 1$ を仮定しており、対応する $\mathbf{T}(t)$ の2番目の要素が学習によって出力を変更したい箇所としています。また、実際にはこれをバッチ分作りますが、ここでは省略します。

次は、ターゲットネットワークの場合です。ターゲットネットワークの特徴は、

[7] Hasselt et. al., (2015) Deep Reinforcement Learning with Double Q-learning

$\mathbf{x}(t+1)$ に対する出力を Q_{net} ではなくて Q_{target} で計算する点でした。Q_{target} はターゲットインターバルの間隔で Q_{net} の重みパラメータをコピーします。ここでは Q_{target} の出力は $\mathbf{z}$ で表すと決めて、以下のように式で表します。

$$\mathbf{y}(t) = \begin{bmatrix} y_0(t) \\ y_1(t) \\ y_2(t) \end{bmatrix} = Q_{net}(\mathbf{x}(t)), \quad \mathbf{z}(t+1) = \begin{bmatrix} z_0(t+1) \\ z_1(t+1) \\ z_2(t+1) \end{bmatrix} = Q_{target}(\mathbf{x}(t+1))$$

この $\mathbf{z}(t+1)$ を使って、$\mathbf{T}$ は次のようになります。

$$\mathbf{T}(t) = \begin{bmatrix} y_0(t) \\ r(t) + \gamma \max_a z_a(t+1) \\ y_2(t) \end{bmatrix}$$

さて、ここまでやれば、十分完ぺきだと思ってしまうのですが、実は、$\max_a z_a(t+1)$ の期待値が実際よりも大きくなってしまう**過大評価**(overestimation) という現象が起き、それが学習の妨げになるというのです。

例えば、action の種類数が 10 種類と多い場合で考えてみましょう。この場合、$\max_a z_a(t+1)$ の演算は、$z_0(t+1)$, $z_1(t+1)$, $z_2(t+1)$, ..., $z_9(t+1)$ の中から一番大きいものを選ぶことになりますが、学習過程においてこれらは正確な値ではないので、大小のノイズが含まれていると考えることができます。

ノイズの大きさが様々だとすれば、10 個もあれば、たまたま大きなノイズが入っているものも 1 つくらいはあるでしょう。$\max_a z_a(t+1)$ は、単純に一番大きな値を出すだけですので、そういったノイズのせいで大きくなったものを選んでしまう可能性が出てきます。これが「過大評価」のシナリオです。この傾向は、行動の種類が多くなればなるほど強くなります。

この過大評価を回避するテクニックが Double Q-learning algorithm で、これを DQN に取り入れたものが Double DQN になります。

Double DQN でもまず、targetQ と同様に $\mathbf{y}(t)$ と $\mathbf{z}(t+1)$ を求めます。

$$\mathbf{y}(t) = \begin{bmatrix} y_0(t) \\ y_1(t) \\ y_2(t) \end{bmatrix} = Q_{net}(\mathbf{x}(t)), \quad \mathbf{z}(t+1) = \begin{bmatrix} z_0(t+1) \\ z_1(t+1) \\ z_2(t+1) \end{bmatrix} = Q_{target}(\mathbf{x}(t+1))$$

targetQ と異なるのはここからで、$\mathbf{x}(t+1)$ を Q_{net} に入れた出力も求めます。

$$\mathbf{y}(t+1) = \begin{bmatrix} y_0(t+1) \\ y_1(t+1) \\ y_2(t+1) \end{bmatrix} = Q_{net}(\mathbf{x}(t+1))$$

そして、この最大となる要素のインデックス a' を求めます。

$$a' = \underset{a}{\mathrm{argmax}}\, y_a(t+1)$$

これの a' で、$z_a(t+1)$ の要素を決めてターゲットを作ります。

$$\mathbf{T}(t) = \begin{bmatrix} y_0(t) \\ r(t) + \gamma z_{a'}(t+1) \\ y_2(t) \end{bmatrix}$$

つまり、直接 $z_a(t+1)$ の最大値をとらずに、$y_a(t+1)$ を最大とする要素のインデックス a' を使って、$z_{a'}(t+1)$ を選ぶという戦法です。

少し複雑で長い説明になってしまいましたが、なぜこれで過大評価が防げるのか、ノイズの仮定はどれくらい妥当なのか、どういう条件のもとでこの方法が有効なのかなど、まだ腑に落ちない点もあるのではないかと思います。ただ、DQN のテレビゲームの学習のパフォーマンスが上がったという実績は報告されていますので、興味がある方は 8.3.4 項の冒頭で紹介したオリジナルの論文を参考にしてみてください。

8.3.5 連続行動への対応：方策勾配法

8.3.1 項では、車の運転やロボットを動かす状況を「環境」として作る場合には、行動を連続値として定義する方が自然であることを述べました。しかし、Q 学習は行動一つ一つに対して Q 値を予測するものなので、基本的には行動が離散値の場合にしか適用することができません。

このような問題に対応できる別の強化学習アルゴリズムの考え方があります。**方策勾配法（policy gradient method）**という方法です[8]。Q 学習では、観測から Q 値を出力する Q ネットワークを使いましたが、方策勾配法では、観測から行動の値を直接出力する関数を考えます。

この関数というのは、パラメータによって出力を変化させることのできる関数であり、ニューラルネットワークでも良いですし、単純な線形モデルでも成り立ちます。この関数は方策そのものを表しているとみなせます。そして、この関数のパラメータを、報酬そのものを目的関数とした勾配法で更新していくのが方策勾配法です。

方策勾配法を理解するためには、確率分布と真面目に向き合わなくてはいけないために多少難しい数学を理解する必要があります。しかし、強化学習アルゴリズムのトレンドとしては、Q 学習と並ぶとても重要な流れとなっています。

8.3.6 POMDP 対策 1：連続した観測をひとまとめ

突然ですが、ブロック崩しの画面を観測（入力）とした強化学習を考えましょう。このとき、1 枚の画面からでは玉の位置は分かっても玉の速度（動く方向と速さ）は分かりません（図 8-7）。よって、その観測からでは、ボールを打ち返すパッドを左右のどちらに動かすべきか分かりようがありません。この問題は、観測から玉の位置は分かっても速度の情報が分からないので POMDP の問題ということになります。

[8] 方策勾配法の解説は、牧野他　編著「これからの強化学習」（森北出版）の1.4節、白川・森村「方策勾配に基づくアルゴリズム」が参考になります。

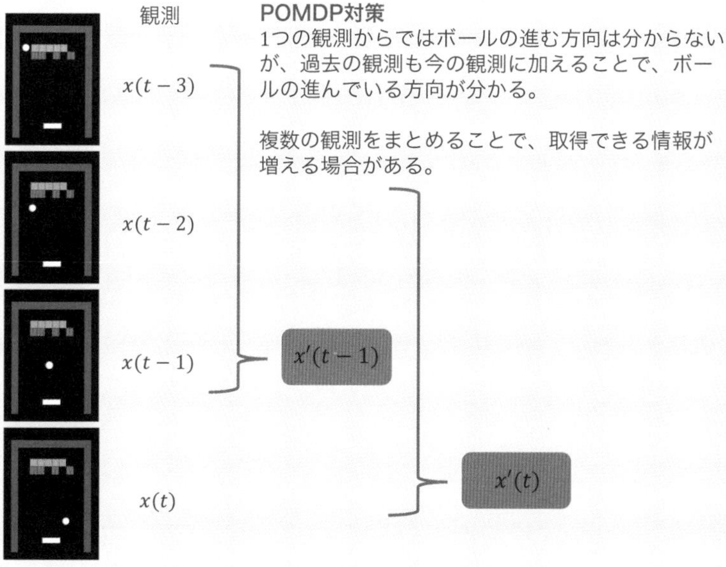

図 8-7　POMDP 対策：過去の連続をひとまとめ

このような POMDP 問題の対策として、過去の観測と今の観測を合わせて 1 つの観測としてしまうという方法がよく使われます。1 フレーム過去の画面も観測に含めれば、その画像の差から球の速度が分かります。このようにすることで POMDP が MDP の問題になり、パッドを動かすべき方向を観測から決めることができるようになるのです。

一般的には、POMDP で観測できないものは物体の速度とは限らないので、1 つ前だけでなく複数ステップ分の観測をひとまとめにするという方法がとられます。DQN のテレビゲームの例では、4 フレーム分の画像がひとまとめにされて 1 つの観測とされていました。

しかし、原理的にこの方式は、時間的に遠くの過去で起きたイベントを考慮しなくてはいけない問題には向いていません。例えば、「鍵」を取ってから「ドア」に進めばクリアとなるテレビゲームがあったとします。エージェントの最適な行動は、鍵を取る前だったら「鍵を探す」こと、鍵を取ったあとだったら「ドアに進む」ことです。

このような場合、「鍵を取った」というイベントが、今から考えて 4 フレームよりもずっと昔に起きているとすると、この過去の観測をひとまとめにする方法ではうまく対応することができません。だからと言って、取り入れる過去の観測を十分長くとってしまうと、ネットワークのパラメータが極端に増加してしまい、学習が困難になってしまいます。

8.3.7 POMDP 対策 2：LSTM

過去の観測を入れずに、今の観測のみを使って POMDP 対策をする方法として、**リカレント型ニューラルネットワーク**（**Recurrent Neural Network、RNN**）を使うというチャレンジングな方法があります。RNN は、自分の層に出力が戻る構造を持つ「RNN 層」を含んだニューラルネットワークです（図 8-8）。RNN 層は、前の層からの入力 $\mathbf{x}(t)$ だけでなく、RNN 層の 1 ステップ前の出力 $\mathbf{y}(t-1)$ も入力として受けていることが特徴です。

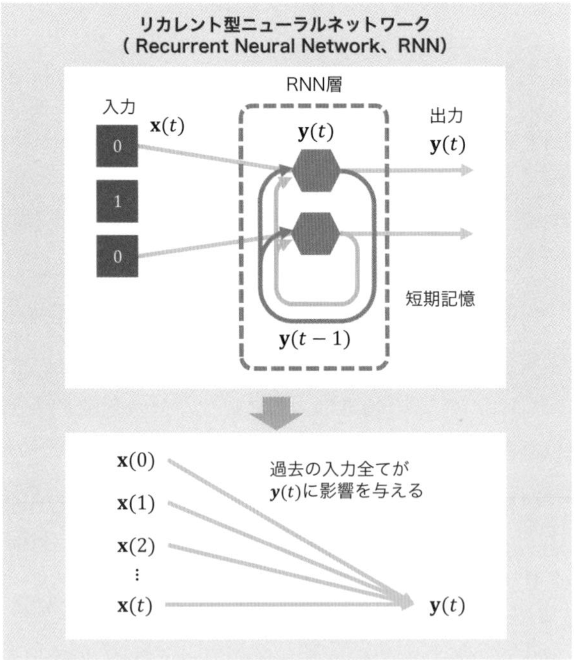

図 8-8　RNN

このループのような構造があると面白いことが起きます。$\mathbf{y}(t)$ は $\mathbf{x}(t)$ と $\mathbf{y}(t-1)$ で決まり、$\mathbf{y}(t-1)$ は $\mathbf{x}(t-1)$ と $\mathbf{y}(t-2)$ で決まり、$\mathbf{y}(t-2)$ は $\mathbf{x}(t-2)$ と $\mathbf{y}(t-3)$ で決まりとずっと過去にさかのぼって考えると、結果、$\mathbf{y}(t)$ は過去全ての観測 $\mathbf{x}(0)$、$\mathbf{x}(1)$、...、$\mathbf{x}(t)$ からの影響を受けることになるのです。

つまり、POMDP 対策 1 のように過去の観測をひとまとめにしなくても、RNN 層を入れることでなんと似たような効果が期待できるということになるのです。

実は、RNN は遠い過去の入力と現在の関連は学習することが困難であることが指摘されていたのですが、その欠点を克服するために、**長・短期記憶（long-short-term-memory、LSTM）**というモデルが提案されました[9]。LSTM も RNN の一種という位置づけですが、特に自然言語処理の分野で活躍しているモデルでもあります。

そして、この LSTM を DQN に組み込む改造をした DRQN（Deep Recurrent Q-Network）というモデルが提案されています[10]。改造はとてもシンプルで、DQN のネットワークの最後の中間層を LSTM 層に置き換えただけというものです。この改造によって、過去のフレームを観測に入れずとも、POMDP 性のあるゲームの学習ができたという結果が報告されています。

最後に、この LSTM についての私の考えを述べたいと思います。この LSTM の強化学習への応用ですが、個人的には、この応用はもっと面白い可能性を秘めていると考えています。

RNN や LSTM はある情報を層内に保持するような仕組みとなっています。それは、特定のパターンを一時的に保存するメモリーのような機能と考えることができます。特に LSTM は、特定の入力が来たときに特定のパターンを保持し、

[9] RNNとLSTMの解説は、斎藤康毅　著「ゼロから作るDeep Learning②」（オライリー・ジャパン）、我妻幸長　著「はじめてのディープラーニング2」（SBクリエイティブ）、などが参考になります。TensorFlow での実装は、公式ページを参考にするか、ブログ記事を検索するのがよいでしょう。

[10] Hausknecht and Stone (2017) Deep Recurrent Q-Learning for Partially Observable MDPs, arXiv.

別の特定の入力が来たときに保持したパターンを消去することができる明確な仕組みが備わっています。この機能は、重みパラメータによって調節することができ、重みパラメータは勾配法によって自動調節が可能です。

このようなメモリーの機能は、先ほどの「鍵を取ってドアに進む」のゲームのような状況で特に有効だと考えられます（図 8-9）。鍵を取ったときに LSTM のメモリーにそのイベントを保持することができれば、鍵を探しに行くべきか、ドアに進むべきかをそのメモリーによって決めることができるからです。

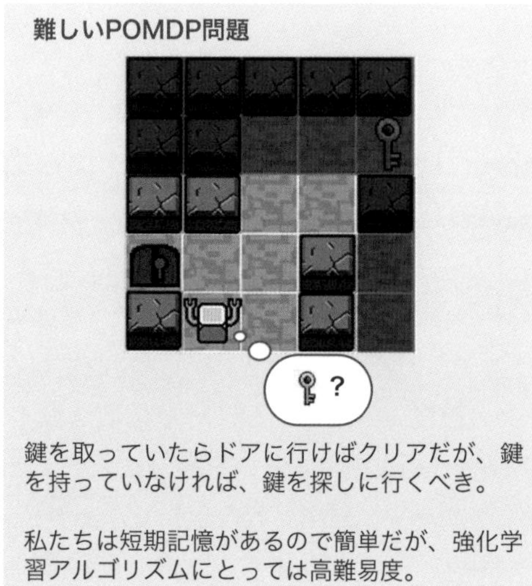

図 8-9　難しい POMDP 問題　鍵を取ってドアに進むタスク

そして、このようなメモリーの利用は「鍵を取った」というような明確なイベントを記憶する以外にも有効だと考えられます。例えば、フィールドタスクだったら、「すでに左側は探したから次は右側を探そう」といった効率の良い探索行動が可能になるかもしれません。これは、「過去の自分の行動」の記憶を、今の行動選択に使っているということになります。つまり、メモリーがあることで一段上の知的戦略が可能となるのです。

このようなメモリーの使い方は、人間でいうところの「短期記憶」と同じ役割になっています。私たちは、無意識のうちに短期記憶を使って行動を決めています。「鍵を取ってドアに進む」ゲームは、短期記憶を使いこなしている私たちにとってはとても簡単ですし、フィールドタスクでも、一度探したところは探さないという戦略も私たちにとっては当たり前の方法です。

ちなみに、このメモリーの短期記憶は、replayQで取り入れた「経験再生」の記憶とは異なります。「経験再生」の経験の記憶は、学習時にしか使用しませんが、この短期記憶は、学習ではなく行動選択に必要となる記憶です。この記憶はエピソードごとにはリセットされてよいものであり、単一のエピソードの中で何か特定のパターンを観測したり特定の行動をとったりしたことの記憶、ということになります。

筆者が行った簡単な実験では、とても単純なタスクでなら短期記憶を使った戦略を強化学習で作ることができました。しかし、少しでもタスクが複雑になると、そのような学習をさせることはできませんでした。しかし、この壁を越えれば、この短期記憶を使ってさらに高度なことができるようになるかもしれません。夢は広がります。

以上で、強化学習の勉強や研究を発展させていくための改良や工夫についての説明を終わります。

あとがき

最後まで読んでいただき、ありがとうございました。この本で、みなさんに少しでも強化学習の魅力がお伝えできていたら、とてもうれしく思います。

強化学習は脳というお手本が近くにあるので、アイデアのネタは尽きることがないでしょう。今後は、オリジナルの環境を作ってみたり、自分のアイデアを組み込んだエージェントを作ってみたりしてはいかがでしょうか。ぜひ、楽しみながら学習を続けていってください。

本書が完成するまでに、多くの方にお世話になりました。まず、沖縄科学技術大学院大学（神経計算ユニット）で強化学習を勉強し、研究する場を与えてくださった銅谷賢治教授をはじめ、ともに学んだ皆様に心より感謝申し上げます。そして、当時研究室で一緒だった大塚誠さんには、理論的な立場からとエンジニア的な立場から、大学生の伊藤航太郎さんからは初学者の立場からレビューをしていただき、説明が分かりにくかった箇所やプログラムコードの書き方を改善することができました。大変ありがとうございました。

本書は、日経ソフトウエア（2021 年 7 月号）掲載の『Python で「強化学習」を学ぶ』という特集記事をスタートとし、そこに詳しい解説やニューラルネットの応用までを含めて完成しました。この記事の段階から本書に至るまで、日経 BP の和田沙央里様、安井晴海様、久保田浩様、安東一真様からは、多くの貴重なご助言をいただきました。心より感謝申し上げます。

2021 年 11 月　伊藤　真

講座 A

Visual Studio Codeのインストールと使い方

講座 A　Visual Studio Codeのインストールと使い方

Pythonのプログラムを作ったり修正したりするには、シンプルなテキストエディタ(Windows 10の「メモ帳」など）でも可能です。しかし、プログラム専用のエディタの方が、プログラム作成をサポートする様々な機能が使えるので断然便利です。

無料で使えるプログラム専用のエディタにもいくつか種類がありますが、本書では、Microsoftが提供している「Visual Studio Code」を紹介します。Visual Studio Codeは、Pythonに限定したエディタではなく、様々なプログラム言語に対応した汎用のプログラムエディタです。Windows、macOS、Linuxで使うことができ、とても高機能ですが、動作は軽くとても使い勝手がよいです。ただし、バージョンが変わると機能や外観も少しずつ変わってきますので、ここでは執筆時（2021年8月）での最新バージョン（1.58.2）のVisual Studio Codeの説明とします。もちろん、エディタに関しては、あくまでも参考までにということですので、別のエディタを使用しても問題はありません。

A-1　Visual Studio Codeのインストール

まず、ブラウザに下記のURLを入力し、Visual Studio Codeの公式ダウンロードページ(https://code.visualstudio.com/download）にアクセスします（図A-1)。

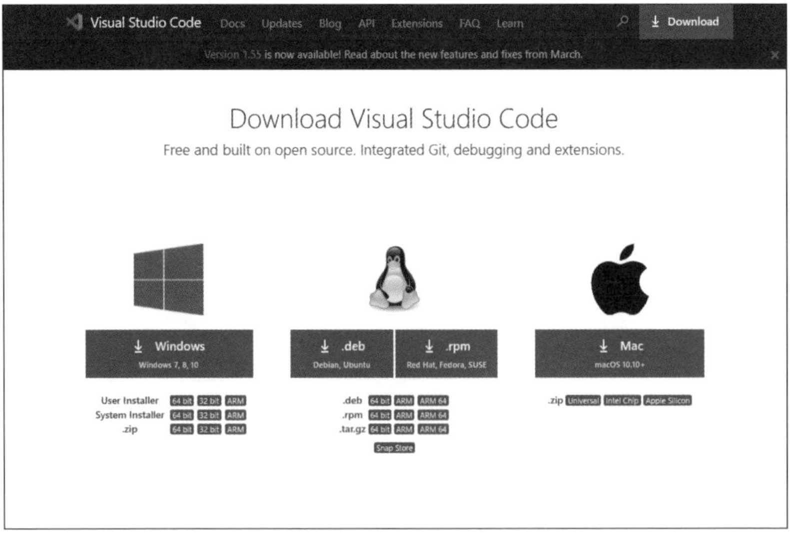

図A-1　Visual Studio Code ダウンロードページ

https://code.visualstudio.com/download

使用するPCのOSに合ったファイルを選択してダウンロードし、インストールしましょう。ここでは、64bit版Windows 10の場合を解説していきます。まず、図A-1の左側に表示されているWindowsのボタンを押します。

すると、実行ファイル（執筆時2021年8月では、VSCodeUserSetup-x64-1.58.2.exe）がダウンロードされます。ダウンロードが終わったら、そのファイルをダブルクリックして実行し、インストールを開始します。インストール開始時の画面で使用許諾誓約書の内容を確認し、「同意する」にチェックを入れ、「次へ」を押して、インストールの条件を設定していきます。設定はデフォルトのままでもOKです。指示にしたがってインストールを完了してください。

A-2 設定

Visual Studio Codeに「日本語化」と「Python」の機能を追加します。そのあとで「背景色の変更」の方法を説明します。Visual Studio Codeが起動した状態から始めますので、起動していなければ、ウインドウメニューからVisual Studio Codeを選んで起動してください。

A-2-1 日本語化

では日本語化からです。図A-2(1)の「拡張機能ボタン」を押します。次に、(2)画面左上のサーチウインドウに「Japanese Language」と入力します。途中までタイプすれば、(3)「Japanese Language Pack for Visual Studio Code」がリストの項目に上がってくるので、それをクリックします。すると、(4) 右側に「Install」のボタンが表示されますので、押してインストールしてください。

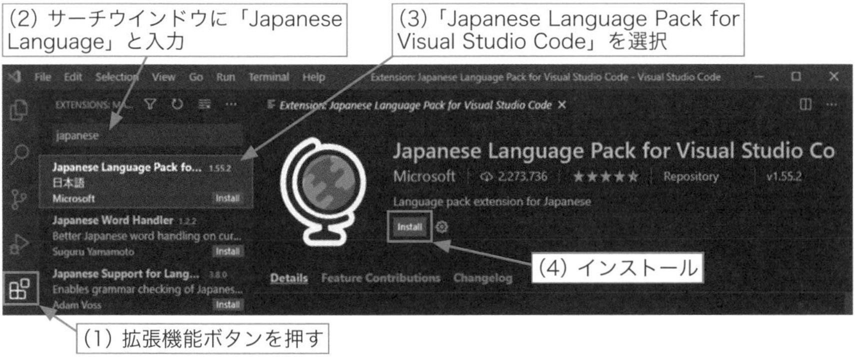

図A-2　Visual Studio Codeの日本語化

インストールすると右下に「In order to use VS Code in Japanese, VS Code needs to restart.」と、リスタートを促すポップアップが出ますので、「Restart」をクリックすると、日本語化されたVisual Studio Codeが立ち上がります（ポップアップが出なかったらファイルメニューからソフトを終了し、立ち上げ直してください)。

A-2-2 拡張機能「Python」の追加

次に、拡張機能「Python」をインストールします。これによって、入力支援機能、コードチェック、デバッグ等の様々なPython関連の支援機能が追加されます。

日本語化のときと同様に、左の「拡張機能ボタン」を押します（図A-3)。そして、サーチウインドウに「Python」と入力し、拡張機能「Python」を選択して、「インストール」ボタンを押します。これで完了です。

図A-3　Visual Studio Code 拡張機能「Python」のインストール

A-2-3 背景色の設定

黒地に白文字の配色は苦手だという人のために、白地に黒文字の配色に変える方法を説明します。

画面上のメニューから、「ファイル」>「ユーザー設定」>「配色テーマ」を選びます。すると、「配色テーマ」のリストが出ますので、好きなものをクリックして選ぶことができます。例えば、一番上の「Light (Visual Studio)」を選ぶと白地に黒文字の表示に変わります。

以降の画面のキャプチャーの図は、このLight (Visual Studio)を選んだ場合の画面となります。

これで、Visual Studio Codeの設定は終わりです。上のメニューから「ファイル」>「終了」を選んで、いったん終了しましょう。

A-3 Visual Studio Codeの使い方

では、Visual Studio Codeの基本の使い方を説明します。Pythonのプログラムは、拡張子を「.py」とするので、「py ファイル」と呼びます。ここでは、py ファイルを新規で作り、保存し、実行するまでの流れを説明します。

A-3-1 仮想環境からの起動

ここからは、2章の設定を全て行っていることを前提とします。まだの方は2章の内容を先に進めてください。まず、作成した仮想環境「env_iRL」から Visual Studio Code を立ち上げるために、Anaconda Powershell Prompt を起動し、「conda」コマンドで仮想環境「env_iRL」に入ります。

```
(base) PS C:¥Users¥[ユーザー名]> conda activate env_iRL
```

次に、「iRL」ディレクトリを指定して Visual Studio Code をコマンドで立ち上げます。Visual Studio Code を起動するコマンド「code」を使って以下のように実行します。

```
(env_iRL) PS C:¥Users¥[ユーザー名]> code C:¥myprojects¥iRL¥
```

すると、Visual Studio Code が、iRL ディレクトリを管理する状態で起動します(図 A-4)。「このフォルダ内のファイルの作成者を信頼しますか？」というポップアップが出た場合には、「親フォルダ myprojects 内の全てのファイルの作成者を信頼します」にチェックを入れて「はい、作成者を信頼します」のボタンを押してください。

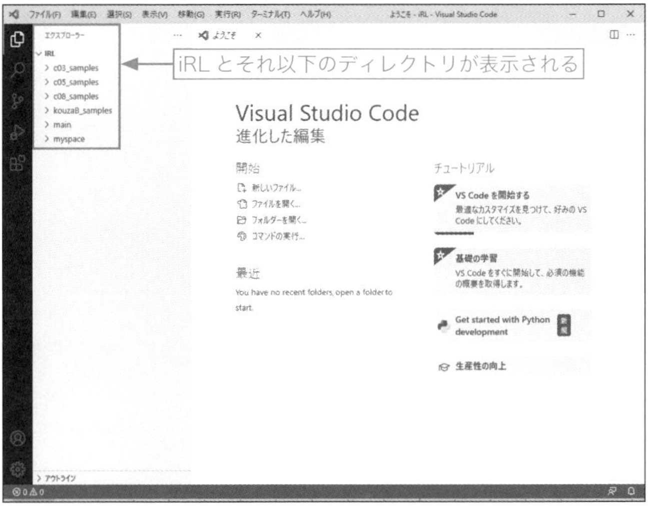

図A-4　Visual Studio Code の起動時の画面（背景色はLight (Visual Studio)に設定）

Visual Studio Code の画面左側のエクスプローラーと書かれた領域に、iRL とそれ以下のディレクトリが表示されていることを確認してください。

A-3-2 ターミナル（コンソール）を使う

Visual Studio Code では、この環境内でもコンソールと同様の機能を使うことができます。画面上のメニューの「表示」>「ターミナル」を選ぶと、下にコンソールの画面が表示されます（図A-5）。Visual Studio Code では、この機能を「ターミナル」と呼んでいますので、ここでは「ターミナル」という言葉を使います。

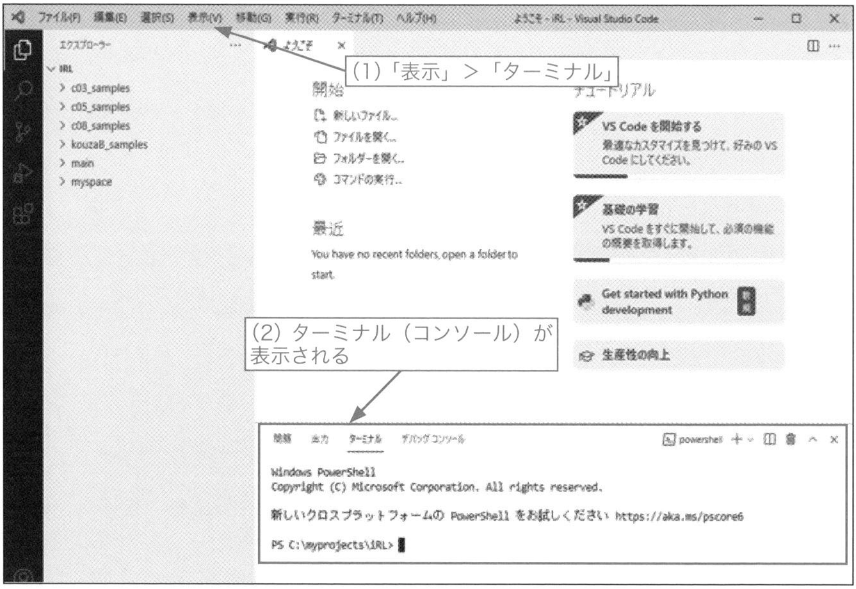

図A-5　ターミナル（コンソール）の表示

ところで、気づかれた方もいると思いますが、ターミナルのプロンプトを見ると、ディレクトリの区切りを表す記号が「\」で表示されています（Anaconda Powershell Prompt では「¥」でした）。これは、表示する文字のフォントが違っているためです。フォントによっては、同じ文字コードでも「¥」が「\」と表示されるのです。ですので、「\」はこれまでの「¥」と同じものだと認識してください。

A-3-3 プログラムの新規作成、保存、実行

画面左側の「エクスプローラー」に表示されているディレクトリ構造を確認すると、iRL の下に「myspace」というディレクトリがあります。これは練習用にあらかじめ作っておいたディ

レクトリで、robot_front.png という画像ファイルのみが入っています[1]。ここに新しく「my01.py」というファイルを作ってみましょう。Python で実行することを想定して、拡張子は「.py」とします。

図 A-6 を見てください。(1) 左側の「エクスプローラー」から、ファイルを作りたいディレクトリをクリックして選択状態にします。ここでは「myspace」をクリックしましょう。次に、(2) 新規ファイル追加のアイコンをクリックします。すると、下に白枠が出ます。(3) その枠にファイル名を記入します。ここでは、「my01.py」と記入します。[Enter] キーを押すと、(4) 右側に my01.py のタブができます。これで、my01.py のプログラムを作る準備ができました。

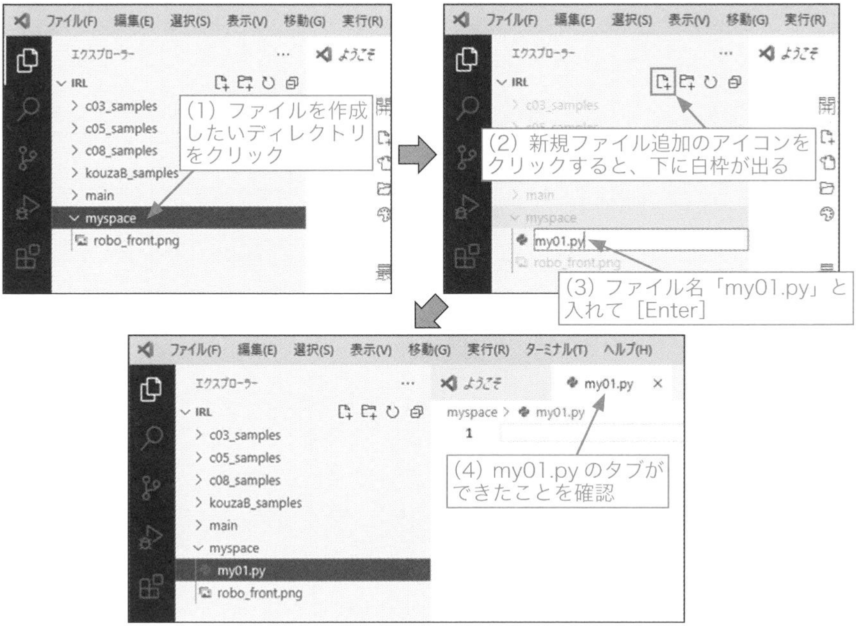

図A-6　新規ファイルmy01.pyを作成

簡単なプログラムを作成しましょう。タブの下の空間に、以下のコードを半角英数字で入力してください。

```
x = 13
y = 2659
z = x * y
print(z)
```

[1] robot_flont.pngの利用は本書の解説ではありませんが、画像を使ったプログラムコードのテストがしやすいように準備しました。是非活用してください。

プログラムについては、講座Bで詳しく解説しますが、このコードの内容は、(1 行目) x に 13 を入れる、(2 行目) y に 2659 を入れる、(3 行目) z に x と y の積を入れる、(4 行目) z の中身 (x と y の積) である 34567 を表示する、という意味です。

コードの入力を開始すると、「my01.py」のタブの右側に「●」が表示されます (図 A-7 (1))。これは、ファイルが未保存であることを示しています。

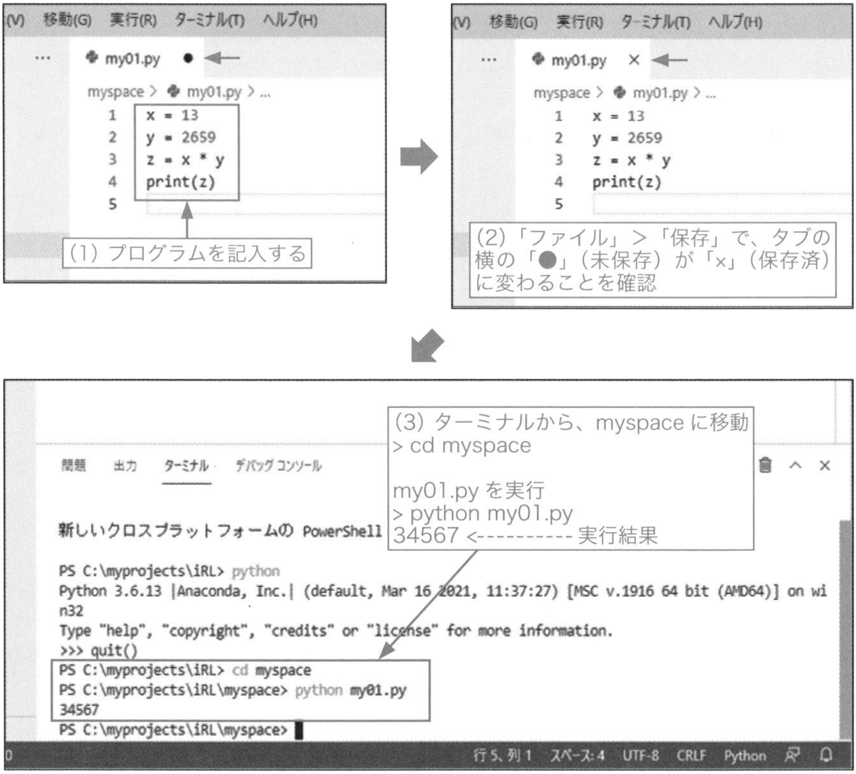

図A-7　my01.py の作成と実行

では、プログラムの記入が終わったら、「ファイル」>「保存」で、作成した内容を保存しましょう。図 A-7 (2) のように「●」が保存済の状態を表す「×」に変わったことを確認してください。

このファイルを実行します。画面の下にターミナルが開いていなかったら、「表示」>「ターミナル」でターミナルを開きます。

(3) でターミナルに「cd myspace」と入力して実行し、カレントディレクトリを「myspace」に移動します。

```
PS C:\myprojects\iRL> cd myspace
PS C:\myprojects\iRL\myspace>
```

Python で my01.py を実行するコマンドは、「python my01.py」です。途中までファイル名を入力するとタブ補完が使えます。コマンドを入力したら［Enter］キーで実行しましょう。

```
PS C:\myprojects\iRL\myspace> python .\my01.py
34567
```

ターミナルに上記のように「34567」が表示されれば成功です。これで、新規ファイルを作って、プログラムを作成し、保存して、実行するという一連の流れが確認できました。

ところで、ここまでの操作中に、Visual Studio Code の右下に、「No Python interpreter is selected.」という警告が出る場合があります（図 A-8）。そのときには、(1)「Select Python Interpreter」を押して、(2) 本書の仮想環境で想定している Python 3.6.xxx（'env_iRL': conda）を選びましょう。

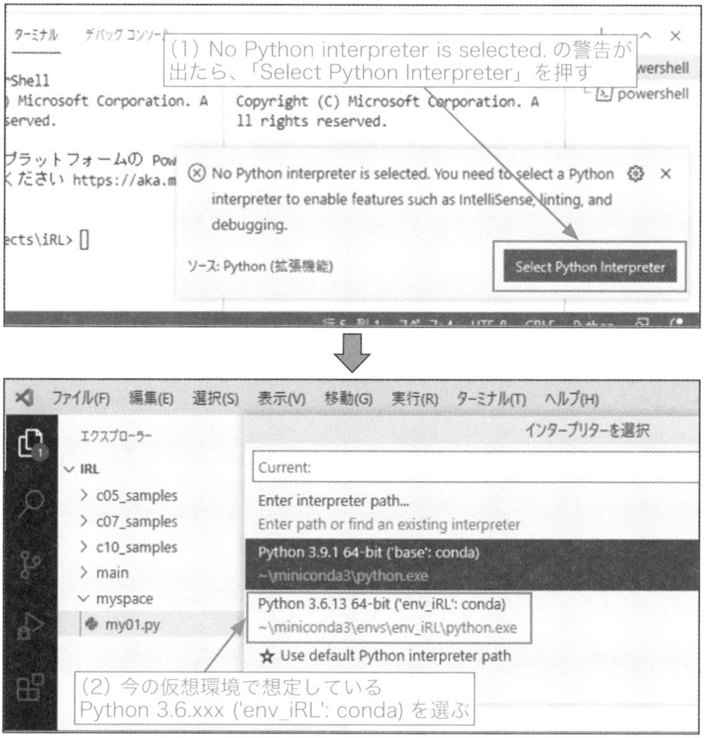

図A-8 「No Python interpreter is selected.」の警告が出た場合の対応

Pythonファイルの実行は、Visual Studio Codeがなくても実行できます。Anaconda Powershell Promptのコンソールを表示し、cdコマンドでC:¥myprojects¥iRL¥myspace¥に移動します。そして、lsコマンドでカレントディレクトリのファイルの確認をしましょう。

```
(env_iRL) PS C:¥myprojects> cd .¥iRL¥myspace¥
(env_iRL) PS C:¥myprojects¥iRL¥myspace> ls

    ディレクトリ : C:¥myprojects¥iRL¥myspace

Mode              LastWriteTime        Length  Name
----              -------------        ------  ----
-a----      2021/08/08    9:55             39  my01.py
-a----      2021/03/14   16:33           1058  robo_front.png
```

my01.pyができていることが確認できました。先ほどと同様に「python my01.py」で実行しましょう。

```
(env_iRL) PS C:¥myprojects¥iRL¥myspace> python my01.py
34567
```

「34567」と表示されれば成功です。Visual Studio Codeで実行したときと同じ結果が得られました。

以上が、Pythonのプログラムを作成するためのVisual Studio Codeの最低限の説明になります。便利な機能はまだまだありますので、使い方をまとめたサイトを参考にしたり、メニューのヘルプを見たりなどして、プログラミング環境をどんどん快適にしていってください。

講座 B

Pythonの基本

講座 B Pythonの基本

講座 B では、Python を初めて学ぶという方でも、本書のプログラムの主要な部分はきちんと理解できるように、Python の基本を 1 から解説します。強化学習のプログラムを理解するために重要な「クラス」の使い方を理解すること、2 つの主要ライブラリ NumPy（ベクトルと行列）と Matplotlib（グラフの描画）を使ってグラフを描くこと、この 2 つを目標に、「変数」を使う方法からじっくり説明していきます。

ページ数の都合のこともあり、この講座 B で説明しきれなかったコードも本書のプログラムに幾分か出てきますが、そのような箇所は他の Python の書籍や Web 検索を活用して理解を深めていっていただければと思います。

Python は、主に 3 つの方法で使うことができます。ファイルを作らなくてもすぐにコードの実行ができる**対話モード**、コードをノートのようにまとめながら実行できる **Jupyter Notebook**、そして、「python ファイル名 .py」のコマンドで、コンソールから**ファイルを直接実行**する方法です。ファイルを直接実行する方法は、講座 A-3-3 で説明しました。

本書の 3 章以降の解説ではこの 3 つの方法全てを使いますが、本講座では、前半で対話モード、後半では Jupyter Notebook を使います。

B-1 変数を使う：対話モード

では、「対話モード」から始めます。ここでは、主に「変数」について解説していきます。

B-1-1 対話モードを起動する

Anaconda Powershell Prompt を立ち上げ、「conda activate env_iRL」で仮想環境「env_iRL」に入ります。

```
(base) PS C:¥Users¥[ ユーザ名 ]> conda activate env_iRL
(env_iRL) PS C:¥Users¥[ ユーザ名 ] >
```

「python」とタイプするとプロンプトが「>>>」と変わり、対話モードが起動します。

```
(env_iRL) PS C:¥Users¥[ ユーザ名 ]> python
Python 3.6.13 |Anaconda, Inc.| (default, Mar 16 2021, 11:37:27) [MSC v.1916 64 bit
(AMD64)] on win32
Type "help", "copyright", "credits" or "license" for more information.
>>>
```

Visual Studio Code のターミナルからでも、同様にして対話モードを起動することができます（講座 A-3-2 項参照）。

B-1-2 四則演算・余り・累乗：「+」「-」「*」「/」「%」「**」

では、立ち上げた対話モードで、四則演算から試していきましょう。四則演算は、通常のプログラミング言語と同様に、「+」が足し算、「-」が引き算、「*」が掛け算、「/」が割り算を表します。

「1 / 2 - 3 * 4 + 5」と入力し［Enter］キーを押して実行してください[1]。表示される結果は、プロンプトがない行として表示されます。本書でも、そのルールで記載していきます。

```
>>> 1 / 2 - 3 * 4 + 5
-6.5
```

割り算の余りは「%」を使います。

```
>>> 10 % 4
2
```

累乗は「**」を使います。

```
>>> 2 ** 10
1024
```

B-1-3 変数

数値や文字などのデータは**変数**に入れて使うことができます。変数は値を入れる「箱」のようなものです。**変数名 = 値**の形式で、「値」の入った「変数」が作られます。この操作を「変数を**定義**する」と言います。変数に対して、「2」などの値そのものを**リテラル**と呼びます。

では、以下のコードで変数 x を作ってみましょう。

```
>>> x = 2
```

これで、変数 x が作られ、そこに 2 が入りました。対話モードでは、式をタイプするとその結果が次の行に表示されますが、変数名をタイプすると、その中の値が表示されます。

[1] 記号の前後の空白は入れても入れなくても正常に動きます。Pythonは書き方にある程度の自由度がありますが、チームでプログラムを書くときなどは、書き方をそろえるために何らかのルールがあると便利です。そのようなルールで有名なものにPEP8（ペップエイト）というコーディング規約があります。記号の前後の空白はこのPEP8で定められている書き方の一つです。PEP8の詳細は、PEP8の日本語サイト（https://pep8-ja.readthedocs.io/ja/latest/）が参考になります。

```
>>> x
2
```

変数名は、data_1 や TYPE_ROBOT など、アルファベット、数字、「 _ 」（**アンダースコア**）を使うことができます。アルファベットの大文字と小文字は区別されます[2]。

```
>>> data_1 = 123
>>> data_1
123
```

以下のようにして、1 行で複数の変数に値を入れることもできます。

```
>>> x, y, z = 1, 2, 3
>>> x
1
>>> y
2
>>> z
3
```

変数も値と同様に、「演算」することができます。

```
>>> price = 120
>>> number = 8
>>> price * number
960
```

B-1-4 複合演算子：「+=」「-=」「/=」「*=」

「変数 x に 2 を足す」という演算は、「x = x + 2」で実現できます。同じ操作を「x += 2」のように、「+=」を使ってシンプルに表すこともできます。

```
>>> x = 98
>>> x += 2
>>> x
100
```

この演算子「+=」は、代入と演算の両方の機能を持っているために**複合演算子**と呼ばれて

[2] ただし、変数名の初めの文字に数字を使うことはできません。また、Pythonのコードで使われる30個ほどの単語（and、if、forなど）を「予約語」と言い、これらの予約語も変数名で使うことはできません。

います。複合演算子には、引き算「-=」、掛け算「*=」、割り算「/=」のバージョンもあります。このあとで説明する、「文字列」や「リスト」に対しても使うことができます。

B-1-5 文字列

「'apple'」や「"banana"」のように、「**'...'**」(シングルクォーテーション)、または「**"..."**」(ダブルクォーテーション)で文字を囲むと、**文字列**として認識されます。文字列の足し算「+」は、**連結**になります。

```
>>> hand1 = 'pine'
>>> hand2 = 'apple'
>>> hand1 + hand2
'pineapple'
```

文字列の掛け算は、その分を繰り返した文字列になります。

```
>>> hand1 = 'pine'
>>> hand1 * 3
'pinepinepine'
```

B-1-6 データの型

Python で扱うデータには、その種類を表す**型**があります。例えば、整数は **int 型**、小数点を扱える実数は **float 型**と言います。文字列は **str 型**です。そのデータを入れた「変数」も、同じ型を持つようになります。「型」は、**type()** で調べることができます。例えば、「3」は int 型です。

```
>>> type(3)
<class 'int'>
```

「3」を入れた変数も int 型であることが分かります。

```
>>> x = 3
>>> type(x)
<class 'int'>
```

「3.14」は float 型で、「'pig'」は str 型です。

```
>>> type(3.14)
<class 'float'>
>>> type('pig')
<class 'str'>
```

他にも型はたくさんありますので、その都度説明していきます。データの型を気にすることは、プログラムのバグをいち早く見つけるためにも重要です。

B-1-7 リスト：list 型

複数のデータをまとめて扱いたいとき、つまり、「配列」のようにデータを扱いたいときに **list（リスト）型**を使います。list 型は、「**[...]**」（角括弧）を使って次のように定義します。

```
>>> x = [3, 1, 4, -100]
>>> x
[3, 1, 4, -100]
```

リストの中の個々のデータ（要素）は、**変数名 [要素番号]** で参照する（見る）ことができます。「要素番号」（**インデックス**とも言います）は 0 から始まる整数です。

```
>>> x = [3, 1, 4, -100]
>>> x[0]
3
>>> x[3]
-100
```

変数名 [要素番号] = 値で、その要素に新しい値を代入することができます。

```
>>> x = [3, 1, 4, -100]
>>> x[3] = 1
>>> x
[3, 1, 4, 1]
```

リストは、**list 型**という型です。type() で確かめることができます。

```
>>> x = [3, 1, 4]
>>> type(x)
<class 'list'>
```

リストの中の要素の型も type() で調べることができます。この場合は int 型です。

```
>>> x = [3, 1, 4]
>>> type(x[0])
<class 'int'>
```

リストは、様々な型を各要素に入れることができます。

```
>>> y = ['cake', 450, 'yen', 385.0, 'kcal']
>>> type(y[0])
<class 'str'>
>>> type(y[3])
<class 'float'>
```

2つのリストを足し算すると、**連結**になります。ベクトルの演算のようにはならないことに注意してください。ベクトルは、あとに説明する NumPy ライブラリを使って表します。

```
>>> x = [1, 2]
>>> y = [3, 4]
>>> x + y
[1, 2, 3, 4]
```

リストのリストを作ると、「2次元配列」[3] のようになります。

```
z = [[0, 1, 2], [3, 4, 5]]
>>> z
[[0, 1, 2], [3, 4, 5]]
```

「リストのリスト」の要素を参照してみましょう。

```
z = [[0, 1, 2], [3, 4, 5]]
>>> z[1][2]
5
```

この例では、`z[1]` が [3, 4, 5] を表します。`z[1][2]` は、[3, 4, 5] の「要素番号 2」の要素なので「5」となります。

同様にして、「リストのリストのリスト」や、それ以上の入れ子のリストも作ることができます。

[3] 2次元配列とは、2つのインデックスで要素を指定する配列変数です。行と列の番号で要素を指定する2次元の表をイメージすると分かりやすいと思います。

B-1-8 タプル：tuple 型

リストと似たデータ型に **tuple（タプル）型**があります。タプルは、「**(...)**」（丸括弧）を使って定義します。タプルはリストと同様に足し算（連結）などの演算が可能ですが、要素を書き換えることはできません。

```
>>> x = (3, 1, 4)
>>> x
(3, 1, 4)
```

要素の数が 1 つのタプルを定義するときには、「(1,)」のように、最後にコンマ「,」をつけてタプルであることを明記します。

```
>>> type((1,))
<class 'tuple'>
```

複数の値を 1 つの変数で受け取ると、その変数はタプルとなり、各要素に値が入ります。

```
>>> x = 98, 99
>>> x
(98, 99)
>>> x[0]
98
```

タプルも値を参照するときには、上記のようにリストと同じ**変数名 [要素番号]** とします。

B-1-9 組み込み関数

Python では、ライブラリを読み込んだりしなくてもすぐに使える関数が、いくつか用意されています。それを**組み込み関数**と言います。リストに対して使える組み込み関数には、例えば、最大値を返す **max()** があります。

```
>>> x = [3, 1, 4, 1]
>>> max(x)
4
```

リストの長さを求める **len()** もよく使う組み込み関数です。

```
>>> x = [3, 1, 4, 1]
>>> len(x)
4
```

リストに使える組み込み関数には、他にも最小値を求める **min()**、合計を求める **sum()** などがあります。

数値や文字列に対してよく使う組み込み関数は、例えば、型の変換の関数があります。**int()** や **float()** は、別の型の数値や文字列 str 型をそれぞれ int 型と float 型に変えます。

```
>>> int('100') * float('0.1')
10.0
```

表 B-1 に、よく使う組み込み関数をまとめました。

関数名	機能	使用例
len()	リストやタプルの長さ	>>> len([3, 1, 4]) 3
min()	リストやタプルの最小値	>>> min([3, 1, 4]) 1
max()	リストやタプルの最大値	>>> max([3, 1, 4]) 4
sum()	リストやタプルの合計値	>>> sum([3, 1, 4]) 8
int()	str型をint型にする	>>> int('100') 100
float()	str型をfloat型にする	>>> float('3.14') 3.14
str()	数値をstr型にする	>>> str(99) '99'
type()	変数やデータの型を調べる	>>> type('abc') <class 'str'>

print()	値を表示する（講座B-2-5参照）	>>> x = 3.14
		>>> print('円周率は', x)
		円周率は3.14

range()	整数の連続値を生成 for文でよく使用する（講座B-2-11参照）	>>> list(range(5)) [0, 1, 2, 3, 4] # list()を使って出力をlist型に変換した例
enumerate()	for文でインデックスも参照したいときに使用する（講座B-2-11参照）	講座B-2-11参照のため省略
ord()	文字のunicodeを返す（env_corridor.pyでキー操作のために使用）	>>> ord('q') 113

表 B-1　よく使う組み込み関数

B-1-10 変数が持つ関数：組み込みメソッド

リストに「要素を追加する」という操作は、**append()** という関数を以下のように使います。

```
>>> x = [3, 1, 4]
>>> x.append(1)
>>> x
[3, 1, 4, 1]
```

ここで、少し不思議に思った方もいるでしょう。append() は、**変数名 . 関数名 ()** という形で使います。これは、先ほどの組み込み関数とは異なる形式です。

実は、Python で定義する全ての変数は単なる箱ではなく、この append() のように、値を操作する関数を変数が持っているのです。つまり、Python の変数は、「データと関数がセットとなったもの」となっており、このような構造を**オブジェクト**と呼びます。オブジェクトの関数を特に**メソッド**と言います。append() は、list 型のメソッドです。

本書で出てくるメソッドには表 B-2 のようなものがあります。str 型で使う format() など、リテラル（値そのもの）に直接使用することが可能なメソッドもあります。

データ型	メソッド名	機能	使用例

list型	append()	要素の追加	>>> x = [3, 1, 4]
			>>> x.append(1)
			>>> x
			[3, 1, 4, 1]

list型	pop()	引数で指定した要素番号の要素を削除。その要素を返す	>>> x = [3, 1, 4]
			>>> x.pop(0)
			3
			>>> x
			[1, 4]

str型	format()	文字列に値を埋め込む（講座B-2-5参照）	>>> '第{}位'.format(1) '第1位'
str型	join()	文字列でリストの要素を結合する（env_field.pyでタスクタイプの表示のために使用）	>>> ', '.join(['a','b']) 'a, b'

表 B-2　本書で使う主なメソッド

B-2 制御文と関数を使う：Jupyter Notebook

ここからは、**制御文**と呼ばれる「分岐」や「ループ」、そして「関数」や「クラス」の説明をしていきます。そのため、プログラムが少しだけ長くなります。そうなると対話型モードよりも、プログラムを画面上に表示しながら進めることができる Jupyter Notebook が便利なので、そちらに切り替えます。対話モードを終了するには「quit()」と入力してください。

B-2-1 Jupyter Notebook の起動

では、Jupyter Notebook を起動します。Anaconda Powershell Prompt の画面で、仮想環境に入っていなければ、「conda activate env_iRL」で仮想環境「env_iRL」に入ります。

```
(base) PS C:¥Users¥[ ユーザ名 ]> conda activate env_iRL
(env_iRL) PS C:¥Users¥[ ユーザ名 ]>
```

Jupyter Notebook を「jupyter notebook［開始するディレクトリ］」のコマンドで立ち上げます。ここでは、「開始するディレクトリ」を「C:¥myprojects¥iRL¥」とします。

```
(env_iRL) PS C:¥Users¥[ ユーザ名 ]> jupyter notebook C:¥myprojects¥iRL¥
```

上のコマンドを実行すると、ブラウザが開いて「ダッシュボード画面」が表示されます（図 B-1）。ダッシュボードは Windows でいうところのエクスプローラーのような役割があり、ディレクトリを移動したり、ファイルを開いたり、新しいファイルを作成したりすることができます。

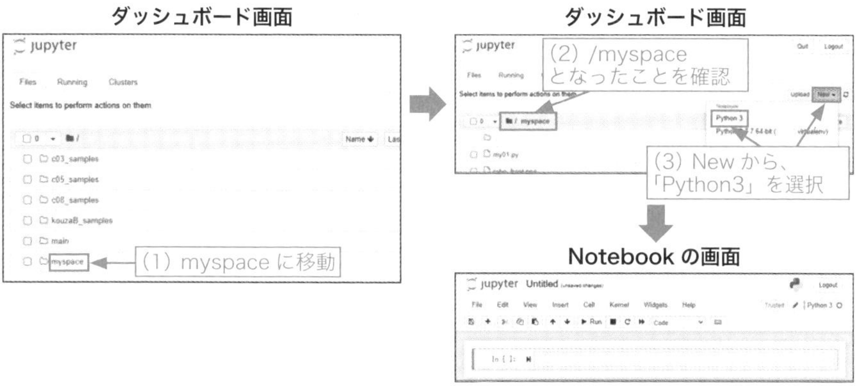

図 B-1　Jupyter Notebook の開始から新規 Notebook を作成

プログラムは、「Notebook」というファイルに作ります。ここでは、myspace のディレクトリの中に、Notebook を新規で作りましょう。まず、図 B-1 の（1）「myspace」を押し、(2)「/myspace」に移動したことを確認します。

次に、(3) 画面右上の「New」ボタンで、プルダウンメニューを表示し「Python3」を選びます。これで、新規の Notebook が作成され、その画面が表示されます。Notebook の画面は、「メニュー」、「ツールバー」、「セル」から構成されます（図 B-2）。

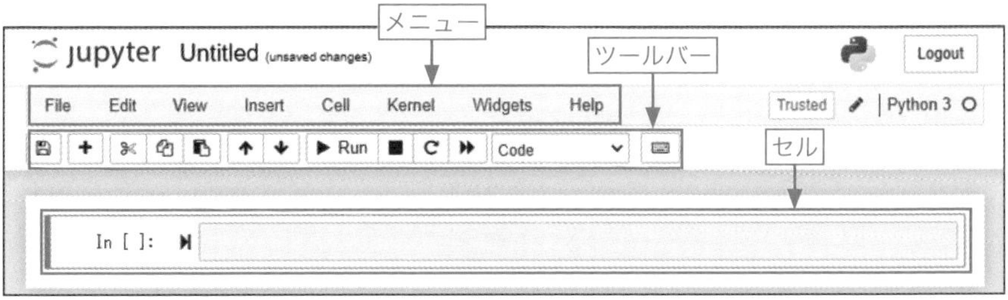

図 B-2　Notebook の画面

早速、この Notebook に Python のコードを書いて実行してみましょう。図 B-3(1)のように、セルの中にコードを書きます。次に、(2) メニューの「Run」ボタンを押すと、選択されているセルのコードが実行されます。(3)出力結果は、セルの下の部分に表示されます。そして、(4)下に新しいセルが追加されます。

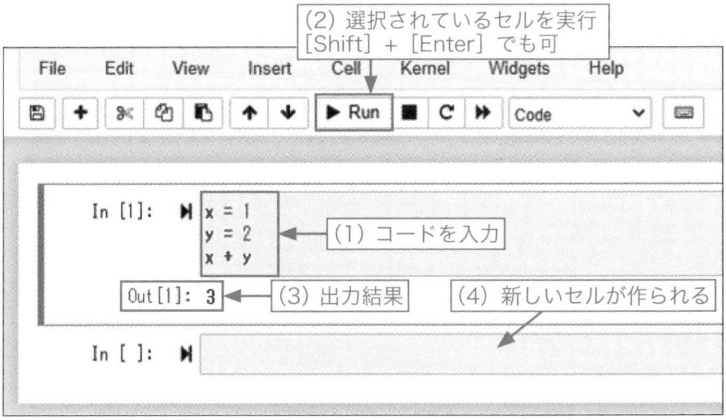

図 B-3　セルの実行

以降は、同じようにして、次の新しいセルにコードを作成し、計算を続けることができます。

コードの実行は、「Run」ボタンをマウスでクリックしなくても、ショートカットで行うこともできます。Windows の場合は［Shift］キーを押しながら［Enter］キーを押します（［Shift］＋［Enter］と記述します）。慣れると、この方法の方が素早く実行できるようになるでしょう。

［Ctrl］＋［Enter］でセルを実行することもできます。この場合は、新しいセルを作らず、同じセルが選択されたままとなります。これは同じセルのコードを何度もテストするときに便利です。

選択されているセルには 2 つのモードがあります。枠のラベルの色が水色のときは**コマンドモード**、緑色のときは**エディットモード**と言います（図 B-4）。セルの左側の In［番号］の付近をクリックすると「コマンドモード」になり、コードを書き込んだ領域をクリックすると「エディットモード」に切り替わります。

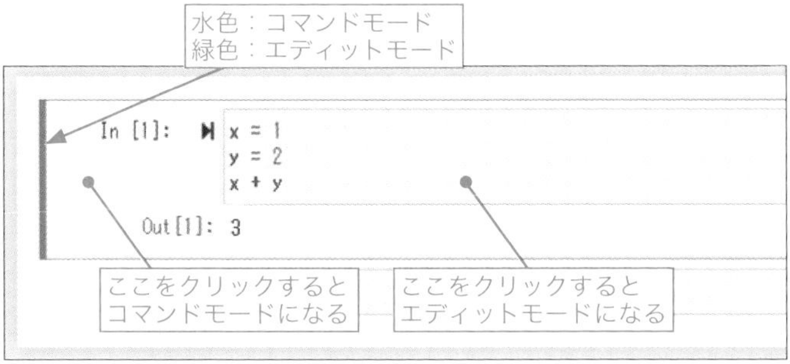

図 B-4　コマンドモードとエディットモード

緑色のエディットモードは、コードを作成するモードです。水色のコマンドモードは、セル自体を操作するモードで、様々なショートカットを使うことができます。例えば便利なものに以下のようなものがあります。

[b] キー：選択されているセルの下に、新規のセルを追加

[a] キー：選択されているセルの上に、新規のセルを追加

[x] キー：選択されているセルを切り取り

[l] キー：選択されているセルの行番号の表示

ショートカットのリストは、ツールバーの一番右のキーボードマークのボタンを押すと表示されます。

B-2-2 Markdownで文章を作る

セルはプログラムを書くだけはなく、テキストを入力する「Markdown」という記述モードがあります。これを試してみましょう。

まず、図 B-5（1）のように 1 つのセルを選択します。次に、(2) ツールバーの右に表示されているプルダウンメニューがプログラムを書くモードの「Code」になっていますので、「Markdown」に変更します。

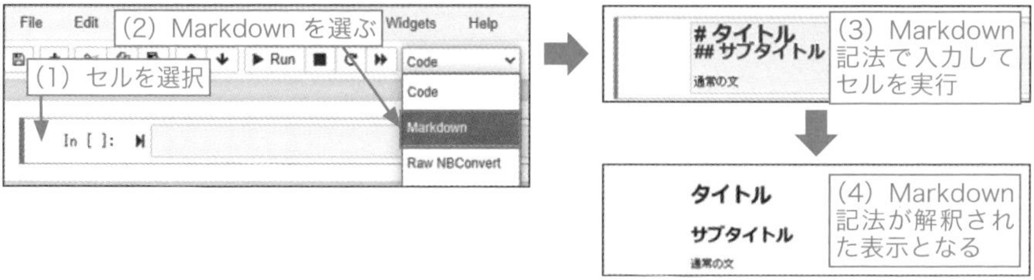

図 B-5　Markdown を入力する

図 B-5 の（3）を見てください。テキストは **Markdown 記法**という方法で記述します。行頭に「#」を付けると見出し文字になります。「#」のあとに半角スペースを入れるのを忘れないようにしてください。「#」の数を増やすとその下の階層の見出しになります。

Markdown 記法は、Jupyter Notebook だけでなく、数式を使ったブログサイトなど、様々なところで利用されている一般的な記法です。数式や表など、他にも様々な表現ができますので、興味がある方は「Markdown 書き方」などのキーワードで検索してみるとよいでしょう。

B-2-3 Notebook を保存する

ファイル名はデフォルトで「Untitled」となっていますが、図 B-6 のように、(1)「Untitled」をクリックすると、(2) ファイル名の入力画面となり、任意のファイル名に変更することができます。このとき、拡張子は付けなくても（3）「Rename」ボタンを押すと、Notebook の拡張子「.ipynb」が自動的に付いて、保存されます。

このあとは、ファイルを書き換えたあとでも「保存」ボタンを押すことで、ファイルを上書き保存することができます。

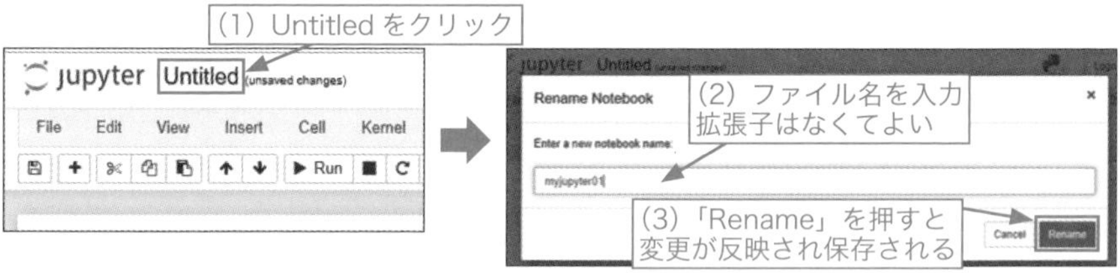

図 B-6　ファイル名を付けて保存

B-2-4 Jupyter Notebook を終了する

終了の方法は、まず、メニューから「File」>「Close and Halt」を実行して、Notebook のブラウザのタブを閉じます。次に、ダッシュボード画面で、右上の「Quit」を押します。すると、「Server stopped」というメッセージが表示されますので、ダッシュボードのブラウザのタブを閉じて、終了が完了します。

上記の手続きをせずに、ブラウザのタブを閉じてしまうと、Jupyter Notebookが動き続けている状態になってしまい、Anaconda Powershell Promptのコンソールにプロンプトが表示されません。そのときには、コンソールで［Ctrl］キーを押しながら［c］キーを押し、プロセスを強制的に止めてください。Jupyter Notebookが終了して、プロンプトの表示が戻ります。

B-2-5 Print関数と文字列

では、Pythonの説明に戻ります。Jupyter Notebookでは、セルに記述した最後の行の値が、セルの下に表示されます。本講座では、以下のようにセルの実行結果はグレーの背景で表示していきます。

```
x = 1
y = 2
y
```

```
2
```

print()関数を使うと、最後の行ではない値も表示することができます。

```
x = 1
print(x)
y = 2
print(y)
```

```
1
2
```

print()関数は、複数の値でも「,」（コンマ）で区切れば表示することができます。

```
w = 10 / 7
h = 3 / 7
print('幅', w, 'm  ', '高さ', h, 'm')
```

```
幅 1.4285714285714286 m   高さ 0.42857142857142855 m
```

'文字{}文字{}文字...'.format(変数1, 変数2, ...)の形式を使うと、{}の箇所に「変数1」

や「変数2」の値を差し込むことができます。

```
msg = '幅 {}m, 高さ {}m'.format(w, h)
print(msg)
```

```
幅 1.4285714285714286m, 高さ 0.42857142857142855m
```

文字列中の「{ }」の部分に、「変数1」、「変数2」、... の順番で左から割り当てられます。format() は、講座 B-1-10 で説明した「str 型のメソッド」になります。

「**{:.2f}**」などとして、表示する実数の小数点以下の桁数を指定することができます。「f」は実数の float を意味します。

```
print('幅 {:.1f}m, 高さ {:.2f}m'.format(w, h))
```

```
幅 1.4m, 高さ 0.43m
```

「**f'文字{変数1}文字{変数2}文字'**」のように、文字列の前に f を付けると、「{ }」の中に変数を指定することができ、直感的に分かりやすいコーディングになります。これを **f 文字列**と言います。Python 3.6 から追加された機能です。

```
name = 'キャベツ'
price = 120
print(f'{name}{price}円')
```

```
キャベツ120円
```

f 文字列では、**{ 変数 : .1f}** などとして、小数点以下桁数を指定することもできます。

```
price = 128 / 253 * 100
print(f'100g当たり {price:.1f} 円')
```

```
100g当たり 50.6 円
```

B-2-6 コードの折り返し

コードが長くなってしまったとき、複数の行に折り返す方法です。Python では、括弧（( ), { }, [ ]）の中では自由に改行することができます。

```
x = [
    'dog',
    'cat',
    'pig',
]
print(x)
```

```
['dog', 'cat', 'pig']
```

括弧の外で改行する場合には、「\」(バックスラッシュ)を使います(フォントによっては「¥」と表示されます)。

```
x, y = 100, 120
msg = 'ショップA {}円,' \
    + ' ショップB {}円'
print(msg.format(x, y))
```

```
ショップA 100円, ショップB 120円
```

B-2-7 if文で分岐する

処理の流れを条件によって分岐させたい場合には**if文**を使います。if文は以下のように書きます。

```
x = 4
if x > 5:
    print('xは5より大きい')             # ブロックA
elif x > 2:
    print('xは5以下で2より大きい')      # ブロックB
    print('ここまで実行される')         # ブロックB

else:
    print('xは2以下')                   # ブロックC
```

```
xは5以下で2より大きい
ここまで実行される
```

elifは、「else if」を合体させた意味を持ちます。初めの行で「x = 4」としているので、if文中の「x > 5」は偽で、次のelifでの「x > 2」が真となり、ブロックBが実行されるという

結果になっています。実行されるブロックは、**インデント**（4マスの空白。[Tab] キーで挿入できる）によって認識され、複数行で可能です。このようにPythonはインデントにも意味があるので注意が必要です。

```
if 文の形式

if 条件文 1:
    条件文 1 が真のときに実行するブロック（A）
elif 条件文 2:
    条件文 1 が偽で、条件文 2 が真のときに実行するブロック（B）
else:
    条件文 1 が偽で、条件文 2 も偽のときに実行するブロック（C）
```

elifは、複数加えて条件文による分岐を増やすこともできます。**elif**と**else**は、必須ではなく、必要がなければ省略できます。

B-2-8 比較演算子：「==」「>」「!=」「in」

「>」のように、if文の条件文で使われていた記号を**比較演算子**と呼びます。比較演算子には表B-3のような種類があります。

比較演算子	機能
a == b	aがbと等しい(文字列の比較も可能)
a != b	aとbは異なる
a > b	aがbより大きい
a >= b	aがb以上
a < b	aがbより小さい
a <= b	aがb以下
a in c	aがc(リストやタプルなど)の要素に存在する

表B-3　比較演算子

これらの比較演算子は、**and**（かつ）や**or**（または）を使って、複数の比較演算子をまとめることができます。

```
x = 3
if 0 <= x and x <= 5:
    print('x は 0 以上かつ 5 以下 ')
```

```
x は 0 以上かつ 5 以下
```

B-2-9 False と True : bool 型

比較演算子は、式が真か偽かによって **True** か **False** の値を返します。この値を **bool 型**と言います。比較演算子の結果を変数に入れると、その変数は bool 型として定義されます。以下のように type() 関数を使って、型を確認することができます。

```
x = 2 > 1
print(x)
print(type(x))
```

```
True
<class 'bool'>
```

bool 型の変数の中が True か False かを判定したいときがあります。この場合には、**is 演算子**を使います。

if 文の条件式の中で以下のように使う場合が多いです。

```
a = True
b = False
if a is True:
    print('a は True です。')
if b is False:
    print('b は False です。')
```

```
a は True です。
b は False です。
```

「is 演算子」を使うと、「a is True」(a は True である) というように英文のように見えるので、意味が分かりやすいと思います。

B-2-10 何も入っていない値 : None

変数には、「何も入っていない値」を意味する **None** という特別な値を入れることができます。「変数自体は定義しておきたいけど、まだ値が決まらない」というときに使用します。

この変数の中が None であるかを判断するのにも is 演算子が使えます。**変数 is None** という形になります。その逆の意味を持つ**変数 is not None** という使い方もあります。

以下が、よくある使われ方です。

```
a = None
b = 10
if a is None:
    print('a は None です。')
if b is not None:
    print('b は None ではありません。')
```

```
a は None です。
b は None ではありません。
```

B-2-11 for 文でループを作る

コードの繰り返しには以下のような for 文を使います。

```
for i in [5, 6, 7]:
    print('繰り返し')
    print(i)
print('終了')
```

```
繰り返し
5
繰り返し
6
繰り返し
7
終了
```

for 文は、

for 文の形式

```
for 繰り返し変数 in シーケンス:
    繰り返しで実行するブロック
```

という形をしています。

シーケンスとは、list 型や tuple 型など、複数の要素からなるデータ型のことを指します。シーケンスの要素が、「繰り返し変数」に順番に入り、for 文以下でインデントされたブロックが繰り返されます。

次のように、組み込み関数の **range(数値)**で、[0, 1, ..., 数値 -1] と同等のシーケンスを与えることもできます。

```
for i in range(3):
    print(i)
```

```
0
1
2
```

list 型の要素に文字列を使うこともできます。

```
xs = ['dog', 'cat', 'pig']
for x in xs:
    print(x)
```

```
dog
cat
pig
```

要素の「要素番号」をループ内のブロック処理に使いたい場合もあります。そのようなときは range() 関数とリストの長さを返す **len() 関数**を組み合わせて、要素番号を作ることができます。

```
xs = ['dog', 'cat', 'pig']
for i in range(len(xs)):
    print(i, xs[i])
```

```
0 dog
1 cat
2 pig
```

この処理を **enumerate() 関数**という組み込み関数を使うと、もっとスマートに書くことができます。

```
xs = ['dog', 'cat', 'pig']
for i, x in enumerate(xs):
    print(i, x)
```

```
0 dog
1 cat
2 pig
```

上の例では、enumerate(xs) は、xs の「要素番号」と「要素」を、2つの繰り返し変数 i と x に渡しています。

for 文の中で、**break 文**を使うとループが途中でもそこから抜けることができます。**continue 文**を使うと、それ以降のブロックの処理をせずに、次のループとしてループの先頭に戻ることができます。どちらも if 文と組み合わせて、特定の条件のときにループの流れを変えたいときに便利です。

```
xs = ['パン', '野菜', 'コーヒー', 'ラーメン' ]
for x  in xs:
    if x == '野菜':
        continue  # 野菜はいただかないポリシー、ループの先頭に戻る
    print(x, 'いただきます')
    if x == 'コーヒー':
        break     # コーヒーがでたら、ループから抜ける
```

```
パン いただきます
コーヒー いただきます
```

B-2-12 内包表記でリストを作る

コンパクトに for 文を使ってリストを作る**内包表記**という方法があります。例えば、以下のコードで、[2の0乗, 2の1乗, ..., 2の7乗] のリストを1行で作ることができます。

```
x = [2**i for i in range(8)]
print(x)
```

```
[1, 2, 4, 8, 16, 32, 64, 128]
```

ここでの内包表記は[4]、**[式 for 繰り返し変数 in シーケンス]** という形をしており、「繰り返し変数」を使った「式」のリストが生成されます。

[4] if文と組み合わせるもう少し複雑な内包表記もあります。

B-2-13 while 文でループを作る

for 文以外でも、**while 文**を使ってループを作ることができます。while 文はシーケンスを使わないシンプルなループで、以下の形をしています。

while 文の形式

```
while 条件文 :
    繰り返しで実行するブロック
```

例えば、以下のコードのように使用します。

```
x = 2
while x < 10:
    print(x)
    x *= 2
```

```
2
4
8
```

B-2-14 辞書：dict 型

ここでまた新しい変数の型として、**dict 型（辞書型）**を紹介します。dict 型とは、**キー**と**値**の 2 つの情報をペアにしたデータ型になります。次の例を見てみましょう。以下の方法で、coffee が 100 円、potato が 120 円という情報を、「menu」という dict 型変数に格納することができます。

```
menu = {'coffee': 100, 'potato': 120}
print(menu)
print(type(menu))
```

```
{'coffee': 100, 'potato': 120}
<class 'dict'>
```

ここで、「'coffee'」と「'potato'」が「キー」、「100」と「120」がそれぞれに対する「値」です。dict 型は **{ キー 1: 値 1, キー 2: 値 2, ...}** の形式で定義します。ペアにする「キー」と「値」を「:」（コロン）で隔てて記述します。print 文で「menu」を見ると、その内容が表示されます。「menu」の型を type() で見ると dict 型を表す「dict」であることが分かります。

キーには、文字列か数値を使うことができます。値には、文字列、数値、リスト等の様々なデータ型を使うことができます。

値を参照するには、**変数名[キー]**とします。

```
print(menu['potato'])
```

```
120
```

新しい値を代入して内容を変更することもできます。

```
menu['potato'] = 80
print(menu['potato'])
```

```
80
```

新しいキーに対して値を代入すると、その要素が追加されます。

```
menu['chicken'] = 200
print(menu)
```

```
{'coffee': 100, 'potato': 80, 'chicken': 200}
```

inを使った比較演算子で、dict型に特定のキーが登録されているかどうかを調べることができます。

```
print('potato' in menu)
print('unagi' in menu )
```

```
True
False
```

B-2-15 関数

複数のコードを**関数**としてひとまとめにすることができます。関数でまとめると、複数箇所での使いまわしができるので便利です。機能をまとめることでコードが読みやすくなるという利点もあります。最もシンプルな関数は次のようにして定義します。

```
def myfunc():
    z = 1 + 2   # 処理ブロック
    print(z)    # 処理ブロック

# 動作テスト
myfunc()
```

```
3
```

def 関数名(): とし、そのあとにインデントして記述する「処理ブロック」までが、関数の定義です。関数を定義しただけでは、実行はされません。定義をしたあとに、**関数名()** とすることで、実行されます。

上記のコードでは、「# 動作テスト」の行の次の「myfunc()」で関数が実行され、結果「3」が表示されたということになります。

ここでの関数の定義をまとめると、以下のようになります。

関数の定義 1

```
def 関数名():
    処理ブロック
```

関数は、入力を受け取り、値を出力することもできます。下の mysum() と定義した関数は、2 つの値 x、y を入力として受け取り、その和 z を出力する関数です。

```
def mysum(x, y):   # x, y を引数（ひきすう）という
    z = x + y
    return z       # z を返り値という

# 動作テスト
a = mysum(1, 2)
print(a)
```

```
3
```

「# 動作テスト」以下では mysum(1, 2) によって、定義での mysum(x, y) の x と y に、1 と 2 が渡されます。そして、「return z」によって z の値「3」が出力されます。

このx、yのように、関数が受け取る値を**引数**（ひきすう）と言います[5]。関数が出力する値は**返り値**、または**戻り値**と呼びます。引数と返り値は複数個定義することができます。引数と返り値のある関数の定義の形式は以下のようになります。

関数の定義 2

```
def 関数名( 引数1, 引数2, ...):
    処理ブロック
    return 返り値1, 返り値2, ...
```

引数は、関数内で変数のように使うことができます。

次のコードは、返り値が2つの場合の例です。リストを引数として与えると、その最小値と最大値を返します。この場合は、**a, b = 関数()** のようにして、2つの返り値を受け取ります。

```
def myminmax(xs):
    minx = min(xs)
    maxx = max(xs)
    return minx, maxx

# 動作テスト
a, b = myminmax([3, 1, 4, 1, 5])
print('min =', a)
print('max =', b)
```

```
min = 1
max = 5
```

1つの変数で返り値を受け取ることもできます。この場合は、受け取った変数はタプルとなり、その要素に各返り値が入ります。

```
c = myminmax([3, 1, 4, 1, 5])
print(type(c))
print(c)
```

```
<class 'tuple'>
(1, 5)
```

[5] 関数を定義するときの引数を「仮引数」（parameter）、実際に関数を使うときの引数を「実引数」（argument）と区別することもありますが、本書ではどちらも「引数」と呼ぶことにします。

Pythonでは、引数をいくつかの方法で関数に渡すことができます。まず、これまでの方法を使った例の確認です。

```
def myfunc(p1, p2, p3):
    print(f'p1:{p1}, p2:{p2}, p3:{p3}')

# 動作テスト
# 位置引数
myfunc(10, 20, 30)
```

```
p1:10, p2:20, p3:30
```

この例は、動作テスト時の引数の並び順（10, 20, 30）が、定義時の引数の並び順（p1, p2, p3）に対応して入ります。**位置引数**と呼ばれる方式です。

以下のように、数値を渡す変数名を明示的に指定することもできます。この方式を、**キーワード引数**と言います。

```
# キーワード引数
myfunc(p2=20, p1=10, p3=30)
```

```
p1:10, p2:20, p3:30
```

この方法では、引数を記述する順番は任意となります。

「位置引数」と「キーワード引数」を同時に使うこともできます。ただし、位置引数は、キーワード引数より先に配置することがルールです。

```
myfunc(10, p2=20, p3=30)
```

```
p1:10, p2:20, p3:30
```

Pythonの関数の引数には、**デフォルト値**を簡単に指定することができます。「デフォルト値」とは、実行時に値を指定しなかった引数に使用される値のことです。以下の例では、引数「p2」と「p3」に「99」というデフォルト値を割り当てています。

```
def myfunc2(p1, p2=99, p3=99):    # p2とp3のデフォルト値を99にする
    print(f'p1:{p1}, p2:{p2}, p3:{p3}')

# 動作テスト
myfunc2(p1=10, p2=20) # p3にはデフォルト値が入る
```

```
p1:10, p2:20, p3:99
```

動作テストから、キーワード引数で指定しなかった変数「p3」には、デフォルト値「99」が入ったことが分かります。

キーワード引数は、dict型を使ってまとめることもできます。引数が多いときなどに便利です。この場合は、関数実行時の引数（dict型）の前に「**」を付けます。

```
prm = {
    'p1':100,
    'p2':200,
    'p3':300,
}
myfunc2(**prm)
```

```
p1:100, p2:200, p3:300
```

最後に、少し発展的な引数の受け取り方を説明します。**可変長キーワード引数**という方法です。定義の引数に「**」を付けると、定義していないキーワード引数をdict型で全て引き取ることができます。

```
def myfunc3(**kwargs):
    print(type(kwargs))
    print(kwargs)

# 動作テスト
myfunc3(a1=101, a2=102)
```

```
<class 'dict'>
{'a1': 101, 'a2': 102}
```

B-2-16 ローカル変数

関数の引数は、関数の中でしか使うことはできません。同様に、「関数の中で定義された変数はその関数の中でしか使うことはできない」というルールがあります。このように、決まった場所でしか使えない変数を、**ローカル変数**と言います。

それでは、次のような場合はどうなるのでしょうか。関数の外側で「v1 = 99」と定義され、関数の内側でも、「v1 = 1」と、同じ名前の変数が違う値で定義されています。

```
v1 = 99
def myfunc():
    v1 = 1   # ローカル変数
    print(v1)

# 動作テスト
myfunc()
print(v1)
```

```
1
99
```

この場合、関数の外側のv1と、内側のv1は名前は同じでも、別の変数となります。まず、初めの行で、関数の外側で「v1 = 99」によってv1が定義されます。そして、関数の中では「v1 = 1」というコードによって、新しいv1がmyfunc()の「ローカル変数」として定義されるのです。

その結果、myfunc()を実行したときには、ローカル変数v1の値1が表示されますが、myfunc()の外側でprint(v1)とすると、元のローカル変数でないv1の値99が表示されます。

B-2-17 クラス

Pythonの変数は、ただの箱ではなく、関数を使うことができる「オブジェクト」なのだという説明を講座B-1-10でしましたが、覚えていますでしょうか。オブジェクトが持っている関数を「メソッド」と呼ぶこともう一度思い出してください。

オブジェクトは、「データと関数がセットになったもの」ですが、自分でも作ることができます。オブジェクトという概念は、強化学習のプログラムを作るのにとても相性がよいので、iRLで紹介している環境やエージェントは全てオブジェクトとして作っています。

オブジェクトを作るには、まずその設計図を作ります。その設計図を**クラス**と言います。次のコードで貯金箱クラス「CoinBox」を作ってみましょう。

```
class CoinBox:
    def __init__(self):        # 初期化メソッドの定義
        pass                   # 何も処理しない

    def name(self):            # name メソッドの定義
        print('貯金箱')         # 名前を表示
```

CoinBoxクラスの中で定義したメソッドは2つだけです。**__init__()**という初期化用のメソッドと、「貯金箱」とprint文で表示するだけのname()メソッドです。

__init__()メソッドの処理は何も定義していません。ただし、メソッドの処理ブロックには何らかのコードがないとエラーとなってしまうので、何も処理しないことを意味する **pass** を入れています。

2つのメソッドの定義には引数に **self** という特別な変数が入っています。このように、クラスのメソッドの定義には、初めの引数として必ず「self」を入れなくてはいけません。

このCoinBoxクラスは、あくまでもオブジェクトの設計図であって、動かすことはできません。このクラスから、実際に動かすことができるオブジェクトを作ります。クラスから作るオブジェクトを特別に**インスタンス**と呼びますので、ここからは、インスタンスという言葉を使っていきます。

では、以下のコードで、CoinBoxのインスタンスboxを作り、「box.name()」で、name()メソッドを実行します。

```
box = CoinBox()     # boxというインスタンスを生成（A）
box.name()          # -->'貯金箱'（B）
```

```
貯金箱
```

コードの実行後、「貯金箱」という文字が表示されれば成功です。

（A）でCoinBoxクラスからboxというインスタンスを生成しています。インスタンス生成の形式は、**インスタンス名 = クラス名()** です。1つのクラスからインスタンス名の異なる複数のインスタンスを作ることも可能です。

次の(B)のbox.name()で、boxのname()メソッドが実行され、「貯金箱」と表示されました。インスタンスのメソッドを実行する形式は、**インスタンス名.メソッド名()**となります。

「クラス」、「インスタンス」、「メソッド」となじみのない言葉だったかもしれませんが、イメージはできましたでしょうか。

では、もう少し機能を加えたCoinBox2クラスを以下のコードで作って実行してください。

```
class CoinBox2:
    def __init__(self, money): # インスタンス生成時に実行される（A）
        self.money = money   # アトリビュート self.money に money を保存（B）

    def name(self):        # 名前表示メソッド（C）
        print('貯められる貯金箱')

    def add(self, x):      # 貯金メソッド（D）
        self.money += x
        return self.money
```

```
    def show_money(self): # 残金表示メソッド (E)
        print(f'貯金額 {self.money} 円')
```

上のコードを実行しても定義だけなので、何も起きません。コードの内容を確認する前に、以下のコードでインスタンス box を生成し、その動作を見ましょう。

```
box = CoinBox2(1000)   # インスタンス生成 (F)
box.name()             # -->'貯められる貯金箱' (G)
box.show_money()       # -->'貯金額 1000 円' (H)
box.add(200)           # 200 円貯金する (I)
box.show_money()       # -->'貯金額 1200 円' (J)
```

```
貯められる貯金箱
貯金額 1000 円
貯金額 1200 円
```

ではコードを見ていきましょう。まず、(F) からです。今度は、CoinBox2 クラスのインスタンス生成時に、1000 という引数が設定されています。実は、インスタンス生成時には、(A) で定義した __init__() メソッドが実行されます。

そして、この 1000 という数値は、__init__(self, money) の引数 money に渡されます。self には渡されないことに注意してください。

(B) では、__init__() の引数として受け取った money を self.money という特別な変数に渡しています。この変数は、**self. 変数名**という形式をしており、**アトリビュート（属性）**と呼びます。通常、メソッド内で定義された変数は、そのメソッドでしか使えないローカル変数になりますが、アトリビュートは、(そのインスタンスが持つ) 全てのメソッドで共有して使える変数となります。

では、(G) に移りましょう。これは、CoinBox クラスと同様、文字列を表示するだけの name() メソッドなので問題ないでしょう。

(H) は、(E) で定義した show_money() メソッドの実行結果となります。ここで (B) で設定したアトリビュート self.money が使われていることに注目してください。

(I) は、貯金メソッドです。(D) で定義した add(self, x) で、引数の x の値を self.money に加えます。

最後の (J) は、(H) と同じで、現時点での self.money の内容を表示します。200 円加えられているので、その分増えた値が表示されます。

以上をまとめますと、クラスの定義は次のようになります。

クラスの定義

```
class クラス名:
    def __init__(self, 引数1, 引数2, ...):
        処理ブロック
    def メソッドA(self, 引数1, 引数2, ...):
        処理ブロック
    def メソッドB(self, 引数1, 引数2, ...):
        処理ブロック
    ...
```

「クラス」は、少し高級な概念ですが、大きなプログラムにおいて、情報や処理をうまくまとめることができ、理解しやすいプログラムを作ることができます。

B-2-18 継承

クラスは**継承**という方法を使って、もともとあるクラスをひな型として、その改良版を簡単に作ることができます。ひな型となるクラスを、**親クラス**、または、**スーパークラス**と呼び、そこから作られたクラスを**サブクラス**と呼びます。

先ほど定義したCoinBox2クラスを「親クラス」とした「サブクラス」CoinBox3を作ってみましょう。まず、もう一度CoinBox2クラスを定義します。

```
class CoinBox2:
    def __init__(self, money): # インスタンス生成時に実行される (A)
        self.money = money    # アトリビュート self.money に money を保存 (B)

    def name(self):          # 名前表示メソッド (C)
        print('貯められる貯金箱')

    def add(self, x):        # 貯金メソッド (D)
        self.money += x
        return self.money

    def show_money(self): # 残金表示メソッド (E)
        print(f'貯金額 {self.money} 円')
```

CoinBox2を継承して、CoinBox3を定義するには次のようにします。

```
class CoinBox3(CoinBox2):
    def name(self):          # もともとあるメソッドのオーバーライド (F)
        print('使える貯金箱')
    def use(self, x):        # 新しいメソッドの追加、お金を使う (G)
        self.money -= x
```

継承は、**class サブクラス名(スーパークラス名):** という形式で定義します。継承すると、スーパークラスが持つメソッドとアトリビュートが全てサブクラスに引き継がれます。

(F) では、もともと CoinBox2 クラスにある name() メソッドを再定義しています。これを、**オーバーライド**（上書き）と言います。引き継いだメソッドを変更したいときには、このようにオーバーライドします。

継承では、新しいメソッドの追加も可能です。(G) では、お金を使う（減らす）機能を持った新しいメソッド use(self, x) を追加しています。

では、以下のコードで動作を見てみましょう。

```
box3 = CoinBox3(3000)    # インスタンス生成 (H)
box3.name()              # -->'使える貯金箱' (I)
box3.show_money()        # -->'貯金額 3000 円' (J)
box3.use(1000)           # お金を使うメソッド (K)
box3.show_money()        # -->'貯金額 2000 円' (L)
print(box3.money)        # -->'2000' アトリビュートの参照 (M)
```

```
使える貯金箱
貯金額3000円
貯金額2000円
2000
```

まず、(H) で 3000 円を入れたインスタンス box3 を生成します。

(I) の実行で、「使える貯金箱」と表示されたことから、name() メソッドのオーバーライドがうまくいったことが確認できます。

(J) は、CoinBox3 クラスの定義には出てきていない「show_money() メソッド」の実行ですが、うまく動作しました。show_money() メソッドがきちんとスーパークラスから継承されていることが確認できました。

(K) で、新規メソッド use() で 1000 円減らし、(L) で貯金額が 2000 円となったことが確認できたので、CoinBox3 クラスで新しく作った「use() メソッド」が機能していることが分かりました。

ところで、インスタンスのアトリビュートは、**インスタンス名 . アトリビュート名**で参照することができます。これを（M）で示しました。**インスタンス名.アトリビュート名 = 値**とすることで、値の変更も可能です。

最後に、クラス継承の形式をまとめます。

クラス継承の形式

```
class クラス名(スーパークラス名):
    def オーバーライドするメソッド(self, 引数1, 引数2, ...):
        処理ブロック
    def 新規メソッド(self, 引数1, 引数2, ...):
        処理ブロック
    ...
```

以上、一気に「クラス」まで進みました。ここまでがライブラリを使わないPythonの基本の説明となります。お疲れさまでした。

B-3 NumPyでベクトルと行列を使う：Jupyter Notebook

機械学習や強化学習では「ベクトル」や「行列」を使います。Pythonでベクトルを使うには、**NumPy**という数値計算ライブラリを使います。NumPyはPythonで機械学習やデータ処理をするには必須のライブラリと言えるでしょう。

ここでは、大まかな概要とiRLで使用している機能を紹介しますが、詳しい使い方は、公式NumPyのサイト[6]が参考になります。また、Runebook.devという様々なソフトウエアのドキュメントを翻訳したサイトにもNumPyのマニュアルを日本語訳したページ[7]がありますので参考になると思います。

B-3-1 数学としてのベクトルと行列

まず、プログラムではなく数学の話から始めます。**ベクトル**とは、いくつかの数値を縦か横に一列にまとめて表す数学の手法です。例えば、以下のようなものがベクトルです。

$$\mathbf{a} = [1, 2], \quad \mathbf{b} = \begin{bmatrix} 100.1 \\ 200.2 \\ 300.3 \end{bmatrix}$$

$\mathbf{a}$ は、2つの数値を横に並べているので2次元の**横ベクトル**と言います。$\mathbf{b}$ は、3つの数値を縦に並べているので、3次元の**縦ベクトル**と言います。数式の変数でベクトルを表すときに

---

[6] 公式NumPyサイト：https://numpy.org/doc/stable/
[7] Runebook.dev Numpyマニュアル日本語訳：https://runebook.dev/ja/docs/numpy/

は、$\mathbf{a}$ や $\mathbf{b}$ のように、基本的に小文字のアルファベットを使い、太字のフォントで表します。

サイズが同じベクトルであれば、足し算や引き算が可能です。以下のように、各要素での足し算または引き算となります。

$$[1,\ 2] + [3,\ 4] = [1+3,\ 2+4] = [4,\ 6]$$

ベクトルに対して、普通の単体の数字を**スカラー**と言いますが、スカラーとベクトルの掛け算や割り算は、ベクトルの各要素にスカラーを掛け算（割り算）させたものになります。

$$[1,\ 2] \times 10 = [1 \times 10,\ 2 \times 10] = [10,\ 20]$$

行列とは、ベクトルの拡張形で、数値を表のようにまとめたものです。例えば、以下のようなものが行列です。

$$\mathbf{X} = \begin{bmatrix} 1 & 2 & 3 \\ 4 & 5 & 6 \end{bmatrix}, \quad \mathbf{Y} = \begin{bmatrix} 1 & 4 \\ 2 & 5 \\ 3 & 6 \end{bmatrix}$$

横の並びを**行**と言い、縦の並びを**列**と言います。$\mathbf{X}$ は、2行3列の行列、または 2×3 の行列と言います。$\mathbf{Y}$ は、3行2列の行列、または 3×2 の行列です。数式の変数で行列を表すときには、$\mathbf{X}$ や $\mathbf{Y}$ のように、基本的に大文字で太字のアルファベットを使います。

ベクトルは、行列の特別な場合とも見なせます。例えば、$a = [1,\ 2]$ というベクトルは、1×2 の行列と見なすこともできます。

行列の場合も、足し算や引き算は同じサイズの行列で成り立ち、各要素での演算となります。

$$\begin{bmatrix} 1 & 2 & 3 \\ 4 & 5 & 6 \end{bmatrix} - \begin{bmatrix} 0 & 1 & 2 \\ 3 & 4 & 5 \end{bmatrix} = \begin{bmatrix} 1-0 & 2-1 & 3-2 \\ 4-3 & 5-4 & 6-5 \end{bmatrix} = \begin{bmatrix} 1 & 1 & 1 \\ 1 & 1 & 1 \end{bmatrix}$$

スカラーの掛け算や割り算も、ベクトルのときと同じく、各要素に作用します。

このようなベクトルや行列を使った数学は**線形代数学**という学問で扱われており、まだまだ奥が深いのですが、本書での強化学習の解説で扱うベクトルや行列は、基本的には、上記のような足し算引き算と、スカラーとの掛け算になりますので、難しいところには踏み込みません。

B-3-2 import 文

では、NumPy を使う準備をしましょう。NumPy はあらかじめ Python には組み込まれていないので、以下のコードのように **import** を使って読み込みます。

```
import numpy as np
```

「as np」は、numpy を「np」という省略形で使うという意味です。このようにすることで、NumPy に含まれる関数を「np. 関数 ()」の形で使用できるようになります。

「as np」を省略しても「numpy. 関数 ()」の形で使用できますが、NumPy は「as np」でインポートすることが慣例となっています。

この講座 B-3 では、「import numpy as np」が実行されていることを前提に進めていきます。

B-3-3 ベクトルや行列の定義：ndarray 型

ベクトルは、**np.array([要素 1, 要素 2, ...])** の形式で、リストを引数として定義します。

```
a = np.array([1, 2])
print(a)
print(type(a))
```

```
[1 2]
<class 'numpy.ndarray'>
```

print 文で表示すると、[1 2] のように表示されます。リストとは異なり、数値の間に「,」（コンマ）が入りません。このデータ型は、**numpy.ndarray 型**と言います。以降、単純に「ndarray 型」と呼ぶことにします。

では、ベクトルの足し算を試してみましょう。

```
a = np.array([1, 2])
b = np.array([3, 4])
c = a + b
print(c)
```

```
[4 6]
```

結果、[4 6] と表示され、a と b がベクトルとして認識されていることが確認できました。スカラーの掛け算も試してみましょう。

```
a = np.array([1, 2])
print(a * 10)
```

```
[10 20]
```

a の要素にスカラーが掛け算されました。ベクトルとしての演算になっていますね。

要素の参照は、リストと同様、**変数名[要素番号]** で行います。値の代入による書き換えも可能です。

```
a = np.array([3, 1, 4, 1, 5])
print(a[2])  # 2番目の要素の参照
a[2] = 999   # 2番目の要素を 999 に書き換える
print(a)
```

```
4
[  3   1 999   1   5]
```

行列は、np.array() に 2 重のリストを渡すことで定義することができます。

```
a = np.array([[1, 2, 3], [4, 5, 6]])
print(a)
```

```
[[1 2 3]
 [4 5 6]]
```

要素の参照方法は、**変数名[行番号, 列番号]** とします。これまで通り、行番号や列番号は 0 から始まります。

```
print(a[0, 2])
```

```
3
```

行列は、行と列のある表のようなものですが、np.array() に 3 重のリストを渡すことで、さらに「奥行き」が追加された表を定義することもできます。数学では**テンソル**と言います。

```
a = np.array([[[1, 2],[3, 4]], [[5, 6], [7, 8]]])
print(a)
```

```
[[[1 2]
  [3 4]]

 [[5 6]
  [7 8]]]
```

ベクトルも行列もテンソルも、さらにそれ以上の次元の表も、同様にリストの入れ子の数を増やすことで定義できます。

まとめると、Python では、ベクトルは 1 次元の ndarray 型、行列は 2 次元の ndarray 型、テンソルは 3 次元の ndarray 型で扱う、ということになります。

B-3-4 ndarray 型をコピーするときの注意：copy() メソッド

ndarray 型の変数のコピーを作るときには注意しなくてはいけません。次のコードを見てください。a を ndarray 型で定義し、b = a で b に a を代入します。そして、b[0] だけを 100 に書き換えます。そして、a と b の内容を表示します。

```
a = np.array([1, 1])
b = a
b[0] = 100
print('a=', a)
print('b=', b)
```

```
a= [100 1]
b= [100 1]
```

なんと、b[0] の内容を書き換えただけなのに、a[0] も書き換わってしまうのです。

これは ndarray 型の a から、b = a で b を新しく定義すると、b は a の内容を共有するものとして作られるのです。

b を a から完全に独立したコピーとして作るには、**b = a.copy()** とします。

```
a = np.array([1, 1])
b = a.copy()
b[0] = 100
print('a=', a)
print('b=', b)
```

```
a= [1 1]
b= [100 1]
```

今度は、b だけに変更が反映されました。

この現象は、ndarray 型だけでなく list 型でも起きます。list 型の場合でも、copy() メソッドが使えます。しかし、「リストのリスト」のように階層がある場合には、copy() を使っても、下の階層の内容は共有されてしまいます。この場合には、**import copy** としてから、**a = copy.deepcopy(b)** とすることで、全ての階層で独立したコピーを作ることができます。

B-3-5 ndarray のアトリビュート：shape と dtype

「クラス」の説明で、インスタンス（オブジェクト）が持つ変数をアトリビュートと言いました。アトリビュートは、**オブジェクト名 . アトリビュート名**で参照することができます。

ndarray 型もオブジェクトで、アトリビュートを持ち、情報を参照することができます。

まず、よく使うのが、**shape** です。「各次元の要素数」がタプルで入っています。メソッドとは異なり、最後に「()」を付けないことに注意してください。

```
a = np.array([[1, 2, 3], [4, 5, 6]])
print(a.shape)
```

```
(2, 3)
```

dtype には「要素の型」が入っています。

```
print(a.dtype)
```

```
int32
```

B-3-6 ndarray 型の要素を一度に定義

ndarray 型は、np.array([要素 1, 要素 2, ...]) という形式で一つ一つの値を指定しなくても、まとめて一度に定義する方法がいくつもあります。

np.arange(個数) で、「0」から「個数 -1」までの整数のベクトルを生成します。range() の NumPy バージョンといったところです。**np.arange(開始値, 終了値)** とすると、「開始値」から「終了値 -1」までの整数のベクトルを生成します。

```
a = np.arange(10)
print(a)
```

```
[0 1 2 3 4 5 6 7 8 9]
```

np.linspace(開始値, 終了値, 個数) で、「開始値」から「終了値」までを「個数」等分した点のベクトルを生成します。グラフを描くときなどによく使います。

```
a = np.linspace(-2, 2, 11)
print(a)
```

```
[-2.  -1.6 -1.2 -0.8 -0.4  0.   0.4  0.8  1.2  1.6  2. ]
```

np.zeros(サイズ) で、要素が 0 の任意のサイズの ndarray 型を作ります。「サイズ」はタプルで与えます。「サイズ」に整数を与えるとベクトルになります。

```
a = np.zeros((2, 3))
print(a)
```

```
[[0. 0. 0.]
 [0. 0. 0.]]
```

np.ones(サイズ) は、np.zeros() と似ていますが、要素は 1 となります。

```
a = np.ones(5)
print(a)
```

```
[1. 1. 1. 1. 1.]
```

np.random.rand() は、0 ～ 1 までの乱数を返しますが、**np.random.rand(個数)** とすると、要素が乱数で、長さが「個数」のベクトルを生成します。**np.random.rand(行数, 列数)** とすれば、サイズが「行数」×「列数」の乱数の行列を生成します。

```
a = np.random.rand()          # 0～1の乱数
print('a=', a)
b = np.random.rand(2, 3)      # 2x3の乱数行列
print('b=', b)
```

```
a= 0.22930826931957382
b= [[0.19733315 0.68879521 0.73145741]
 [0.00737341 0.82661896 0.39694731]]
```

似たような関数に、**np.random.randn(行数, 列数)** があります。この関数は、「平均 0、分散 1」の正規分布から生成された乱数の行列を返します。**np.random.randint(開始値, 終了値, サイズ)** は、「開始値」から「終了値 -1」までのランダムな整数値からなる「サイズ」（タプル）の大きさの行列を生成します。

乱数の生成は、実行するたびに値が変わりますが、**np.random.seed(シード値)** で、乱数の初期化を行うことができます。同じシード値を与えれば、実行しても同じ乱数が生成されます。このような操作を「乱数を固定する」と言います。

```
print('乱数リセット')
np.random.seed(1)
print(np.random.rand())
print(np.random.rand())
print('乱数リセット')
np.random.seed(1)
print(np.random.rand())
print(np.random.rand())
```

```
乱数リセット
0.417022004702574
0.7203244934421581
乱数リセット
0.417022004702574
0.7203244934421581
```


B-3-7 NumPy の関数

NumPy では ndarray 型を引数にできる様々な関数が用意されています。平方根を計算する **np.sqrt(ndarray 型)** のように、個々の要素に対して計算する関数には次のようなものがあります。

```
a = np.linspace(1, 3, 4)
print('a=', a)
print('sqrt(a)=', np.sqrt(a))  # 平方根
print('exp(a) =', np.exp(a))   # 指数関数
print('log(a) =', np.log(a))   # 対数関数
print('sin(a) =', np.sin(a))   # sin 関数
print('round(a, 2) =', np.round(a, 2))  # 小数点以下 3 桁で四捨五入
```

```
a= [1.         1.66666667 2.33333333 3.        ]
sqrt(a)= [1.         1.29099445 1.52752523 1.73205081]
exp(a) = [ 2.71828183  5.29449005 10.3122585  20.08553692]
log(a) = [0.         0.51082562 0.84729786 1.09861229]
sin(a) = [0.84147098 0.99540796 0.72308588 0.14112001]
round(a, 2) = [1.   1.67 2.33 3.  ]
```

平均値 **np.mean(ndarray 型)** のように、全体の要素に対して 1 つの値を出す関数には以下のようなものがあります。

```
a = np.random.randn(100)
print('mean  :', np.mean(a))   # 平均値
print('std   :', np.std(a))    # 標準偏差
print('max   :', np.max(a))    # 最大値
print('min   :', np.min(a))    # 最小値
print('median:', np.median(a)) # 中央値
```

```
mean  : -0.08312617683630774
std   : 1.0461558287877841
max   : 2.777016338243037
min   : -2.7101122987976507
median: -0.007689595442135901
```

B-3-8 ndarray 型のサイズを変える

ndarray 型に対して、**変数名.reshape(サイズ)** とすることで、サイズを変えることができます。要素の数を変えずに行数や列数を変える、ということです。サイズはタプルで与えるので、**変数名.reshape((数値 1, 数値 2))** という形になります。

```
a = np.arange(10)
print(a)
print(a.reshape((2, 5)))
```

```
[0 1 2 3 4 5 6 7 8 9]
[[0 1 2 3 4]
 [5 6 7 8 9]]
```

変数名.reshape(数値 1, 数値 2, ...) として、サイズのタプルの中の数値を直接、引数で与えることもできます（前の例と似ていますが、括弧の数に注目してください）。

```
a = np.arange(10)
print(a.reshape(2, 5))
```

```
[[0 1 2 3 4]
[5 6 7 8 9]]
```

reshape() でサイズを変えるときは、要素数を変えないことが前提です。例えば、上の例のように要素数が 10 個だったら、そこから作れるサイズは、5×2（2 次元）、5×1×2（3 次元）、10（1 次元）などになります。

要素数が 10 の ndarray 型を 2 次元のサイズに変えるとき、サイズの 1 つの数値を 5 と決めたら、もう片方の数値は 10÷5=2 と決まります。しかし、この割り算をするのは少し面倒です。reshape() は、reshape(-1, 5) などとすると、-1 の箇所は、つじつまのあう数値、つまり、2 と解釈してくれる便利な機能があります。

```
a = np.arange(10)
print(a.reshape(-1, 5))
```

```
[[0 1 2 3 4]
[5 6 7 8 9]]
```

このようにして、3 次元の ndarray 型を作ることもできます。

```
a = np.arange(12).reshape(2, 2, -1)
print(a)
```

```
[[[ 0  1  2]
  [ 3  4  5]]

 [[ 6  7  8]
  [ 9 10 11]]]
```

サイズに「-1」だけ与えると、1 次元のベクトルに展開されます。

```
print(a.reshape(-1))
```

```
[ 0  1  2  3  4  5  6  7  8  9 10 11]
```

B-3-9 スライシング

list 型や ndarray 型には**スライシング**という、要素をまとめて表せる、とても便利な機能があります。まず、ベクトル a を準備しておきましょう。

```
a = np.arange(10)
print(a)
```

```
[0 1 2 3 4 5 6 7 8 9]
```

変数名[開始値:] とすると「開始値」の要素番号から最後までの要素を一度に参照します。

```
print(a[5:])
```

```
[5 6 7 8 9]
```

変数名[:終了値] で、0 から「終了値 -1」までの要素を参照します。

```
print(a[:3])
```

```
[0 1 2]
```

変数名[開始値:終了値]で、「開始値」から「終了値 -1」までの要素を参照します。

```
print(a[3:6])
```

```
[3 4 5]
```

「開始値」や「終了値」に負の数値を与えると、「最後から数えた要素番号（インデックス）」の意味になります。例えば、「-1」は最後から 1 番目のインデックス、「-2」は最後から 2 番目のインデックスとなります。

```
print(a[:-2])
```

```
[0 1 2 3 4 5 6 7]
```

スライシングは多次元のndarray型でも使うことができます。

```
a = np.arange(12).reshape(3, -1)
print(a)
print(a[:2, :3])
```

```
[[ 0  1  2  3]
 [ 4  5  6  7]
 [ 8  9 10 11]]
[[0 1 2]
 [4 5 6]]
```

最後、list型でも使えることも試しておきましょう。

```
b = [1, 2, 3, 4, 5]
print(b[2:4])
```

```
[3, 4]
```

B-3-10 ndarray型の保存と読み込み

ndarray型は、**np.savez('ファイル名.npz', 変数名1= 変数名1, 変数名2=変数名2, ...)** の形式で、とても簡単に、複数のndarray型をまとめてファイルに保存することができます。ファイルの拡張子は「**'.npz'**」になります。

```
import numpy as np
data1 = np.array([1, 2, 3])
data2 = np.array([100, 200, 300])
np.savez('tmp.npz', data1=data1, data2=data2)
```

読み出しは、**受け取り変数 = np.load('ファイル名.npz')** の形式です。**受け取り変数['変数名']** とすることにより、内容を取り出すことができます。

```
data = np.load('tmp.npz')
print(data['data1'])
print(data['data2'])
```

```
[1 2 3]
[100 200 300]
```

B-4 Matplotlibでグラフを描く：Jupyter Notebook

グラフは、**Matplotlib**というライブラリを使って描くことができます。Matplotlibも NumPyと同様に、機械学習やデータ処理をするには必須のライブラリです。本書では、特に3章の教師あり学習の説明で多用します。

Matplotlibの関数は同じ関数でも様々な引数の与え方で使えるものが多いのですが、ここではその一部の使い方を紹介していくものとします。詳しい使い方は、公式Matplotlibのサイト[8]が参考になります。

本節で作成するファイルは、iRL/kouzaB_samples/graph.ipynbとして準備してありますので参考にしてください。

B-4-1 シンプルなグラフ

まず、以下のlist B-1-(1)のコードを実行して、グラフを描く準備をします。

list B-1-(1)

```
# list B-1-(1)

%matplotlib inline
import matplotlib.pyplot as plt    # matplotlib.pyplot のインポート（A）
import numpy as np    # NumPy のインポート（B）
```

初めの行の「%matplotlib inline」はNotebook内でグラフを表示させるための設定です。環境によっては、このコードを入れなくても問題なく動く場合もあります。

（A）が、グラフを描くためのMatplotlibライブラリのインポートです。「as plt」として、matplotlib.pyplotの機能をpltとして使うのが慣例です。

（B）はNumPyのインポートです。グラフを描くためのデータはlist型でも可能ですが、

[8] 公式Matplotlibサイト：https://matplotlib.org/

NumPy の ndarray 型の方が様々な機能が使えて便利です。

ところで、ここからのコードには、list B-1-(1)のようにリスト番号を付けていきます。[講座B] - ［プロジェクト番号］ - （通し番号） の意味です。同じ ［list B］ - ［プロジェクト番号］ のリストは （通し番号） の順番で実行していくことが前提です。新規に （Jupyter Notebook を立ち上げた直後に） 開始する場合は、その ［list B］ - ［プロジェクト番号］ の （1） から開始してください。

では、一番簡単なグラフを描いてみましょう。4 つの x 座標 [1, 2, 3, 4] に対して、y 座標 [10, 11, 10, 12] の値をとるグラフを描くには下のようにコードを記述します。

list B-1-(2)

```
# list B-1-(2)

x = np.array([1, 2, 3, 4])
y = np.array([10, 11, 10, 12])
plt.plot(x, y)   # グラフを登録 (A)
plt.show()       # グラフを表示 (B)
```

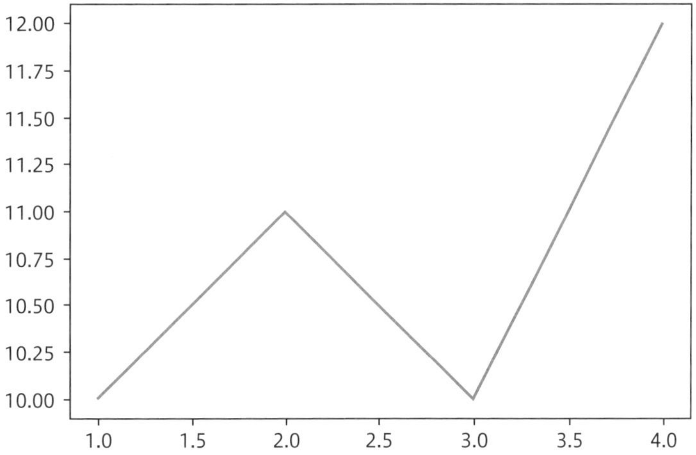

図 B-7　シンプルなグラフ：list B-1-(2) の実行結果

図 B-7 のグラフが Notebook に表示されたと思います。簡単ですね。

list B-1-(2) の （A） がグラフを描いて登録する部分で、**plt.plot(x, y)** を使います。引数に x と y を渡します。

（B） の **plt.show()** で登録したグラフが描画されます。Jupyter Notebook では、plt.show() がなくてもグラフが描画されますが、他の環境でも対応できる形式として plt.show() を記述していきます。

B-4-2 関数のグラフを描く

次は、自分で定義した関数のグラフを描いてみましょう。以下の3次関数を想定します。

$$y = (x + 3)x(x - 2)$$

まず、list B-1-(3) のようにして、この関数を myfunc() で定義します。

list B-1-(3)

```
# list B-1-(3)

def myfunc(x):
    y = (x+3) * x * (x-2)
    return y

# 動作テスト
print(myfunc(1))
```

```
-4
```

動作テストでは、「1」を myfunc() の引数に渡し、「-4」が正しく返ったことを確認しました。

では、ベクトル（ndarray 型）を引数として渡すとどうなるでしょうか。

list B-1-(4)

```
# list B-1-(4)

x = np.array([0, 1, 2])  # x をベクトルで定義
y = myfunc(x)            # ベクトルも入力にできる
print(y)                 # 出力もベクトルになる
```

```
[ 0 -4 0]
```

なんと、それぞれの x に対応した答えが ndarray 型で返ってきます。関数 myfunc() の内部の処理が、ndarray 型でも可能な演算となっているからです。これは便利ですね。

では、x が -3 から 3 の間で myfunc() のグラフを描くことを考えましょう。まず、myfunc()

を計算するxの値を、NumPyの関数np.linspace()（講座B-3-6参照）を使って作ります。

list B-1-(5)

```
# list B-1-(5)

x = np.linspace(-3, 3, 7) # -3から3までの7点を作成
print(x)
```

```
[-3. -2. -1. 0. 1. 2. 3.]
```

次に、このxの値をmyfunc()に渡してyを得ます。

list B-1-(6)

```
# list B-1-(6)

y = myfunc(x)
print(y)
```

```
[ 0. 8. 6. -0. -4. 0. 18.]
```

あとはplt.plot()でグラフを描くだけです。

list B-1-(7)

```
# list B-1-(7)

plt.plot(x, y)
plt.show()
```

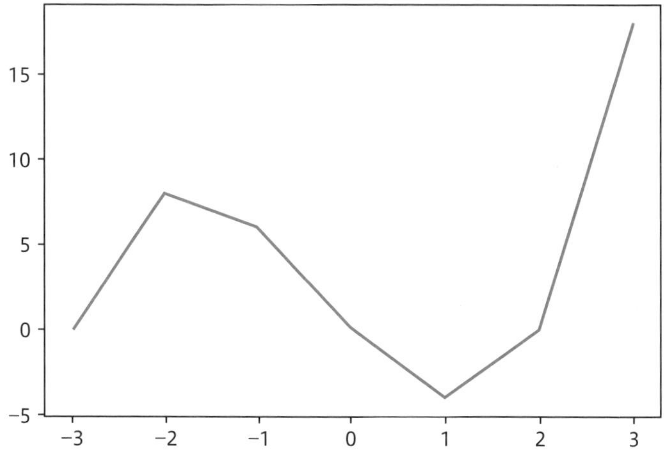

図 B-8　y=(x+3)x(x-2) のグラフ：list B-1-(7) の実行結果

3 次関数の形が見えました。もっと滑らかに描くには、list-B-1-(5) で指定した x の数「7」を、もっと大きい数値にすればよいだけです。ぜひ試してみてください。

B-4-3 線の種類を変える

plt.plot() に、様々な「キーワード引数」（講座 B-2-15 項参照）を与えることによって、線の種類を変えることができます。

list B-1-(8)

```
# list B-1-(8)

plt.plot(x, y, marker='*', linestyle=':', color='r',
         linewidth=3, markersize=15)
plt.show()
```

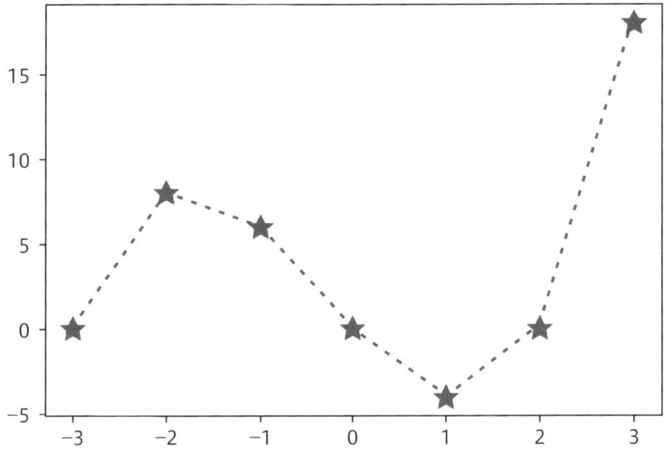

図 B-9　線の種類を指定する

marker は点（マーカー）の形を指定します。「‘ * ‘」は「星」を表します。

linestyle は線の種類で、「ls」と省略することもできます。「‘ : ‘」は「点線」を表します。

color（省略形「c」）は、色の指定です。「‘ r ‘」は「赤」を表します

linewidth（省略形「lw」）は、数値で線の太さを指定します。

markersize（省略形「ms」）は、マーカーの大きさを数値で指定します。

以下によく使う「marker」、「linestyle」、「color」の値をまとめました。

marker　：「'o'」丸、「'.'」点、「''」なし、「‘*’」星、「'^'」三角

linestyle (ls)　：「'-'」実線、「'--'」破線、「'-.'」一点鎖線、「':'」点線

color (c)　：「'r'」赤、「'g'」緑、「'b'」青、「'y'」黄、「'k'」黒

上で「省略形」と示したように、キーワード引数を省略形で与えることができます。list B-1-(7) と同じ意味のコードを、省略形を使って書くと以下のようになります。

list B-1-(9)

```
# list B-1-(9)

plt.plot(x, y, marker='*', ls=':', c='r', lw=3, ms=15)
plt.show()
```

「marker」「linestyle」「color」の値は 1 つの文字列につなげて、plt.plot() の 3 番目の引数

として与えることもできます。また、3つの情報を全て与えなくてもよく、例えば、「linestyle」「color」だけでも OK です。例えば、list B-1-(10) のようにすると、list B-1-(7) と同じ結果が得られます。だいぶシンプルになりますね。

list B-1-(10)

```
# list B-1-(10)

plt.plot(x, y, '*:r', lw=3, ms=15)
plt.show()
```

B-4-4 グラフをカスタマイズする

グラフを見やすくするために、タイトルを入れたり、グリッド（縦横の線）を入れたり、表示範囲を変えたりと、さまざまなカスタマイズができます。その例を list B-1-(11) に示しました。

list B-1-(11)

```
# list B-1-(11)

x = np.linspace(-3, 3, 50)          # 50 個の x 点を作成
y = myfunc(x)                       # y を作成
y2 = -6 * x                         # y2 を作成

plt.figure(figsize=(6, 3))          # 図のサイズを指定 (A)
plt.plot(x, y, '-k', lw=2, label='original')  # label の指定 (B)
plt.plot(x, y2, ':r', lw=2, label='slope')  # label の指定 (C)
plt.ylim(-10, 20)                   # 縦軸の表示範囲 (D)
plt.xlim(-3, 3)                     # 横軸の表示範囲 (E)
plt.yticks([-10, 0, 10, 20])        # 縦軸の目盛り (F)
plt.xticks(range(-3, 4, 1))         # 横軸の目盛りを range() で指定 (G)
plt.title('$y=(x-3)x(x+2)=x^3-x^2-6x$')  # タイトル表示 (H)
plt.xlabel('x')                     # 横軸のラベル表示 (I)
plt.ylabel('y')                     # 縦軸のラベル表示 (J)
plt.grid(axis='both')               # グリッド表示 (K)
plt.legend(loc='lower right')       # 凡例を右下に表示 (L)
plt.show()                          # グラフを表示 (M)
```

実行すると図 B-10 のグラフが表示されます。まず list B-1-(11) では、-3 から 3 の間の 50 個の点を x として準備し、2 つのグラフを描けることを示すために y と y2 を作りました。

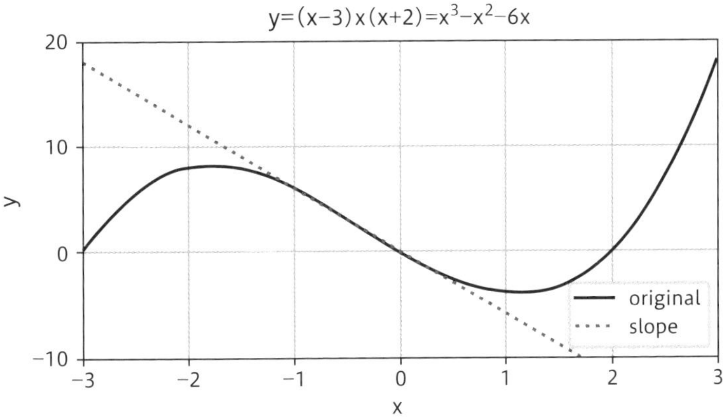

図B-10　カスタマイズしたグラフ

list B-1-(11) を説明します。(A) での **plt.figure(figsize=(横幅 , 縦幅))** は図の大きさを指定しています。

(B)、(C) のように plt.plot() を複数入れると、最後の (M) plt.show() によってそのグラフが一緒に表示されます。plt.plot() で、label を指定して (L) のコードを入れると凡例を表示することができます。「loc = 'lower right'」では凡例の位置を「右下」に指定しています。それ以外に「'upper left'」(左上) や「'lower center'」(中央下) などを指定することができます。指定しなければ、自動で場所が決まります。

(D)、(E) は y 軸 (縦軸) と x 軸 (横軸) の表示範囲の指定です。

(F) のようにリストでグラフの目盛りの数値を指定することができます。(G) のように range() 関数で目盛りを指定することもできます。**range(開始値, 終了値, 増加分)** の形式で、「開始値」から「増加分」ずつ増やして「終了値未満」までの値のリストと同等の意味になります。

(H)、(I)、(J) でタイトルや軸のラベルを入れることができます。「$...$」を記述して LaTeX 形式[9] で数式を表示することもできます。

(K) で縦横のグリッド線を表示しますが、「axis='y'」「axis='x'」とすることでそれぞれ横線のみ縦線のみの表示にすることもできます。

B-4-5 分布の表示

データの分布を表示するのに便利な関数 **plt.scatter(x, y)** を紹介します。いったんここからでもプログラムが始められるように、リスト番号は、list B-2-(1) とします。初めの 3 行は、

[9] LaTeX形式とはテキスト形式で数式を記述する方法です。例えば、「x_1」とすると「1」がxの下付き表示になります。Jupyter NotebookのMarkdown形式でも使うことができます。具体的な書き方については、「latex、書き方」などのキーワードでweb検索して見てください。

お決まりのインライン設定とライブラリのimport文になります。

list B-2-(1)

```
# list B-2-(1)

%matplotlib inline
import matplotlib.pyplot as plt
import numpy as np

# データ作成
x = np.random.randn(500)    # 正規分布に従う乱数 500 個 (A)
y = np.random.randn(500)    # 正規分布に従う乱数 500 個 (B)

# 表示
plt.figure(figsize=(4, 4))
plt.xlim(-4, 4)
plt.ylim(-4, 4)
plt.scatter(x, y, s=10) # マーカーサイズ 2 でプロット (C)
plt.show()
```

list B-2-(1)を実行すると、原点を中心にランダムに分布する500個の点のデータがプロットされます（図B-11）。

(A) と (B) では、np.random.randn(個数)によって（講座B-3-6参照）、要素数500の乱数のndarray型が生成されます。x と y について別々に500個の乱数を生成しています。乱数なので実行するたびに値が変わります。

(C) が、本題の **plt.scatter(x, y, s=マーカーサイズ)** です。簡単に、x, y の点をプロットすることができます。「マーカーサイズ」は実数値で指定します。

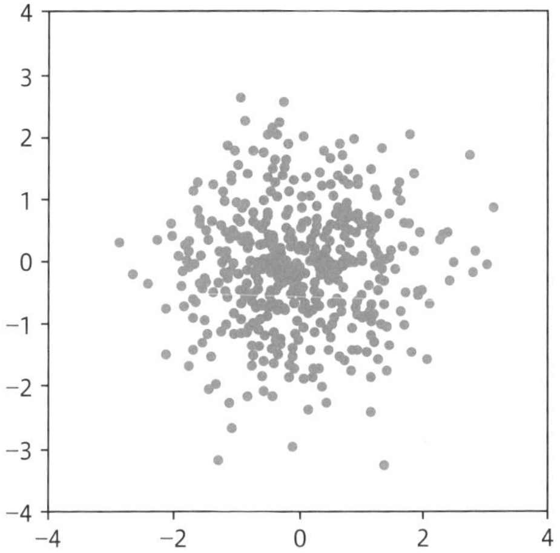

図 B-11　plt.scatter() によるデータ分布のプロット

B-4-6 行列の数値を等高線で表す

ここまでの plt.plot() や plt.scatter() を使ったグラフは、ベクトル（1 次元の ndarray 型）の x と y を可視化する方法の一つとも言えます。ここでは、行列（2 次元の ndarray 型）に格納されたデータを可視化する一つの方法として等高線プロット **plt.contour()** を紹介します。

list B-3-(1) では、まず、2 つの引数 x0 と x1 に対して 1 つの値を返す関数 myfunc2d() を定義し、5×7 の行列データ ys を生成します。

list B-3-(1)

```
# list B-3-(1)

%matplotlib inline
import matplotlib.pyplot as plt
import numpy as np

# 関数定義 (A)
def myfunc2d(x0, x1):
    y = x0**2 + x1**2 + x0*x1
    return y

# 行列 ys の作成 (B)
n0 = 7
n1 = 5
x0s = np.linspace(-3, 3, n0)  # 7 個の x0 を生成 (C)
x1s = np.linspace(-2, 2, n1)  # 5 個の x1 を生成 (D)
```

```
ys = np.zeros((n1, n0))          # y を格納する行列 ys (E)
for i0  in range(n0):
    for i1 in range(n1):
        # 全ての x0 と x1 の組み合わせに対して y を計算し ys に格納 (F)
        y = myfunc2d(x0s[i0], x1s[i1])
        ys[i1, i0] = y
print(ys)
```

```
[[19. 12.  7.  4.  3.  4.  7.]
 [13.  7.  3.  1.  1.  3.  7.]
 [ 9.  4.  1.  0.  1.  4.  9.]
 [ 7.  3.  1.  1.  3.  7. 13.]
 [ 7.  4.  3.  4.  7. 12. 19.]]
```

list B-3-(1) の（A）では、関数 myfunc2d() を定義しています。この関数の値が、-3 から 3 の範囲の x0 と、-2 から 2 の範囲の x1 で、どのように変化するかを可視化することが目的です。

（B）からが、行列 ys の作成です。（C）と（D）で計算する x0 と x1 の値を x0s と x1s に作成します。（E）は、値が 0 の行列 ys を、値の入っていない箱として準備します。

（F）が実際の関数の計算です。2 重の for ループの中で、全ての x0 と x1 の組み合わせに対して関数の値を計算し、ys に格納します。

その結果得られた行列 ys の値が、最後に表示されたものになります。

行列のデータ ys ができてしまえば、等高線表示は簡単です。**plt.contour(x0s, x1s, ys)** を使います。x0s と x1s はベクトル（1 次元の ndarray 型）で ys は行列（2 次元の ndarray 型）です。ベクトル x0s の長さを n0 とし、ベクトル x1s の長さを n1 としたら、ys は n1×n0 の行列である必要があります（n0×n1 ではないことに注意してください）。list B-3-(2) を実行すると図 B-12 の等高線プロットが描画されます。

list B-3-(2)

```
# list B-3-(2)

plt.contour(x0s, x1s, ys)
plt.show()
```

作成した等高線プロット（図 B-12）は、横軸が x0s、縦軸が x1s、高さが ys を表しています。list B-3-(1) の実行で示した行列の数の並びと比べて、縦軸が反転していることに注意してください。行列を表すとき行番号は上から下に増えていきますが、グラフの縦軸（x1s）の目盛りは下から上に向かって増えるからです。

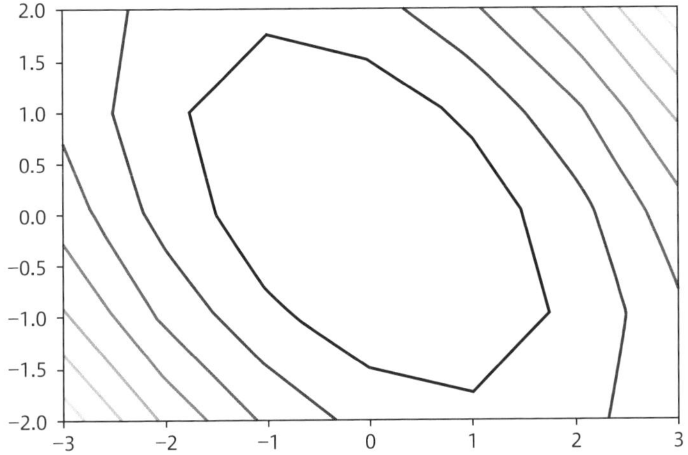

図 B-12　等高線プロット：list B-3-(2)

この等高線プロットをカスタマイズして見やすくしたのが、list B-3-(3) になります。

list B-3-(3)

```
# list B-3-(3)

# 行列 ys の作成
n0 = 50  # (A)
n1 = 50  # (B)
x0s = np.linspace(-3, 3, n0)
x1s = np.linspace(-2, 2, n1)
ys = np.zeros((n1, n0))
for i0  in range(n0):
    for i1 in range(n1):
        ys[i1, i0] = myfunc2d(x0s[i0], x1s[i1])

# 等高線プロット (C)
cont = plt.contour(
    x0s, x1s, ys,
    cmap='pink',  # カラーマップ (D)
    levels=[0.2, 0.5, 1, 2, 4, 8, 10],  # 等高線を各レベル (E)
    )
cont.clabel(fmt='%.1f', fontsize=12)  # 等高線に数値を入れる (F)
plt.show()
```

list B-3-(3) では、まず、等高線を滑らかにするために、(A) と (B) で行列の分割数を 50×50 に設定しました。

(C) で等高線プロットを行っていますが、(D) の **cmap=カラーマップ**で、「'pink'」に指定しています。この設定により、等高線の色がピンク系のグラデーション（茶色から白）になります。

カラーマップには、他にもたくさん種類がありますが、筆者は、「'Greens'」（シンプルに、白から緑）、「'terrain'」（地形の色の変化、海から雪山）、「'jet'」（カラフルに、青から赤）、「'hot'」（燃える炎風で、赤から白）、「'bone'」（レントゲン風で青みが入った、黒から白）、「'gray'」（定番のシンプル、黒から白）などがお気に入りです。

(E) では、**levels=[値 1, 値 2, ...]** の形式で、描画する等高線のレベルを与えています。

(F) では、plt.contour() の出力である cont を使って、**cont.clabel(fmt='%.1f', fontsize=フォントサイズ)** の形式で、表示する小数点以下の桁数とフォントサイズを指定し、等高線に数値の表示を入れています（図 B-13）。

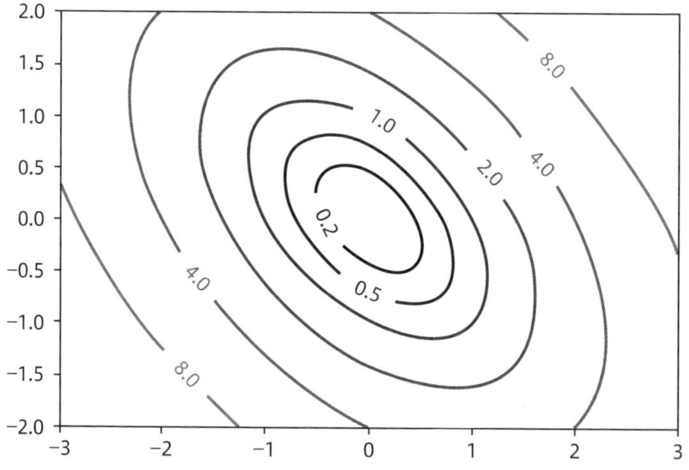

図 B-13　カスタマイズした等高線プロット

これで講座 B の Python の解説は終わりです。お疲れさまでした。ここでは Python の基本的な使い方と、NumPy と Matplotlib ライブラリの基本的な使い方を解説しました。これで本書のプログラムの主要な部分を理解することはできると思います。ただ、プログラムの隅々まで理解しようとすると、講座 B ではカバーしきれなかった箇所も若干出てきてしまうでしょう。そのようなときは、Web 検索や他の書籍を参考にするなどして、さらなる Python の世界を広げていっていただければと思います。

索引

本書の活用にあたって

本書で使用するサンプルプログラム（ソースコード）は、サポートサイトからダウンロードできます。下記のサイト URL にアクセスし、本書のサポートページにてファイルをダウンロードしてください。また、訂正・補足情報もサポートページにてお知らせします。

サポートサイト
https://nkbp.jp/nsoft_books

・本書に記載の内容は、2021 年 8 月時点のものです。その後のソフトウエアのバージョンアップなどにより、想定した動作をしない可能性があります。また、すべてのパソコンでの動作を保証するものではありません。
・また、いかなる場合であっても、著者および日経 BP のいずれも、本書の内容とプログラムに起因する損害に関して、一切の責任を負いません。ご了承ください。

「強化学習」を学びたい人が最初に読む本

2021年 11 月 22 日　第 1 版第 1 刷発行
2023年 2 月 16 日　第 1 版第 2 刷発行

著　　者　伊藤 真
発 行 者　中野 淳
編　　集　和田 沙央里
発　　行　日経 BP
発　　売　日経 BP マーケティング
〒 105-8308　東京都港区虎ノ門 4-3-12
装　　丁　小口翔平＋加瀬梓 (tobufune)
制　　作　JMC インターナショナル
印刷・製本　図書印刷

ISBN　978-4-296-11036-0

©Makoto Ito 2021　Printed in Japan

●本書に記載している会社名および製品名は、各社の商標または登録商標です。なお本文中に ™、® マークは明記しておりません。
●本書の無断複写・複製（コピー等）は著作権法上の例外を除き、禁じられています。購入者以外の第三者による電子データ化および電子書籍化は、私的使用を含め一切認められておりません。
●本書籍に関するお問い合わせ、ご連絡は下記にて承ります。なお、本書の範囲を超えるご質問にはお答えできませんので、あらかじめご了承ください。ソフトウエアの機能や操作方法に関する一般的なご質問については、ソフトウエアの発売元または提供元の製品サポート窓口へお問い合わせいただくか、インターネットなどでお調べください。
https://nkbp.jp/booksQA